정책학의 이해

노시평 / 박희서 / 박영미

비앤엠북스

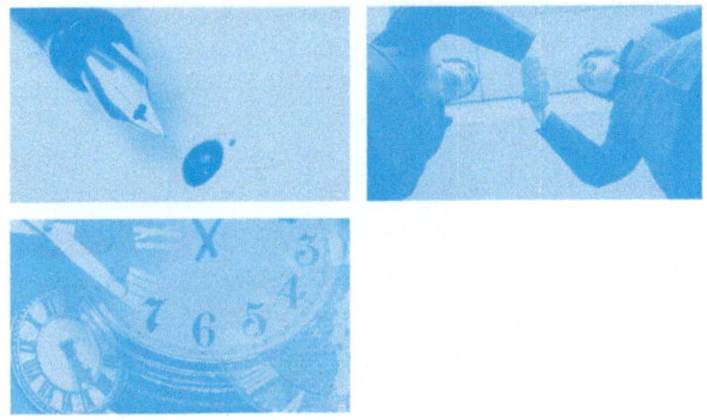

머리말

PREFACE

저자들은 대학과 공무원교육원에서 학생들과 공무원들을 대상으로 오랜 기간 동안 정책학을 강의해 왔다. 이러한 교육과정에서 피교육생들인 학생들과 공무원들로부터 정책학이 너무 추상적이어서 이해하기 어렵다거나, 또는 정책학에서 배우는 이론이 현실과 일치하지 않는 것 같다는 지적을 받아왔다. 저자들은 그 동안 이러한 문제점들을 해결하기 위해 고심하였다. 즉 정책학이 많은 사람들에게 쉽게 이해될 수 있고, 또한 이론과 실제의 괴리현상을 극복하여 현실적합성을 높이는 방법을 찾는 것이 저자들의 공통된 화두였다. 이 책은 이러한 화두에 대한 해답을 찾기 위한 목적에서 저술되었다. 이와 같은 입장에서 저술된 본서의 특색은 다음과 같다.

첫째, 본서에서는 정책학을 처음 접하는 사람들이 정책학의 이론 및 전체적인 윤곽을 쉽게 이해할 수 있도록 정책학의 특정한 분야만을 심층적으로 다루기보다는, 정책학의 여러 분야를 포괄적으로 다루고 있다. 따라서 본서는 정책학의 중요분야, 예컨대 정책의제설정 · 결정 · 집행 · 평가과정을 포괄적으로 취급하고 있다. 이러한 포괄성으로 말미암아 본서에서 취급하는 내용의 많은 부분이 기존의 정책학 교과서에서 취급하는 내용과 중복된다는 문제점이 제기될 수도 있지만, 그러나 본서의 이러한 집필방향은 기존의 정책학도나 새롭게 정책학을 연구하는 학생들에게 혼란을 피할 수 있다는 측면에서 장점이 있다.

둘째, 가능한 한 정책이론과 정책현실을 접목하도록 노력하였다. 다른 어떤 학문보다 정책학은 현실적합성이 높은 학문이다. 본서에서는 많은 현실자료를 이용하여 정책이론과 정책현실의 접목을 시도하였다. 특히 본서는 각 장의 말미에 정책사례를 제시하고, 아울러 이에 관한 토의과제를 제시함으로써 학생들에게 사고할 수 있는 가능성을 열어 주고, 정책이론을 실제의 문제에 적용하는 능력을 배양하기 위해 노력하였다. 이러한 정책사례 및 토의과제는 정책학을 전공하고 있는 학생들뿐만 아니라, 정부에서 정책 실무를 담당하고 있는 공무원 또는 정책과정에 직 · 간접적으로 참여하여 영향을 미치는 사람들에게도 정책학을 이해하는데 커다란 도움을 줄 수 있을 것이다.

셋째, 각 장을 종결하면서 학생들이 그 내용을 제대로 학습하고 숙지하였는지를 알아보기 위해서 연습문제를 제시하였고, 아울러 그 동안 출제되었던 각종의 고등고시(행정 · 입법 · 지방고시) 시험문제를 수록하였다. 먼저 연습문제는 학생들에게 정책문제를 해결할 수 있는 능력을 함양시킬 수 있을 것이다. 뿐만 아니라 고시문제들은 각종 고시에 대비하는 수험생들에게 유용하게 활용될 수 있을 것이며, 아울러 정책학을 강의하시는 교수님들에게도 최근의 정책학 문제에 대한 출제경향을 인식함으로써 수업의 방향과 강의의 방식에 도움을 줄 수 있으리라고 생각한다. 이러한 고시문제 외에도 그 동안(1995년 이후) 서울대 행정대학원 입학시험(석사과정과 박사과정)에 출제된 정책학에 관한 시험문제를 수록하였다. 그 동안 정책학의 산실역할을 한 서울대 행정대학원은 오늘날에도 정책학에 관한 연구 및 교육이 가장 넓고 깊게 이루어지고 있는 곳 중의 하나이다. 따라서 이 대학에서 출제된 입학시험문제는 정책학이 앞으로 어떠한 방향으로 연구되어야 하고, 어떠한 형태의 교육이 이루어져야 하는가 하는 문제를 암시해 주는 나침반의 역할을 수행할 것이다.

본서는 16개의 장으로 구성되어 있다.

제1장에서는 정책학을 연구하면서 기본적으로 알아야 할 내용을 소개하였다. 정책학 및 정책의 개념, 정책학과 인접학문의 관계 등의 내용은 정책학의 연구대상과 범위를 이해하는데 도움을 줄 것이다.

제2장은 정책의 내용을 결정하는 요인에 관한 내용이다. 즉, 정책의 내용을 결정하는 변수로서 환경적 변수와 정치체제의 특성 중 어느 것이 중요한가에 대한 논의 내용이 중심을 이루고 있다.

제3장은 정책과정의 참여자에 관하여 살펴보았다. 정책과정은 정책의제설정, 정책결정, 정책집행, 정책평가 및 정책변동의 다섯 단계로 나누어 볼 수 있으며, 이 과정에 다수의 공식적 · 비공식적 참여자가 개입하여 영향력을 행사한

다. 본서의 학습자들은 이들 다수의 참여자들 중 특히 이익집단과 시민단체의 역할에 주의할 필요가 있다. 이익집단과 시민단체는 비록 정책과정에의 참여가 제도적으로 보장되고 있지는 않지만 다양한 형태로 개입하여 강한 영향력을 행사하고 있다.

제4장은 정책과정의 첫 번째 단계에 해당하는 정책의제설정을 다루고 있다. 여기에서는 정책의제설정에 관한 이론, 정책의제설정과정, 정책의제설정과정에 영향을 미치는 요인 등에 관한 내용을 소개하고 있다. 이 장에서 다루고 있는 내용들 중 정부가 정보보조 활동을 통해 정책의제설정에 영향을 미치려는 전략과, 전략적 정책의제를 설정하기 위해 유용한 기법으로 소개되고 있는 SWOT 분석기법 등은 자세히 이해할 필요가 있다. 특히 SWOT 분석기법은 민간부문의 조직에서 기업의 발전전략을 구축하기 위해 사용되고 있는 기법이나, 오늘날에는 공공조직에서도 발전전략을 기획하거나 전략적 정책의제를 도출하기 위해 널리 사용되고 있다.

제5장, 6장, 7장, 8장, 9장은 정책결정에 관한 내용이다. 먼저 5장, 6장, 7장에서는 정책이 합리적으로 결정되기 위해서 거쳐야 할 과정들을 소개하고 있다. 이러한 내용들 중에서 정책대안을 탐색하고 개발하는 방법은 독창적인 아이디어 창출이 중요시되는 지식정보사회의 현실에서 직면하는 문제해결에 많은 도움을 줄 것이다. 8장은 우리 나라에서 현실적으로 정책결정이 이루어지는 내용을 소개하고 있다. 현실적으로 정책이 결정되는 과정은 다수의 이해관계자가 참여하여 그들의 이익을 극대화하려는 투쟁의 장이다. 따라서 이 과정에서 참여자들 간의 갈등을 최소화하고 정치적 합리성을 높이기 위해서는 상충되는 이해관계를 조정할 필요성이 있다. 갈등의 조정방법은 이 장에서 특히 유념해야 될 내용이다. 9장에서는 정책결정의 이론모형을 소개하였다.

제10장과 11장은 정책집행에 관한 내용을 소개하고 있다. 먼저 10장에서는 정책집행이 본격적으로 연구되게 된 시대적 배경과, 정책결정과 집행의 관계 및 정책집행연구의 접근방법을 소개하고 있다. 정책집행연구의 접근방법에 대한 자세한 이해는 다음 장에서 소개하는 정책집행에 영향을 미치는 요인에 대한 내용을 체계적으로 이해하는 데 많은 도움을 줄 것이다. 제11장은 정책집행에 영향을 미치는 요인에 관한 내용이다. 이 장에서는 정책이 성공적으로 집행

되기 위해서 필요한 최소한의 조건에 대해서 살펴보고 있다. 이들 중 특히 일선 관료에 관한 내용에 유의해야 한다. 권력이 분산되는 것을 특징으로 하는 지방 분권화의 시대에 정책집행과정에서 일선관료의 역할이 매우 중요함은 주지의 사실이다.

제12장에서 15장까지의 내용은 정책평가에 관한 것이다. 정책평가는 공무원의 책임성과, 삶의 질이 중요시되고 있는 근래에 들어와 특히 강조되고 있는 이론이다. 먼저 12장에서는 정책평가의 목적과 필요성, 정책평가의 절차 등의 내용을 소개하였고, 13장에서는 정책평가의 기준, 정책평가에서 아주 중요한 정책지표의 개발 및 활용방법에 관한 내용과 전자정부사업의 평가사례를 다루고 있다. 14장에서는 정책평가의 논리를, 15장에서는 정책평가의 방법을 소개하고 있다. 여기에서는 정책평가의 인과관계에 관한 논리적 구조와, 정책평가의 타당성과 신뢰성을 확보하기 위한 전략과 구체적인 정책평가를 위한 방법 등의 내용을 숙지해야 한다. 특히 정책의 효과를 추정하기 위해 사용되고 있는 방법들 중에서 비교적 과학적인 방법으로 통용되고 있는 준실험과 진실험의 논리, 문제점 및 이를 해결하기 위한 방법 등의 내용에 유념할 필요가 있다.

제16장은 정책변동에 관한 내용이다. 정책도 살아있는 유기체처럼 항상 변화한다. 즉, 본래의 목표를 달성한 정책은 사라지고, 달성하지 못한 정책은 다른 내용으로 변화한다. 이 장에서는 이러한 내용을 다루었다. 이들 내용 중 정책 및 조직이 변동하는 과정에서 발생하는 저항과 이를 극복하기 위한 전략은 공공부문뿐만 아니라 민간부문의 조직에서도 많은 관심을 기울이는 분야이다.

이러한 내용을 다루었음에도 불구하고 본서에는 아직 미흡한 점이 남아 있다. 이러한 분야는 앞으로 많은 동도제현(同道諸賢)들의 참여 속에 연구해야 할 과제라고 생각한다.

끝으로 본서의 출간에 후원을 아끼지 않은 비앤엠북스의 정광식 사장님과 좋은 모양의 책이 되도록 힘써주신 장선옥 편집위원 및 편집부 여러분께 진심으로 감사를 드린다.

2006년 3월 10일

저자들 씀

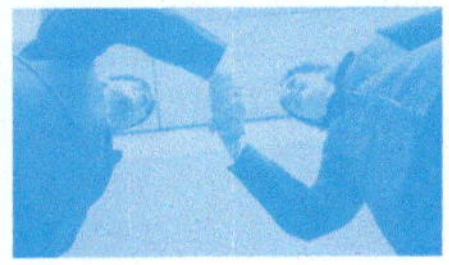

차 례

CONTENTS

차 례

CONTENTS

차 례

CONTENTS

차 례

CONTENTS

차 례

CONTENTS

차 례

1
정책학 연구의 기초이론

이 장의 개요

정책학과 정책을 연구하기 위해서는 기본적으로 알아야 할 사항들이 있다. 이 장에서는 이러한 기초사항들을 대상으로 내용을 전개한다. **제1절**에서는 정책학을 이해하기 위해 정책학의 개념과 학문적 성격을 살펴보기로 한다. **제2절**에서는 정책학의 연구대상과 연구배경을 살펴본다. 이 절에서는 정책학이 학문으로 성립하고 발전하기 위해서 필요・충분조건으로 간주되는 정책학에 대한 사회적 수요와, 이에 대한 학문적 공동체의 공급활동 등으로는 어떠한 것이 있었는가를 중심으로 살펴본다. **제3절**에서는 정책학과 인접학문의 관계에 대해서 살펴보고, **제4절**에서는 정책학 연구의 틀을 이해하는 데 필요한 정책의 개념, 특성 및 유형에 대해서 살펴보고자 한다.

1.1 정책학의 개념과 특성

1. 정책학의 개념

정책학(policy sciences)에 대한 용어는 이를 연구하는 학자들에 의해서 다양하게 사용되고 있다. 가령, 일부의 학자들은 정책분석(policy analysis)이라는 용어를 정책학과 동일한 의미로 사용하고 있는가 하면, 또 다른 학자들은 정책연구(policy studies)라는 용어를 정책학과 동일한 의미로 사용하고 있다. 이처럼 정책학을 다양하게 사용하고 있는 만큼이나 정책학의 개념 역시 다양하다. 이들의 내용을 사용하는 용어별로 살펴보면 다음과 같다.

먼저 정책학(policy sciences)이라는 용어를 사용하는 대표적인 학자인 Lasswell은 1951년 발표한 그의 논문에서 정책학을 '정책결정 및 정책집행을 설명하고 정책문제와 관련이 있는 자료를 수집하고 해석하는 학문' 이라고 정의하였다(H. Lasswell, 1951:14). 그러나 Lasswell은 1971년 발간된 그의 저서에서 정책학을 '어떻게 정책이 만들어지고 집행되는가에 대한 체계적이고 경험적인 연구' 라고 하여 정책학의 개념에 대한 그의 초기의 견해를 약간 수정하였다(Lasswell, 1971:1). 한편, 정책학이라는 학문을 체계적으로 발전시키는 데 커다란 공헌을 한 Dror는 정책학을 '인지된 사회문제들에 대해서 지식과 합리성을 응용하는 것' 이라고 정의하였다(Y. Dror, 1971:49).

다음으로 정책학이라는 용어대신에 정책분석(policy analysis)이라는 용어를 사용하는 Quade는 정책분석을 '정책결정자들이 가장 유리한 행동을 취하도록 하기 위하여 실현가능한 방안을 모색하고, 이 방안을 채택하고 집행하는 경우에 발생할 편익, 기타의 결과에 관한 정보를 창출하고 실증을 제시하는' 학문이라고 하였고(E.S. Quade, 1982:5), Dunn은 정책분석을 '정책문제를 해결하기 위하여 복수적인 탐구방법들과 주장을 사용하여 정치적 상황에서 활용가능한 정책관련 정보를 산출하고 전환하는 복수의 탐구방법들과 주장을 사용하는 하나의 응용사회과학' 이라고 정의하고 있다(W. Dunn, 1981:35).

한편 정책학이라는 용어대신에 정책연구(policy studies)이라는 용어를 사용하고 있는 Nagel은 정책연구를 '사회적 문제들을 해결하기 위하여 그 문제의 성격, 원인 및 효과들을 연구하는 것' 이라고 정의하였다(S.S. Nagel, 1987:219).

지금까지 살펴 본 정의들을 통해서 알 수 있듯이 정책학은 학자들이 사용하는 용어에 따라, 또는 같은 용어라 할지라도 그것이 의미하는 바를 좁은 시각에서 파악하느냐 또는 넓은 시각에서 파악하느냐에 따라 약간의 차이는 있다. 따라서 정책학이란 개념을 하나의 문장을 사용하여 보편적으로 통용되는 정의를 하기는 매우 어려운 일이라 할 수 있다. 그러나 이들의 개념정의를 통해서 알 수 있는 것은 정책학이란 사회문제를 바람직한 방향으로 해결하기 위해서 필요한 정보나 지식 등을 창출하고 제공하기 위한 학문이며, 또한 정책의 형성 · 집행 및 평가 등의 과정이 실제 어떻게 진행되는가 하는 것과, 어떻게 진행되어야 하는가에 대해 연구하는 학문이라는 것이다.

2. 정책학의 특성

정책학은 매우 광범위한 분야를 연구의 대상으로 하는 학문이다. 이러한 까닭으로 정책학의 학문적 성격 역시 매우 다양한 측면들로 이루어져 있다.

정책학의 성격에 대해 Lasswell은 맥락성, 문제지향성, 다학문성 등을 제시하고 있고(H.D. Lasswell, 1971:14–75), Dror는 정책결정체제의 강조, 거시적 수준의 연구, 학문적 경계의 초월, 순수연구와 응용연구의 융화, 경험의 중시, 가치지향성, 창조성의 강조, 역사성, 동태성, 쇄신성 등을 정책학의 특성으로 제시하고 있다(Y. Dror, 1971:49–54). 이들 중 Lasswell의 견해를 중심으로 정책학의 특성을 살펴보면 다음과 같다.

(1) 문제지향성(problem orientation)

정책학은 정책문제 해결이라는 실천적 목표를 지니고 있다. 이러한 정책학의 문제지향적 특성은 정책학이 정책문제 해결의 과정에 관한 지식과 이러한 과정에서 필요한 지식을 산출하는 것이라고 하는 정책학에 대한 정의나, 정책결정자의 주된 임무는 정책이라는 수단을 통해 복잡한 사회문제를 해결하는 것이라는 학자들의 주장 속에 잘 나타나 있다.

(2) 다학문성(inter-disciplinary)

정책학은 사회가 당면하고 있는 현안문제를 슬기롭게 해결하는 것을 학문연구의 궁극적 목표로 하고 있다. 따라서 정책학이 다학문적 접근을 택하고 있다는 것은 어쩌면 당연한 현상인지도 모른다. 왜냐하면 정부가 사회문제를 효과적으로 다루기 위해서는 다양한 분야로부터의 전문지식, 이론, 기법, 논리 등이 필요하기 때문이다. 예컨대 도시개발정책을 입안하기 위해서는 사회학, 지리학, 도시공학 등에 관련된 전문지식과, 제도적인 측면에 대한 이해를 위해 필요한 행정학, 법학, 정치학 등에 정통하고 있어야 하며, 도시계획이 갖는 문화적인 측면의 이해를 위해 문화인류학, 역사학 등의 학문에도 일가견을 가져야 한다(김신복, 1991:111-2).

(3) 규범성(normative)

정책학은 인간의 존엄성과 인간능력의 실현을 중요시한다. 이처럼 정책학이 인간의 존엄성과 인간능력의 실현을 최고의 가치로 여기는 경향은 정책학이 탄생된 이래 지금까지 계속되어 오고 있다. 따라서 정책학은 사회적 이슈를 분석하는 데 효과성, 능률성뿐만 아니라 공평성, 평등성 등도 중요한 가치로 포함시키고 있다.

1.2 정책학의 연구대상과 배경

1. 정책학의 연구대상

정책학은 정책을 연구하는 학문이다. 즉, 정책학은 정책에 관한 내용을 연구의 대상으로 하는 학문이라 할 수 있다. 정책의 내용은 정책의 실질분야(substantive field)에 대한 내용과 정책의 과정(process)에 대한 내용으로 구분해 볼 수 있다. 따라서 정책의 실질분야에 관한 지식의 탐색과 정책과정의 내용에 대한 지식의 탐색은 모두 정책학의 중요한 연구대상이라 할 수 있다. 정책은 사회가 직면한 문제를 해결하여 바람직한 사회의 건설을 목표로 하고 있다. 그런데 정책이 해결의 대상으로 하는 사회문제는 사회의 어느 한 분야만을 대상으로 하지 않고, 사회의 각 분야들을 대상으로 한다. 그러므로 바람직한 내용의 정책을 결정하고, 이를 성공적으로 집행하기 위해서는 정책에 관한 실질분야의 지식에 대한 이해가 필요하다. 따라서 정책의 실질분야에 대한 지식의 탐색은 정책의 중요한 연구의 대상이 된다. 가령 현재 우리 사회가 직면한 교통, 실업, 주택, 교육, 과학기술 등과 같은 문제를 해결하기 위해서는 이에 관한 전문적 지식에 정통하고 있어야 한다. 따라서 정치학, 경제학, 사회학, 사회복지학, 교육학, 도시공학 등에 관한 이론들은 정책의 중요한 연구대상이 된다. 한편 정책은 하나의 연속된 과정으로 이해하여 볼 수도 있는데, 정책의 과정에 대한 지식 및 과정에 필요한 지식의 탐색은 정책학의 중요한 연구대상이 된다.

정책의 과정에 대해 학자들은 매우 다양한 견해를 보이고 있다. 가령 Jones는 정책과정을 문제정의단계, 형성 · 합법화단계, 집행단계, 평가단계, 종결단계 등 다섯 단계로 구분하여 제시하고 있고(C.O. Jones, 1977:9–12), Ripley와 Franklin은 형성 · 합법화단계, 집행단계, 평가단계, 정책변동단계 등 정책과정을 네 단계로 구분하고 있으며(R.B. Ripley and G.A. Franklin, 1986:5–9),

Anderson은 정책과정을 정책의제설정단계, 정책형성단계, 정책채택단계, 정책집행단계, 정책평가단계 등의 다섯 단계를 제시하고 있다(J.E. Anderson, 1979). 한편 과정(process)모형을 통해서 정책과정을 구분하고 있는 Dye는 정책의 과정을 문제의 규명, 정책대안의 형성, 정책의 합법화, 정책의 집행, 정책의 평가 등 다섯 단계로 구분하여 제시하고 있다(T.R. Dye, 1981:23-6). 이러한 학자들의 정책과정에 대한 견해를 Jones의 견해를 중심으로 비교해 보면 다음과 같다.

첫째, 문제정의단계는 정책문제를 선정하는 단계로 Anderson의 정책의제설정단계와 동일하다.

둘째, 형성 · 합법화단계는 정부 내의 행동단계로 문제를 해결하기 위한 행동대안을 형성하고, 권위있는 기관이 이에 대해 합법성을 부여하며, 자원배분이 이루어지는 단계로서 Anderson의 정책형성단계와 정책채택의 단계가 이에 해당한다.

셋째, 집행단계는 정책내용에 대한 구체적인 해석을 하고, 이를 실행하기 위한 구조적 장치를 마련하여 대상집단에게 정책이나 프로그램에 의한 구체적인 활동을 통해 혜택을 제공하는 단계이다.

넷째, 평가단계는 집행의 결과로서 발생한 실적(performance)이나, 영향(impact)을 평가하는 단계를 말한다. 이 단계에서는 집행의 결과를 평가하기 위해 필요한 정보와 자료를 수집하고 분석하는 데 중요한 다양한 기법들이 필요한 단계이다.

다섯째, 종결단계는 정책을 통하여 문제가 해결되어 정책이 종결되거나, 정책의 내용을 수정하는 단계로서 Ripley와 Franklin의 정책변동단계가 이에 해당한다.

여기에서는 정책과정을 정책의제설정단계, 정책결정단계, 정책집행단계, 정책평가단계 및 정책변동단계 등 다섯 단계로 구분하기로 한다. 이러한 정책과정을 정책학의 연구대상을 파악하기 위해 간단한 모형으로 표현한 것이 [그림 1-1]이다.

[그림 1-1]에 들어 있는 각 단계들은 이 책의 뒷부분에서 구체적으로 살펴볼 것이므로 여기에서는 요점만 간단하게 살펴보기로 한다.

첫째, 정책의제설정의 단계는 사회문제가 정책문제로 전환되는 과정이나 행

그림 1-1 **정책과정과 정책학의 연구대상**

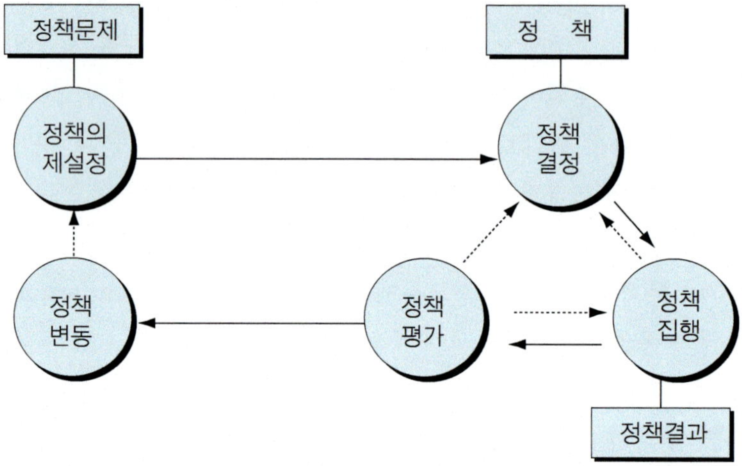

주 : 이 그림에서 직선은 직접적인 영향을 나타내고, 점선은 환류(feedback)를 나타낸다.

위를 의미한다. 사회에는 해결이 요구되는 많은 문제들이 있는데 이들 중에서 정부가 정책적으로 해결할 것을 심각하게 고려하기로 결정하는 행위 또는 과정을 의미하며, 이 과정에서 나오는 산출물이 정책문제이다.

둘째, 정책결정단계는 정부에서 정책적으로 해결하기로 결정한 사회 문제, 즉 정책문제에 대한 해결책을 찾는 과정을 의미한다. 어떠한 문제가 정책문제로 채택이 되면 정부는 이를 해결하기 위해 먼저 이 문제를 명확히 정의하고, 이를 통해 달성하려는 정책목표를 설정하게 된다. 다음으로 정부는 이러한 정책목표를 달성하기 위한 대안들을 탐색한다. 이러한 과정을 거쳐 탐색된 정책대안들은 그것이 실행에 옮겨졌을 때 각각 나타나게 될 결과를 예측하는 단계를 거쳐, 최종적으로 하나의 정책대안이 선택된다. 이러한 과정을 총괄하여 정책결정과정이라고 하며, 이 과정에서 필요한 정보나 자료를 분석하고 제공하는 활동을 정책분석이라 한다. 또한 이러한 정책과정을 통해 산출되는 결과를 정책이라 한다.

셋째, 정책집행단계는 정책결정단계에서 결정된 정책을 구체화시켜 현실에 적용하고, 실현시키는 활동을 의미한다. 이러한 정책집행활동은 일부의 대상집단에게는 편익을 일부의 대상집단에게는 비용의 부담을 안겨주기도 하는데, 이처럼 정책집행의 결과 현실적으로 나타나는 편익과 비용을 정책결과라 한다.

넷째, 정책평가단계는 정책의 구체적 실현으로 어떠한 결과가 초래되었는가 하는 정책의 영향과 효과, 정책이 의도하였던 목표를 달성하였는가 하는 목표성취도 또는 정책의 집행과정이 본래 의도한 방향대로 이루어졌는가 등에 대해서 살펴보는 단계이다. 정책평가단계는 바람직한 집행전략을 수립하는 데 많은 도움을 줄 뿐만 아니라, 이후에 전개되는 정책의 변동에도 중요한 영향을 미친다.

다섯째, 정책변동단계는 정책이 본래 의도한 목표를 달성하여, 그 결과로 사회문제가 해결되어 정책이 종결되거나 또는 정책의 내용을 수정하는 단계이다.

[그림 1-1]의 원형 속에 들어 있는 정책의제설정, 정책결정, 정책집행, 정책평가, 정책변동 등은 정책과정의 핵심적 활동으로 정책학의 중요한 연구대상이 된다. 한편 [그림 1-1]의 사각형 속에 들어 있는 정책문제, 정책, 정책결과는 해당 정책과정의 산출물(output)을 나타내고 있는데, 이들 역시 정책학의 연구대상이 된다. 뿐만 아니라 정책결정과정에서 필요한 자료나 정보를 수집 · 분석하여 제공하는 지적 작업인 정책분석활동 역시 정책학의 중요한 연구대상이다.

2. 정책학의 연구배경

(1) 정책학의 발전

정책학이 새로운 학문으로 대두되기 시작한 것은 1951년 Lerner와 Lasswell이 공동으로 편저한 「정책과학(policy sciences)」이란 책에 Lasswell이 정책지향(policy orientation)이란 논문을 발표한 때(H.D. Lasswell, 1951:3–15)부터라는 것이 여러 학자들의 일치된 견해이다.

물론 정책학이 이 때 처음으로 연구되기 시작한 것은 아니다. 정책학의 연구에 대한 기원은 인류의 문명이 시작되면서부터라고 추론해 볼 수 있다. 왜냐하면 인류문명은 인간이 집단생활을 시작하면서 형성되기 시작하였고, 인간의 집단생활은 조직의 대두를 의미하며 또한 조직이 있는 곳에는 정책이 표출되었을 것이기 때문에(김형렬, 1990:19), 정책현상은 인류문명의 출현과 함께 시작되었고, 이 때부터 어떠한 형태로든 정책에 대한 연구는 존재하였을 것이라고 추측해 볼 수 있기 때문이다.

그러나 이처럼 인류의 역사상 오랜 전통의 기원을 갖고 있는 정책이 체계적이고 과학적인 모습으로 연구되기 시작한 것은 1960년대에 들어와서부터라고 할 수 있다(유훈, 1986:21). 그러면 이처럼 오래된 전통의 뿌리를 지니고 있는 정책학이 왜 근래에 들어와서야 본격적으로 연구되기 시작하였으며 많은 사회과학자들의 관심을 끌게 되었고, 1960~1970년대를 거쳐 발전하게 되었는가?

이러한 현상의 원인에 대해서는 매우 다양한 변수를 들어 설명을 할 수 있다. 예컨대 당시 미국이 직면하였던 제2차 세계대전, 월남전쟁, 청소년범죄, 에너지 위기 등과 같은 수많은 사회문제에 의해서 설명할 수도 있고, 또는 당시 사회과학에서 유행하고 있던 행태주의(behavioralism)에 대한 정치 · 행정학자들의 반발 등에 의해서도 설명이 가능하다. 여기에서는 정책학의 발전원인을 정책학에 대한 사회적 수요와, 이에 대응한 학문적 공동체의 공급측면으로 구분하여 살펴보겠다.

1) 정책학에 대한 수요 요인

미국에서 정책학이 발전할 수 있도록 영향을 미친 사회적 수요 요인으로는 제2차 세계대전, 빈곤과의 전쟁, 월남전쟁, 에너지위기 등이 있다(노화준, 1995:25-8; 이성복, 1995:36-42).

① **제2차 세계대전** : 1939년에 시작되어 1945년에 종전된 제2차 세계대전에 미국이 참전하게 된 사건은 미국에서 정책학이 발전하게 되는데 영향을 미친 가장 중대한 사건 중의 하나이다. 즉, 제2차 세계대전이 계기가 되어 국가안보문제나 실업문제 등과 같은 정책문제는 당시 미국이 당면한 최대의 현안문제로 대두하게 되었다. 이를 계기로 행정 · 정치학자들을 주축으로 한 다수의 사회과학자들은 이러한 정책문제에 깊은 관심을 갖고, 적극적으로 연구하기 시작하였다.

② **빈곤과의 전쟁** : 1960년대 중반부터 Johnson 행정부가 '위대한 사회(great society)'의 건설이라는 가치를 내걸고 시작한 '빈곤과의 전쟁'은 흑인 및 빈곤층의 사회복지문제를 미국이 해결해야 할 중대한 현안문제로 대두시켰

으며, 미국정치계에서는 이러한 문제를 해결하기 위한 대책을 수립하는 데 대한 도움을 정치학자나 행정학자들에게 요구하게 되었다. 따라서 이 시기에 빈곤퇴치를 위한 전쟁으로 교육문제로부터 주택, 고용 등과 같은 여러 가지 새로운 사회문제를 해결하기 위한 프로그램들의 개발과 형성이 폭주하였는데, 이것이 정책지향적인 사회과학연구를 촉진시킨 촉매재의 역할을 수행하였다. 즉, 미국의 사회과학계에서는 이 시기에 빈곤과의 경험에 자극받아 정책학에 관한 많은 잡지와 저서들이 출판되었다.

③ **월남전쟁** : 잘못된 정책결정으로 또는 미국의 실패한 외교정책으로 많은 인구에 회자되고 있는 월남전쟁에 대한 미국의 참전은 미국에서 정책학이 발전할 수 있는 수요를 창출하는 또다른 발판을 마련하였다. 즉, 전쟁을 능률적으로 수행하기 위해 요구되는 합리적 분석의 필요성은 많은 정책분석기법의 수요를 잉태하였고, 이에 따라 정책결정의 합리성을 높이기 위한 많은 정책분석기법들이 발전하게 되었다. 당시 국방부에 의해 실시되었고, 전 행정부처에 확대하여 실시하려 했던 기획예산제도(PPBS)는 이러한 분석기법에 의해 가능하였다.

④ **기타 사회문제** : 위에서 살펴본 문제들 외에도 미국 국민의 도덕적 자존심에 커다란 상처를 안겨준 워터게이트(watergate)사건이나, 흑인폭동문제, 1973년과 1978년 두 차례에 걸쳐 경험하였던 에너지위기문제 역시 미국 사회에 정책학 연구의 필요성에 대하여 많은 영향을 미친 사건들이었다. 가령 에너지위기사건은 에너지자원의 효율적 이용을 위해 정책분석에 모델링 및 시뮬레이션 등과 같은 기법활용의 필요성을 촉발하였다.

2) 정책학에 대한 공급 요인

정책학의 발전은 정책학의 필요성에 대한 사회적 수요 요인에 의해서만으로는 설명이 불가능하다. 즉, 사회적 수요에 맞는 이론이나 논리 또는 기법 등을 사회과학계가 제공할 수 있었던 공급 요인에 대한 설명이 있어야 가능한 것이다.

① **후기행태주의(post-behavioralism)의 등장** : 1950년대부터 미국의 사회과학계를 휩쓸기 시작하였던 행태주의는 1960년대 전반까지도 정치학 및 행정학계를 압도하고 있었다. 행태주의는 논리적 실증주의를 철학적 배경으로 하

여 사회과학 전반에 걸쳐 새로운 연구대상과 연구방법을 주장한 학문적 사조로, 다음과 같은 다양한 특징을 가지고 있다(정정길, 1997:7-10).

첫째, 연구대상면에서의 특징으로 행태주의의 핵심 연구대상은 인간의 행태(behavior)이다. 즉, 행태주의가 등장하기 이전까지 미국 정치 · 행정학계의 주류를 이루었던 제도주의(institutionalism)가 제도나 구조 또는 공식적 역할 등을 중시한 데 비하여 행태주의는 인간의 행태를 중시하였다.

둘째, 연구방법면에서의 특징으로 행태주의는 과학적 방법을 강조하였다. 즉 행태주의는 경험적 · 객관적 현상을 연구의 대상으로 하였고, 과학적 과정과 절차에 의한 가설의 정립과 검증을 중시하였다.

셋째, 철학적 측면에서의 특징으로 행태주의는 도덕적 · 윤리적 가치 판단을 경시하였고, 경험적 사실판단을 중시하였다.

이러한 특성을 갖는 행태주의는 현실적합성(relevance)의 결여로 인하여 당시 미국이 직면한 사회적 현안문제들을 해결하는 데 도움을 주지 못하였다. 이에 대한 지적 반발로 나타난 것이 '현실성의 신조(credo of relevance)' 를 기치로 한 후기행태주의이다. Easton을 위시한 후기행태주의자들은 과학적 방법을 적용할 수 있는 연구대상의 선정보다는 사회문제의 해결을, 가치판단의 경시보다는 가치에 대한 연구의 필요성을 중시하였는 데, 이들의 이러한 학문적 신조는 정책지향(policy orientation)을 도모하는 것으로서 이후에 정책연구를 그 핵심으로 하였으며, 정책학의 발전에 커다란 기여를 하였다.

② **연구소 및 대학원의 설립** : 정책연구소는 정책의 이론 및 현실문제를 연구하는 기관으로 이들은 대학에서 운영하는 것과 대학이 아닌 다른 기관 또는 개인이 운영하는 것으로 크게 구별할 수 있다(김형렬, 1990:29). 이를테면 사회과학연구소, 공해문제연구소, 도시문제연구소, 지역개발연구소 등은 대학 내에 설립된 연구소로서 관련대학의 교수 및 조교들에게 정책개발의 기회를 제공하였다.

반면에 RAND 연구소(The RAND Corporation), 브루킹스연구소(The Brookings Institute), 국방분석연구원(Institute of Defense Analysis) 등은 대학이 아닌 다른 기관에서 운영하는 연구소들로서 정책학의 중요한 내용을 이루고 있는 경영과학(OR), 관리과학, 체제분석 등의 발전에 많은 기여를 하였다.

이러한 연구소들뿐만 아니라 대학에 설립된 다수의 정책대학원을 비롯하여 많은 대학에 설립된 정책학과와, 전공과정으로서 정책학의 개설은 이후 정책학 발전의 기름진 토양이 되었다.

③ **저서 및 정기간행물의 발간** : 이 시기에 간행된 정책에 관한 각종의 저작물 및 정기간행물들은 정책학의 영역을 확대하고, 대학에 정책학과의 설립 및 정책학전공의 개설을 위하여 지대한 공헌을 하였다. 가령 Lasswell, Dror, Wild-avsky 등과 같은 학자들이 발간한 저서는 정책학의 영역을 넓히는 데 기여하였을 뿐만 아니라, 정책학이 체계적이고 과학적으로 발전하는 토대를 마련하였다.

한편 1960년대 이후 정책학에 관한 다양한 종류의 학술지가 발간되었다. 이러한 학술지들은 일반적인 정책분석에 관한 학술지뿐만 아니라 정책평가분야의 학술지, 준대중용 정기간행물, 실질정책분야의 학술지 등을 포함시킨다면 20여종이 넘는 실정이다(유훈, 1986:22). 예컨대 1960년대에 발간된 Policy Scie-nce나, 1970년대 초에 발간된 Policy Studies Journal 또는 1980년대 초에 발간된 Policy Studies Review 등이 정책학에 관한 대표적인 전문적 학술지이다. 이처럼 다양한 종류의 학술지 발간은 다수의 정책학자들에게 정책에 관한 이론, 논리 또는 기법 등에 관한 논문을 발표할 수 있는 기회를 제공하였으며, 이후에 정책학 연구가 활성화되고 정책학이 학문적으로도 성숙할 수 있도록 하는 데 커다란 공헌을 하였다.

(2) 우리 나라 정책학의 연구

우리 나라에 정책학이 도입되기 시작한 것은 1960년대부터이다. 정책학의 도입 및 발전의 시기를 10년 단위로 잡는다면, 1960년대는 도입 및 개념화의 시기, 1970년대는 정착 및 확산의 시기, 1980년대 이후부터는 내실 및 다양화의 시기로 구분하여 볼 수 있다(송희준, 1992:63–95).

1960년대에 이루어진 초기의 정책연구는 주로 행정학자와 정치학자에 의하여 상당히 모방적 성격을 띠면서 도입되었다. 따라서 이 시기에는 정책학이 독립적인 학문 분과로서의 인식이나 필요성이 크게 높지 않던 시기로서, 연구자의 주된 관심분야는 의사결정론과 기획론이었으며 주로 도시, 인구, 발전정책에 대한 연구가 이루어졌다.

1970년대는 외국에서 전문적인 정책학 연구자들이 속속 귀국하면서 정책학자로 불리는 일군의 연구자들이 주도한 시기로서, 정책학이 우리 나라 사회과학 분과의 하나로서 정립되고 발전하는 분기점이 된 시기였다. 이 시기에는 많은 대학과 공무원교육원에서 정책학 과목의 교육이 본격화 되었으며, 이후 1980년대의 정책학 발전을 위한 연구 인력과 범위의 확산에 크게 기여한 시기였다.

정책학에 대한 연구는 정책의 형성 · 집행 · 평가 등으로 세분되어 연구되었고, 이러한 연구결과는 정책학 개설서의 저술로 나타나게 되었다.

1980년대 이후 정책학의 발전은 국내 정책학자들의 정책연구의 체계화 노력에 외국의 새로운 이론과 방법론을 습득한 소장학자들의 가세에 의하여 부단히 신진대사가 지속되면서, 국내의 정책학이 사회과학의 한 분과로 자리 잡는 시기였다. 이 시기에 많은 대학에서 정책과학대학 및 정책대학원이 설립되었으며, 특히 1990년대 이후에는 한국정책학회, 정책분석평가학회 등이 탄생하였고, 이들에 의해「한국정책학회보」,「정책분석평가학회보」등 전문학술지의 발간이 이루어졌다.

이 시기에는 정책형성이나 집행에 관해서보다는 정책평가에 대한 연구가 상대적으로 활발하게 이루어졌으며, 정책분석이라는 영역이 형성되기도 하였다. 정책연구의 분야별로는 1960~1970년대에 비하여 훨씬 다양해졌는 데, 주된 연구 분야로는 경제산업, 복지와 보건사회, 노동 및 인력, 환경, 도시 및 지역에 관한 연구와 1980년대 후반부터는 특히 정보통신과 과학기술분야 등 거의 모든 정책분야로 연구의 범위를 확대하게 되었다.

1.3 정책학과 인접학문

앞에서도 살펴본 것처럼 정책학은 다학문적 특성 때문에 여러 학문분야들로부터 이론, 논리 또는 기법들을 원용하여 왔다. 따라서 정책학은 사회과학의 여타 학문들과 많은 공통된 특성을 갖고 있는데, 이들 중 행정학, 정치학, 관리과학, 경제학, 법학 등과 같은 학문들과 특히 밀접한 관련을 갖고 있다.

(1) 정책학과 행정학

정책학과 관련을 맺고 있는 학문들 중에서 가장 밀접한 관련을 맺고 있는 학문이 행정학이다. 그 이유는 첫째, 정책학을 연구하고 있는 학자들 중에서 행정학자들이 다수를 차지하고 있다는 사실이 이러한 주장의 논거를 이루고 있다. 둘째, 정책학에 대한 많은 프로그램(program)들이 사회과학 분야의 다른 학과에서보다는 행정학과나 행정대학원에 개설되어 있다는 사실이 이러한 주장에 대한 두 번째 논거를 이루고 있다.

특히 정치와 행정의 관계를 이원론의 차원에서 파악하려는 고전적 행정학이 붕괴되면서 그 동안 행정학의 연구대상에서 제외되었던 정책이 행정학의 중요한 연구과제로 대두하게 되었으며, 이후 행정학과 정책학은 상호간에 영향을 주고받으며 긴밀한 관계를 형성하면서 발전하여 왔다.

가령 정책연구에 중요한 연구 분야를 이루고 있는 관료제 · 기획 · 의사결정 또는 예산이나 인사 등에 관한 이론들은 그 동안 행정학의 핵심적인 연구과제들로서, 이들 이론들이 정책학의 학문적 발전에 중대한 기여를 했음은 주지의 사실이라 하겠다. 이처럼 정책학은 학문적 발전을 위해 행정학으로부터 많은 지적 도움을 받았지만, 역으로 행정학의 발전에도 또한 많은 기여를 하였다. 이러한 경우는 많은 사례들로부터 그 예를 찾아볼 수 있다. 가령 정책학이 행정학의 정책형성에 관한 실증적 측면의 연구에 많은 도움을 주었다는 사실, 또는 정책학이 행정학의 적실성을 고양하는 데 기여하였다는 사실들이 이러한 주장들을 입증해 준다.

이처럼 정책학은 행정학과 긴밀한 관계를 이루며 발전하여 왔지만, 그러나 이들이 결코 같은 분야의 학문은 아니다. 가령 똑같은 인사 · 조직이라는 연구대상의 경우에도 행정학은 정부관료제의 전반적인 인사 · 조직문제 등에 초점을 맞추는 데 비하여, 정책학은 특정한 정책의 성공적 집행을 위한 인사 · 조직문제에 초점을 맞춘다는 측면에서 차이가 난다.

(2) 정책학과 정치학

현대적 정책학의 창시자인 Lasswell이 유명한 정치학자였다는 사실은 정치학과 정책학의 밀접한 관계를 예측케 해준다. 이처럼 정치학과 정책학이 밀접한 관련을 맺고 있다는 것은 양쪽의 학문에서 중요한 연구대상으로 취급되는 이론들이 중복되고 있다는 사실에서도 확인할 수 있다. 가령 정책결정과정은 오래 전부터 정치학의 주요 관심대상이었고, 정책과정의 첫 번째 단계로서 정책학의 중요한 연구대상인 정책의제설정은 정치학에서도 역시 중요한 연구내용이었다.

그러나 정치학은 정치권력, 정치제도, 정치체제의 구성과 운영 등에 초점을 두는 데 비해 정책학은 특정한 정책의 과정에 중점을 둔다는 점, 정치학이 경험적 · 실증적 접근방법에 의한 연구를 강조한 데 비해 정책학은 경험적 접근방법도 중요시 하지만, 처방적 접근방법도 마찬가지로 중요시 한다는 측면에서 이들 학문간에는 차이가 있다.

(3) 정책학과 관리과학

정책학의 발전초기에는 정책의 합리적 결정에 대한 연구가 정책학에서 추구하는 가장 중요한 관심분야였다. 그런데 정책의 합리적 결정을 위해서 필요한 분석기법들의 대부분은 관리과학에서 개발한 분석기법들이다. 따라서 관리과학은 정책학의 발전에 많은 영향을 미쳤다. 그러나 공공정책의 합리적 결정에는 관리과학의 기법들 외에 여러 가지의 정치적 변수들을 고려해야 한다는 점에서 관리과학의 정책학에 대한 기여는 나름대로의 한계가 있다. 그러나 이러한 한계에도 불구하고, 그 동안 관리과학이 정책결정과정에서 최선의 대안을 탐색하는 데 커다란 기여를 하여 왔다는 사실과, 앞으로도 계속해서 중요한 역할을 담당해야 할 것이라는 사실을 부인할 수는 없다.

(4) 정책학과 기타 사회과학

정책학은 이들 학문들 이외에도 경영학, 경제학, 법학, 심리학, 사회학 등의 인접 사회과학들로부터도 다양한 이론, 논리 및 기법들을 도입하여 학문의 발전을 도모하였다. 예컨대 미시경제학의 기법 및 후생경제학의 효용이론 또는 법학의 다양한 논리 등은 정책학의 발전에 많은 도움을 주었다.

1.4 정책의 개념과 유형

1. 정책의 개념 및 특성

정책학은 정책을 연구의 대상으로 하는 학문이다. 따라서 정책학이 구체적으로 무엇을 대상으로 해서 연구하는 학문인가를 이해하기 위해서는 정책이란 개념이 무엇을 의미하고 있는가를 알아야 한다. 그러나 사회과학에서 사용하는 많은 개념에 대한 정의가 다의적이고, 불분명한 것처럼 정책이란 개념에 대한 정의도 학자에 따라 매우 다양하게 이루어지고 있다. 즉, 정책이 무엇인가에 대하여 학자들간에 의견의 통일을 볼 수가 없다(정정길, 1997:51). 물론 똑같은 개념을 이처럼 사용하는 학자에 따라 서로 다른 의미로 정의하는 이유는 학자들마다 정책의 제측면 중에서 중요하다고 생각하는 측면이 제각기 다르기 때문일 것이다. 따라서 정책이 무엇을 의미하는 것인가를 좀더 자세하게 이해하기 위해서 먼저 여러 학자들의 정책에 대한 개념정의를 간단하게 검토해 보기로 한다.

정책을 매우 광범위한 개념으로 이해하고 있는 Higginson은 '정책은 행동화하기 위한 하나의 지침' (M.V. Higginson, 1966:21)이라고 정의하고 있는데, 그가 사용하고 있는 개념적 특징은 공공영역과 민간영역을 구분하지 않고 있다는 점이다. 이와는 달리 정책의 공공적 특성을 강조하는 학자들도 있다. 가령 정책을 Dye는 '정부가 하기로 혹은 하지 않기로 결정한 모든 것' (T.R. Dye, 1981:1)으로, Dror는 '정부기관에 의하여 결정된 미래의 행동지침' (Y. Dror, 1968:12)이라고 정의하고 있는데, 이들은 모두 정부라는 공공영역에 의한 결정이나 행동을 정책으로 파악하고 있다.

이들 외에도 많은 학자들이 나름대로의 정책에 대한 개념을 정의하고 있는데, 가령 Sharkansky는 정책을 '정부의 중요한 활동' (I. Sharkansky, 1975:4)으로 규정하여 앞에서 살펴본 학자들의 견해보다는 정책을 협의의 개념으로 파악하고 있고, Easton은 정책이란 '전체사회를 위한 가치의 권위적인 배분' (D. Easton, 1953:129)이라고 하여 정책의 정치적 · 권위적 특성을 강조하고 있다.

한편 현대적 정책학에 대한 과학적 연구의 창시자로 칭송받고 있는 Lasswell은 Kaplan과의 공저에서 '정책은 목적가치와 실행을 투사한 계획' 이라고 하여 정책을 목표와 수단의 결합으로 파악하였고(H.D. Lasswell and A. Kaplan, 1970:70-5), Jenkins는 '정책이란 어떤 하나의 특정한 상황하에서 목적들과 이들을 실현할 수단들을 선택하는 데 대한 일련의 상호관련된 의사결정' 이라고 하여 정책이 단순한 행동이나 의사결정이 아니라 달성하려는 목적을 지닌 행동이나 의사결정의 집합임을 강조하고 있다(W.I. Jenkins, 1978:15).

이 책에서는 Sharkansky의 개념정의에 따라 정책을 '정부의 중요한 활동' 으로 규정하고자 한다. 정부의 중요한 활동이란 다음의 경우에 해당한다.

첫째, 정부가 사회적 가치의 배분에 대해 권위 있는 의사결정을 하는 활동이다. 사회에는 경제적 가치, 권력적 가치, 명예적 가치 등 수많은 가치가 존재한다. 그런데 정부가 이렇게 사회에 산재해 있는 제가치들을 개인과 집단 또는 정부로 이전하도록 하는 권위 있는 결정을 하는 활동은 정책이다. 가령 정부가 다수의 경쟁자 중에서 하나의 사업체를 이동통신사업자로 선정하는 의사결정활동, 빚을 진 농민에게 부채를 탕감해 주기로 한 의사결정활동, 또는 정부가 영세민을 대상으로 하는 생활보호사업활동 등은 정책활동에 해당한다.

둘째, 사회가 직면한 공공문제의 해결을 위한 정부의 활동이다. 선진국이든 후진국이든 어느 사회에나 그 사회가 해결해야 할 공공의 현안문제들이 있다. 이러한 문제들을 해결하기 위한 정부의 활동도 정책이라 볼 수 있다. 가령 실업문제를 해결하기 위해 정부가 수행하는 실업자 구제활동, 환경오염문제를 해결하기 위해 정부가 수행하는 각종의 환경오염방지활동, 또는 대도시의 교통체증문제을 해소하기 위해 정부가 벌리는 일련의 활동 등도 정책활동에 해당한다.

셋째, 사회설계(social design)에 관련된 활동이다. 즉, 정부가 어떠한 사회를 어떻게 만들 것인가 하는데 대한 의사결정을 하는 활동도 역시 정책이다. 가령 서기 2010년에 1인당 국민소득이 30,000달러에 이르도록 하는 정부의 경제계획 활동, 또는 미래의 사회에서는 땅에 대한 투기행위가 근절되도록 하기 위한 토지공개념제도의 도입 등도 정부가 수행하는 정책활동에 해당한다. 이러한 개념적 의미를 내포하고 있는 정책은 다음과 같은 중요한 성격을 갖는다(노화준, 1995:4–8).

① **목표지향성** : 정책은 목표지향적 성격을 갖는다. 이러한 성격 때문에 때로는 정부간여의 목표를 정책이라 부르기도 한다.

② **수단지향성** : 정책에는 반드시 목표를 달성하기 위한 수단을 내포한다.

③ **변동대응성** : 정책은 바람직하지 않은 사회상태를 바람직한 사회상태로 바꾸겠다는 정부의 의도가 내포되어 있기 때문에 변화대응적 성격을 강하게 지닌다.

④ **가치배분성** : 정책은 사회의 어떠한 사람들에게는 혜택을 가져다주지만 또한 어떠한 사람들에게는 손해를 가져다주어 결과적으로 사회적 가치를 배분하는 기능을 수행한다.

⑤ **문제해결지향성** : 정책은 대부분 그 사회가 직면한 현안문제를 해결하고자 하기 때문에 문제해결지향적 특성을 갖는다.

⑥ **인과성** : 정책의 목표와 수단간에는 인과적 연결관계가 있다.

⑦ **공식성** : 정책은 정부의 당국자가 공식적인 절차와 방법에 의하여 결정되고 공포되어야 한다. 따라서 이러한 절차와 방법을 거치지 않고 하는 결정은 개

(6) 상징정책(symbolic Policy)

이는 정부가 사회나 국제적 환경에 유출시키는 상징과 관련된 정책이다. 가령 정치지도자들이 역사, 용기, 과감성, 지혜 등이나 평등, 자유, 민주주의 등과 같은 이념에 대해 호소하는 것 등은 상징정책에 해당한다. 상징정책은 정부가 제공한다는 측면에서 일종의 분배적 성격을 지니고 있지만, 엘리트로서는 직접적인 비용을 지출하지 않으면서 그 성과가 국민들의 신념, 태도, 소망 등에 달려 있기 때문에 특이한 성격을 지닌다. 이러한 상징정책은 크게 두 가지의 목적을 지닌다. 그 첫째는 국민들 사이에 정치체제 및 정부의 정통성에 대한 인식을 좋게 하고, 둘째, 정부의 정책에 대한 순응을 확보하는 것이다.

연습문제

1. 정책학의 연구대상을 설명하시오.
2. 정책학의 학문적 특성을 설명하시오.
3. 정책학의 발전에 영향을 미친 수요 요인과 공급 요인을 들고, 이들의 영향에 대하여 논하시오.
4. 정책학의 다학문적 성격을 구체적인 사례를 들어 설명하시오.
5. 정책이란 무엇을 의미하며, 어떠한 특성을 갖고 있는가?
6. 정책의 3대 구성요소는 무엇이며, 이들 구성요소들 각각은 무엇을 의미하는가를 설명하시오.
7. Lowi의 분류기준에 따라 정책의 유형을 구분해 보고, 각각의 유형별 특성을 우리 나라의 정책사례를 예로 들어 설명하시오.
8. 정책은 일련의 연속된 과정으로 파악해 볼 수 있다. 정책의 과정을 다섯 단계로 구분하여 이들 각각의 단계가 무엇을 의미하는지 구체적인 사례를 들어 설명하시오.
9. 정책학의 발전에 영향을 미친 수요 요인과 공급 요인을 들고, 이들의 영향에 대하여 논하시오.
10. 정책학이 우리 나라에 도입되는 과정을 세 단계로 구분하여 설명하시오.

각종 기출 시험문제

1. 규제정책 ('85 행정고시)
2. 정책목표 ('89 행정고시)
3. 경쟁적 규제정책과 보호적 규제정책의 차이점을 설명하시오. (2001 행정고시)
4. 정책유형을 구분하는 이유를 설명하고, 배분정책, 재분배정책, 규제정책, 상징정책의 내용을 예를들어 기술하시오. (2005 행정고시)
5. 정치란 무엇이며, 행정, 정책과는 어떻게 관련되는가? (2006학년도 서울대 행정대학원 석사과정 입학시험문제)
6. 다음은 William Dunn이 제시한 정책과정(policy process)모형이다. 이 모형을 적용하여 우리 나라 관리직 공무원(5급 이상) 임용정책의 수립 · 시

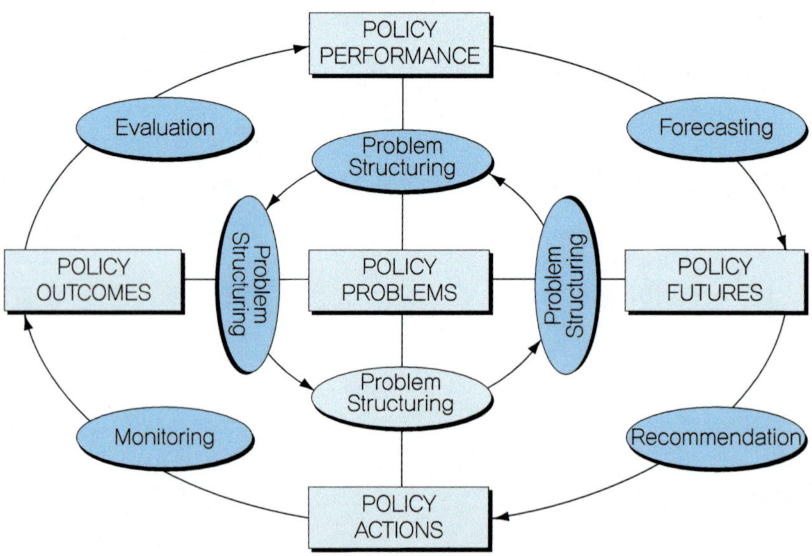

행 · 평가 과정을 종합적으로 설명하라. 참고로 지난 5년 동안 정부는 개방형 직위제, 직위공모제, 민간근무휴직제, 계약직 공무원제, 부처간 인사교류 등을 시행하고 고시제도의 전면 개편, 기술직 공무원 임용확대목표설정, 고급 공무원단(SES)의 설치 등을 추진하고 있다.

1) 공무원 임용과 관련한 주요문제의식은 무엇이며, 정책의제로는 어떤 것들이 선정되었다고 보는가?
2) 정책대안의 미래는 주로 무엇을 어떻게 예측하게 되는가?
3) 정책의 산출(성과)의 점검과 평가, 그리고 환류는 어떻게 이루어져야 할 것인가?
4) Dunn의 모형이 다른 학자들의 정책과정모형과 비교하여 갖는 특징 및 장 · 단점은 무엇인가?

(2004학년도 서울대 행정대학원 박사과정 입학시험문제)

7. 기업의 과다한 부채는 1990년대부터 심각한 문제가 되기 시작하여, 김영삼 정권때부터는 채무비율을 낮추어야 한다는 전문가들의 주장이 점차 정부에 의하여 수용되기 시작하였다. 드디어 IMF 경제위기에 처하게 되자 김대중정부는 채무비율을 200% 이하로 줄여야 한다는 정책을 확립하여 그 동안 이를 추진해 왔다. 재벌은 하는 수 없이 몇 개 기업을 매각하고, 다른 한편으로는 경비절감을 위해 인원감축을 감행하여 많은 근로자들이 직장을 잃게 되었다. 물론, 이러한 방침에 대한 반대와 저항도 강하였는 데, 재벌기업들은 200%라는 정부방침이 개별적 기업들의 특성을 무시한 비현실적인 정책일 뿐만 아니라, 구조조정을 위해서 인원감축을 하여야 함에도 불구하고, 정부가 노동자 편을 들어 이를 어렵게 하고 있다고 비판한다. 타면으로는 노동조합도 구조조정에 강력하게 저항하였는 데, 재벌들이 정부방침을 명분으로 대대적인 인원감축을 하고 있다는 주장이다. 그래서, IMF 사태가 어느 정도 진정되자, 정부도 적극성을 상실하여 정책의 추진이 지지부진하였다. 그러나, 경제가 다시 어려워지면서, 대통령은 재벌기업의 구조조정을 다시 강조하고 있지만, 이 정책의 추진은 쉽지 않을 것이라고 짐작하는 사람들이 많다. 이러한 상황이 일어나게 된 원인을 다음 질문에 따라 이론적으로 설명하라.

1) 200% 일률적인 채무비율이 기업의 개별적 특수성을 무시한 비현실적인 정책이라는 비판을 감안하면서, 바람직한 정책을 결정하려면 어떻게 했어야 하는지를 가상적으로 논하라(실제상황과는 달라도 좋으며, 논리적인 답변이 요구된다).
2) 김대통령의 계속적인 독려에도 불구하고 이 정책이 IMF 위기의식이 약화되면서 지지부진하게 추진된 이유를 이론적으로 추론하라.
3) 재벌기업들은 공기업의 민영화에 의한 구조조정은 하지 않고 자신들만 들볶는다고 비판을 하지만, 전문가들 중에는 공기업의 민영화는 공익성을 훼손시킨다고 반대하는 사람들도 있다. 이 때 공익이란 무엇을 의미하는지를 지적하고, 공익과 정책대안의 비교평가기준과의 관계도 간단하게 언급하라. (2001학년도 서울대 행정대학원 박사과정 입학시험문제)

2 정책과 정책환경

이 장의 개요

정책은 정치체제의 산출물이다. 정치체제는 정책환경의 영향을 받는다. 따라서 정치체제와 정책환경은 정책의 내용을 결정하는 가장 중요한 변수이다. 정책결정요인론은 정책의 내용을 결정하는 변수로서 환경적 변수와 정치체제의 특성 중 어느 것이 더욱 중요한가에 대한 논의내용이 그 중심을 이루고 있다. 따라서 **제1절**에서는 먼저 정책의 내용을 결정하는 요인으로서 환경적 변수의 중요성을 부각시킨 정책결정요인론을 살펴보기로 한다. 다음으로 **제2절**에서는 정책환경을 대표하는 변수들을 중심으로 이들이 정책에 미치는 영향을 살펴보고, **제3절**에서는 정책결정활동의 주체인 정치체제의 특성이 정책에 미치는 영향을 살펴보기로 한다.

2.1 정책환경의 중요성

1. 정책결정요인론

정책결정요인론(policy determinants theory)은 정책의 내용을 결정하는 요인이 무엇인가를 밝히는 이론이다. 즉, 정책산출연구(policy output studies)라 할 수 있다. 정책산출연구의 기본논리는 정치체제를 둘러싸고 있는 환경의 요구(demand)와 지지(support)가 정치체제에 투입되고 정치체제는 이것을 정책으로 전환시켜 정책을 산출한다는 것이다(노화준, 1995:349). 그렇기 때문에 정책은 정책환경의 투입내용과 정치체제의 특성에 따라서 그 내용이 달라지게 된다. 정책결정요인론은 이 때 정책의 내용을 결정하는 변수로서 환경적 변수(사회 · 경제적 환경)가 중요한가, 아니면 정치체제의 특성이 중요한가 하는 문제에 대한 학자들간의 논의내용이 그 중심을 이루고 있다.

(1) 정책결정요인론의 전개과정

정책결정요인연구는 시대에 따라서 각각의 특성을 가지고 전개되어 왔다. 초기의 재정학자들을 중심으로 연구가 이루어진 1950~1960년대에는 사회 · 경제적 변수가 강조되었고, 이에 대응하여 정치 · 행정학자들은 1960~1970년대를 통하여 사회 · 경제적 변수에 정치적 변수를 추가시켰으며, 이에 따라 사회 · 경제적 변수와 정치적 변수의 상대적 중요성에 대한 논의가 1980년대에까지 이어졌다(정정길 · 김제훈, 1993:33).

정책결정요인론에 대한 논의는 처음 재정학자들이 재정지출의 결정요인을 밝히는 데에서부터 출발하였다. 즉, 미국의 재정학자인 Fabricant는 1952년에 당시로서는 획기적인 내용을 담은 저서를 발간하였는 데, 그는 이 저서에서 미국의 주 및 지방정부의 1인당 세출액수준의 차이를 규명하기 위하여 1인당 소득, 인구밀도 및 도시화 등 세 가지의 독립변수를 사용하여 다중회귀분석(multiful regression analysis)을 행하였다. 그 결과 그는 세출액 수준에 대한 분산(variance)의 72%가 전술한 세 가지의 독립변수에 의해 설명되며, 그 중에서도 특히 1인당 소득이 가장 큰 영향을 미치는 것을 발견함으로써, 세출액수준의 결정에 있어서 사회적 · 경제적 요인의 중요성을 입증하였다(S. Fabricant, 1952). 이러한 그의 주장은 많은 정치 · 행정학자들에게 커다란 충격을 안겨 주었다.

당시의 정치 · 행정학자들은 정책은 정책결정자에 의해 결정되고, 정책결정자는 정치체제의 구조적 특성 및 운영방식 등에 의해서 행동의 제약을 받으므로 정책을 결국 정치체제의 산물로 보는 학자들이 대부분이었다(정정길, 1997:94). 따라서 이러한 이론적 사고의 틀에 빠져 있었던 당시의 정치 · 행정학자들에게 Fabricant의 이러한 연구결과는 커다란 지적 충격을 안겨주었을 것임은 너무도 자명한 사실이라 할 수 있다.

한편 이러한 연구는 이후에도 Fisher, Brazer 등과 같은 경제학자들에 의해 계속되었는 데, 가령 Fisher는 위의 세 독립변수의 설명력이 1942년에 72%에서 1962년에는 53%로 감소하였으나 여전히 1인당 소득이 세출액수준의 결정에 가장 큰 영향을 미치고 있다는 사실을 발견하였으며(G.W. Fisher, 1964), Brazer는 1959년에 발표한 연구결과에서 시정부의 지출에 가장 강력한 영향력을 미친 것은 인구밀도와 가구소득, 정부간 보조였다는 주장을 하였다(H. Brazer, 1959).

그러나 이러한 경제학자들의 연구결과보다 정치 · 행정학자들에게 더욱 충격을 준 것은 Dawson과 Robinson에 의해 이루어진 연구결과였다. Dawson과 Robinson은 1인당 소득, 도시화, 산업화 등과 같은 사회 · 경제적 변수와 정당간의 경쟁 등과 같은 정치적 변수를 독립변수로 하여 사회복지정책의 결정요인을 설명하였는데, 그의 분석결과에 의하면 정당간 경쟁이 전술한 사회 · 경제적 변수와 사회복지정책에 대하여 높은 상관관계를 갖고 있지만, 사회 · 경제적 변수를 통제하는 경우에 정당간 경쟁은 사회복지정책의 결정에 중요한 영향을 미치지 못한다는 사실을 발견하였다(R.E. Dawson and J.A. Robinson, 1963).

한편 이들의 주장에 대한 일부 정치학자들의 반론도 만만치는 않았다. 가령

Key Jr., Lockard, Fenton 등의 초기연구는 주(州)의 정책결정에서 정당간 경쟁, 투표자의 참여, 주정부의 정당통제 등 정치적 변수의 중요성을 강조하였다(유금록, 1991:12).

이들 중 Key의 연구는 설득력이 매우 강했다. 그는 남부지역 다수의 주에서 정당간 경쟁 및 정치참여의 부재는 농업경제와 흑인 인구의 비중이 큰 것이 그 원인의 일부를 이루고 있음을 인정하지만, 정당간 경쟁과 정치참여가 이루어지지 않으면 정치가들이 득표를 위해 경쟁할 필요가 없게 된다고 주장하였다. 따라서 교육, 복지, 보건 및 기타 사회서비스의 지출이 감소되고, 조세는 역진적으로 된다는 것이 그의 주장이다(V.0.Key Jr., 1949).

영국, 독일, 미국, 스웨덴을 비교 연구한 Helco는 특정국가의 정책산출연구와 관련하여 비교사례연구의 우위성을 주장하고, 관료제가 발달한 독일과 스웨덴이 그렇지 못한 미국이나 영국보다 복지정책의 채택이 앞섰다고 지적하면서, 정치적 요인 및 제도적 요인 특히 관료제가 정책의 결정에 중요한 영향을 미친다고 하였다(H. Helco, 1974).

한편 Peters는 사회보장지출수준에 대한 정책결정요인들의 상대적 중요성을 밝히는 그의 연구에서 접근방법으로서의 횡단분석방법과 상관분석방법을 비판하고, 시계열조사설계와 다중회귀분석방법을 사용하여 스웨덴, 영국, 프랑스를 비교한 결과 경제적 변수가 정책개발의 초기단계에 상대적으로 더욱 중요한 반면 정치적 변수는 후기에 더욱 중요하게 된다는 것과, 제도화의 정도로 측정된 관료제의 영향력은 정책산출에 결정적인 역할을 담당한다는 두 가지 사실을 발견하였다(G. Peters, 1972).

이처럼 일부 정치학자들에 의한 연구결과에도 불구하고 정책에 영향을 미치는 요인으로서 사회 · 경제적 변수에 대한 정치적 변수의 우월적 중요성을 입증하는 데에는 실패하였다. 가령 Dye, Cutright, Wilensky 등과 같은 학자들은 정책결정에 영향을 미치는 요인으로서 사회 · 경제적 변수와 정치적 변수의 상대적 중요성을 비교하는 연구를 수행하였는 데, 그들은 이 연구에서 사회 · 경제적 요인의 영향이 정치적 요인의 영향보다 중요하다는 것을 발견하였다. 즉, Dye는 네 가지의 경제발전변수(도시화, 산업화, 부, 교육) 및 정치체제의 특성(주정부에 대한 정당통제, 정당간 경쟁의 정도, 투표율, 주의원수 할당의 불공평성 정도)과 교육, 보건, 복지, 고속도로, 교정, 조세, 정부규제에 있어서 90개 이상 정책지표간의 관계를 분석한 결과 정치적 변수가 경제적 변수보다 정책에 미친 영향력이 약한 것으로 판명되었다(T.R. Dye, 1966). Wilensky 역시 60여 개 국가들의 사회정책을 분석한 결과 정치이념상의 차이나 정치체제상의 차이와 같은 정치적 변수는 정책결과에 직접적인 영향을 미치지 못하고, 65세 이상의 인구와 사회보장체제의 존속기간이 사회보장비를 좌우하며, 이것들은 국민소득에 의해 크게 영향을 받는다는 사실을 발견하였다(H. Wilensky, 1975).

(2) 우리 나라의 정책결정요인에 관한 연구

우리 나라는 미국의 경우에서처럼 각 지방정부가 사회 · 경제적 환경을 달리할 만큼 지방자치제도의 전통이 강하지 못하고 또한 연구에 필요한 각종의 통계자료들이 체계적으로 구비되어 있지도 않을 뿐만 아니라, 신빙성도 낮아 정책결정요인에 관한 연구는 비교적 활성화되어 있지 못하다.

그러나 우리 나라의 경우에도 지방자치의 실시 등으로 앞으로 각 시나 도, 지방정부 등의 정책환경과 정책산출이 주요 관심사로 대두될 전망이고, 각종 통계자료 등의 신빙성도 과거에 비하여 점차로 높아져 가고 있는 추세에 있기 때문에 정책결정요인에 대한 연구는 더욱 촉진될 것으로 보인다(노화준, 1993: 12–3).

이러한 가정을 염두에 두고 우리 나라에서 그동안 연구되었던 정책결정요인에 관한 연구내용을 살펴보면 다음과 같다.

강인재는 우리 나라 지방정부의 공공지출을 결정하는 요인들을 규명하기 위하여 사회 · 경제적 요인, 정치 · 행정적 요인, 사건 등을 독립변수로 다중회귀분석을 하였다. 그의 분석결과에 따르면 서울과 부산의 경우에는 투표율이나 정당간 경쟁과 같은 정치적 변수보다 사회 · 경제적 변수의 영향력이 크게 나타나고 있으며, 각 도의 경우에는 특별회계를 제외한 모든 지출에 지방교부세와 국고보조금을 합한 국고보조의 설명력이 90% 내외로 사회 · 경제적 변수의 설명력에 비하여 매우 높게 나타나고 있다(강인재, 1987).

황윤원은 '발전도상국 지방정부 예산결정요인분석' 이라는 논문에서 미국위주의 정책결정요인에 대한 논란을 환경이 다른 개발도상국으로 옮겨 봄으로써 새로운 형태의 이론적 시사를 찾고자 발전도상국인 우리 나라 지방정부의 정책결정요인을 실증적으로 분석하였다. 그는 이 연구를 통하여 다음과 같은 결론에 도달하였다. 첫째, 지방정부의 정책결정변수를 둘러싼 그 동안의 논쟁은 의미가 크지 않다는 것이다. 왜냐하면 그 동안 미국을 중심으로 하였던 정치학자와 경제학자들간의 정책결정요인에 관한 논쟁은 그들의 자기영역중시 내지 보호본능으로부터 생겨나는 아집이나 선입관이 작용한 결과라고 볼 수 있기 때문이다. 둘째, 종래의 모형들이 미국을 비롯한 선진국들에게는 적합한 모델일 수 있으나 우리 나라와 같은 개발도상국에 있어서는 그 설명력이 약하고 오히려 제3의 모델이 더 적절하다는 점이다(황윤원, 1993:100-18).

유금록은 '정치적 경기순환론에 의한 불균형 예산의 결정요인' 이라는 논문에서 경제안정을 위한 재정정책의 결정에 있어서 정치적 경기순환이 존재하는지의 여부를 검증하는 한편, 정책산출에 있어서 정치적 요인과 경제적 요인의 상대적 영향력을 평가하였다. 그는 이 연구에서 종속변수로는 예산지표 중에서 가장 우수한 지표인 가중표준화재정수지지표를 사용하였으며, 독립변수로는 경제적 요인(실업률, 인플레이션, 실질가처분 소득), 선거적 요인(선거 1년 전, 선거년도), 관료제 및 법적 요인, 행정부차이(통치이념)요인 등을 포함시켜 분석하였다. 그 결과를 종합적으로 살펴보면 우리 나라 불균형예산의 결정은 경제적 요인보다는 행정부의 통치이념 및 선거적 요인 등과 같은 정치적 요인의 영향을 받는 것으로 나타나고 있다(유금록, 1991).

이희선은 '한국복지정책수행의 결정요인' 에서 우리 나라가 그 동안(1962-1987년) 수행하였던 복지정책에 영향을 미치는 요인들을 식별하였다. 그는 이 연구에서 독립변수로서 정치적 변수와 경제적 변수를, 종속변수로서 복지정책수행변수를 포함하는 인과관계모형을 작성하여 경로분석을 하였다. 연구결과는 대체적으로 경제적 변수들이 정치적 속성변수들보다 우리 나라의 복지정책수행변수들에 강한 영향을 미친 것으로 나타나고 있다(이희선, 1993:247-78).

노화준은 '통일정책의 결정요인분석' 에서 우리 나라 통일정책의 결정요인에 대한 가설을 설정하고, 이것을 검증하였다. 그는 이 연구의 결과에서 다음과 같은 특징들을 발견하였다. 첫째, 통일관계예산의 결정에는 도시화율, 정치체제변수, 영세민수 등의 정치 및 사회변수들이 중요한 영향을 미치는 변수들이었

정은 총가용자원의 범위 내에서 선택할 수 있으므로, 이 때에는 어느 사업을 중시할 것이냐를 결정하는 정치적 결정이 중요해지게 된다.

5) 인과모형 및 통계적 검증방법의 문제

정책결정요인론에서는 독립변수의 영향력 및 이들의 상대적 중요성을 평가하기 위하여 단순상관분석, 부분상관분석, 다중회귀분석, 경로분석 등 다양한 통계분석기법을 사용한다. 그런데 각 개의 통계분석기법은 나름대로 인과적 가정을 내포하고 있다. 그런데 정책결정요인에 대한 연구는 통계분석기법에 따르는 인과적 가정의 문제점과 결부하여 왜곡된 분석결과가 나올 가능성이 크다는 비판이 끊임없이 제기되고 있다(남궁근, 1993:81). 이러한 내용을 좀더 구체적으로 살펴보면 다음과 같다.

첫째, 단순상관분석(simple correlation)기법을 사용하여 독립변수들간의 상대적 영향력을 검증하는 경우 독립변수의 영향이 과대평가되거나, 어떤 경우에는 허위관계(spurious relation)를 진정한 관계로 평가하는 오류를 범할 수 있다.

둘째, 부분상관분석(partial correlation)기법을 사용하여 독립변수와 종속변수의 상관관계를 식별하는 경우 현실세계와 거리가 먼 인과모형을 선택하여 부분상관계수를 비교하는 문제가 발생할 가능성이 크기 때문에, 사실상 이 분석기법에 의해 독립변수의 상대적 중요도를 판단하기는 어려운 문제점이 있다.

셋째, 다중회귀분석(multiple regression analysis)기법을 활용하여 종속변수의 변화에 대한 설명을 하는 경우에는 독립변수의 간접적 영향(indirect impact)을 파악할 수 없다는 문제점이 있다.

2. 정책환경의 중요성

정책결정요인에 관한 연구는 앞에서 살펴본 것처럼 많은 문제점을 내포하고 있음에도 불구하고, 정책에서 사회 · 경제적 환경이 차지하는 비중이 얼마나 중요한가를 부각시켰다는 점에서 그 의의가 매우 크다고 할 수 있다. 물론 정책에서 차지하는 사회 · 경제적 환경의 중요성에 대한 연구가 정책결정요인론에서 처음 이루어진 것은 아니다. 즉, Gaus와 같은 비교행정학자들은 국민, 장소, 과학기술, 사회제도, 사조(wishs and ideas), 재난, 인간성(personality) 등과 같은 일곱 가지의 사회 · 경제적인 환경변수가 정책에 영향을 미친다고 하여 사회 · 경제적 환경의 중요성을 강조한 바 있다. 그러나 이들은 정책결정요인론을 연구한 학자들처럼 과학적 분석기법들을 활용하여 환경적 변수의 중요성을 주장하지는 않았다.

정책은 정치체제의 산출물로서 정치체제를 둘러싸고 있는 환경과 크게 영향을 주고받는다. 즉, 정책은 환경에 의해 영향을 받기도 하며 또는 환경에 영향을 미치기도 한다.

먼저 정책은 환경에 의해 영향을 받는다. 즉, 정치체제에 대한 환경의 요구(demand)는 정책활동의 내용을 결정하며, 환경의 정치체제에 대한 지지(support)활동은 정책내용의 폭을 결정할 뿐 아니라 정책에 한계와 제약을 가한다. 뿐만 아니라 정책은 또한 환경에 영향을 미치기도 한다. 정책이 환경에 영향을 미치는 것은 정책효과를 통해서인데, 가령 제3 · 4공화국 시절의 경제발전정책이 우리 사회를 농업사회에서 공업사회로 탈바꿈시킨 사례가 이에 해당한다. 이처럼 정책과 환경은 상호간에 영향을 주고받는 관계인데, 이들의 관계를 좀 더 구체적으로 살펴보기로 한다.

2.2 정책환경과 정책

1. 정책이 환경에 미치는 영향

앞에서 살펴본 정책결정요인론에 관한 연구는 주로 환경이 정책에 미치는 영향을 연구의 대상으로 하였지만, 거꾸로 정책이 환경에 영향을 미치기도 하며 또한 이러한 내용은 정책학에서 취급하는 매우 중요한 연구대상이기도 하다.

정책이 환경에 미치는 영향은 정책효과와 정책비용을 통해서이다. 정책효과는 정책이 본래 의도한 효과와, 정책이 본래 의도하지는 않았으나 정책이 원인이 되어 나타나는 부수효과(side effect)가 있는데, 전자는 좁은 의미의 정책효과로서의 핵심적 내용이 된다. 정책의 비용은 정책을 형성하고 집행하는 데 따르는 사회적 희생을 말한다. 정책비용에는 정책을 실현하는 데 필요한 공공자원과, 정책의 실현으로 인해 초래되는 다른 사회적 가치의 희생 및 부정적인 부수효과가 포함된다.

이처럼 정책이 환경에 미치는 영향에 대한 구체적인 사례를 우리 나라의 경험을 통해 살펴보면 다음과 같다. 우리 나라의 제3공화국에서 입안하여 1962년도부터 시행한 경제개발정책은 우리 나라의 정책환경을 크게 바꾸었다. 가령, 사회구조를 농업사회에서 공업사회로 바꾸었고, 가족제도를 전통가족제도에서 핵가족제도로 바꾸었다. 또한 우리 나라의 산업구조가 소비재 중심에서 생산재 중심으로, 내수산업 중심에서 수출산업 중심으로 바뀐 원인도 이 기간 동안 입안되어 수행된 경제개발정책 때문이라고 할 수 있다.

2. 정책환경이 정책에 미치는 영향

정책환경이 정책에 미치는 영향은 정치체제에 대한 요구와 지지의 형태를 통해서이다. 즉, 환경은 정치체제에 대해 어떠한 사회문제를 해결해달라는 요구를 통해서 정책내용에 영향을 미치기도 하지만, 정치체제가 환경으로부터의 요구를 정책으로 전환하고 집행하는 능력에 영향을 미침으로써 정책에 영향을 미치기도 한다. 여기에서는 이들 중에서 요구의 내용을 중심으로 살펴보기로 한다. 정책환경이 정책에 요구의 형태로 영향을 미치는 요인에는 국민소득, 산업화, 도시화, 인구변화, 세계화, 정보화 등이 있다.

(1) 국민소득

국민소득은 정부의 정책용량을 증대시켜 준다는 측면에서 정책과정에 중요한 영향을 미친다. 즉, 한 국가의 국민소득 증대는 정부로 하여금 많은 조세수입을 가능하게 하여주고, 총조세수입의 증가는 정부의 총재정지출액의 확대를 가능하게 한다. 한편 정부의 총재정지출액의 확대는 정부로 하여금 새로운 분야에 정책적 개입을 가능하게 할 뿐만 아니라, 기존정책의 사업내용 및 대상집단의 범위를 확대시키는 일을 가능하게 한다. 뿐만 아니라 국민소득의 증가는 국민들의 생활방식에 변화를 초래하고, 정부에 대한 요구의 내용 및 질을 변화시켜 정책에 영향을 미친다.

우리 나라는 1962년도부터 1991년도까지 6차례에 걸쳐 실시된 경제개발 5개년계획 및 경제사회발전 5개년계획에 의해서 그동안 국민소득이 엄청나게 증가하였다. 즉, 1960년 우리 나라 1인당 GNP는 경상가격으로 79달러이었던 것이 2003년에는 12,646달러로 1960년도보다 무려 160배 정도가 늘어났다. 이처럼 증가된 국민소득은 정부가 정책을 형성하고, 집행할 수 있는 능력을 급격하게 확대시켰으며,[1] 또한 국민의 정부에 대한 요구의 내용도 크게 변화하였다. 특히 우리 나라의 경우 그 동안 여섯 차례에 걸쳐 실시된 경제개발계획이 성장의 극대화를 도모하기 위해 정부주도형, 수출지향적 성장형, 대외의존형, 공업위주형 및 대기업 육성형 등 다섯 가지 정책에 기반을 두게 되었는데(한두순, 1983: 66), 이러한 성장전략의 선택은 이후 많은 정책적 요구의 내용에 영향을 미치게 되었다. 가령 정부는 경제성장의 극대화를 위해 정치체제의 환경으로부터 사회간접자본시설의 확충에 대한 다양한 정책적 대응을 요구받게 되었는데, 이러한 요구에 대응하여 수립되고 집행되었던 정책으로는 고속도로 · 비행장 · 공업단지 등을 건설하는 내용의 정책, 통신망이나 철도 · 항만시설의 구축을 위한 정책 또는 수출기업의 육성을 위한 각종의 금융지원정책 및 조세지원정책 등이 있다.

1) 같은 시기에 정부예산의 성장역시 괄목할 만한 증가추세를 보이고 있다. 즉, 1962년도의 정부예산에 비하여 1993년도의 정부예산은 거의 492배나 확대되었다(안병만, 1993:133).

(2) 산업화

산업화는 공업화를 의미하는 것으로 전체 산업에서 2차 산업의 비중이 커지는 것을 의미한다. 즉, 산업화는 한 국가의 산업구조가 1차 산업 중심에서 2 · 3차 산업 중심으로 전환되는 것을 의미한다. 그런데 이처럼 한 국가의 산업구조가 1차 산업 중심에서 2 · 3차 산업 중심으로 변동하는 것은 이에 따른 많은 사회문제들을 양산하게 된다. 가령 산업화는 하나의 공장에 많은 노동자가 집중하게 되어 노동쟁의 등과 같은 각종의 노사문제를 발생시키거나, 또는 기계를 대상으로 노동을 하면서 산업재해문제가 발생하기도 한다. 한편으로 산업화는 공장에서 배출하는 공해로 인해 환경문제가 발생하게 되며, 저소득계층의 사회복지문제도 산업화가 야기한 중요한 현안문제이다. 이처럼 산업화는 국민소득의 증가 못지않게 많은 사회문제들을 발생시키는 데, 이러한 문제점들은 이에 대한 정부의 정책적 대응을 촉발하게 된다. 예컨대 노사문제의 해결을 위한 노동정책, 환경문제를 해결하기 위한 환경정책 또는 빈곤계층의 사회적 보장을 위한 각종의 사회복지정책들이 이러한 사례에 해당된다.

우리 나라 역시 1962년 제3공화국 이후 역대 공화국에서 추진한 여섯 차례에 걸친 경제개발 5개년계획이 농업에서 공업위주의 성장전략을 채택함으로써, 급격한 산업화의 길을 걷게 되었다. 한 국가의 산업화 정도를 알아보는 가장 손쉬운 지표로서 2차 산업의 대 GNP 비율을 들 수 있다. 이 방법은 제조업부문의 부가가치가 GNP에서 차지하는 비중이 어떻게 변화해 가는가를 찾아보는 방법이다. 우리 나라 제조업의 대 GNP 비중을 보면 1960년에 13.7%이던 것이 1970년에 20.8%, 그리고 1996년에는 30.0%로 향상되었다. 이처럼 제조업부문이 국민경제에서 점하는 영역이 상대적으로 커져가는 것은 제조업부문의 성장률이 여타부문의 성장률보다 상대적으로 월등히 높기 때문이다.

(3) 도시화

도시화란 일정한 면적에 보다 많은 사람이 모여 사는 것을 의미한다. 일반적으로 도시화는 산업화와 함께 진행된다. 이처럼 산업화와 병행해서 진행되는 도시화는 사회에 많은 현안문제를 발생시킨다. 즉, 실업, 빈곤, 주택, 교통, 교육, 범죄 및 환경에 이르기까지 실로 다양한 문제가 도시화에 의해서 야기되는 문제들이다.

물론 도시화는 지역간의 빈번한 접촉과 기술발전을 촉진시키고, 생산 및 분배의 기능을 원활하게 이루어지게 함으로써, 산업화과정에서 국가발전의 핵심체로서 기능하게 되는 순기능 측면도 있으나, 좁은 면적에 많은 사람이 모여 살게 됨으로써 발생하는 슬럼화, 빈곤, 교통혼잡, 환경오염 및 일탈과 폭력행위증가 등과 같은 많은 문제들을 발생시킨다. 따라서 도시화가 진행 중인 대부분의 국가들은 이러한 문제를 해결하기 위해 이에 관한 많은 정책을 입안하고, 집행하게 된다.

우리 나라 역시 1960년대에 산업화의 진행과 함께 도시화도 촉진되었다. 가령 1960년에 28.0%이던 도시화율이 1980년에 57.3%를 그리고 1990년에는 74.4%의 도시화율을 기록하고 있어, 그 동안 우리 나라 도시의 성장이 급격하게 수직 상승하였음을 알 수 있다. 특히 우리 나라에서 진행된 도시화 현상은 수도권으로의 인구과잉집중 현상이라는 또 다른 문제점을 안겨주고 있다.

(4) 인구변화

인구의 변화가 정책에 미치는 영향은 다음과 같이 두 가지의 측면으로 구분하여 살펴볼 수 있다.

첫째, 인구증가의 문제이다. Malthus가 오래 전에 예측하였듯이 인구증가의 문제는 이제 단순히 한 국가가 직면한 국지적인 문제가 아닌, 전지구적인 문제이다. 가령 1825년에 지구에는 약 10억 명의 인구가 살고 있었는데, 100년의 세월이 흐른 1925년에는 20억 명이 되었고, 그 다음 반세기(1925년–76년) 동안에 다시 두 배로 불어난 40억 명이 되었으며, 1990년까지는 53억 명으로 증가하였다. 이러한 추세대로 간다면 21세기 전반 중에 세계인구는 100억 명을 넘어설 것으로 전망된다(변도은 외, 1993:37–9).

우리 나라 역시 예외는 아니어서 세종 당시 약 500만명에 지나지 않던 인구가 1910년 한 · 일 합방 당시에는 약 1,500만 명 정도에 이르렀으며, 남한의 경우에는 1955년에 2,100여만 명에 달하던 인구가 2004년에는 4,808만 명으로 증가함으로써, 절대인구의 대격변을 경험하게 되었다(동아연감, 2005).

어떻든 이러한 인구의 증가는 전세계적으로 또는 국가적으로 많은 문제들을 발생시키게 되었는데, 예컨대 식량, 주택, 의료, 교육, 취업, 치안, 교통, 환경 등과 같은 문제들이 인구의 증가 때문에 발생하였다.

둘째, 인구의 노령화문제이다. 노인인구 증가의 문제는 현대가 직면한 가장 중요한 현안문제의 하나이다. 가령 1960년도의 경우 세계인구 중 65세 이상의 노인인구는 16,025만 명으로 전체인구의 5.3%에 지나지 않던 것이 1980년도에는 26,210만 명으로 전체인구의 5.8%로 증가하였으며, 2000년에는 세계 전체 인구의 13.5%로 증가될 것으로 전망된다.

한편 우리 나라 역시 이러한 세계적 흐름과 비슷한 추세를 보이고 있다. 예컨대 1960년에는 남한 전체인구의 3.3%에 해당하는 825천 명이 65세 이상의 노인이었는데, 1997년도에는 전체인구의 5.5%에 해당하는 2,528천 명으로 약 30여년이 넘는 기간 동안에 두 배 가까운 신장률을 보이고 있다. 이러한 추세대로라면 2030년도에 65세 이상의 우리 나라 노인인구는 남한 전체인구의 24.1%가 될 것으로 추정된다(동아연감, 2004). 이처럼 노령인구의 증가는 노인인구를 위한 노후 소득보장문제, 보건 및 의료보장문제 또는 노인들만을 위한 복지시설 등의 문제들을 야기시킨다. 이러한 문제들을 해결하기 위하여 세계의 각국 정부는 이에 대한 대응 프로그램을 입안하여 집행하고 있다.

우리 나라는 노인인구의 급격한 증가로 야기된 각종의 사회문제를 해결하기 위해 다양한 내용의 정책을 입안하여 시행하고 있는데, 가령 노인인구의 노후 생활을 위한 각종의 소득보장제도(국민연금, 공무원연금, 사적퇴직금제도, 생활보호사업, 경로우대제도, 노령수당제도 등), 의료보장제도(건강보험 및 의료보호제도, 노인건강진단제도 등), 주택보장제도, 재가 및 시설보호 프로그램(노인교실, 경로당, 경로식당, 노인복지회관) 등과 같은 제도 및 프로그램들이 이에 해당된다.

(5) 정보화

정보화(informationalization)란 정보의 생산 · 가공 · 유통 및 축적을 고도화시켜 나가는 활동이다. 정보화는 인간의 심리적 차원 및 기술발전의 차원에서 나타나는 사회적 변화의 요체이다. 다시 말해서 정보화는 정보를 물질에너지에 이은 제3의 요소로 인식하는 사고의 전환과 고도의 정보이용을 위한 정보통신

기술의 사회전반적인 활용을 바탕으로 고도산업사회에로의 이행을 촉진할 뿐만 아니라, 인간의 자유와 창의성 나아가서는 자기실현을 동시적으로 극대화하게 된다(방석현, 1990:680). 1950년대 미국을 필두로 시작된 정보화의 물결은 1970년대에 일본과 서독을 거쳐, 1980년대 중반을 기점으로 우리 나라에도 거세게 밀려들기 시작하였으며, 이러한 추세는 앞으로 더욱 심화될 것으로 전망된다. 그런데 이러한 정보화라는 환경적 변수는 다음에 알아 볼 세계화라는 환경적 변수와 함께 현대사회의 가장 중요한 정치체제의 환경적 특성을 이루며, 정책의 제과정 및 내용에 매우 중대한 영향을 미친다. 정보화가 정책과정 및 내용에 미치는 영향은 다음과 같이 세 가지의 측면에서 살펴 볼 수 있다.

첫째, 정보화는 정부의 행정운영방식에 영향을 미쳐 정책과정을 보다 합리화시킨다. 정보화는 '정보화 사회'로 이어지고, '정보화 사회'로의 진행은 정부업무에 대한 정보공개를 요구하게 되며, 이는 곧 개방적인 정책과정으로 연결된다. 특히 정보화는 국민들의 의식수준 향상과 상호간에 상승작용을 하면서 국민들의 정책과정에의 참여욕구를 증대시키고, 이는 결국 정부의 이에 대한 대응성향상의 필요성을 증대시키게 된다(이종수 외, 1997:627-8).

한편 국민들의 정책과정에 대한 참여욕구의 분출은 다양한 내용의 정책개발에 대한 필요성을 증대시켜주며, 뿐만 아니라 정책과정 운영의 합리성에 대한 필요성을 증대시켜준다. 즉, 정보화는 정부가 정책의제를 설정함에 있어 국민들의 욕구를 반영하여 반드시 해결해야 될 사회문제를 정책의제화하도록 하며, 정부에 축적 · 저장된 다양한 종류의 정보를 활용하여 합리적인 정책대안을 개발 · 분석할 수 있도록 한다. 또한 정보화는 정책집행과정에서도 정책대상집단에 대한 형평성을 제고시켜주며, 과학적 관리기법을 활용하여 정책을 효율적으로 집행할 수 있도록 해준다.

둘째, 정보화는 정보통신산업의 중요성을 강조한다. 정보화 사회에서의 정보통신산업은 국가의 국제경쟁력을 좌우하는 중요한 변수로 인식된다.[2] 따라서 정부는 정보통신산업을 전략적 산업으로써 적극적으로 지원 · 육성해야 할 압

2) 정보통신산업은 21세기 지식기반경제의 핵심성장 엔진으로 부상하고 있다. 가령 1998년에서 2001년까지 4년 동안 우리 나라 정보통신산업의 무역흑자는 520억 달러로서, 같은 기간 우리 나라 전체 총무역흑자 840억 달러의 61.9%를 차지하고 있다.

정책문제로 전환하는 과정과, 이후에 전개되는 정책결정 및 집행의 과정에서 주도적인 역할을 수행한다. 정책에 영향을 미치는 정치체제적 요인으로는 정치체제의 분위기, 정치체제의 능력, 정치체제의 권력구조 등이 있다.

1. 정치체제의 분위기

(1) 정치이념

정치이념은 '정부가 가장 우선적으로 달성해야 할 가치가 무엇이며, 정부가 무엇을 해야 하고, 국민과의 관계는 어떠해야 하는가' 등의 정치적 가치에 대한 일관성 있는 사고체계를 의미한다(정정길, 1997:116). 따라서 정치이념은 한 국가의 기본정책과 각종 사업을 수립하고 집행하는 데 지침의 역할을 수행한다.

일반적으로 정치이념은 그들이 포함하고 있는 이상이나 목표 또는 이를 추구하는 전략적 방법이나 과정에 따라 다양한 형태로 분류할 수 있다. 이들 중 정책과정에 영향을 미치는 정치이념으로서 몇 가지 예를 들어보면 자유민주주의, 사회주의, 자본주의, 공산주의 등이 있다. 자유민주주의는 민주주의와 자유주의가 결합한 정치이념이다. 민주주의는 소수가 아닌 다수의 지배에 그 특징이 있다면, 자유주의는 개인의 자유를 확보하고 신장시키는 것이 주요관심사항이다. 이러한 의미를 함축하고 있는 자유민주주의는 경제영역에 대한 정부의 간섭을 배제하고, 시장경제체제를 기본으로 한 자본주의의 발달과 함께 하면서 더욱 그 기반을 확고하게 다져왔다.

따라서 정치이념으로서의 자유주의와 자본주의는 개인의 생명, 신체 및 재산에 대한 자유를 보호하기 위해 국가는 가능한 시민의 생활에 개입을 최소화해야 하는 것을 최고의 가치로 간주하게 되었다. 그러나 자유민주주의는 자본주의가 내포한 모순들, 즉 소득분배의 불균형과 부의편재, 독과점기업의 출현, 인플레와 디플레, 실업 등과 같은 문제들에 효율적으로 대처하지 못하여 많은 비판을 받게 되었다.

자본주의가 표출시킨 이러한 약점들은 개인과 사회 및 국가와의 관계를 재조정토록 요구하였다. 즉, 국가의 역할을 제한 · 축소시키는 데 관심을 두었던 초기의 자유민주주의 이념은 수정되었으며, 그 결과 국가가 더욱 더 적극적으로 개인들의 경제 · 사회적 생활에 관여할 수 있도록 그 기능을 확대하는 수정자본주의가 탄생하게 되었다. 따라서 수정자본주의 시대의 자유주의는 대폭 제약을 받게 되어 경제생활을 비롯한 국민의 전생활에 국가가 개입 · 간섭하는 제한된 자유주의가 당연한 것으로 받아들여지게 되었다. 이처럼 자유민주주의는 시간이 흐르면서 그 기본적 성격이 변화하게 되었는데, 이러한 정치이념의 성격변화는 또한 정책의 기본방향을 크게 변화시켜 왔다.

한편 사회주의 또는 공산주의는 생산력의 증대와 공평한 분배를 위해서 모든 생산수단을 공유화하고 계획경제체제를 운영해야 한다고 보는 정치이념이다. 따라서 사회주의는 모든 생산수단들이 공동체나 국가에 의해 소유되고, 나아가 재화와 용역의 생산과 분배가 평등하고, 공동적으로 이루어져야 한다는 것을 내세운다. 그러나 이러한 사회주의도 생산성의 저하와 생산 · 소비면에서의 심각한 불균형 등과 같은 많은 문제점들을 양산하게 되었다. 따라서 사회주의 역시 이러한 문제들을 해결하기 위해 부분적 사유화의 허용, 노동자들에 대한 물질적 유인책의 부여 등과 같은 자본주의적 요소를 가미하게 되었다.

이처럼 정치이념으로서의 자유민주주의와 사회주의 또는 공산주의는 기본적인 성격이 다르지만 현실적으로 당면한 문제점과 부작용을 보완하기 위해 서로 상대방의 이점을 부분적으로 도입 · 가미함으로써 오늘날에 와서는 이념적 격차가 크게 줄어든 것이 사실이지만, 그렇다고 하여도 한 국가가 이들 중 어느 정치이념을 채택하고 있느냐에 따라 국가정책의 기본방향 및 내용은 커다란 차이를 보이고 있음 또한 사실이다.

(2) 행정문화

어느 사회에 공통되는 신념체계나 가치체계의 총체를 문화라고 한다면, 행정문화란 행정체제를 구성하는 사람들이 공유하는 신념체계나 가치체계의 총체라 할 수 있다. 문화는 학습을 통해 사회체계의 구성원에게 전달되며, 사회구성원의 사고방식 및 행태를 규정하게 된다. 마찬가지로 행정문화 역시 행정체제 구성원들의 태도와 행동을 규정한다. 따라서 행정문화는 정책을 결정하고, 집행하는 역할을 담당하고 있는 행정인의 사고방식 및 행동을 규정하고, 이는 곧 정책과정에 대한 영향으로 발전한다.

한 국가의 행정문화는 그 사회의 일반 문화적 조건에 따라 다양하게 분류할 수 있다. 왜냐하면 행정문화는 일반문화 전체의 일부분으로서 하위문화에 지나지 않고, 일반문화 역시 그 사회가 걸어 온 역사적 맥락에 따라 다를 것이기 때문이다. 여기에서는 우리 나라의 행정문화들 중에서 정책과정과 깊은 관련이 있는 중요한 몇 가지를 살펴보기로 한다.

권위주의는 상 · 하간의 위계질서와 지배 · 복종의 관계를 중요시하는 문화로서, 인간관계를 수직적인 틀 속에서 이해하려 한다. 따라서 권위주의적 행정문화는 행정조직에서 계서적 질서 내지 기강을 강화하여 상급자는 하급자 위에 군림하고, 하급자는 상급자에 맹종하려 한다.

우리 나라의 대표적인 행정문화로 일컬어지는 권위주의는 행정조직 내 상급자들의 하급자들에 대한 통솔력과 지도력을 강화시키고, 비생산적인 갈등을 억제한다는 순기능도 있지만, 행정조직내 의사결정의 폐쇄화 및 밀실화, 하급자의 상급자에 대한 과잉동조와 과잉충성, 관료들의 책임의식의 마비 및 번문욕례의 조장 등과 같은 많은 역기능을 초래한다(오석홍, 1997:21-2). 따라서 권위주의는 정책과정에서 많은 문제점을 야기시키는데, 가령 정책결정 및 집행과정에서 중요한 결정이 몇몇 상급자나 그의 측근에 의해서 독단적으로 이루어지거나 또는 정책과정에 새로운 아이디어가 수혈되기 어려운 문제들이 이에 해당한다.

연고주의는 가족 · 족벌 등의 혈연, 지연, 학연 등 일차집단적 유대를 다른 사회적 관계보다 중요시하고, 일차집단 구성원으로서의 행동양식을 다른 사회적 관계에까지 확장 또는 투사하는 문화적 특성이다. 이러한 연고주의는 행정조직 내에서 가족적 · 친화적 분위기를 조성하여 인간관계를 개선하는 데 이바지하고, 작업집단의 응집력을 향상시키는 데에도 기여할 수 있다. 그러나 정책과정에서 연고주의는 많은 폐해를 야기시킨다. 즉, 연고주의는 정책과정에서 첫째, 공익과 사익을 구별하지 못하는 미분화된 행태를 조장하고, 둘째, 부처간 할거주의를 조장하며, 셋째, 편협한 정책재량권의 행사 등과 같은 문제점을 야기시킨다.

온정주의는 정의성(affectivity)이 높은 문화적 특성이다. 이것은 인정 · 우정·의리·상호신뢰 등 감성적 또는 직정적 유대관계를 중시하는 성향이다. 따라서 온정주의는 연고주의를 강화시킨다. 온정주의는 조직 내의 분위기를 부드럽게 하고 동료간의 협동적 행동을 촉진할 수 있으며, 작업집단의 응집성을 높이는 데 기여할 수 있으나 다음과 같은 문제점을 발생시킨다(오석홍, 1998: 246). 첫째, 정책과정에서 공평치 못하고 비합리적인 행동을 조장한다. 둘째, 국민을 위한 행정목표와 정책에 대한 충성심보다 상관에 대한 인적 충성심과 조직내·외의 친분관계를 우선시키는 경향을 부추긴다. 셋째, 비공식적인 '연줄', '배경' 등이 지배하는 통로가 정책업무의 처리과정을 교란한다.

형식주의는 내실보다는 외형과 형식에 치중하는 문화적 특성이다. 따라서 형식주의는 정책의 목표나 실적보다는 형식과 절차를 더 중요시하는 목표수단대치 현상을 조성하고, 정책의 결정이나 집행과정에서 상황적 특성을 무시하여 신축성을 떨어뜨리며, 결과적으로 비합리와 비효율을 야기시킨다.

흑백논리는 모든 사람을 흑(黑)이 아니면 백(白), 또는 선(善)이 아니면 악(惡)으로 동일한 차원의 양극단만을 인식하고 양극단을 이어주는 연속선상의 중간단계를 인식하지 못하거나 인정하지 않으려는 사고체계이다. 즉, 흑백논리는 자(自)와 피(彼), 정(正)과 사(邪)를 명확하게 구별하여 피(彼)와 사(邪)는 철저하게 배척하고 오직 자(自)와 정(正)만을 추구하려는, 즉 타협을 용납하지 않는 사고방식이다. 흑백논리가 정책과정을 지배하면 정책결정이 타협(compromise)에 의해서 이루어지기보다는 강자가 약자를 힘으로 억누르는 지배(domination)적 결정을 초래한다(정정길, 1997:128). 따라서 흑백논리의 행정문화 속에서 정책을 결정하는 과정은 정책내용에 대해서 수정이나 보완을 통한 합의의 형식보다는, 전면채택이 아니면 전면거부라는 극단적인 행동이 나타날 수 있다. 이러한 과정을 거쳐 이루어진 정책은 그 집행과정에서 강한 저항에 직면하게 되고, 결국 정책이 성공적으로 집행될 가능성은 그만큼 적어진다.

대충주의는 무엇이든 대충대충 또는 적당히 처리하려는 사고방식이다. 따라서 대충주의는 업무를 처리함에 있어 '완벽', '철저', '치밀' 등과는 거리가 멀며, '적당'과 '대충'만이 있을 뿐이다. 따라서 대충주의는 정책업무를 완벽하고 치밀하게 처리하기보다는 적당하게, 또는 대충대충 처리함으로써 많은 결함을 발생시킨다. 즉, 정책을 결정하고 집행하는 과정 또는 정책을 평가하고 다음 정책에 환류(feedback)시키는 과정에서 세심한 주의를 기울여 완벽하게 업무를 처리하기보다는, 과거의 타성에 젖어 대충대충하거나 또는 적당히 처리함으로써 많은 문제점을 야기시키며, 이러한 결과 정책과정이 비효율에 의해 지배될 가능성이 매우 크다고 할 수 있다.

2. 정치제제의 능력

한 사회의 정치체제는 행정부, 입법부, 사법부, 정당, 이익집단 등으로 구성되어 있으며, 이들은 정책과정의 구조적 · 기능적 환경으로 볼 수 있다. 따라서 이들이 어느 정도의 능력을 보유하고 있으며, 어느 정도의 구조적 분화와 기능적 통합을 이룩하고 있느냐 하는 것은 정책과정의 민주성과 합리성 제고에 중요한 영향을 미친다.

행정부는 대통령을 포함한 정부관료제로서 이들의 문제해결을 위한 지식이나 경험 등의 전문가적 능력과 상호충돌되는 이해관계를 조정할 수 있는 정치적 능력은 정책과정의 각 단계에서 합리성 제고에 매우 중요한 영향을 미친다.

입법부는 국민 또는 주민의 여론이 직 · 간접적으로 반영되는 대표기관으로 정치체계의 기본정책이 형성되는 곳이다. 물론 급격한 환경변화에의 신속한 대응의 필요성과 산업사회가 잉태한 복잡한 사회문제의 해결을 위해서 전문지식과 경험을 갖춘 행정관료들의 역할 강화로, 입법부의 정책과정에 대한 영향력은 과거에 비해 현격하게 줄었다. 그럼에도 불구하고 국민의 여론을 수집하고, 이를 정책형성과정에 반영하는 입법부의 능력은 정책결정과정의 민주성 제고에 매우 중요한 영향을 미친다. 뿐만 아니라 행정부의 정책집행활동을 견제하고 통제하는 기관으로서 입법부의 능력은 정책집행과정의 합리성 제고에도 역시 매우 중요한 영향을 미친다.

정당은 정권을 획득하는 데 궁극적 목적을 두고 있지만, 기능상으로 볼 때에는 사회 내의 수많은 이익을 취합하는 역할(interest aggregation)을 수행한다(G.A. Almond and J.S. Coleman, 1960:15–6). 따라서 정당이 대표하는 특정한 사회집단들의 이익을 취합하여 합리적인 정강(party platform)을 만들어 낼 수 있는 능력은 정책의 합리성 제고를 위해 매우 중요하다. 왜냐하면 정강은 한 정당이 정권을 잡았을 때, 공공정책으로 탈바꿈할 수 있기 때문이다.

이익집단은 특정사회세력으로 구성되며, 정부를 상대로 이익을 표명하거나 압력을 가하여 이익공동체 또는 사회성원 전체의 복리와 편익증진을 도모하는 비영리적인 결사체를 지칭한다(D.S. Ippolito and T.G. Walker, 1980:271). 이익집단은 기능적으로 정부와 이익공동체를 연결하는 매개자적 역할을 수행하는 것이 특징이며, 대체적으로 정책과정에 대한 투입기제의 기능을 담당한다. 따라서 이익집단이 사회 특정부문의 이익을 결집하여 정책과정에 투입할 수 있는 능력은 정부의 국민에 대한 정책적 대응성과 책임성을 고양하고, 일체감을 강화할 수 있다는 측면에서 매우 중요하다.

3. 정치체제의 권력구조

정치체제의 권력구조란 정치체제를 구성하는 요소들간에 반복적으로 나타나는 유형화된 권력관계로서 정책의 제과정에 중요한 영향을 미친다. 여기에서는 정치체제를 이루는 구성요소들간의 권력관계를 행정부와 입법부간의 권력구조, 중앙정부와 지방정부간의 권력구조, 정부부처들간의 권력구조 등에 범위를 한정하여 살펴보기로 한다.

(1) 행정부와 입법부간의 권력구조

입법부와 행정부는 정치체제를 지탱하는 하위체제로서 상호간에 협조와 견제를 통해 정책을 형성하고, 성공적인 집행을 책임져야 할 수레바퀴의 양대축과 같은 존재이다.

원래 자유민주주의는 의회중심의 의회민주주의를 의미한다. 선진국의 정치사적 흐름으로 볼 때 19세기는 의회의 세기라 할 만큼 의회주의는 선진국의 정치체제에서 큰 특징을 이루었다. 따라서 이 시기에 대부분의 선진국에서는 입법부를 설립하였으며, 의회는 국가의 가장 중요한 통치기관으로서 국가의 목표설정, 법률의 제정, 정책형성 및 집행의 감독 등과 같은 실로 다양한 기능을 수행하여 왔다.

그러나 20세기에 들어오면서 산업사회가 양산한 다양한 사회문제, 즉 인구, 도시, 환경, 불황, 빈곤 등의 문제들이 체제의 위기상황을 초래하게 되었고, 이러한 문제들을 효율적으로 해결하기 위해서 행정부 권한의 확대 · 강화는 불가피한 현상으로 이해되었다. 특히 제2차 세계대전 이후 식민지 상태에서 독립을 쟁취한 발전도상국가에서는 입법부가 제도화되기도 전에 행정부 주도에 의해 국가발전사업이 관리되었던 관계로 의회가 다분히 상징화되고, 본래의 기능을 수행하지 못하는 상황에 처하게 되었다.

우리 나라 역시 예외는 아니어서 해방 이후 헌법을 채택하고 의회정치제도로서 민주적인 정치제도의 외양을 갖추었지만, 대부분의 발전도상국과 마찬가지로 입법부가 본래의 제기능을 수행하지 못하였다. 특히 우리 나라는 5 · 16 군사정변 이후 수립된 제3공화국이 근대화정책을 행정부 주도하에 적극 추진하는 입장을 취함으로써, 입법부의 상대적 약화현상은 더욱 두드러지게 되었다.

이러한 결과 우리 나라 역대 국회는 행정부와의 관계에서 정책을 형성함에 있어 자율성을 견지하지도 못하였을 뿐만 아니라, 행정부의 정책집행활동을 효율적으로 견제하지도 못하였다. 이를 두고 일각에서는 국회부재론(國會不在論), 국회무용론(國會無用論), 행정부의 시녀화 등의 강한 비판이 제기되었다(노시평, 1998:456).

그러나 한 국가가 국민의 자유와 행복 등 제권익을 적극적으로 보장하여 참다운 의미에서의 국민주권을 실현하기 위해서는 의회가 정책을 형성함에 있어 자율성을 확립하고, 그들에게 부여된 대 행정부 견제기능들을 효율적으로 수행하여 행정부의 독주를 견제할 수 있어야 한다.

(2) 중앙정부와 지방정부간의 권력구조

국가의 통치권과 행정권이 중앙정부에 집중되어 있느냐 아니면 지방정부에 분산되어 있느냐 하는 것이 정책의 내용 및 제과정에 중대한 영향을 미친다.

국가의 통치권과 행정권이 중앙에 집중되어 있으면 정책의 통일성 및 효율성을 확보할 수 있고, 사회 전체의 경제적 · 사회적 발전을 위한 포괄적인 정책을 수립할 수 있으며, 자원을 효율적으로 사용하고, 국가적 위기에 신속히 대응할 수 있다(박성복 외, 1993:187). 반면에 과도한 중앙집권은 지역적 특수성과 신축성이 결여된 획일적인 정책을 가져올 수 있으며 정책과정에 민주적 통제가 약화될 수 있다.

한편 국가의 통치권과 행정권이 지방에 분산되어 있으면 지방의 특성을 반영한 정책을 결정할 수 있으며, 정책집행에 신축성을 기할 수 있다. 뿐만 아니라 지방분권은 정책과정상의 분업, 즉 정책결정은 중앙정부가 집행은 지방정부가 각각 담당함으로써 중앙과 지방정부간 기능적 분화를 통한 행정의 효율성을 기할 수 있다. 반면에 지나친 분권화는 정책의 통일성을 해쳐서 사회적 자원의 낭비를 가져오거나 혁신적인 정책의 수행을 어렵게 할 수도 있으며, 정책결정과정과 집행과정에서 사적인 이익을 추구하는 세력간에 마찰을 야기시킬 수도 있다.

우리 나라의 경우에는 권위주의적 정치 · 행정문화, 해방 이후의 혼란, 6 · 25사변, 4 · 19혁명, 5 · 16군사쿠데타, 10 · 26사태 및 12 · 12군사반란사건 등으로 이어지는 정치적 위기의 발생, 또는 중앙정부에 편중된 인 · 물적 자원 등과 같은 여러 가지의 문제들 때문에 중앙정부와 지방정부간의 관계가 그 동안 수평적인 대등한 관계로 인식되기보다는 수직적 상 · 하관계로 인식되어 왔다. 이러한 역사적인 맥락 속에서 우리 나라는 1949년에 최초의 지방자치법이 제정되었다. 그러나 바로 이듬해에 일어난 6 · 25사변에 의해 지방자치의 실시가 연기되었고, 1952년 자유당 정부에 의해 시험적으로 실시되었으며, 제2공화국에 들어와서는 본격적으로 시행단계에 돌입하였다. 그러나 이러한 곡절 끝에 실시되었던 지방자치제도는 1961년에 발생한 5 · 16군사정변에 의해 중단되었다. 즉, 장면정권에 의해 구성되었던 지방의회가 해산되었고, 서울특별시장, 도지사, 시장, 읍 · 면장, 동 · 이장 등과 같은 지방자치단체의 장도 중앙정부가 임명하는 등 다시 중앙집권체제의 강화로 회귀하였다.

이후 중앙집권의 길을 계속 걷던 우리 나라는 1990년 제6공화국에서 여 · 야 합의에 의해 지방자치법이 개정되었고, 1991년 기초 및 광역자치단체의회를 주민의 선거에 의해 구성하였으며, 1995년 드디어 기초 및 광역자치단체의 장을 중앙정부의 임명이 아닌 지역주민의 선거에 의해 선출함으로써 본격적인 지방자치시대가 개막하게 되었다. 이처럼 어려운 역사적 진통을 겪고 출발한 지방자치제도는 중앙정부와 지방정부간 사무배분의 애매성, 지방정부의 낮은 재정자립도, 선거에서 나타나는 지역주의의 횡포, 지역의원의 질저하 등 앞으로 해결해야 할 많은 난제에 직면해 있다.

(3) 행정기관간의 권력구조

행정부를 구성하고 있는 각 부처들간의 권력구조도 정책에 영향을 미친다. 일반적으로 하나의 정책을 형성하고, 집행하는 과정에는 여러 개의 관련부처가 관여하게 된다. 그런데 조직목표 및 수혜집단이 각각 서로 다른 부처들이 하나의 정책을 형성하고, 집행하는 과정에 개입하게 되면 정책의 제과정에서 부처간에 갈등이 발생하게 되며, 이 때 부처들간의 권력관계가 정책에 대한 영향력을 결정한다. 가령 정부가 매년 가을에 결정하는 추곡수매가 및 수매량의 결정에 재정경제부와 농림수산부가 대립하는 데, 이 과정에서 힘이 센 재정경제부의 입장이 많이 반영되는 것이 이러한 예에 해당한다.

행정부 내 부처들간의 권력관계는 공식적으로 담당하는 기능의 중요성, 행정수반과 부처장과의 개인적 친소관계 및 접촉빈도 등에 의하여 좌우된다(정정길, 1997:136). 즉, 중요한 부처는 행정부 내에서의 영향력이 커지므로 이들이 담당하는 기능이나 정책이 결정이나 집행과정에서 보다 우선하는 경향을 보이게 된다.

연습문제

1. 정책결정요인론의 의의를 설명하시오.
2. 정책결정요인론이 정책학의 발전에 미친 영향과 문제점을 설명하시오.
3. 정책환경이 정책에 미치는 영향을 두 가지로 구분해서 설명하시오.
4. 정치체제의 특성이 정책에 미치는 영향을 설명하시오.
5. 정치체제의 권력구조가 정책에 미치는 영향을 구체적인 사례를 들어 설명하시오.
6. 정책이 정책환경에 미치는 영향을 구체적 사례를 들어 설명하시오.
7. 정책에 영향을 미치는 환경적 변수로는 어떠한 것이 있으며, 이러한 변수가 정책에 영향을 미치는 방법을 구체적인 사례를 들어 설명하시오.

각종 기출 시험문제

1. 정보화를 정보기술을 활용한 조직쇄신으로 본다면, 최근 들어 우리 나라의 기업 등 민간부문은 정보기술에 대한 많은 투자와 업무재설계를 통한 조직과 인력의 쇄신을 추진하고 있다. 정부 내외의 많은 사람들은 행정의 정보화를 통해 행정의 민주화를 촉진하고 행정 서비스의 질을 높여야 한다고 주장하고 있다. 정부부문의 정보화가 어떻게 행정의 민주화, 서비스의 질의 향상을 가져올 수 있는지에 대하여 설명하여 보시오. 행정의 정보화를 위하여 시급히 해결해야 할 과제는 무엇인지 논의하시오.
(2001학년도 서울대 행정대학원 석사과정 입학시험문제)

2. 정보화가 우리 나라 행정조직의 대내적, 대외적 운영에 어떤 영향을 미쳤으며, 또한 앞으로 미칠지를 행정학(정책학)의 관련 이론에 근거하여 논리적으로 설명하시오. (2002학년도 서울대 행정대학원 박사과정 입학시험문제)

3.

〈문제상황〉

노무현 대통령은 촛불시위 등의 반미적 자주외교를 주장하는 젊은 세대들의 기대 속에 방미하여 부시 대통령을 만났으나, 북한 핵문제를 포함하여 많은 현안에서 미국의 요구를 받아드렸다는 비판을 받게 되었다. 대미굴욕외교를 규탄하는 한총련 등과 달리 노대통령의 방미활동을 현실적이고 현명한 외교라는 평가도 크다. 원래 노 대통령과 그의 참모들은 미국과 대등한 위치에서의 자주적 외교를 강조하여 왔으며, 취임 초부터 이러한 대통령의 통치철학에 따라 외교통상부도 자주외교를 위한 전략 등에 많은 관심을 쏟았다. 이상의 상황을 전제로 다음의 두 가지 질문에 답하되, 위의 상황에 더하여 가상적인 정보를 추가하여도 좋으므로 이론적으로 논의하라.

1) 정치권력을 장악한 주도세력이 자주외교를 강조하여 오던 태도를 바꾸어 친미적 자세로 돌아서게 된 이유는 결국 미국과 한국의 경제력의 차이, 국방력의 차이, 국제정치상의 위상차이 등등이다. 결국 이러한 사태가 발생한 것은 정치체제나 정부주도세력이 아니라, 정치체제를 둘러싸고 있는 사회, 경제, 국제적 환경이 정책의 내용을 결정하기 때문이라고 볼 수 있는데, 이를 이론적으로 설명하고, 이론의 문제점도 간단하게 검토하라.

2) 노대통령이 방미 이전에 현실적 친미외교방침을 명백하게 밝히지 못한 것은 외교통상부의 직업외교관들이 전문적 지식으로 올바른 보좌를 하지 못하였기 때문이라는 지적도 있다. 즉, 노대통령이 대등한 자주외교를 강조하자 외교정책의 근본 목적이나 방침에 대하여 비판적인 대안을 제시하지 못하고, 정책전문가들이 위에서 시키는대로 정책수단에 대하여만 생각하였기 때문이라는 것이다. 이 주장은 정책학의 근본적 한계를 지적하는 것이기도 한데, 근본적인 정책목적이나 가치에 대하여 비판적 검토 없이 최선의 수단만을 추구하는 경우에 등장하는 문제점이다. 이 문제점의 성격을 분명히 밝히고, 이 문제점을 극복하기 위하여 전문가나 분석가가 수행해야 할 자세에 대하여 논의하라.

(2003학년도 서울대 행정대학원 박사과정 입학시험문제)

3
정책과정의 참여자

이 장의 개요

본 장에서는 정책과정의 참여자에 관하여 살펴보기로 한다. 정책과정은 정책의제설정, 정책결정, 정책집행, 정책평가 및 정책변동의 다섯 단계로 나누어 볼 수 있으며, 이 과정에 참여자 역시 공식적 참여자와 비공식적 참여자로 구분하여 볼 수 있다. 공식적 참여자로는 입법부, 대통령, 행정부처, 사법부가 있으며, 비공식적 참여자로는 정당, 이익집단, 언론, 일반국민 및 전문가 등이 있다. 여기에서는 정책의 각 과정을 주도하며, 직·간접적인 영향을 미치는 공식적 참여자와 비공식적 참여자들이 어떠한 방식으로 정책과정에 개입하여, 어떠한 형태의 영향력을 행사하는가를 구체적으로 살펴보기로 한다.

3.1 정책과정과 참여자 유형

정책과정(policy process)은 그것을 분류하는 학자들에 따라 매우 다양하게 분류되고 있다. 여기에서는 정책과정을 정책의제설정, 정책결정, 정책집행, 정책평가 및 정책변동 등 다섯 개의 과정으로 분류하기로 한다(제1장 2절을 참조).

한편 정책의 각 과정에는 이 과정을 주도적으로 이끌거나 또는 이 과정에 개입하여 직 · 간접적인 영향을 미치는 개인이나 집단이 있다. 이들을 정책과정의 참여자라 한다. 정책의 과정은 정치적 성격이 매우 강하다. 따라서 정책과정에 참여하여 영향력을 행사하는 참여자들은 국가의 권력구조, 정치문화 또는 정책의 내용 및 종류에 따라 그 유형이 매우 다양할 것이다. 그러나 일반적으로 정책과정의 참여자는 공식적 참여자와 비공식적 참여자 등 크게 두 가지 유형으로 나누어 볼 수 있다.

공식적 참여자란 정책과정에의 참여가 법적 · 제도적으로 보장된 자들을 말한다. 입법부, 대통령, 행정부처, 사법부 등이 여기에 해당된다. 즉, 입법부는 국민의 선거에 의해서 뽑혀진 기관으로서 민의를 가장 잘 대변할 수 있는 집단으로 정책과정에의 참여가 법적으로 보장되며, 대통령 역시 국민에 의해 선출된 행정수반으로서 행정부처를 지휘 · 감독하여 정책과정을 주도할 책임자로서 정책과정에의 참여가 제도적으로 보장된다. 한편 법에 의해 신분보장을 받는 행정부처의 관료들은 정책과정에 필요한 전문성을 제고시키기 위해 참여가 제도적으로 보장된다.

비공식적 참여자란 정책과정에의 참여가 법적 · 제도적으로 보장되지는 않지만, 어떠한 방식으로든 정책과정에 참여하여 영향력을 행사하는 자들을 말한다. 이러한 비공식적 참여자들로는 정당, 이익집단, 언론, 전문가 및 학자, 일반국민 등이 있다. 정당은 국민의 정치적 통합의 매개체로서, 이익집단은 그들의 공통이익을 정책과정에 투입하기 위하여 정책과정에 참여하게 된다. 한편 언론기관은 국민의 여론을 정책과정에 전달하는 매개체로서, 전문가들은 정책과정에 필요한 전문적 지식을 제공하기 위해서 정책과정에 참여하며, 일반국민들은 그들의 이해관계를 정책과정에 반영하기 위하여 정책과정에 참여한다. 이처럼 하나의 정책과정에는 실로 다양한 개인 또는 집단이 참여하게 되는데 이러한 내용을 정책과정별로 좀더 구체적으로 살펴보기로 한다.

3.2 정책의제설정의 참여자

1. 공식적 참여자

(1) 입법부

정책과정의 첫 번째 단계인 정책의제설정에서 입법부는 별다른 중요한 역할을 수행하지 못한다. 특히 우리 나라처럼 권위주의 역사가 강한 정치적 후진국에서는 정책의제설정과정의 공식적 참여자들 중 입법부가 가장 소극적인 역할을 수행한다.

(2) 대통령

선진국의 경우 과거에는 정책의제설정에서 대통령의 역할이 이익집단이나 정당 등과 같은 비공식적 참여자에 비하여 비교적 가볍게 취급되어왔다. 그러나 최근에 와서는 사회문제가 정책문제로 채택되는 과정에서 대통령의 역할이 중요시되고 있다. 한편 후진국의 경우에는 대통령이 관심을 갖는 대부분의 사회문제는 정책문제로 채택된다는 측면에서 정책의제설정에서 대통령은 적극적인 역할을 수행한다. 따라서 대통령의 성향, 신념, 가치관 등은 정책의제설정에 매우 중요한 영향을 미치는 요인이라 할 수 있다.

(3) 행정부처

행정부처 본래의 기능은 의회나 대통령이 결정한 정책을 효율적으로 집행하는 것이다. 그러나 우리 나라처럼 의회의 권한이 미약하고, 정당이나 이익집단과 같은 비공식적 참여자들의 정치체제에 대한 투입기능이 활성화 되어 있지 못한 곳에서는 행정부처의 관료들이 정책의제설정에 미치는 영향은 매우 크다.

행정관료들은 정책의제설정과정에서 그들이 보유한 전문지식을 활용하여 그 사회에 현안으로 대두한 사회문제가 정책의제화 될 수 있도록 정책결정자에게 정책대안의 존재여부 및 실현가능성을 확인시켜 줌으로써, 정책결정자로 하여금 그 사회문제를 정책문제로 채택하도록 하는 방법으로 이 과정에서 영향력을 행사한다.

2. 비공식적 참여자

(1) 정당(political party)

정책의제설정은 정치과정상으로 보면 이익표출과 이익결집의 두 가지 기능이 결합된 활동이다. 이 중에서 이익결집의 기능은 주로 정당이 담당한다. Edmund Burke는 정당이란 일단의 사람들이 공동노력을 통해 국가이익을 증진시킬 목적으로 어떤 원칙에 따라 결합한 조직체라고 정의하고 있다(E. Burke, 1983: 375). 따라서 정당은 정치과정에서 다양한 기능을 수행 한다.[1)]

현대의 대의제도하에서 정당의 제1차적 임무는 국민의 의사와 이익을 조직화하는 일이다. 여기에서 말하는 국민의사의 조직화란 국민에 의해서 표시된 이익과 요구를 집약시키는 것을 의미한다. 즉, 정당은 서로 대립적이거나 갈등적인 정치세력들을 일정한 원칙과 가치체계들을 기준으로 조직화하고 이를 바

1) Neumann 교수는 정당이 수행하는 기능을 ① 여론의 형성과 조직화 기능, ② 민중에 대한 정치교육기능, ③ 정부를 조직하는 기능, ④ 의회정치의 조직적·능률적 운영기능, ⑤ 정치지도자의 선택기능 등 다섯 가지로 분류하고 있다(S. Neumann, 1956:396-7).

탕으로 정치과정을 이끌어 나간다. 동시에 정당은 대다수 국민들을 조직하고 정치과정에 끌어들임으로써 국민과 정부간의 연대를 증대시킨다. 정당은 사실상 국민들의 정치적 참여를 증진시키고 관리하는 정치적 매개체이다.

정당은 국민들을 조직하고 사회집단들과 연관성을 갖고 있기 때문에 이들이 무엇을 원하고 있는가를 잘 파악할 수 있으며, 또한 그들이 표출한 의사나 이익을 받아들일 수 있게 된다. 이러한 측면에서 정당은 국민들이 표출한 이익을 집약시키는 기능을 수행한다. 대개의 경우 정당이 수행하는 이익결집의 기능은 선거시에 제시하는 공약사항 또는 정강정책 등으로 나타나게 된다.

국민의 여러 가지 이익을 결집시키는 일은 정당의 성격에 따라서 각각 달라질 수 있다. 가령 영·미형의 양대 정당에서 전형적으로 볼 수 있는 것과 같은 '세속적이며 실용주의적인 거래형의 정당' 에서는 이익의 집약능력은 상대적으로 매우 높다고 할 수 있다.[2] 그러나 '절대적 가치를 지향하는 세계관 내지 이데올로기적 정당에서나 또는 후진국에서 많이 볼 수 있는 것과 같은 개별주의적 내지 전통적 정당' 에서는 정당의 이익집약능력은 매우 약하다고 할 수 있다(이극찬, 1993:383). 그러나 어떠한 경우에서든 정당이 이익의 결집을 담당한다는 점에서는 차이가 없다.

우리 나라의 경우 정책의제설정과정에서 집권여당은 그 동안 제기능을 충분히 수행하지 못한데 비해서, 야당은 커다란 역할을 한 경우가 많았다(정정길, 1997:183-6). 즉, 야당의 경우에는 행정부가 정책상 커다란 잘못을 범하거나 또는 새로이 심각하게 대두된 문제를 행정부에서 외면하려고 할 때 이런 문제를 국회에서 공식적으로 검토하도록 여론을 환기시키거나, 여당에 압력을 가하는 방식으로 정책의제설정과정에서 커다란 역할을 수행하였다. 반면에 정책의제설정에서 주도적 역할을 수행해야 할 집권여당은 국회의 권한약화에 따르는 집권여당의 권한약화, 당·정 협조의 약화, 대통령의 지배에 의한 자율성 약화 등의 요인들 때문에 제역할을 수행하지 못하였다.

2) 미국 정당의 이익결집능력은 제2차 세계대전을 정점으로 하여 점점 쇠퇴하기 시작하였으며, 오늘날 이러한 정당의 이익결집기능의 많은 부분은 언론에 의해 대체되었다(J.D. Kennamer, 1992:64).

(2) 이익집단(interest group)

이익집단이란 특정 사회세력으로 구성되며, 정부를 상대로 이익을 표명하거나 압력을 가하여 이익공동체 또는 사회성원 전체의 복리와 권익증진을 도모하는 비영리적인 결사체를 지칭한다는 것은 앞에서도 살펴본바 있다. 따라서 이익집단은 기능적으로 정부와 이익공동체를 연결하는 매개자적 역할을 수행하는 것이 특징이며, 대체로 정책과정에 대한 투입기제의 역할을 담당한다.

이익집단은 그들이 지닌 사회문제를 정책문제화 하기 위해 다양한 수단과 방법을 동원하여 입법부, 행정부, 사법부 또는 정당을 대상으로 압력을 행사한다.[3] 이 때 사회문제가 정책문제로 채택되기 위해서는 첫째, 강력한 정치적 지지가 있어야 하는데, 개인보다는 집단으로서 이익집단이 사회적 여론을 환기시키고 정치지도자들의 관심을 쉽게 끌어들여 강력한 정치적 지지를 얻을 수 있게 된다. 둘째, 실현가능성 있는 해결책으로서 정책대안(policy alternative)이 제시되어야 비로소 그 문제를 정책의제로 설정하여 해결을 위한 논의를 하게 되는데, 이익집단은 이러한 해결책을 제안할 수 있는 여건을 갖추고 있는 경우가 많다. 즉, 개인으로서는 불가능하지만 이익집단은 전문가를 고용하고 끊임없이 필요한 정보를 수집하여 기술적으로나 재정적으로 실현가능성이 있는 정책대안을 제시할 수 있는 것이다(정정길, 1997:189). 이 과정에서 이익집단이 얼마만큼의 영향력을 행사하느냐는 그 국가의 정치체제가 민주적이냐 또는 독재적이냐, 자본주의체제냐 또는 공산주의, 사회주의체제냐에 따라 달라진다(안해균, 1984:185).

우리 나라의 이익집단들은 그들이 갖는 여러 가지의 문제점들, 예컨대 이익집단의 태생적 한계[4] 또는 취약한 재정력 및 응집력 등의 문제로 인하여 그 동안 정책의제설정과정에서 영향력을 충분히 행사하지 못하였다. 물론 1987년도

---

3) 이익집단이 입법부나 행정부 등을 대상으로 사용할 수 있는 압력의 방법으로는 첫째, 개인적 친교에 의한 방법, 둘째, 개개의 국회의원에게 대해서 강한 영향력을 갖는 출신선거구의 유력자를 움직이는 방법, 셋째, 선거구민들로 하여금 의원에게 편지와 전보 등을 보내게 하는 방법, 넷째, 대표단의 파견에 의한 방법, 다섯째, 라디오 · TV · 신문광고 등에 의한 방법 등이 있다(이극찬, 1993:406).

4) 이익집단의 태생적 한계란 이익집단의 설립 자체가 소속회원의 자발성 또는 필요성에 의해서라기보다는 정부의 필요에 따랐기 때문에, 이들의 자주성이 결여되고 심한 경우에는 정부조직의 하부조직으로 기능하기도 하였다는 사실을 의미한다.

의 6 · 29선언 이후 우리 나라의 이익집단들이 어느 정도의 자율성을 확보하고 정책의제설정과정에서 그들의 이익을 능동적으로 표출하고 있기는 하나, 선진국 이익집단의 이익표출활동에 비하면 아직도 부족한 실정이라 할 수 있다.

우리사회의 민주화가 진행되면서 오늘날에는 비정부단체(NGO) 또는 비영리단체(NPO)의 역할이 중요시 되고 있다.[5] 비정부단체는 각종의 사회 이슈에 대한 의견을 청취하여 정책의제설정과정에 시민의 의견을 대변하는 중요한 기능을 수행하고 있다. 특히 비정부단체는 정부 또는 기존의 정책집단에서 고려하지 못한 특정 사회 · 정치 · 경제적 이슈에 대한 문제제기를 통하여 공공정책에 다양한 가치를 투영하고, 정책에 대한 다양한 시민들의 참여를 확대시키는 중요한 역할을 하게 된다(정정길 외, 2003:198).

(3) 언 론

언론이란 신문, 라디오, 텔레비전(TV) 등과 같은 대중매체(mass media)수단들을 의미한다. 이들은 현대사회에서 정부기구 중 '제4부(the fourth branch of

5) 이익집단은 다음 네 가지의 유형으로 분류해 볼 수 있다. ①결사형이익집단(associational interest group) : 결사형이익집단은 공식적인 조직형태를 갖춘 이익집단으로 여기에는 두 가지의 형태가 있다. 그 하나는 공공이익집단(public interest group)으로 이러한 유형의 이익집단은 시민전체의 공익을 대변한다. 다른 하나는 일반이익집단(general interest group)으로 이러한 유형의 이익집단은 특정부문(직업, 직능, 계층)의 이익을 대변한다. ②비결사형이익집단(non-associational interest group) : 비결사형이익집단은 공식적인 조직형태를 갖추지 않은 비공식적인 형태의, 즉 1차 집단적인 성격을 갖는 이익집단으로 구성기준이 혈연, 학연 또는 지연 등이다. 각종의 종친회, 향우회 등이 여기에 해당한다. ③기관형이익집단(institutional interest group) : 군부나 입법부, 행정 각 부처 등 특정기관의 이익을 대표하는 국가산하단체로서의 이익집단으로 철도노조, 체신노조 등이 여기에 해당한다. ④아노미형이익집단(anomic interest group) : 법이나 질서 등 사회적 규범을 무시하고, 탈법적인 방법으로 이익을 표명하고 추구하는 집단이다. 최근에 각종의 이익을 위하여 탈법적인 방법으로 시위를 하는 철거민대책위원회 등이 여기에 해당한다. NGO는 이러한 이익집단의 유형들 중에서 첫 번째 유형인 결사형이익집단에 속하는 것으로 참여연대, 경제정의실천연합, 좋은정책포럼, 자유주의연대 등이 여기에 해당한다.

한편 정책과정에서 이익집단이 행하는 순기능으로는 첫째, 개인의 의사를 결집하여 정책과정에 투입함으로서 국가의 정책적 대응성 및 책임성을 고양시킬 수 있으며, 둘째, 정부시책에 대한 국민의 이해와 협조를 도모하고 정책의 환류효과를 증진시키며, 셋째, 국민 개개인의 무력감을 불식시킬 수 있으며, 넷째, 사회 각 세력간의 상호교류를 통하여 정책으로 인한 갈등해소와 사회통합에 기여한다. 그러나 이익집단은 사회에 바람직하지 못한 역기능을 수행하기도 하는데, 그 내용을 살펴보면 첫째, 우세집단에 의한 이익의 독과점 현상이 발생할 수도 있고, 둘째, 비조직 집단이나 약자가 정책과정에서 소외되기 쉬우며, 셋째, 합리적 · 분석적 정책과정을 저해할 가능성이 크며, 넷째, 이익집단의 로비활동에 의해서 정치인이나 행정인을 매수함에 의해 부정부패가 발생하기 쉽다는 점이다.

government)' 에 해당될 수 있을 만큼 공식적 · 비공식적으로 중요한 역할을 담당한다.

언론은 여론의 형성과 투입기능을 통하여 정책의제설정에 중요한 영향을 미친다. 먼저 언론은 여론의 형성에 결정적인 역할을 수행한다. 즉, 언론은 사회의 일부에서 일어난 문제를 국민 전체에게 알려서 그들의 관심을 끌게 하거나, 또는 어떤 쟁점이 표출되었을 때 이를 독자나 시청자에게 설명하거나, 해설을 통해 그 문제의 중요성을 인식시키는 방법 등으로 여론을 형성하고 주도하는데 중요한 역할을 수행한다.[6] 뿐만 아니라 언론은 형성된 여론을 정책결정체제에 투입하는 기능을 수행하게 되는데, 이러한 언론의 투입기능은 개인이나, 집단이 무엇을 원하고 있는지 또는 국민들이 정부에 대해 무엇을 요구하고 있는지 하는 국민들의 요구조건을 정책결정자에게 전달하여 사회문제가 정책의제화 하는데 결정적인 역할을 수행하는 것이다(J.D. Kennamer, 1992:1–17).

특히 언론은 뉴스메이커(news maker)의 역할을 통해서 정책의제설정과정에서 중요한 영향력을 행사한다. 만약 정책의제설정이 사회문제가 대중에게 어떻게 전달되어 그들의 깊은 관심을 일으키느냐의 문제로 귀착된다면, 뉴스의 보도자이면서 편집자인 언론은 무엇이 보도할 가치가 있고, 어떠한 측면에 하이라이트(highlighting)를 맞출지를 결정하는 점에서 매우 중요한 영향력을 행사할 수 있다. 즉, 똑같은 사회문제일 경우에도 재미있는 스토리로 작성한 정책이슈는 대중들의 눈에는 그렇지 않은 경우보다 더 중요한 것으로 간주될 수 있고, 문제를 단순히 보도하는 뉴스 프로그램은 문제를 심층적으로 분석하여 문제의 성격과 범위를 지적하고 해결방안을 제시하는 뉴스 프로그램에 비해서 대중의 관심을 적극적으로 불러일으킬 가능성이 낮다(노화준, 2003:111–2).

6) 정책의제설정과정에서 언론이 일반국민, 정책결정자 등에게 미치는 영향을 실증적으로 분석한 Cook 등은 다음과 같은 결론을 도출하고 있다. 첫째, 언론은 일반국민에게 사회문제의 중요성에 대한 인식을 변화시켜 정책문제의 우선순위에 영향을 미친다. 둘째, 언론은 정책결정자에게 사회문제의 중요성에 대한 일반국민의 인식이 어디에 있는지를 알려주고, 이해시켜 주는 방법으로 정책문제의 우선순위 설정에 영향을 미친다(F.L. Cook, T.R. Tyler, E.G. Goetz, M.T. Gorden and H.L.Molotch, 1983: 16–35).

(4) 일반국민

일반국민이나 시민들이 정책의제설정과정에 영향을 미치는 방법은 여론(public opinion)의 형성이나 또는 집단행동을 통해서이다. 정책과정에 제도적으로 참여가 보장되어 정책과정을 주도하는 공식적 참여자들 중에서 가장 중요한 역할을 수행하는 입법부와 대통령은 일반국민의 선거에 의해서 그들의 지위가 주어진다. 따라서 이들은 일반국민의 생각을 대변하는 여론에 매우 민감하며, 어떠한 사회문제에 대해 정부의 관여가 필요하다는 여론이 형성되어 있으면 그러한 사회문제는 쉽게 정책의제화될 수 있다.

한편 일반국민은 집단행동을 통해서 정부의 정책의제설정에 영향을 미치기도 한다. 즉, 어떠한 사회문제에 의해서 피해를 입게되는 시민 혹은 일반국민은 데모나 스트라이크 등과 같은 집단행동을 통해 그들이 입는 피해의 심각성을 정책담당자에게 알리는 방법을 사용하여 그들이 직면한 사회문제가 정책의제로 채택되도록 정책담당자에게 영향력을 행사한다.

(5) 전문가

전문가란 어떤 사회문제에 대하여 전문적 지식을 갖고 있는 대학교수나 연구소의 연구원 등을 의미하는 데, 이들은 전문지식을 활용하여 정책의제설정에 영향을 미친다. 이들이 정책의제설정에 영향을 미치는 것은 다음 두 가지 방법에 의해서이다.

첫째, 전문가들은 그 사회에 아직 현안문제로 대두하지는 않았으나, 미래에 중요한 사회문제로 대두될 가능성이 큰 문제에 대하여 사회에 심각성을 경고하는 방식으로 미래의 사회문제를 정책의제화 한다.

둘째, 전문가들은 그들이 보유한 전문지식을 활용하여 그 사회가 직면한 현안문제에 대해 해결대안, 즉, 정책대안을 제시함에 의해 사회문제가 쉽게 정책문제로 채택되도록 하는데 영향을 미친다.

3.3 정책결정의 참여자

1. 공식적 참여자

(1) 입법부

입법부는 그 명칭이 시사하는 바와 같이 입법에 관한 권한이 다른 모든 권한에 앞서 가장 핵심적이고 중요한 권한이다. 즉, 입법부는 중요한 정책을 최종적으로 결정할 권한을 지닌다. 물론 법률과 정책이 동일한 것이 아니고 법률을 제정할 수 있는 권한이 입법부에만 있는 것은 아니지만, 중요한 정책일수록 법률의 형태를 취하는 경우가 많다는 사실과 본래 입법권은 의회에 속하는 권한이라는 것을 상기할 때 정책결정과정에서 입법부의 역할은 아무리 강조해도 지나침이 없다 하겠다. 입법부의원들의 공공정책결정권은 조세, 사회복지, 소비자보호, 경제규제, 외교관계에 이르기까지 매우 광범위하다. 의원들은 이러한 활동을 개인보좌관들이나 각종위원회 그리고 입법부에 부속된 전문적인 기관들을 활용하여 수행한다.

그러나 현대 산업사회에 들어오면서 발생하는 사회문제의 복잡성, 시간의 급박성 또는 정책결정에 필요한 전문성의 결여 등과 같은 문제들 때문에 선·후진국을 막론하고 입법부가 그들에게 주어진 기능을 제대로 수행하지 못하고 있다. 물론 이 경우에도 한 국가의 정치체제나 권력구조에 따라 정책결정과정에서 입법부의 역할은 상이할 것이다. 가령 권력구조의 측면에서 보면 영국과 같은 의원내각제하에서 보다는 미국과 같은 대통령중심제하에서의 입법부가 더 큰 역할을 하게 되고, 정치체제의 측면에서 보면 권위주의보다는 민주주의하에서의 입법부가 더욱 중요한 역할을 수행한다. 그러나 각 국가가 처한 이러한 차이에도 불구하고 현대사회에 들어오면서 정책결정과정에서 입법부의 권한약화는 전세계적으로 나타나는 보편적인 현상이라 할 수 있다.

우리 나라의 경우에도 역시 예외는 아니어서 그 동안 국회가 정책결정과정에서 제기능을 수행하지 못하였다. 가령 우리 나라의 입법부가 정책결정과정에서 얼마나 능동적이고, 적극적인 역할을 수행하였는가를 살펴보기 위해 그 동안 우리 나라 국회에서 제출한 법률안 처리실적을 살펴보면 다음과 같다.

제헌국회 이래 제14대 국회에 이르기까지 우리 나라의 역대 국회에 그 동안 제출된 법률안의 총건수는 6,461건이었다. 이들 중에서 의원발의 법률안이 2,863건으로 전체의 44.3%를 차지하고 있고, 정부제출법률안은 3,598건으로 55.7%를 차지하고 있다. 이것을 가결비율로 보면 총 법률안 제출건수 6,461건 중에서 3,747건이 가결되어 총가결률이 58.0%에 해당되는 데, 그 중 29.0%에 해당하는 1,086건이 국회에서 발의한 법률안이고, 71.0%에 해당하는 2,661건이 정부가 제출한 법률안이다(노시평, 1998:462).

이러한 결과는 법률안의 입안과 제출면에 있어 입법기관인 국회보다 행정부가 차지하는 비중이 훨씬 높았음을 나타내 주고 있다. 특히 가결된 전체의 법률안 건수 중 정부제출 법률안 가결건수가 의원발의 법률안 가결건수의 두 배가 넘는다는 사실은 행정국가화의 현상에 따르는 전문적인 입법의 요청에 행정부가 국회보다는 훨씬 용이하게 부응할 수 있다는 데에도 그 원인이 있겠으나, 기실은 우리 나라 입법기관으로서의 역대국회가 행정부와의 관계에서 종속적인 관계에 있었다는 것을 의미하기도 한다.

(2) 대통령

권력구조에 따라 또는 정치발전의 정도에 따라 대통령의 권한이 국가별로 상이함을 인정한다 하여도, 현대사회의 정책결정과정에서 대통령의 권한과 책임은 매우 막중하다.[7] 즉, 대통령은 행정부 내의 정책결정권을 지니고 있음은 말

7) 물론 정책결정과정에서 발휘하는 대통령의 영향력 정도는 정책의 유형 또는 국가에 따라 다르다. 가령 미국의 경우 대외적 비밀이 요구되는 외교 · 국방정책의 결정과정에서 대통령은 매우 강한 권한을 행사하나, 소득재분배정책이나 분배정책의 경우에는 그렇지 못한 것으로 나타나고 있다. 뿐만 아니라 국가의 권력구조에 따라 대통령의 정책결정에 대한 영향력의 정도 역시 다르다. 가령 입법 · 행정 · 사법 등 3권이 엄격하게 분리된 선진국에서 대통령의 정책결정에 대한 영향력은 입법부에 의해서 어느 정도 제약을 받는 데 비해서, 대통령에게 권력이 집중되어 있는 제3세계 국가들에서 대통령은 정책결정에 있어 절대적인 영향력을 행사한다.

할 것도 없고 입법권을 통해 정책을 결정하며, 행정부 지휘감독권 및 공무원의 임명권을 통하여 정책결정과정 전반에 걸쳐서 막강한 영향력을 행사한다(박성복 외, 1993:400).

이처럼 정책결정 전반에 걸쳐 막강한 영향력을 행사하는 대통령은 그가 이 역할을 수행함에 있어 부족한 시간, 정보 및 전문지식을 보완하기 위해 다양한 조직을 활용한다.[8] 가령 대통령은 참모들을 비롯하여 행정부의 관료조직 등을 동원해서 각종의 정책대안들을 제시하고 이들에 대한 정치적 · 사회적 세력들 간의 이해관계를 조정 · 통합하는 데, 이 과정에서 대통령은 여러 가지의 방법을 활용하거나 또는 여러 출처(source)로부터 정책자문을 받아 정책을 결정한다. 즉, 어떤 대통령은 행정부 내부의 의견을 존중하는 반면에, 어떤 대통령은 외부의 의견을 경청한다. 어떤 대통령은 대단히 조직적인 체계를 통하여 정책자문(policy advice)을 얻는가 하면, 어떤 대통령은 정당한 이해관계를 갖고 있는 많은 사람들로부터 제시되는 상충되는 의견을 청취한 뒤 정책결정을 내리기도 한다(최병선, 1992:193). 물론 대통령의 개인적인 특성에 따라 또는 정책 이슈에 따라 서로 다른 방법들을 사용하기도 하고 재임기간의 경과에 따라 정책결정 방법을 바꾸어 나가는 경우도 많다.

우리 나라의 경우 대통령의 정책결정과정에 가장 많은 정책자문과 주도적인 역할을 수행하는 곳은 청와대 비서실이다(최평길, 1997:68). 가령 법률안으로 통과되어야 하는 형태의 정부정책의 경우에는 그것이 행정부의 특정부처나, 집권당, 야당, 시민단체, 이해집단, 또는 청와대의 수석비서관실 등 어디에서 발의되든, 청와대가 주도적인 역할을 수행하고 최종적으로는 대통령의 확인 · 재

8) 대통령은 국가의 명운을 좌우할 정도로 중요한 정책을 결정하는 경우가 많다. 그런데 이처럼 중대한 정책을 결정함에 있어 합리성을 제약하는 요인이 시간의 부족, 전문지식의 결여, 정보의 왜곡 등과 같은 요인이다. 첫째, 대통령은 정책을 결정할 때 시간부족에 허덕인다. 가령 미국의 카터대통령 재직당시 국가안전보장회의에서 보좌관으로 근무한 적이 있는 브레진스키의 보고에 따르면 카터대통령은 매일 국무부 · 국방성 · CIA에서 제출하는 300페이지의 보고서를 접하며, 50여명의 인사를 접견한다고 한다. 따라서 미국의 대통령은 자신의 생명에 관계되는 결정조차 30분 안에 해야 할 만큼 시간부족에 허덕인다는 것이다. 둘째, 대통령은 정책을 결정하는 데 필요한 전문지식을 결여하는 경우가 많다. 이 경우 안건의 중요성에 따라 하위 행정기관에 결정을 위임하는 경우도 있고, 전문가의 도움을 받아 직접 결정하는 경우도 있다. 셋째, 대통령이 왜곡된 정보를 활용하거나 또는 충분한 정보를 활용하지 못한 상태에서 정책을 결정하는 경우도 있다.

가·공포 과정을 거치게 된다. 이 과정에서 청와대 비서관들은 그들이 보유한 전문지식을 활용하여 대통령에게 지혜를 제공하고 자문역할을 수행하며, 행정부처가 정책을 형성하는 데 협조를 하고 또한 의회·사회단체 각 계층의 이해갈등을 조정하는 역할을 수행한다.

(3) 행정부처

행정부처 역시 정책결정과정에서 중요한 역할을 담당한다. 행정부처에 소속된 관료들이 정책결정과정에서 커다란 영향력을 행사할 수 있는 것은 그들이 지닌 전문적 기술과 지식(expertise) 때문이다. 행정관료들은 그들이 근무하는 정책분야에서 어떤 결정을 내리도록 하는데 필요한 전문지식과 경험을 갖고 있다.[9] 즉, 이들은 오랫동안 어떤 일정한 정부부처에서 종사해 왔고 또한 그러한 기관들의 활동분야에 경험적으로 익숙해져 있기 때문에 전문적인 기술과 지식을 축적할 수 있다.[10] 따라서 이들은 대통령이나 수상을 포함한 정무직 정책결정자들에게 구체적인 정책대안을 모색하는 데 유용한 지식과 기술을 제공함으로써 그들의 영향력을 행사할 수 있다. 즉, 정책형성과정에서 전문성을 가진 관료들이 수행하는 가장 주된 역할은 정무직을 가진 정책결정자들에게 그들이 정부기관에서 직면하고 있는 정책문제를 다룸에 있어서 어떠한 행동노선을 따라야 할 것인가 하는데 대해서 자문해 주는 일이다(노화준, 2003:392).

이러한 의미에서 관료조직의 상위계층에 있는 전문관료들(professional)은 정무직의 정책결정자들에게 그들이 직면하고 있는 정책문제의 무수히 많은 질문사항들에 대하여 정보를 제공해 줌으로써 이들 정책결정자들의 세계관을 형성하게 된다. 이는 전문관료들은 어떤 특정한 정보들이 의미하는 바가 무엇인가를 결정한다는 것을 의미하며, 그것을 통하여 정책결정과정에 결정적인 영향

---

9) 관료들의 전문성(expertise)은 두 가지 소스로부터 오게 된다(노화준, 2003:391). 그 첫째는 정부가 여러 분야의 숙달된 전문직업인들의 중요한 대고용주라는 점이다. 둘째는 정부조직들이 분업(division of labor)을 통하여 운영되는 데, 이러한 분야별 분업이 이들 개개의 관료들이 각자 독자적으로 일을 한다면 달성할 수 없는 그러한 결과를, 비록 숙련되지 않은 업무요원들이라고 할지라도 하나의 그룹으로서는 성취할 수 있도록 해주는 것이다.

10) 행정부처는 그 사회가 보유한 최고의 전문가집단이라 해도 과언은 아니다. 가령 미국의 경우 국가가 보유한 전체 전문가의 2/5가 정부에 고용되어 있는 것으로 나타나고 있으며, 우리 나라도 경찰분야 및 국방 분야의 경우에는 대부분의 전문가들이 정부에 고용되어 있다(노화준, 1995:373).

력을 행사하는 것이다. 이처럼 정책결정과정에서 행정부처 관료들의 이러한 영향력은 현대 산업사회에 들어와 그 범위와 정도가 더욱 확대 · 심화되고 있다.

한편 정책결정과정에서 관료의 역할은 국가의 통치기구로서의 관료제가 어떠한 역할을 하느냐 하는 측면에서와, 관료조직 내에서 정책결정자와 관료와의 관계에서도 파악할 수 있다. Nakamura와 Smallwood가 제시한 관료의 역할유형은 정치가인 정책결정자와 행정관료간의 역학관계에서 관료의 역할을 파악한 대표적인 예이다. Nakamura와 Smallwood는 정책결정자와 행정관료의 역학관계에 따라 정책결정과정에서 행정관료의 역할을 다음과 같이 분류하여 설명하고 있다(R.T. Nakamura and F. Smallwood, 1980:111–42).

첫째, 고전적 기술자형(classical technocracy)으로 이 유형에서 관료는 정책목표를 달성할 수 있는 능력을 소유한 자로서, 정책결정자가 정책의 구체적인 목표를 형성하고 이 목표를 달성할 기술적 권한을 위임하면 관료는 이 목표를 달성하기 위한 기술적인 수단들을 고안하는 역할을 수행한다.

둘째, 지시적 위임형(instructed delegation)은 정책결정자가 구체적인 목표를 형성하나, 관료에게 이 목표를 달성할 수단을 고안할 행정적 권한(administrative authority)을 위임해 주는 경우이다. 이때 행정관료들은 정책결정가가 결정한 정책–목표를 제외한 행정적 수단을 결정할 수 있으며, 그가 가진 행정재량권의 범위 내에서 설정된 정책목표를 달성하기 위한 기술적 · 행정적 협상을 할 수도 있다.

셋째, 협상형(bargaining)에서는 행정관료가 정책의 목표 및 이를 달성하기 위한 수단에 대하여 정책결정자와 협상을 할 수 있는 권한을 보유하고 있다. 이러한 경우는 정책결정자가 명확하고, 구체적인 정책목표를 제시할 수 없는 경우이다.

넷째, 재량적 실험가형(discretionary experimenters)으로 이 경우에는 정책결정자가 행정관료에게 정책목표와 수단을 구체적으로 강구할 광범위한 재량권을 위임한다. 대개의 경우 정책결정자가 정책문제에 대한 전문적 지식과 정보를 보유하지 못한 경우에 이러한 유형이 나타나는 데, 이 때 행정관료는 그들에게 위임된 광범위한 재량권을 행사하여 정책목표와 수단을 구체화하는 역할을 수행하게 된다.

다섯째, 관료적 기업가형(bureaucratic entrepreneurs)으로 이 유형 에서는 행정관료가 정책목표 및 정책수단을 형성하며 정책결정자는 이를 지지한다. 따라서 이 경우에는 행정관료가 정책결정에 대한 권한을 정책결정자로부터 빼앗은 경우이다.[11)]

(4) 사법부

입법 · 행정 · 사법 등 3권이 분리된 국가에서는 사법부도 정책결정에 영향을 미친다. 즉, 사법부는 중요한 문제들에 대해 사법심사와 법률해석의 권한을 행사하여 정책의 본질과 내용구성에 영향을 미친다(신정현, 1993:375). 사법부가 행하는 사법심사는 기본적으로 입법부와 행정부 행위들의 합법성 여부를 결정하는 권한이다. 따라서 만약 어떤 정책이 사법부에 의하여 위헌적인 것으로 판단될 때, 사법부는 그러한 정책의 무효를 선언할 수 있다.

2. 비공식적 참여자

(1) 정 당

정당은 정부기관들과 같은 공식적인 정책결정기구는 아니다. 그러나 실질적으로 보면 정당은 중요한 역할을 수행한다. 정당이 정책결정과정에서 수행하는 역할은 다음 두 가지의 측면으로 구분해 볼 수 있다.

첫째, 정강정책을 통해서이다. 정당은 정권의 획득을 목표로 하는 결사체이다. 따라서 정당은 집권의 경우에 국정을 운영할 비전으로서 선거시에는 일정한 형태의 정강정책을 채택하는 데, 이러한 정강정책이 만약 그 정당이 집권하게 되면 그대로 정책이 되거나 또는 수정 · 보완되어서 정책으로 결정되는 경우

11) 이처럼 행정관료가 정책결정권자로부터 정책결정권을 빼앗아 통제할 수 있는 이유를 Nakamura와 Smallwood는 첫째, 행정관료가 정책결정에 필요한 정보의 발생과 정보전달체계를 독점하고, 둘째, 정치적인 정책결정자의 임기가 경력직인 행정관료의 임기보다 짧아서 정책과정의 계속성과 안정성이라는 면에서 관료가 우위에 있다는 이점을 이용하여 정책결정자의 권위에 저항하며, 셋째, 관료들이 기업가적 이니시어티브 또는 기술을 동원하여 정책결정권을 장악하기 때문이라고 하였다(R.T. Nakamura and F. Smallwood, 1980:133-42).

가 많다.

둘째, 집권여당의 경우 당·정 협의회를 통해 정책결정과정에 영향을 미친다. 정부는 중요한 정책을 결정하기 전에 집권여당의 대표들과 정책의 내용에 관한 의견을 조율한다. 이 과정에서 집권여당의 대표들은 그들이 소속한 정당의 입장을 정책대안에 반영시킨다.

한편 정당의 정책결정과정에 대한 영향력의 정도는 정치체제에 따라 다르다. 가령 일당독재체제인 사회주의 국가에서는 공산당의 결정이 곧 정책이 되며, 이처럼 공산주의 국가가 아니더라도 내각책임제 국가에서 집권여당의 결정은 그대로 정책이 되는 경우가 많다.

(2) 이익집단

이익집단이 정책결정에서 영향력을 행사하는 방법은 다음 두 가지의 경우로 나누어 볼 수 있다.

첫째, 이익집단은 그들이 갖고 있는 정보와 자료 또는 전문지식을 활용하여 정책결정에 영향력을 행사한다. 즉, 이익집단은 그들의 이익을 대변하기 위해 전문가를 고용하며, 이들을 통해 그들의 이익을 증진시키기 위한 자료 및 정보를 수집하고 전문지식을 보완한다. 한편 이들은 이러한 방식으로 수집된 정보와 자료들을 정책결정의 권한을 갖는 공식적 참여자인 대통령, 의회의원, 정부관료들에게 제공하여 정책의 내용이 그들에게 유리하게 결정되도록 간접적인 영향력을 행사한다. 물론 이 과정에서 이익집단들은 그들에게 유리한 자료나 정보 또는 전문지식을 선택적으로 제공할 것은 불문가지이다.

둘째, 선거시에 정치적 지지를 미끼로 정책결정과정에 영향력을 행사한다. 즉, 이익집단은 정책결정과정을 주도하는 대통령이나 국회의원의 선거과정에 개입하여 인적자원(표) 및 물적자원(선거자금)을 동원하여 정책의 내용이 그들에게 유리한 방향으로 결정되도록 영향력을 행사하는 것이다. 이 과정에서 다수의 이익집단이 개입하여 서로 대립되는 경우, 이들의 영향력은 그들이 보유한 집단구성원의 수, 집단의 경제력 또는 집단구성원의 조직력과 내부결속의 정도에 의해 결정된다. 이러한 방법들 이외에도 이익집단은 정책담당자들에게 승진을 미끼로 하는 회유나 또는 데모, 스트라이크 등과 같은 협박의 방법에 의해 영향력을 행사하기도 한다.

한편 비정부단체는 정부를 대신하여 각종 정책의 중재자의 역할을 수행하기도 한다. 가령, 특정정책에 대한 이익집단간의 첨예한 이해관계로 말미암아 정부의 중재가 불가능하거나, 정부의 불신 또는 과거 정책의 실패로 제3자에 의한 정책의 중재가 필요할 경우 비정부단체는 그러한 역할을 수행할 수 있다(정정길 외, 2003:200). 물론 이처럼 비정부기구가 전문적 · 정치적 · 중재적 제수단을 동원하여 정책결정에 개입하는 정도는 정부의 비정부단체에 대한 태도에 따라 달라질 수 있다. 즉, 정부가 비정부단체에 대해서 긍정적인 태도를 가지면 정책결정과정에서 비정부단체의 영향력은 매우 클 수 있으나, 부정적인 태도를 가지고 있으면 비정부단체의 영향력은 적어질 수 있다.

(3) 언 론

언론은 전문지식의 한계 때문에 정책결정과정에서 소극적인 역할을 수행한다. 즉, 언론은 전문가를 통해 정책문제 해결을 위한 각종의 정책대안을 소개하는 방법이나, 또는 여론조사를 행하여 정책결정자들에게 여론의 방향을 전달하는 등의 방법으로 정책결정에 간접적인 영향력을 행사한다.

(4) 일반국민

전문지식이 부족하고, 조직화되어 있지도 않은 일반국민들이 정책결정에 미치는 영향력은 별로 크지 않다. 일반국민 또는 시민이 정책결정과정에 영향력을 행사하는 방법은 다음과 같다.

첫째, 투표를 통해 정책결정에 영향력을 행사한다. 즉, 일반국민은 투표를 통해 국가의 중요 정책을 결정하는 방법이나 또는 대통령이나 국회의원 등의 선거에 참여하는 방법에 의해서 영향력을 행사한다. 그러나 이러한 경우에도 그 영향력의 정도는 대단히 미미한 수준에 지나지 않는다.

둘째, 일반국민 개개인들이 정책결정권자들과 개별적인 접촉을 통해 영향력을 행사한다. 즉, 국민 개개인이 국회의원이나 행정부처의 관료들과 개별접촉을 통해 그들이 알고 있는 아이디어를 제공하거나 또는 정보 및 전문지식을 제공해 정책에 간접적인 영향력을 행사하기도 한다.

(5) 전문가

전문가들은 그들이 보유한 전문지식을 활용하여 정책결정과정에 영향력을 행사한다. 즉, 전문가들은 사회가 필요로 하는 일종의 지식제공자(think-tank)로서 정책대안을 입안하는 과정에서 정책대안을 제시하거나, 또는 정책대안을 분석 · 평가하는 역할을 수행함에 의해서 정책의 내용에 영향을 미친다.[12] 이 때 이들의 전문지식을 교환하기 위해 모임이 이루어지는 장소가 정책공동체(policy community)이다. 전문가들은 이러한 정책공동체를 통하여 그들이 갖고 있는 정보나 자료 또는 전문지식 등을 상호간에 교환하며, 현안의 정책문제를 정의하고 이를 해결하기 위한 대안을 탐색하며, 이러한 과정에서 나온 정책대안의 결과를 예측해 보는 일들을 수행한다. 우리 나라의 경우 한국개발원(KDI), 산업연구원(KIET), 한국교육개발원(KEDI), 한국행정연구원 등이 이러한 역할을 수행하는 전문가 집단에 해당한다.

12) 싱크탱크(think tank)는 정책결정과정에서 아이디어를 창출하고, 이를 공식적 참여자에게 제공한다는 측면에서 매우 중요한 역할을 수행한다. 싱크탱크는 정책에 영향을 미치기 위하여 학제간 연구(multi-disciplinary research)를 수행하는 독립적인 조직이다. 싱크탱크의 가장 중요한 두 가지의 특성은 독립성과 비영리성(nonprofit organization)이다.

3.4 정책집행의 참여자

1. 공식적 참여자

(1) 입법부

입법부는 그 존립의 목적이 정책의 결정에 있기 때문에 정책집행에 직접적으로 개입하지는 않는다. 그러나 의회는 다음과 같은 방법에 의해 행정부의 정책집행과정에 개입하여 영향을 미친다.

첫째, 행정부가 제출한 예산안의 심의를 통해 정책집행에 영향을 미친다. 즉, 의회는 행정부가 제출한 예산안의 심의를 지연시키거나 또는 예산안의 삭감을 통해 정책집행에 영향을 미친다. 왜냐하면 의회에서 예산안을 통과시켜 주지 않으면 행정부가 정책을 집행할 수 없을 뿐만 아니라, 의회가 행정부가 제출한 예산안을 삭감하면 정책집행의 내용이 달라지기 때문이다.

둘째, 의회는 국정질의 · 국정감사 · 국정조사 · 청문회 등을 통해서 행정부의 정책집행활동을 감독(oversight)할 수 있는데, 의회는 이처럼 행정부의 정책집행활동 과정에서 나타나는 비효율 및 비리 또는 부정을 감독함에 의해서 정책집행에 영향을 미치기도 한다.

(2) 대통령

대통령은 행정부처의 관료들을 지휘 · 통솔 · 감독하여 정책을 집행해야 할 권한과 책임을 지고 있다. 이러한 정책의 집행권이야말로 대통령의 전속적 권한에 해당되며, 실질적 정책결정을 할 수 있는 기반이 된다. 대통령이 이처럼 집행에 대해 강력한 권한을 행사할 수 있는 것은, 대통령이 정책집행자들에 대한 인사권을 갖고 있을 뿐만 아니라 정책집행에 필요한 물적자원을 동원할 수 있기 때문이다. 따라서 정책의 집행과정에 대통령이 지속적인 관심을 보이고 있으면 집행자들은 어쩔 수 없이 집행에 열성을 보일 수밖에 없어, 집행과정 중에 직면하는 웬만한 제약조건을 극복할 수 있게 된다. 특히 모든 권력이 대통령에게 집중되어 있는 후진국의 경우 대통령은 정책집행에 매우 강력한 영향력을 발휘한다.

(3) 행정부처

정책은 대통령의 지휘 · 감독하에 행정부처의 관료들이 집행한다. 따라서 정책집행은 행정부처 관료들의 존립목적이라 해도 과언은 아니다. 일반적으로 정책집행과정에서 행정부처의 관료가 수행하는 역할은 다음과 같다.

첫째, 정책집행과정에 필요한 정책지침(policy guidelines)을 만든다. 대개의 경우 정책은 구체적으로 결정되기보다는 추상적으로 결정되는 경우가 많다. 왜냐하면 최고 정책결정권자인 대통령이나 의회의 의원들이 전문성, 시간 및 정보의 부족으로 구체적인 내용의 정책을 결정하기 어렵기 때문이다. 따라서 추상적으로 결정된 정책을 실제 집행하기 위해서는 이를 구체화시켜야 한다. 정책지침은 정책의 내용을 현실에서 실행가능한 내용으로 구체화시킨 것으로, 집행관료들이 집행과정에서 무엇을 해야 하는지를 알려줄 뿐만 아니라, 어떻게 해야 하는지를 알려주는 기능을 수행한다. 따라서 정책지침은 정책의 집행에 참여하는 정부관료들이 집행활동을 수행하면서 따라야 할 안내서의 역할을 수행한다.

둘째, 집행에 필요한 인적 · 물적 자원을 동원하고 배분한다. 정책집행을 위해 인적자원과 예산은 매우 중요하다. 즉, 정책의 내용이 대상집단에 직접 서비스를 제공하거나, 대상집단의 행동을 규제하는 것일 경우 이에 관한 전문지식과 기술을 갖춘 집행요원의 확보 없이는 집행활동이 이루어지기가 매우 어렵다. 뿐만 아니라 집행활동에 필요한 예산의 확보 없이는 사실상 집행이 불가능해 진다.

셋째, 정책의 내용을 대상집단에 전달하는 역할을 수행한다. 가령 공공부조정책의 집행담당자가 정책의 대상집단인 생활보호대상자들에게 구호품을 전달하는 것과 같은 활동이 이에 해당한다.

특히 정책집행과정에서 행정부처의 이러한 역할은 이익집단의 투입기능이 활성화 되어 있지 못한 후진국의 경우 더욱 적극적이고 또한 중요하다. 왜냐하면 이익집단의 정책과정에 대한 투입기능이 이 단계에서부터 활성화되기 때문이다.

2. 비공식적 참여자

(1) 정 당

정당은 다음 두 가지의 방법에 의해서 정책집행과정에 영향을 미친다.

첫째, 집권여당의 경우에는 정책의 집행이 자신들이 원하는 방향으로 이루어지도록 같은 정당소속의 장 · 차관에게 영향력을 행사하는 방법으로 집행에 영향을 미친다.

둘째, 야당의 경우에는 정부의 정책집행에 대한 감시활동을 통해서 집행에 영향을 미친다. 즉, 야당은 정부가 정책을 집행하는 과정 중에 발생하는 비리 또는 부정부패 등의 문제에 대하여 국정질의를 통해 비판함에 의하여 집행에 영향을 미친다.

(2) 이익집단

이익집단은 정책집행과정에서 정책내용의 적용을 받는 대상집단이 된다. 즉, 이익집단은 정책을 구체적으로 집행하는 과정에서 혜택을 받는 수혜집단이 되거나 또는 정책으로부터 피해를 입는 희생집단이 된다. 따라서 정책으로부터 혜택을 받는 이익집단은 집행과정에서 더 많은 혜택을 보기 위해 압력을 행사하며, 피해를 입는 희생집단은 정책의 내용을 수정 · 변경하여 희생을 최소화하기 위해 집행과정에 압력을 행사한다.

한편, 비정부단체는 정책집행과정에서 두 가지의 역할을 수행한다(정정길, 2003:200-1). 첫째, 공익적인 관점에서 정책집행에 대한 감시와 비판기능을 수행한다. 둘째, 비정부단체가 정부와 상호의존적 또는 협조적 관계 속에서 정책집행의 파트너로서 직 · 간접적으로 집행활동에 참여하는 것이다. 이러한 역할은 신국정관리(new governance)의 대두와 더불어 더욱 확산되고 있다.

(3) 언 론

언론이 정책집행과정에 미치는 영향은 비교적 미약하다. 언론은 정책이 집행되는 과정에서 발생하는 비리나 부정 또는 비효율에 대한 내용을 비판하고, 여론을 환기함에 의해서 집행에 영향을 미친다.

(4) 일반국민

정책집행에 대한 일반국민의 영향 역시 대단히 미약하다. 일반국민이 집행에 영향을 미치는 방법은 그들이 집행관료들을 개별적으로 접촉하여 정책을 그들이 원하는 방향으로 집행되도록 압력을 행사하는 것이다.

(5) 전문가

전문가 집단은 정책집행과정에서 거의 영향력을 행사하지 못한다.

3.5 정책평가의 참여자

1. 공식적 참여자

(1) 입법부

입법부는 정책의 결정이나 집행과정 중에 비리나 부정한 사건 또는 비효율이 발생하였는가 하는 것을 국정조사나 국정감사활동을 통해 밝혀내는 데, 입법부의 이러한 활동은 일종의 정책평가활동이라 할 수 있다. 미국의 경우에는 회계검사원(GAO)이 의회에 소속되어 있으면서 행정부의 정책집행에 대한 평가를 하고, 이를 근거로 하여 집행활동을 통제하고 있다.

(2) 대통령

정책의 결정 및 집행과정에서 결정적 역할을 수행하는 대통령은 정책의 평가과정에서는 원칙적으로 소극적 역할을 수행한다. 우리 나라의 경우에는 대통령의 비서실인 청와대에서 암행감사반이나 특명사정반 등을 통하여 관료들의 정책결정이나 집행활동 중에 비리의 발생여부를 조사하는 역할을 수행한다.

(3) 행정부처

정책집행을 주도적으로 담당한 행정부처가 그 결과에 대한 평가를 하는 것은 평가결과의 객관성에 문제가 있기 때문에 미국과 같은 국가에서는 행정부처가 정책평가과정에서 커다란 역할을 수행하지 않는다. 행정부처가 정책평가과정에서 영향을 미치는 방법은 그들이 보유한 정보 및 자료를 통해서이다. 즉, 행정부처의 관료들은 정책평가기관에서 평가활동을 하는 과정 중에 그들에게 유리한 정보와 자료를 선택적으로 제공하여 평가결과에 영향을 미친다. 우리 나라의 경우에는 행정부처에 정책평가를 전문적으로 담당하는 기관이 있는데, 감사원이나 국무총리실의 행정조정실 등이 이에 해당한다.

2. 비공식적 참여자

(1) 정 당

정당은 정책평가과정에서 비교적 미약한 역할을 수행한다. 우리 나라의 경우 주로 야당이 이러한 역할을 수행한다. 즉, 야당은 정책집행과정 중에 발생한 부정·비리에 대한 비판이나 또는 국정조사나 국정감사의 요구 등에 의해서 정책평가에 영향을 미친다.

(2) 이익집단

이익집단은 공식적 정책평가자에게 그들에게 유리한 정보 및 자료를 선택적으로 제공함에 의해 정책평가에 간접적인 영향을 미친다. 한편, 비정부단체의 정책평가과정에서의 역할은 공식적인 방식과 비공식적인 방식으로 구분하여 설명할 수 있다(정정길 외, 2003:201). 공식적인 참여는 정부의 요청에 의해 각종 평가위원회 등의 참여를 통한 방식으로 이루어지는 것으로, 이 방식은 잘못하면 관료집단에 의한 포획으로 비정부단체의 명성에 부정적인 영향을 미칠 수 있다. 비공식적인 방식은 각종의 세미나, 포럼, 기자회견 등을 통해 정부정책을 평가하는 방식이다.

(3) 언 론

언론은 정책의 집행과정에서 발생한 비리나 예산의 낭비 등과 같은 문제를 심층적으로 파헤치는 방법에 의해서 정책평가에 영향을 미친다.

(4) 일반국민

전문지식이 부족한 일반국민은 정책평가에 간접적인 영향을 미친다. 즉, 일반국민들은 선거에 입후보한 대통령이나 국회의원에 대한 투표를 통해 이들이 결정하고, 집행한 정책에 대한 간접 평가를 하거나 또는 언론매체의 독자투고란 등을 통해 정책평가에 간접적인 영향을 미친다.

(5) 전문가

일반국민과는 달리 전문지식을 보유한 전문가 집단은 정책평가에 중요한 역할을 수행한다. 즉, 전문가들은 그들이 보유한 전문지식을 활용하여 정부에서 결정하고, 집행한 정책이 본래 의도한 목표를 달성했는가의 여부 또는 정책의 집행과정에 낭비와 비리는 없었는가를 평가할 수 있다. 뿐만 아니라 이들은 만약 정부가 집행한 정책이 실패하였을 경우 그 원인은 어디에 있었는가 등과 같은 정책내용의 시시비비를 비판함에 의해서 정책평가에 영향을 미친다.

연습문제

1. 정책과정(policy process)을 간단하게 설명하고, 이 정책과정에서 고급공무원의 역할을 논하시오.
2. 정책의제설정과정에서 비공식적 참여자의 역할을 논하시오.
3. 정책결정과정의 참여자는 누구이며, 그들의 역할은 무엇인가?
4. 정책결정과정에서 행정관료의 역할을 논하시오.
5. 정책결정과정에서 이익집단의 역할을 논하시오.
6. 정책집행과정에서 비공식적 참여자는 누구이며, 이들은 어떠한 방식으로 영향을 미치는가?
7. 정책평가과정에서 공식적 참여자와 비공식적 참여자는 누구인지를 설명하고, 이들의 역할을 논하시오.
8. 정책과정에서 비정부단체(NGO)의 역할을 논하시오.
9. 정책과정에서 싱크탱크의 역할과, 우리 나라 정책과정에서 이들의 활용성을 높일 수 있는 방안을 논하시오.
10. 우리 나라의 정책과정에서 언론이 수행하는 역할과, 이러한 역할이 인터넷의 등장으로 어떻게 달라질 수 있겠는가?
11. 정부는 전북발전의 새 기원을 이룩하겠다는 기치아래 단군 이래 최대의 농업간척사업인 새만금사업이라는 정책을 결정하고, 1991년부터 이 사업을 집행하고 있다. 사업은 2003년 12월에 전체 방조제의 88%가 완성되었고, 2006년에 완공될 예정이었다. 그러나 이 사업의 시행과정에서 각종 환경단체를 포함한 시민단체들은 이 사업이 해양생태계를 크게 훼손할 것이라며, 이 사업의 집행에 크게 반발하고 있다. 이처럼 사업의 집행과정에서 시민단체의 적극적인 반발에 직면한 정부는 이 사업을 계속 시행할 수도, 또는 사업의 시행을 포기할 수도 없는 입장이다. 이러한 사례에 비추어 정책결정 및 집행과정에서 이익집단의 바람직한 역할에 대하여 논하시오.

이 장의 개요

본 장에서는 정책과정 중 첫 번째 단계에 해당하는 정책의제설정을 다루고 있다. **제1절**에서는 정책의제설정의 의미 및 중요성을, **제2절**에서는 정책의제설정이론을 다루고 있다. 이어서 **제3절**에서는 정책의제설정의 과정을 살펴본 다음, 주도집단에 따라 정책의제설정과정이 어떻게 달라지는가를 살펴보기로 한다. **제4절**에서는 정책의제설정에 영향을 미치는 요인들에 관해서 살펴보고, **제5절**에서는 정책의제설정과정에서 정보보조가 갖는 의미를 탐색해보고, 아울러 정보보조의 수단으로는 어떠한 것이 있는가를 고찰해 보기로 한다. 마지막으로 **제6절**에서는 전략적으로 정책의제를 설정하기 위한 합리적 절차와, 이 과정에서 필요한 분석기법에 대하여 살펴보기로 한다.

4.1 정책의제설정의 의의

1. 정책의제 및 정책의제설정의 개념

(1) 정책의제의 의미와 유형

정책의제란 학자에 따라 여러 가지로 정의되지만 일반적으로 주어진 어떤 시점에서 정부 관료들 및 이들과 관련이 있는 사람들이 어느 정도 중요한 관심을 기울이는 주제 또는 문제의 목록이라 할 수 있다(J.W. Kingdon, 1984:3). 즉, 어떤 사회적 문제나 이슈가 정책결정의 책임이 있는 정부 관료들이나 이들과 밀접히 관련되어 있는 사람들의 관심을 끌음으로써 공공정책의 형성을 위하여 검토되고, 논의될 수 있는 상태에 놓이게 된 문제의 목록을 정책의제라 한다.

일부의 학자들은 정책의제를 정책아젠다와 구분해서 사용하고 있다. 즉, 이들은 정책의제를 '정책행위자(policy actor)들에 의하여 정책문제로서 논의되는 문제나 이슈'를 의미하며 반면에 정책아젠다는 '정책의제들의 모음'을 의미하는 것이라고 하여, 이 둘의 의미를 구분하고 있다. 다시 말하면 정책의제를 정책아젠다에 포함된 개별적인 이슈항목으로 보고, 정책아젠다는 이들 이슈항목들의 모음이라는 의미로 사용해야 한다는 것이다(송근원, 1994:190-1). 그러나 일반적으로는 정책의제와 정책아젠다라는 용어를 구분하여 사용하고 있지는 않다.

정책의제는 채택여부, 기능, 관심의 범위 등에 따라 여러 가지의 유형으로 분류해 볼 수 있다.

정책의제는 정부에 의하여 공식적으로 채택되었는지 여부에 따라 공중의제(public agenda)와 공식의제(official agenda)로 나누어 볼 수 있다(R. Eyestone, 1978:78-88). 공중의제란 정부에 의하여 공식적으로 채택되기 이전이지만 많은 개인이나 집단의 관심이 집중되어 있으며, 정부에 의해 해결되어야 한다고 여겨지는 의제로서 Cobb과 Elder는 이를 체제적 의제(systemic agenda)라고 하며, Anderson은 이를 토의의제(discussion agenda)라 부른다(J.E. Anderson, 1984:48). 공식의제는 정부가 해결을 위하여 공식적으로 채택한 의제로서 Cobb과 Elder는 이를 제도적 의제(institutional agenda)라 하고, Anderson은 행동의제(action agenda)라 부른다.

한편 정책의제는 국민의 이에 대한 관심의 범위에 따라서도 분류해 볼 수 있는데, 정책의제에 대한 전 국민적 관심을 불러일으키는 것을 국가적 의제(national agenda), 일정계층이나 지역에 국한된 것을 지역적 또는 지방적(regional or community) 의제라 한다(송근원, 1994:193).

(2) 정책의제설정의 개념

정책의제설정(agenda setting)이란 사회문제가 정책문제로 전환되는 과정 또는 행위를 의미한다. 즉, 정책의제설정이란 사회에 있는 개인 및 각종 집단의 요구들이 정부의 진지한 관심대상으로 전환되어가는 과정으로서, 정부가 사회문제를 정책적으로 해결하기 위해서 심각하게 검토하기로 결정하는 행위 또는 과정을 의미하는 것이다(유훈, 1986:167; 정정길, 1997:247).

사회에는 무수히 많은 문제들이 존재한다. 즉, 부부싸움과 같은 사소하고, 개인적인 문제에서부터 정부가 외환위기를 극복하기 위하여 IMF에 구제금융을 신청하는 문제처럼 그 해결방향이 국가의 존립에 커다란 영향을 미치는 문제에 이르기까지 실로 다양한 문제들이 사회에 존재한다. 그러나 정부능력의 한계 때문에 이처럼 사회에 존재하며, 그 해결이 요구되는 많은 문제에 모두 정부가 개입하여 해결할 수는 없으며, 또한 이것이 반드시 바람직하지도 않다. 따라서 결국 정부는 이들 사회문제들 중 일부의 문제들을 선별하여 해결책을 찾기 위한 활동을 시도하는 데, 이 때 여러 가지 사회문제들 중에서 정부가 정책적 해결을 위해 정책문제로 채택하는 정치적 과정 또는 행위를 정책의제설정이라 한다.

2. 정책의제설정의 중요성

초기의 정책연구는 주로 정책의 결정과정에 초점을 두었다. 즉, 당시의 정책학자들은 사회문제가 어떠한 방법으로, 또는 어떠한 과정을 거쳐 정책의제로 채택되는가 하는 것에 대해서보다는 사회문제가 정책결정체제에 투입된 이후의 정책과정에 보다 큰 관심을 기울여 왔었다. 따라서 사회문제가 발생하여 정책문제로 채택이 되는 과정 즉, 정책의제설정의 과정에 대해 당시의 정책학자들은 별로 관심을 기울이지 않았다.

그러나 1960년대 초에 미국에서 발생한 흑인폭동사건은 정책학자들이 정책의제설정에 관심을 기울이기에 충분한 사건이었다. 즉, 당시 백인들의 지나친 차별대우에 견디다 못해 미국의 주요 대도시에서 발생한 흑인폭동은 군대가 출동되어서야 겨우 진압이 될 정도의 큰 사건이었는데, 이 사건을 계기로 흑인들의 사회문제가 왜 정책의제화 되지 못하였는가 하는 문제에 사회과학자들이 관심을 가지게 되었고, 이를 계기로 정책의제설정과정은 정책학의 주요 관심분야로 대두하게 되었던 것이다.

이러한 과정을 거쳐 학자들의 관심을 끌게 된 정책의제설정은 다음과 같은 측면에서 매우 중요한 의미를 지닌다.

첫째, 정책의제설정은 정책과정의 첫번째 단계라는 점이다. 따라서 어떠한 사회가 반드시 해결해야 할 아무리 중요한 사회문제라 할지라도, 그 문제가 정책의제로 채택되지 않으면 정책으로 형성되어 집행될 수가 없는 것이다. 반면에 정책의제로 채택이 되면 이 사회문제는 해결가능성이 매우 높아지게 된다.

둘째, 정책의제설정이 이후에 전개되는 정책과정 즉, 정책의 결정 · 집행 및 평가과정에 영향을 미친다는 점이다. 먼저 정책의제설정과정에서 실질적인 정책대안의 범위가 결정되는 경우가 많다. 대개의 경우 사회문제가 아무리 사회에 커다란 피해를 주고 있다 하여도 이에 대한 기술적 해결방안이 존재하지 않으면 정책의제로 채택되기 어렵다. 왜냐하면 문제를 해결할 수 있는 정책대안이 존재하지도 않는 사회문제를 정치체제가 위험을 부담하면서까지 정책의제로 채택할 가능성은 매우 적기 때문이다. 따라서 대개의 경우 정책의제로 채택하기에는 너무나 복잡하기 때문에 개인이나 조직은 이것을 간소화하여 인지하게 된다고 주장한다. 즉, 그에 의하면 인간의 상황인식을 간소화의 모형이 지배하기 때문에 인간은 한꺼번에 많은 문제에 대해서 동시적으로 주의집중활동을 할 수 없으며, 따라서 여러 문제가 동시에 등장하면 그 중에서 몇 가지 문제만을 먼저 생각하게 된다는 것이다. 그래서 여러 가지 사회문제 중에서 일부의 문제만이 정책결정자에 의해서 정책문제로 채택될 수밖에 없다는 것이 Simon의 논리이다.

한편 이러한 Simon류의 논리는 무수한 사회문제들 중에서 왜 일부의 문제만이 정책문제로 채택되는가에 대한 부분적인 설명은 되지만, 왜 특정의 문제가 정책문제로 채택되고 다른 문제는 제외되는가에 대한 설명은 전혀 하지 못한다(정정길, 1997:261).

2. 체제이론

체제이론은 정치체제가 갖는 능력의 한계 때문에 많은 사회문제들 중 일부의 사회문제만이 정책의제로 채택된다고 설명한다. 즉, Easton류의 체제이론가들에 의하면 사회문제를 정치체제가 정책문제로 채택하는 일은 정치체제의 입장에서 보면 비용(cost)을 부담하는 일이 된다. 그런데 정치체제는 능력에 한계가 있다. 따라서 정치체제는 그들의 부담을 줄이기 위해 일부의 사회문제만을 정책의제로 채택할 수밖에 없다는 것이 체제론자들의 주장이다. 그러면 이 때 여러 가지의 사회문제들 중에서 구체적으로 어떠한 사회문제가 정책문제로 채택이 되는가? 체제론자들은 이 일 즉, 사회문제들 중 일부를 정책문제로 채택하는 일을 정치체제의 문지기(gate-keeper)가 수행한다고 본다. 즉, 정치체제의 문지기가 사회문제들 중에서 그들이 선호하는 사회문제를 정치체제 안으로 들여보내면 정책문제가 되고, 들여보내지 않으면 정책문제가 되지 못한다는 것이다. 물론 여기에서 정치체제의 문지기란 대통령 · 국회의원 · 행정부처의 고위관료 등을 의미한다.

3. 다원론와 엘리트론

공식적 정책결정자가 누구 혹은 어느 집단의 영향에 의해서 정책의제를 채택하느냐의 문제에 대하여 다원론과 엘리트론은 의견의 대립을 보여 왔다. Dahl을 비롯한 다원론자들은 공식적 정책결정권자들은 일반시민들의 요구에 민감하게 움직이므로, 일반국민들 중의 일부가 어떤 사회문제로 인하여 고통을 받고 있으면 이들의 지지를 필요로 하는 누군가에 의해서 이 문제가 정책의제로 채택된다고 주장한다. 반면에 엘리트론자들은 일반국민이 안고 있는 사회문제가 무작위적으로 정치체제에의 진입가능성을 부인한다. 이들은 사회에는 권력을 가진 소수의 엘리트와 권력을 가지지 않은 다수의 일반대중으로 나누어지며, 이들 중 소수의 권력엘리트만이 사회내의 가치를 분배하는 데 참여하며, 일반대중은 공공정책의 결정에 영향력을 행사하지 못한다고 주장한다. 따라서 공공정책은 일반국민의 요구를 반영하는 것이 아니고 지배엘리트의 선호를 반영한다는것이 이들의 주장인데, 이들의 주장에 의하면 결국 많은 사회문제들 중에서 엘리트가 받아들이는 사회문제만이 정책의제로 채택될 수 있는 것이다.

4. 무의사결정론

의사결정자의 가치 또는 이해에 대한 명시적 또는 잠재적인 도전을 억압하기로 하는 결정을 무의사결정(non-decision making)이라 한다(P.Bachrach and M. Barats, 1962). 즉, 사회내에서 기존의 이익 · 특권의 배분에 대한 변화의 요구가 표명되기 전에 억압하거나, 의사결정의 단계에 이르지 못하도록 질식시키는 것이며, 이 모든 것이 실패하면 정책집행의 단계에서 그것을 좌절시키는 현상을 무의사결정이라 한다.

따라서 무의사결정론자들은 모든 사회문제는 정책문제로 채택될 가능성이 있다는 다원론자들의 주장에 반대한다. 즉, 이들은 정치권력은 두 가지의 얼굴을 지니고 있는데 하나의 얼굴은 정책문제의 해결을 위한 정책결정과정에서 영향력을 행사하고, 다른 하나의 얼굴은 정책결정과정에 선행하는 정책문제의 채택과정에서 영향력을 행사한다고 주장한다. 그런데 후자의 경우 엘리트들은 자신들에게 유리한 사회적 이슈만을 논의하도록 하고, 자신들에게 불리한 사회문제는 거론조차 되지 못하도록 봉쇄한다는 것이 이들의 주장이다.[2)]

그러면 왜 이러한 무의사결정이 발생하는가? Dye는 다음 네 가지의 발생원인을 들어 이에 대해 설명하고 있다(T.R. Dye, 1984:326-7).

첫째, 사회를 지배하는 개인 · 집단 또는 정치체제 자체가 그 사회의 지배적인 가치 · 이해에 대한 도전이 나타나고자 할 때 무의사결정이 발생한다. 가령 해방 이후 우리 사회의 지배적 이념으로 간주되어 온 자유민주주의나 자본주의에 대한 일부의 학생이나 반체제인사들의 문제제기가 그 동안 사회적 이슈화되지 못한 것이 이러한 예에 해당한다.

둘째, 지배적인 엘리트집단이 어떤 문제에 대중의 관심이 집중되면 발생하게 될 어떤 사태를 두려워하거나, 또는 발생할 사태가 그들에게 이익이 되지 않을 것을 두려워하기 때문에 무의사결정이 일어난다. 1970~1980년대에 정부가 노사문제, 환경문제 등에 대해 일반국민의 관심이 집중되는 것을 방지하기 위해 언론에 이러한 문제가 언급되는 것을 통제하였던 것이 이러한 예에 해당한다.

셋째, 입후보자, 현직자, 관료들이 그 사회의 지배엘리트집단이 특정한 아이디어를 원치 않을 것이라고 생각하여 그러한 아이디어를 기각시켜 버릴 때 무의사결정이 발생한다. 가령 1970년대의 유신사무관문제나, 1980년대 제5공화국 때의 대학생과외금지문제 등은 당시의 커다란 사회문제가 되었음에도 불구하고 여당의 국회의원 입후부자들이 이 문제를 선거쟁점화 하지 못했던 사건이 이러한 예에 해당한다.

넷째, 정치체제 자체가 어떤 종류의 이슈에 대해서는 해결을 촉진하고, 다른 종류의 이슈에 대해서는 그 해결을 저해하도록 구조화되었을 때 무의사결정이 발생한다.

한편 무의사결정을 추진하기 위한 수단이나 방법을 Bachrach와 Barats는 다음 네 가지로 분류하여 설명하고 있다(P. Bachrach and M.Barats, 1970:44-6).

첫째, 폭력이다. 폭력은 가장 직접적인 무의사결정의 수단으로서, 기존질서

2) 이러한 측면에서 무의사결정론자들은 엘리트론자들의 주장과 동일하다.

의 변화를 주장하는 요구가 정치적 이슈가 되지 못하도록 테러(구타, 암살, 처벌 등)행위를 자행하는 방법이다. 가령 1988년도에 군사문화의 청산을 사회적 쟁점화 하려다 일단의 군인들에 의해서 테러를 당했던 오홍근기자의 테러사건이 이에 해당한다.

둘째, 권력을 행사하는 방법이다. 이 방법은 폭력의 경우와 같이 직접적이기는 하나 폭력보다 온건한 방법으로서, 권력을 이용하여 기존질서의 변화를 요구하는 개인·집단에게 기존의 혜택을 박탈하겠다고 위협하거나 또는 새로운 이익을 주겠다고 유혹하는 방법이다. 가령 1970년대의 유신헌법체제에 반대하는 기업인에게 정부가 그 동안 그들에게 주었던 금융·세제상의 혜택을 박탈하겠다고 위협한 것이나, 언론에 정부를 비판하는 지식인을 정부의 요직에 기용하는 방법으로 이들의 비판을 무마하는 것 등이 이에 해당한다.

셋째, 편견을 동원하는 방법이다. 이 방법은 앞의 두 방법보다는 간접적인 방법으로서 정치체제내의 지배적 규범이나 절차를 강조하여 변화를 위한 주장을 꺾는 방법이다. 가령 과거 권위주의 정권의 통치하에서 일부 진보적 학자들의 사회개혁에 대한 주장을 비애국·사회주의자·비도덕 등의 낙인을 찍어 정통성을 부여하지 않았던 예가 이에 해당한다.

넷째, 가장 간접적인 방법으로서 편견을 수정·강화하는 방법이다. 이 방법은 정치체계의 규범, 규칙, 절차 자체를 수정·보완하여 정책의 요구를 봉쇄하는 방법이다.

4.3 정책의제설정의 과정과 주도집단

1. 정책의제설정의 과정

사회문제가 정책문제로 채택되는 데에는 여러 단계를 거치게 된다. 즉, 정책의제설정과정을 몇 개의 단계로 구분해 볼 수 있는데, 이러한 단계에 대해서도 많은 학자들이 다양한 이론을 제시하고 있다. 가령 Cobb과 Ross는 정책의제의 형성과정을 이슈의 제기(initiation), 구체화(specification), 확장(expansion), 진입(entrance) 등의 네 단계로 구분하였고(R.W. Cobb, J.K. Ross and M.H. Ross, 1976), Jones는 정책의제형성과정을 사건인지 및 문제정의, 결집과 조직화, 대표, 의제의 채택 등 네 단계로 구분하고 있다(C. Jones, 1977). 이들 외에도 Cobb과 Elder 또는 Kenderick 등도 정책의제설정의 과정을 설명하는 그들의 모형을 제시하고 있다. 여기에서는 Eyestone의 견해를 중심으로 이에 관해 살펴보기로 한다. Eyestone은 정책의제설정과정을 [그림 4-1]과 같이 사회문제로부터 출발하여 공식의제의 채택으로 종결된다고 설명한다(R. Eyestone, 1978:69-86). 이러한 과정을 좀더 구체적으로 살펴보면 다음과 같다.

(1) 사회문제(social problem)

사회문제란 사회의 영향력있는(significant) 집단이 사회적 표준에 어긋난다고 인식하거나, 또는 사회조직의 중요한 어떤 측면을 파괴하는 것으로 인식한 어떤 상태를 의미한다. 이를 좀더 간략하게 정의한다면 사회의 많은 사람들이 느끼는 결함이나 기대에 미치지 못하는 상황을 의미한다. 따라서 사회문제는 다음 두 가지의 개념적 특성을 갖는다.

첫째, 사회문제는 사회 구성원의 기대수준에 따라 그 숫자가 달라지는 매우 주관적인 개념이다. 즉, 똑같은 조건이라 할지라도 사회 구성원의 기대수준이

그림 4-1 정책의제설정과정

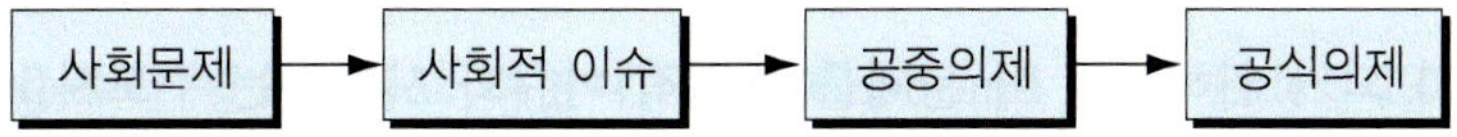

올라가면 사회문제의 수는 많아질 것이며, 기대수준이 낮아지면 사회문제의 수는 줄어들 것이다.

둘째, 사회문제는 사회적 맥락 속에서 발생하게 되며, 따라서 다수의 사람들이 그 속에 관련되어 있는 문제이다. 그러나 그 바탕은 사회적 존재로서의 개인이 느끼는 문제이다. 예컨대 개인이 느끼고 있는 기회의 부족, 열등감, 무력감 등의 문제도 어떤 계층이나 범주에 속한다고 스스로 인지하고 있는 다수의 사람들로부터 공감을 얻게 되고 나아가 그들 자신의 문제로 인식될 때, 이 문제는 개인의 문제이지만 사회문제로 전환되는 것이다. 특히 평소에 유대가 긴밀한 다수의 사람들이 느끼는 문제들은 사회문제가 되는데, 인종차별 또는 여성차별의 문제가 이에 해당한다.

(2) 사회적 이슈(social issue)

사회적 이슈란 문제의 성격이나 문제의 해결방법에 대해서 집단들 사이에 의견의 일치를 보기 어려운 사회문제로서, 다수의 개인이나 집단들간에 논쟁의 대상이 되어 있는 사회문제를 의미한다. 이처럼 어떠한 사회문제를 놓고 다수의 개인이나 집단들간에 논쟁을 벌이는 이유는 이에 관련된 개인이나 집단이 서로 다른 정보를 가지고 있을 뿐만 아니라, 가치관에도 차이가 있어 다양한 견해를 가지고 있을 것이기 때문이다.

사회문제의 해결은 일반적으로 여러 사회계층이나 집단에 서로 다른 영향을 미친다. 즉, 사회문제의 개념이 어떻게 규정되느냐에 따라 해결방법이 달라지고, 해결방법이 어떻게 결정되느냐에 따라 이 문제의 해결에 의한 수혜집단과 피해집단이 달라지기 때문에, 사회적 이슈화의 과정은 문제정의를 위한 토론의 과정이며 또한 논쟁의 과정이기도 하다. 따라서 사회적 이슈화의 과정에서는 사회문제의 핵심적 성격을 규정할 수 있는 강제력을 지닌 공식적 기관이 존재

그림 4-2 정책의제설정과정의 유형

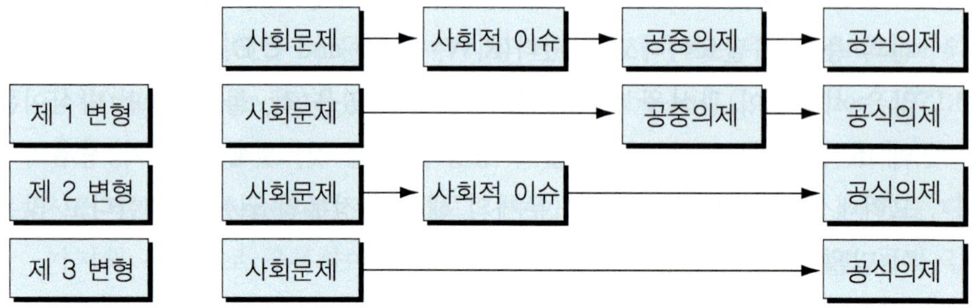

제를 거쳐 정책의제로 채택되는 모형이다. 이 모형의 경우에는 사회문제가 사회적 이슈화의 과정을 거치기도 전에 갑자기 많은 공중 또는 일반대중에게 알려지고, 정부가 이에 개입하여 이 문제를 해결해야 된다는 여론이 확산되면서 정책문제로 채택되는 경우이다.

두 번째의 변형모형은 사회문제가 사회적 이슈가 되었다가 공중의제를 거치지 않고 공식의제로 채택되는 경우이다. 이 모형은 사회문제가 사회적 이슈가 되었으나 이의 해결을 위해 정부가 개입해야 된다는 여론이 형성되기 전에 정부의 정책담당자가 이를 정책의제로 채택하는 경우이다.

세 번째의 변형모형은 사회문제에서 곧바로 공식의제로 채택되는 경우이다. 이 모형은 정책결정자가 문제의식을 가지고 있던 사회문제가 정책문제로 채택되는 경우로서, 민주주의 정치체제에서보다는 권위주의 정치체제에서 더욱 자주 나타나는 정책의제설정모형이라 할 수 있다.

2. 주도집단과 정책의제설정과정

사회문제가 정책의제화하는 과정은 의제설정의 주도집단이 누구인가에 따라서도 차이가 난다. 가령 주도집단이 정치체제의 담당자인가 아니면 정치체제의 외부세력인가에 따라 정책문제의 채택과정은 달라지는 것이다.

Cobb과 Ross 등은 이를 다음 세 가지 모형을 제시하여 설명하고 있다(R.W.

Cobb, J.K. Ross and M.H. Ross, 1976:126-38).

(1) 외부주도형(outside initiative model)

외부주도형이란 정부 밖에 있는 주도집단에 의해 제기된 사회문제가 공식의제로 채택되는 경우이다. 즉, 정부 바깥에 있는 집단에 의해 제기된 사회문제가 일반대중의 관심을 유발하고 여론을 형성하여 공중의제로 전환되고, 마침내 정책결정자들에 의해서 공식의제로 채택되는 형태의 모형이다. 따라서 이 모형에서는 사회의 일부집단이 안고 있는 문제가 공중의제화 하는 단계와, 공중의제가 정책결정자에 의해 공식의제로 채택되도록 하는 단계를 구분하고, 그들의 사회문제를 공식의제로 채택되도록 노력하는 집단이 다른 집단과의 경쟁에서 이 두 단계를 성공적으로 통과하기 위해 필요한 다양한 전략을 설명하고 있다.

Cobb 등은 사회가 평등하면 평등할수록 정책의제설정에 있어 외부주도형에 의존할 가능성이 많을 것이나, 사회구조가 복잡해지고 경제수준이 높아짐에 따라 세 가지 모형 중 어느 하나가 지배할 가능성이 희박해진다고 주장하고 있다.

한편 외부주도형은 사회적 지위가 낮은 집단이 이용할 가능성이 높으며, 구성원의 수는 많으나 재정력이 빈약한 집단이 사용하면 성공할 가능성이 높은 모형이다. 따라서 이 모형은 이익집단의 투입기능이 활성화되어 있고, 정치체제가 이익집단의 요구에 민감하게 반응하는 국가에서 많이 나타나는 유형이라고 할 수 있다.

(2) 동원형(mobilization model)

동원형은 정부내의 정책결정자가 주도집단이 되어 사회문제가 공식의제로 채택되는 형태의 모형이다. 다만 성공적인 정책집행을 위해서 채택된 공식의제를 공중의제로 전환시키는 것이 이 모형의 독특한 성격이라 할 수 있다. 즉, 앞에서 살펴본 정책의제설정과정을 설명하는 모형들에서는 사회문제가 공식의제로 일단 채택이 되면 정책의제설정과정은 끝이 나는 것으로 되어 있으나, 이 모형은 특이하게 사회문제가 공식의제로 채택이 된 뒤에 다시 공중의제화 한다는 점을 지적하고 있다. 왜 이러한 현상이 나타나는가? Cobb 등은 그 원인을 정책의 성공적 집행에서 찾고 있다. 즉, 그들에 의하면 제도적 또는 재정적 자원이 부족한 상태에 있는 정치지도자가 정책을 성공적으로 집행하기 위해서는 일반대중의 정책에 대한 협조와 순응이 매우 중요하다. 그런데 일반대중의 정책에 대한 협조와 순응을 얻기 위해서는 이들의 정책에 대한 이해와 지지가 매우 중요하다. 따라서 정치지도자는 일반대중의 정책에 대한 광범위하고 자발적인 협조와 순응을 확보하기 위해서 일단 공식의제로 채택이 된 것을 공중의제화 한다는 것이다.[5)]

따라서 이 모형은 정부의 힘이 강하고 민간부문이 취약한 아시아나 아프리카의 국가들과 같은 후진국에서 자주 나타나는 정책의제설정의 유형이다. 가령 1960년대 우리 나라의 경제개발정책이나, 인도 · 파키스탄에 의해서 집행된 인구억제정책 등이 그 대표적인 예라 할 수 있다. 물론 미국 등과 같은 선진국에서도 이러한 모형은 자주 나타나고 있는데, 예컨대 1960년대 존슨대통령에 의해서 선언된 빈곤퇴치운동 등이 이에 해당한다.

(3) 내부접근형(inside access model)

내부접근형은 정부내의 관료집단이나 정책결정자에게 쉽게, 자주 접근할 수 있는 외부집단에 의해 주도되어 사회문제가 공식의제로 채택되는 형태의 모형이다. 따라서 이 모형에 의한 사회문제는 비교적 용이하게 공식의제로 채택된다.

이 모형은 앞에서 살펴본 외부주도형이나 동원형과 다음과 같은 측면에서 차이가 난다. 첫째, 동원형의 주도집단이 최고 통치자나 고위정책결정자인데 비해서 내부접근형의 경우는 이들보다 낮은 지위에 있는 관료인 경우가 많다. 둘째, 내부접근형과 나머지 두 모형과의 보다 중요한 차이는 사회문제의 공중의제화에 대한 입장에 있다. 즉, 외부주도형과 동원형의 경우에는 주도집단이 그들의 사회문제가 공중의제화되기를 원하는데 비해서, 내부접근형의 경우에는 공식의제가 일반대중에게 확산되어 공중의제화 되는 것을 원치 않는다는 점이다.[6)] 그 이유는 주도집단이 정책의 내용을 그들의 뜻대로 결정하고, 가능한 이를 최소한의 수정만으로 집행하려는 의도에서이다. 따라서 내부접근형의 경우

5) 공식의제로 채택이 되고 난 후에 공중의제화되는 경우도 있지만, 어떠한 경우에는 정책결정과정이 진행되면서 공중의제화하는 수도 있고, 이보다 더욱 심한 경우는 이미 정책결정이 이루어진 후에 공중의제화하는 경우도 있다(Cobb, Ross and Ross, 1976:132-5).

주도집단이 자신들이 준비한 정책내용을 그대로 결정하거나 집행하는 데 꼭 필요한 영향력 있는 집단에게만 내용을 알리고, 이 내용이 일반대중에게 알려지는 것은 원치 않는다.

일반적으로 이 모형은 부(wealth)와 지위(status)가 소수에게 집중된 개발도상국가에서 자주 나타나는 유형이다. 그러나 미국 등과 같은 선진국에서도 무기구입에 관한 정책에서 이러한 모형이 나타난다.

4.4 정책의제설정에 영향을 미치는 요인

앞에서(4. 2) 살펴본 것처럼 정책의제설정이론의 핵심내용은 왜(?)일부의 사회문제만이 정책의제로 채택되는가 하는 문제와, 일부의 사회문제들 중에서 누가(?) 정책의제를 선별하는가 하는 문제이다. 이에 대해 다양한 학자들의 이론들이 소개되었다. 가령 Simon의 의사결정론에서는 정치체제가 갖는 능력의 한계 때문에 일부의 사회문제만이 정책의제로 채택된다는 주장을 하여 왜 일부의 사회문제만이 정책의제로 채택될 수밖에 없는가의 물음에 답하였고, 엘리트론이나 다원론 또는 체제이론 등은 엘리트 · 체제의 문지기 · 일반대중을 정책의제채택의 주체로 하여 누구에 대한 물음에 답하였다. 그러면 구체적으로 어떠한 사회문제들이 정책의제로 채택되는가? 즉, 사회문제가 정책의제로 채택되는데 영향을 미치는 요인들은 무엇인가? 이번 절에서는 이에 관해서 살펴보기로 한다.

---

6) 물론 외부주도형과 동원형의 주도집단이 그들의 사회문제를 공중의제화 하려는 목적은 서로 다르다. 즉, 외부주도형의 경우에는 그들이 안고 있는 사회문제가 공식의제로 채택되도록 하기 위해서 공중의제화를 원하는 데 비해서, 동원형의 경우에는 정책의 성공적 집행을 위해서 공중의제화를 원한다.

그림 4-3 주도집단의 영향력

		정치 체제	
		내 부	외 부
정치적 자원	많 음	I	II
	적 음	III	IV

정책의제설정에 영향을 미치는 요인들에 관해서 많은 학자들이 고찰하고 있다. 여기에서는 이들 가운데 Cobb과 Elder, Hogwood와 Gunn 등의 이론을 중심으로 이에 대해서 살펴보기로 한다.[7)]

1. 주도집단

사회문제를 정책의제화 하려는 주체인 주도집단은 정책의제설정에 많은 영향을 미친다. 가령 주도집단이 최고정책결정자인 경우의 사회문제는 아주 쉽게 정책의제화 한다. 그러나 정치체제 밖에 있는 이익집단이 주도집단인 경우의 사회문제는, 동원형이나 내부접근형의 경우보다 훨씬 어려운 과정을 거쳐 정책의제로 채택될 가능성이 크다. 정책의제설정에 미치는 주도집단의 영향력은 그들이 정치체제의 내부에 있느냐 또는 외부에 있느냐 하는 변수와, 그들이 가진 정치적 자원이 많으냐 또는 적으냐 하는 변수에 의해 좌우된다. 이를 좀더 자세히 살펴보기 위해 이들 두 변수를 축으로 한 매트릭스(matrix)를 구성해 보면 [그림 4-3]과 같다.

첫 번째 유형은 주도집단이 정치체제의 내부에 있으며 또한 정치적 자원이 풍부한 경우로서, 최고정책결정자가 주도집단인 경우가 이에 해당한다. 주도집단이 이러한 유형에 해당하는 사회문제는 쉽게 정책문제로 채택된다.

7) Cobb과 Elder는 정책의제설정에 영향을 미치는 요인으로 문제의 성격과 주도집단을(R.W. Cobb and C.D. Elder, 94-109), Hogwood와 Gunn은 위기, 문제의 특수성, 유행성, 주도집단 등의 요인을 제시하고 있다(B.W. Hogwood and L.A. Gunn, 1984:67-8).

두 번째의 유형은 주도집단이 정치체제의 외부에 있으나 정치적 자원이 많은 집단의 경우로서, 집단구성원의 수가 많거나 또는 재정력이 풍부한 이익집단이 주도집단인 경우가 이에 해당한다. 주도집단이 이러한 유형에 해당하는 사회문제 역시 비교적 쉽게 정책문제로 채택될 수 있다.

세 번째의 유형은 주도집단이 정치체제의 내부에 있고, 또한 정치적 자원이 적은 경우로서, 정부의 관료집단이 주도집단인 경우가 이에 해당한다. 이러한 유형에 해당하는 사회문제 역시 비교적 쉬운 과정을 거쳐 정책문제로 채택될 수 있다.

네 번째의 유형은 주도집단이 정치체제 외부에 있으며 또한 정치적 자원 역시 적은 경우로서, 집단구성원의 수도 적고 재정력도 취약한 이익집단이 주도집단인 경우가 이에 해당한다. 이러한 유형에 해당하는 사회문제는 길고, 어려운 과정을 거쳐 정책문제로 채택될 가능성이 크다.

많은 경우 사회문제들은 정책의제로 채택되기 위해 매우 치열한 경쟁을 한다. 이처럼 사회문제들간의 경쟁현상은 특히 주도집단이 정치체제의 외부에 있는 이익집단일 경우에 흔히 나타난다. 이러한 경우 정치적 자원이 풍부한 두 번째 유형의 주도집단이 안고 있는 사회문제가 정치적 자원이 빈약한 네 번째 유형의 주도집단이 안고 있는 사회문제에 승리하여 공식의제로 채택될 가능성이 훨씬 높다고 할 수 있다.

2. 문제의 특성

(1) 문제의 내용

정책의제화 하려는 사회문제의 내용이 어떠한가에 따라서 정책의제로의 채택가능성과 채택과정이 달라진다. 즉, 해결하고자 하는 사회문제의 내용이 Lowi가 분류한 정책의 유형 중에 어느 부류에 해당하느냐가 정책의제설정과정에 영향을 미치는 것이다.[8)]

분배정책은 특정부문의 국민들이 정책에 의한 재화와 서비스의 혜택을 향유한다. 또한 분배정책은 여러 개의 분산된 하위정책이 결집되어 하나의 정책을 형성하기 때문에 이에 관련된 문제가 무엇인지를 정확히 파악하기가 어렵다. 이러한 분배정책의 특성들 때문에 이에 관한 사회문제는 많은 인구에 회자되어 일어나는 커다란 논쟁없이, 비교적 쉽게 정책의제로 채택된다.

규제정책은 정책에 의한 혜택이나 피해가 특정부문의 국민들에 한정된다는 측면에서는 분배정책의 경우와 비슷하다. 그러나 규제정책의 경우는 개별적 차원에서 이루어지는 정책의 결정이 향후 전반적인 정책의 방향에 커다란 영향을 미칠 수 있다는 측면에서 분배정책과 다른 특성을 보인다. 규제정책에 관련된 사회문제는 정책의제화과정에서 많은 논쟁이 일어나게 되며, 행정부 관료들이 이를 해결하기는 불가능하게 되고 결국에는 의회가 개입하여 해결하게 된다. 따라서 규제정책에 관련된 사회문제를 공식의제로 채택되도록 노력하는 이익집단은 이 과정에서 힘의 한계를 보이게 된다.

재분배정책은 대다수의 국민들이 정책에 의해 영향을 받는다는 점에서 앞에서 살펴본 두 정책유형과 다른 특성을 보인다. 뿐만 아니라 재분배정책은 계급대립적 성격을 지닌다. 따라서 이에 관련된 사회문제는 대다수 국민의 관심을 끌게 되며, 비교적 쉽게 정책의제화 된다.

(2) 문제의 성격

Cobb과 Elder는 정책의제설정에 영향을 미치는 문제의 성격으로 구체성(specificity), 사회적 유의성(social significance), 시간성(temporal relevance), 복잡성(complexity), 선례(precedence) 등의 요인을 제시하고 있다(R.W. Cobb and. C.D. Elder, 1972:96-102).

첫째, 문제의 구체성은 문제가 추상적으로 제기되었느냐 또는 구체적으로 제기되었느냐 하는 것이다. 문제가 추상적으로 제기되는 것보다 구체적으로 제기될 때 정부의제로 채택될 가능성은 그만큼 높아진다. 가령 대기오염문제를 논의할 때 아황산가스 등과 같은 산업공해문제를 제기하는 것보다 산성비의 피해를 거론하는 것이 사회문제가 정책의제로 채택될 가능성을 높게 한다(B.W.

---

8) Lowi는 정책을 분배, 규제 및 재분배정책으로 분류하고 정책의 유형에 따라 정책결정의 유형이 달라질 수 있다고 하였는데, 똑같은 논리로 정책의 종류에 따라 정책의제의 채택과정도 달라질 수 있을 것이다.

Hogwood and L.A. Gunn, 1984:68).

둘째, 문제의 사회적 유의성이 크면 공식의제로 채택될 가능성이 크다. 문제의 사회적 유의성이란 문제가 사회에 미치는 영향(impact)의 정도를 의미한다. 즉, 문제가 극히 한정된 사람에게만 적용되는 특이한 문제냐 또는 많은 사람과 관련된 문제냐 하는 것이다. 가령 가금을 사육하는 농부들이 정부로부터 보조금을 받는 문제보다 국가차원의 빈곤추방캠페인이 사회적 유의성이 크고, 따라서 이 문제가 정책의제로 채택될 가능성은 그만큼 높다고 할 수 있다.

셋째, 문제의 시간성은 정책의제의 채택에 중요한 영향을 미친다. 즉, 근본적이고 장기적인 문제는 일시적으로 나타나는 문제보다 공식의제로 채택될 가능성이 높은 것이다.

넷째, 복잡하고 기술적으로 이해하기 어려운 문제보다, 단순하고 기술적으로 이해하기 쉬운 문제가 정책의제로 채택될 가능성이 높다. 가령 특정한 집단을 위한 최저임금의 인상문제는 매우 단순한 문제이고, 국가의 안보를 위한 특별한 무기체계의 바람직성 등과 같은 문제는 기술적으로 매우 복잡한 문제인데, 이 경우 단순하고 이해하기 쉬운 전자의 문제가 복잡하고 이해하기 어려운 후자의 문제보다 정책의제로 채택될 가능성은 더욱 높은 것이다.

다섯째, 상례적인 문제(routine matter)나 또는 선례가 있는 문제는 그렇지 않은 문제보다 쉽게 정책의제로 채택될 가능성이 높다. 즉, 표준화된 절차가 있는 문제나 다른 정부에 유사한 선례가 있는 문제는 정책의제로 채택될 가능성이 크다.

(3) 기타

이러한 요인들 외에도 문제의 유행성, 감정적 측면(emotive aspect), 문제의 심각성 등도 정책의제의 채택에 영향을 미치는 요인이라 할 수 있다. 즉, 특정한 지역 또는 시대에 유행이 되어 있는 문제들은 쉽게 정책의제로 채택되며, 제기된 문제가 감정적 측면을 지니고 있고 대중매체의 관심을 끄는 것일 때에는 쉽게 정책의제로 채택된다. 예컨대 1990년대 우리 나라의 교통문제나, 미국에서 진정제나 수면제로 사용되었던 Thalidomide가 불구아 출생을 가져온 문제 등은 이에 관한 적정한 사례라 할 수 있다.

한편 문제가 심각할수록 정책의제로 채택될 가능성은 높은데, 이를 일부의 학자들은 위기(crisis) 또는 극적사건(event)이라는 표현을 사용하고 있다.

4.5 정보보조와 정책의제설정

1. 정보보조의 의의

주도집단이 누구냐에 따라 정도의 차이는 있겠지만, 사회문제를 정책의제화 하려는 개인이나 집단의 입장에서 보면 정책의제설정과정에서 필요한 가장 중요한 전략 중의 하나는 그들의 사회문제를 일반대중에게 확산시켜 일반적인 사회문제로 전환시키는 일일 것이다. 이 과정에서 필요한 것이 정보보조(information subsidies)활동이다. 정보보조란 행동과 관련된 정보의 이용과 접근을 통제함에 의해서 다른 사람의 행동에 영향력을 행사하기 위한 시도이다(O.H. Gandy Jr., 1982:61). 즉, 정보보조란 다른 사람이 의사결정을 할 때 그들의 결정내용에 영향력을 행사하기 위해서 필요한 정보의 활용비용을 지원하기 위한 일체의 활동이다. 따라서 정보의 이용자가 실제로 그 정보를 얻는데 드는 비용보다 더 저렴한 비용으로 정보를 얻을 수 있도록 도와주는 일체의 활동은 모두 정보보조라 할 수 있다.

개인이나 집단이 의사결정과정에서 활용하는 정보는 다음 두 가지의 특성을 지닌다. 첫째, 정보는 의사결정의 불확성을 감소시켜 준다. 즉, 정보는 의사결정자가 결정과정에서 알아야 할 환경의 종류 및 발생확률과, 의사결정에 의해서 실현된 결과에 대한 주관적인 가치와 효용성을 알려주어 의사결정과정에서 발생하는 불확실성을 감소시켜 준다. 둘째, 정보는 이를 활용하기 위해 비용을 필요로 한다. 즉, 의사결정과정에서 정보를 활용하기 위해서 의사결정자는 이에 관한 비용(정보의 수집 및 분석에 필요한 비용)을 부담해야 한다. 따라서 의사결정자는 어떠한 결정을 할 때에 정보를 이용함에 의해서 발생하는 편익(불확실성의 감소)이 정보를 수집하고 분석하는 데 필요한 비용, 또는 자원보다 클 때 정보를 활용할 것이다(O.H. Gandy Jr., 1982:19-34).

일반적으로 일반대중들은 사회에 어떠한 이슈들이 제기되어 있고, 그것이 사회에 미치는 영향이 어떠한 것인지를 알지 못한다. 이처럼 일반대중들이 사회적 이슈에 대해 무지한 것은 이들이 이에 대해 무관심한 탓도 있을 수 있겠지만. 또한 정보가 부족하기 때문일 수도 있다. 이 때 관심은 있으나 정보가 부족한 관심집단들에게 정보를 제공하면 사회적 이슈에 대한 여론은 급속히 확산되어 갈 것이며, 쉽게 공식의제로 채택될 수 있을 것이다. 따라서 이러한 목적을 위해 외부주도집단이 쉽게 활용할 수 있는 방법 중의 하나가 정보보조의 방법이다.

정보보조는 여러 가지의 형태로 일어난다. 가령 정보가 필요하나 정보획득에 들어가는 비용 때문에 정보를 얻을 수 없는 집단을 위해 자기집단의 자금으로 자료를 수집 · 분석하여 언론에 배포하기도 하고, 연구보고서나 통계자료의 분석결과를 각종 학술세미나, 정책토론회, 공청회 등에 발표하기도 하고, 영향력을 미치리라 생각되는 지역의 유력인사나 각급 조직의 지도자에게 배포하기도 하며, 직접적으로 국회의원, 지방자치단체의원, 지방자치단체나 중앙부처의 정책결정자에게 배포하기도 한다(노화준, 1995:109). 이 과정에서 정보보조의 주도집단들은 그들이 제공하는 정보의 신뢰성을 확보하기 위하여 대외적으로 객관성과 신뢰성이 확보된 채널(channel)을 활용하려고 한다. 즉, 그들의 사회적 이슈를 정책의제화하려는 각각의 주도집단들은 그들이 최종목표로 하는 정책결정자나 관료집단에게 그들이 원하는 정보가 객관성과 신뢰성을 확보한 상태에서 전달되기를 원한다. 이 때 이러한 수단으로 가장 널리 알려져 있는 것이 대중매체(mass media)이다.

한편 이러한 정보보조는 외부주도형의 정책의제설정과정에서만 일어나는 것이 아니라 동원형이나 내부주도형의 정책의제설정과정에서도 보편적으로 일어나는 현상이다(노화준, 1995:111).

2. 정보보조의 수단

정책의제설정과정에서 다른 정책행위자(policy actor)에게 영향력을 행사하기 위한 정보보조의 수단으로는 광고, PR, 이슈광고 등이 있다. 여기에서는 이에 관한 내용을 먼저 살펴보고, 다음으로 정부에서 수행하는 정보보조의 수단으로는 어떠한 것이 있는가를 차례로 살펴보기로 한다.

첫째, 광고(advertising)는 정보소비자의 입장에서 볼 때 비용이 적게 든다는 이점이 있는데 비해, 정보의 신뢰성과 객관성이 결여되고 정보공급자의 편견이 깊이 개입할 가능성이 크다는 단점이 있다.[9] 뿐만 아니라 광고는 정보공급자의 입장에서 보면 비용이 많이 드는 문제점도 있다. 그러나 광고는 이러한 단점에도 불구하고 오락프로그램과 함께 제공될 때에는 공급자의 편견이 개입된 정보를 소비자가 그대로 흡수하는 경향이 있어 자주 활용되는 정보보조 수단 중의 하나이다.

둘째, PR(public relation)은 제2차 세계대전 이후 대기업에서 여론을 그들에게 유리한 방향으로 이끌기 위해 자주 활용되던 정보보조수단이다.[10] PR은 앞에서 살펴본 광고와는 달리 정보보조가 비밀리에 이루어지는 특성이 있다. 즉, 정보보조자가 정보보조활동을 정보소비자의 눈에 띄지 않게 은밀히 추진하기 때문에, 정보소비자 입장에서는 정보보조활동의 존재여부를 쉽게 파악하기 어렵다. 일반적으로 PR에 의한 정보보조활동의 유형으로는 방송의 뉴스프로그램이나 인터뷰를 통해서 또는 토크쇼나 프로그램편성에 영향력을 행사함에 의해서, 신문에 특종기사나 사설을 통해서, 대중잡지 · 보고서 · 여론조사결과를 활용하는 방법 등이 있다.

---

9) 광고란 신원을 밝힌 스폰서가 비용을 지불하고 아이디어 · 상품 · 서비스 등을 사람이 아닌(non-personal) 매체(media)를 통해 널리 알리고, 촉진(promote)하는 모든 형태의 커뮤니케이션 활동을 의미한다. 광고는 다음 네 가지의 기능을 수행한다. 첫째, 광고는 고객에게 상품 및 서비스에 관한 정보를 제공한다. 둘째, 광고는 고객을 설득하는 역할을 수행한다. 셋째, 광고는 광고에 나타난 특정 요소들로 인해서 브랜드나 조직의 회상을 강화시키는 역할을 수행한다. 넷째, 광고는 광고시청자들을 설득하여 해당상품 및 서비스를 구매하도록 한다.

10) PR(공중관계)이란 조직이 다양한 공중과 건전한 관계를 형성하기 위하여 호의적인 공중성을 획득하거나, 우호적인 조직의 이미지를 구축하거나, 또는 비우호적인 소문 · 이야기거리 · 사건 등을 처리하거나 방지하기 위한 제반의 활동을 의미한다. 정보제공자의 입장에서 보면 PR은 광고에 비해 비용이 적게 들고 신뢰성이 높은 장점이 있으나, 효과가 간접적이고 통제가 어려운 단점이 있다.

셋째, 광고의 특별한 유형으로 이슈광고(issue advertisement)가 있다. 정보보조자가 광고를 통해서 정보보조활동을 수행할 때 고려하는 가장 중요한 변수는 정보보조의 비용과 정보보조수단에 대한 독자(시청자)층이다. 이슈광고는 이 두 가지 변수들 중에서 독자층의 변수에 좀더 비중을 두는 정보보조방법이다. 일반적으로 이슈광고는 이에 대한 공정성의 논란 때문에 라디오나 텔레비전 방송보다는 신문의 지면이 많이 활용된다. 이슈광고에 의한 정보보조활동은 각각의 신문이 확보하고 있는 주요 독자계층과 신문이 상징하는 독특한 성격을 고려하여 이루어진다.

이러한 방법 외에도 이슈광고에 의한 정보보조방법으로는 정보공급자가 그들이 의도하는 목적을 달성하기 위해 일반국민들을 활용하는 방법이 있다. 즉, 정보공급자가 일반국민들로 하여금 입법부의원 · 정부관료 · 최고정책결정자에게 편지나 카드를 보내게 하여, 특정한 이슈에 대한 일반여론을 알려주어 그들의 목적을 달성하는 방법이다.

한편 정부 역시 일반대중이나 이익집단처럼 정책의제설정과정에서 다른 정책행위자들을 대상으로 정보보조활동을 수행한다. 즉, 정도의 차이는 있겠지만 대부분의 국가에서 중앙정부 및 지방정부들은 정부내에 많은 수의 정보전문가들을 고용하고 있으며, 이들을 통해 그들이 원하는 방향으로 정책의제설정과정을 주도하기 위해 또는 정부의 유능성(competence)을 일반국민들에게 홍보하기 위해 정보보조활동을 수행하고 있다.

정부에서 수행하는 정보보조활동은 다양한 정보채널과 정보보조기술을 활용하고 있다. 이들 중 대표적인 것으로는 정부백서, 통계연감 또는 뉴스레터 등과 같은 각종 보고서의 발간, 대통령의 기자회견, 대통령실의 뉴스브리핑, 보도자료(press release) 및 조작된 사건(pseudo event)의 활용, 정부각료의 각종 인터뷰, 정부각료의 스케줄 공포, 정부부처에서 논의되고 있는 이슈에 대한 배경 및 이에 대한 정부의 입장을 요약한 자료를 기자들에게 배포하는 활동 등이 있다. 이들 외에도 정부의 책임 있는 당국자가 정책에 관한 정부의 비밀을 은근히 언론에 흘리거나, 또는 기자들을 대상으로 비공식적(off-the-record) 인터뷰를 하여 일반국민들의 반응을 살펴보거나 여론을 조성하는 방법 등이 있는데, 이러한 정보보조 방법들은 특히 최근에 이르러 대부분의 국가에서 정부에 의한 정보보조 수단으로 자주 활용되는 방법들이다.

4.6 전략적 정책의제 설정과정과 분석기법

1. 전략적 정책의제의 설정과정

정부조직이 해결해야 할 정책의제는 많은 경우 정부 밖에서 주어지지만 때로는 정부조직 안에서 스스로 정책의제를 찾아내기도 한다는 사실은 앞에서 살펴본 바 있다. 즉, 조직의 종류를 불문하고 어떠한 조직이나 조직이 해결해야 할 정책의제는 조직이 존립해야 할 근거를 이루고 있기 때문에, 각각의 조직들은 자신의 기본적인 목적을 성취하고 성공적으로 존속해 나가기 위해서 반드시 추진할 필요가 있는 정책의제를 찾아내어 이에 대한 해결책을 강구한다. 이 때 조직은 외부환경 분석을 통해서 그들의 전략적인 정책의제를 밝혀내는 방법도 있고, 또는 조직내부환경 분석을 통해서 밝혀내는 방법도 있으나, 대개의 경우 중요한 정책의제는 외부환경 분석과 조직내부환경 분석을 종합하는 방법을 사용한다. 일반적으로 조직이 수행하는 전략적 정책의제설정을 위한 합리적인 절차는 다음 [그림 4-4]과 같다.

첫째, 조직의 목적을 확인하는 단계이다. 즉, 국민들이 행정(특정 정책결정단위)에 원하는 것이 무엇인가를 확인하는 단계이다. 이를 위해 행정기관들은 다음과 같은 사항들을 검토해 보아야 한다. 즉, ① 국민들이 요구하고 있는 것, ② 법이 허락하고 있는 것, ③ 국민들이 기대하고 있는 것은 무엇인가를 신중하게 검토해 보아야 한다. 이 때 법령분석을 실시해 본다든가, 또는 이해관계자 분석을 해본다면 많은 도움을 받을 수 있다.

둘째, 목표와 핵심적인 세부목표를 개략적으로 설정하는 단계이다. 즉, 국민들이 원하는 것을 충족시키기 위해 행정기관이 하고자 원하는 사업의 부류로는 어떠한 것들이 있는가를 확인하는 단계이다. 이것을 한마디로 정의해 보면 '어떤 행정조직이 추진해주기를 주요 이해관계자들이 기대하는 것들을 요약해 놓

그림 4-4 **전략적 정책의제의 설정과정**

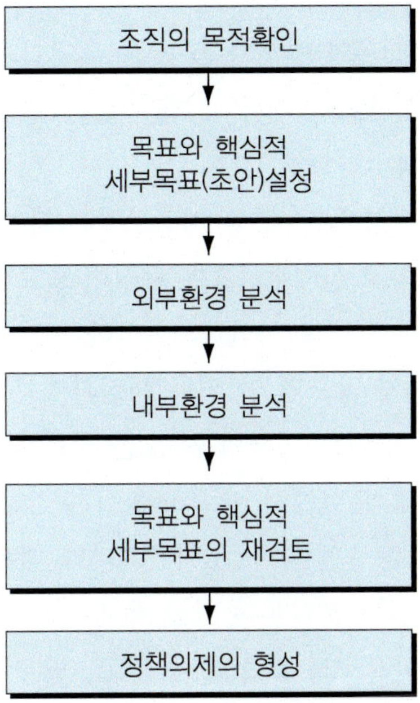

은 것'이라고 할 수 있다. 일반적으로 대부분의 행정조직은 장관이나 대통령, 지방자치단체장을 경유하여 궁극적으로는 납세자인 국민, 또는 국회에 책임을 지게 되며, 어떤 경우에는 행정서비스의 직접적인 수혜자들에게 책임을 지는 경우가 있기 때문에 국민들의 요구사항은 목표와 핵심세부목표의 설정에 커다란 영향을 미친다.

셋째, 외부환경을 분석하는 단계이다. 즉, 행정기관이 원하는 사업의 부류가 정해질 경우 외부환경에서는 그에 대해 유리하게 작용할 것인가 또는 불리하게 작용할 것인가를 판단하는 단계이다. 이를 위해 행정기관들은 다음과 같은 사항들을 검토해보아야 한다. ① 우리가 제공하는 행정서비스의 수요는 증가할까 아니면 감소할까? ② 우리가 필요로 하는 자원을 조달하는 데 경제사정은 도움이 될까 아니면 더 어려워질까? ③ 정치 · 사회적으로 우리의 업무, 심지어는 조직의 존립마저 위태롭게 하는 조치들을 가져올 것인가? ④ 우리가 제공하는 서비스를 대체할 수 있는 새로운 서비스가 출현하거나 아니면 우리 외에 또 다른 공급자가 나타날 가능성은 없는가? 등의 사항이다.

넷째, 내부환경을 분석해 보는 단계이다. 즉, 우리 자신에 관련된 것 중 우리의 사업에 도움이 될 것과 방해가 될 것은 무엇인가를 확인하는 단계이다. 이것은 조직내부의 구조, 태도, 가치, 문화, 기술, 그리고 능력 등의 문제를 세심하게 바라보는 것을 의미한다.

다섯째, 목표와 핵심세부목표를 재검토하는 단계이다. 즉, 지금까지의 작업을 통해서 볼 때, 목표와 핵심세부목표에 수정이 필요한가를 검토하는 단계이다.

여섯째, 정책의제(전략적 사안)를 형성하는 단계이다. 즉, 조직이 성공하기 위해서는 우리가 하지 않으면 안 되는 핵심과제는 무엇인가를 확인하는 단계이다. 여기서 그 무엇이 바로 정책의제, 또는 전략적 과제가 되는 것이다. 어떤 정책의제들은 외부환경 분석에서 바로 도출될 수 있는 것도 있고, 또 어떤 것들은 조직내부 분석에서 도출될 수도 있다. 그러나 대부분의 중요한 전략적 정책의제들은 내부분석과 외부분석을 종합한 데에서 나온다. 주요 정책의제는 단순히 어떤 한 가지 분석만으로도 도출될 수 있고, 또 어떤 정책의제들은 분석단계의 여러 요소들을 종합함으로써 나올 수도 있다. 즉, 분석과정에서 도출된 약점과 위협을 함께 묶어보거나 또는 특정한 행정업무 처리과정의 비용과 질(質)에 관한 시장조사, 벤치마킹, 가치 사슬(value chains) 등의 분석에서 나타난 일련의 문제점들을 종합함으로써 도출될 수도 있는 것이다.

2. 전략적 정책의제설정을 위한 분석기법 : SWOT 분석

앞에서 전략적 정책의제는 외부환경 분석과 조직내부환경 분석을 통해서 도출될 수 있음을 살펴보았다. 이러한 분석과정에서 도움이 될 수 있는 분석기법으로는 갭 분석,[11] 포트폴리오모형,[12] 경쟁적 우위분석,[13] SWOT 분석 등이 있다. 이러한 분석기법들은 주로 민간부문에서 개발된 기법들로 행정기관의 정책의제설정 작업에 도움이 될 수 있는 기법들이다. 이 분석기법들은 주요 정책의제 또는 전략적 과제들을 제시해 줄 수도 있고, 아니면 여러 전략들이 지향해야 할 방향을 제시해줄 수도 있다. 여기서는 SWOT 분석에 대해 살펴보기로 한다.

(1) SWOT 분석의 의의

이것은 단순한 점검표(list)에 의한 접근방법으로, 많은 생각이나 아이디어들을 SWOT라는 제목 아래 정렬시킴으로써, 일부 생각이나 아이디어들이 손실되지 않도록 하기 위해 고안된 분석방법이다. 여기에서 SWOT는 강점(strengths), 약점(weakness), 기회(opportunities), 위협(threats) 등의 약자로, SWOT 분석이란 일정시점에서 주요 환경요인을 기회와 위협으로 분류하고, 이들을 전략적 관점에서 조직의 강·약점과 결합시켜 효과적인 전략을 수립하는 과정이다. 즉, SWOT 분석이란 강점·약점·기회·위협의 매트릭스를 통해서 바람직한 전략을 수립하는 과정이다. 이 때 환경에서 오는 기회와 위협, 조직의 강점과 약점을 평가하는 방법으로는 여러 가지가 있겠으나, SWOT 분석에서는 관리자

---

11) 이것은 미래의 목표치와 예상치의 차이를 분석해 봄으로써 정책의제를 도출하는 데 도움을 줄 수 있는 기법이다. 따라서 이 갭 분석법은 현재의 상태, 목표상태, 예상되는 미래의 상태 등 세 가지 구성요소로 이루어져 있다. 여기에서 갭(gap)이란 목표치와 예상치의 차이이지만, 예상치 대신 목표치와 현행치의 차이로 보고 분석하는 경우도 있다. 만일 목표치와 현행치 또는 예상치간의 차이가 너무 클 경우에는 목표치를 다시 조정하거나 아니면 그 차이를 좁히려는 창의적인 해결방안이 개발되어야 한다. 이 갭 분석은 다음과 같이 정책의제설정에서도 유용하게 적용될 수 있다. 첫째 단계에서는 목표상태, 즉 조직이 장차 무엇을 이루고자 하는지 또는 어디에 도달하고자 하는지를 확정하는 것이다. 다시 말하면, 자신이 마땅히 제공해야 한다고 느끼는 행정서비스의 양과 질을 확정하는 것이다. 그렇게 되면 현재상태에서 그 서비스를 실현하기 위하여 어느 정도의 공공자금이 필요한 것인지 계산이 가능하게 된다. 둘째 단계에서는 공공자금의 지출에 대한 통제압력이 있고, 또 공공자금을 놓고 다른 경쟁적 수요자가 있다고 할 때, 과연 어느 정도의 공공자금을 현실적으로 끌어올 수 있는지를 예측하는 것이다. 이상의 분석을 토대로 목표치와 예상치간의 차이를 밝혀내고, 그것을 좁힐 수 있는 전략을 수립해내야 한다. 갭 분석은 계량화가 명확하면 할수록 그만큼 더 유용하긴 하지만, 계량화가 쉽지 않은 곳에서도 전략적 정책의제를 확정하는 데 도움이 될 수 있다.

12) 포트폴리오모형(portfolio models)은 어떤 사업부서를 유지, 철수 또는 새로 구축할 것인가에 대한 의사결정을 내리기 위해 현 사업부서의 위치와 성과를 분석·평가하는 데 사용되는 분석방법이다. 이 모형은 사업부서의 합병과 박탈에 관한 의사결정을 하는 데 유용한 정보를 제공해 주고, 또한 전략사업 부서들 가운데 어느 부서를 확장할 것인지에 관한 정보도 제공해 준다. 가장 일반적으로 사용되는 기법은 BCG 매트릭스와 GE 매트릭스이다. BCG 매트릭스는 미국의 경영자문회사인 Boston Consulting Group에 의해 개발된 기법으로, 사업부들이 속한 시장의 성장률과 상대적 시장점유율의 관계에 의해 사업부를 평가하고 전략을 제시해 주는 방법이다. GE 매트릭스는 주어진 기업외적 요인으로는 시장매력도를 이용하고, 기업내적 요인으로는 경쟁적 우위를 사용하여 사업부서들을 분석·평가한다. 시장의 매력성은 높다·중간·낮다로, 경쟁적 위치는 강함·중간·약함으로 나뉜다. 이상과 같은 포트폴리오모형은 포괄적이고 다양한 변수를 사용하여, 각 사업부서들의 현황을 파악하고 전략을 제시하여 준다는 장점이 있다. 이러한 포트폴리오모형은 공공분야에서도 적용될 수 있다. 즉, 행정의 능력(capability)을 하나의 축으로 보고, 국민들이 요구하는 행정서비스를 다른 하나의 축으로 보는 매트릭스를 그려볼 수 있다. 이 포트폴리오모형은 해결해야 할 약점부분을 확인하는 데 도움이 된다는 점에서 그 의의가 크다고 할 수 있다.

의 주관적 판단에 의존한다. 따라서 전략수립과 관련 있는 집단이나 관리자들도 평가 작업에 참여하여야 주관적 판단에 따른 오류를 감소시킬 수 있다(채서일, 1998:202-3). 이 접근방법은 단순하지만 조직이 어떤 전략적 과제를 발견하고자 하는 상황에서 사용될 수 있는 기법이다. 그만큼 단순하면서도 유용한 분석기법이다. 사실상 다른 기법들을 써서 얻어진 결과들은 모두 이 SWOT 분석으로 통합 또는 흡수될 수 있다.

(2) SWOT 분석의 원리

SWOT 분석에서 주요 개념인 장점(strengths)과 약점(weakness)은 주로 조직 내부와 관련된 것이고, 기회(opportunities)와 위협(threats)은 주로 외부환경과 관련된 개념들이다. 그러나 실제로는 장점과 기회를 구별하는 것이 매우 어려울 때가 많고, 약점과 위협을 구별하는 것도 어렵다. 가령 어느 부서가 현재 충원을 할 수 없는 상태에 있을 때, 이를 약점이라고 해야 하는가 또는 위협이라고 해야 하는가를 구분하는 것은 결코 쉬운 일이 아니다. 그러나 SWOT라는 네 개의 카테고리를 설정한 목적은 여러 가지 생각이나 아이디어들을 빠뜨리지 않기 위한 것이기 때문에, 무엇인가 찾아내서 기록되기만 한다면 이들을 꼭 구분할 필요는 없다.

SWOT 분석은 기본적으로 「브레인스토밍」[14] 접근방법을 사용해야 한다. SWOT 분석은 먼저 최대한 많은 아이디어들을 확인하는 것이 중요하다. 이를 위해서 브레인스토밍(brainstorming)을 활용하면 효과적이다. 브레인스토밍의 방법을 활용하여 가능한 한 많은 아이디어를 얻기 위해서는 한두 사람에 의해

13) 경쟁적 우위분석법은 외부환경과 조직내부환경을 종합적으로 분석하는 접근방법들 중의 하나로, 정책의제를 확정하는 데 도움을 줄 수 있을 뿐만 아니라 '전략의 특징은 어떠해야 하는가' 를 제시해 주고 있다는 점에서 그 의의가 크다. 이 분석방법은 한 기업이 속해 있는 산업구조와 그 산업 내에서 그 기업의 위치에 대한 분석을 중요하게 취급한다. 이 분석방법의 출발점은 산업구조에 대한 분석인데 산업구조에서는 산업경쟁자들, 잠재진입자들, 대체서비스, 공급자들, 구입자들 등 '다섯 가지 세력(five forces)' 이 작용한다고 본다. 이상과 같은 다섯 가지 세력의 역학관계에서 조직이 경쟁적 우위를 계속 유지하기 위해서는 가격선도전략, 차별화 전략, 특화전략 등 세 가지 전략들이 있을 수 있다. 이들 경쟁적 우위전략들은 공공분야에서도 적용될 수 있다. 행정기관이 다양하고 가치 있는 서비스를 차별적으로 제공할 경우가 있기 때문이다. 가령 저녁시간이나 주말에는 다른 때보다 수수료를 더 받고 운전면허시험을 실시할 수 있는 방법 등이 이에 해당한다.

표 4-1 SWOT 분석에 의한 K군 지역발전의 제요소

강점(S)	약점(W)
• 주변지역에 비해 풍부한 역사/문화자원 보유 • 수려하고 깨끗한 자연환경 • 중남부 지역 육상/해양 교통의 요충지 • 온화한 해양성 기후 • 전통적인 남도음식 고장	• 지속적인 인구감소와 농촌의 고령화 • 경쟁력 있는 산업시설의 부재 • 도시계획 정비미흡으로 기반시설 취약 • 낮은 지역소득으로 정주의식 저하 • 지연을 중심으로 하는 연고주의 성향 • 교육 및 문화여건의 열악 • 관광상품 및 문화관광자원 개발 미흡
• 동북아중심 경제지역으로 주변지역 개발 • 국토이용의 신공간으로서 해양개발의 중요성 증대 • 도청이전에 따른 개발효과의 파급 • 정보화와 지식사회로의 이행 • 문화와 환경에 대한 인식고조 • 관광인구의 증가 • 세계화와 지역화 • 주제별 관광의 확산	• 시장개방의 가속화 및 경제성장 둔화 • 지방화시대의 도래에 따른 인접지역과의 경쟁 • 지역간 불균형 및 소외 가능성 증대 • 지역간 문화관광 경쟁 심화 • 첨단 지식산업의 수도권 집중화
기회(O)	**위협(T)**

분위기가 지배되지 않도록 하는 것이 특히 중요하다.

SWOT 분석에서도 개개인들에게 자기의 생각들을 익명으로 종이에 써서 그것을 상자(box)에 넣도록 하는 방법을 활용할 수 있다. 그런 다음 집단 차원에서 상자에 들어 있는 것들을 SWOT의 각각 밑에 모으고 중복되는 것을 지우는 것이다. 또 다른 하나의 방법은 벽에 큰 종이를 붙인 다음, SWOT를 각각 써 놓는다. 그리고 개개인들에게는 자기의 생각들을 메모지에 적게 한 다음 그것들을 SWOT 각각의 밑에 붙이도록 하는 것이다.

14) 브레인스토밍에 대한 자세한 내용은 제 6장 1절을 참조.

1994:44). 결국 정책대안의 탐색과 개발단계에서는 정책문제 해결을 위한 정책대안으로 정밀분석해 볼 가치가 있는 정책대안들만이 제시된다.

(3) 정책대안의 결과예측

합리적인 정책을 결정하기 위해서는 정책목표가 설정되고 이를 달성하기 위한 정책대안들이 개발된 후에 각 정책대안이 집행될 경우 어떠한 결과를 가져오게 될 것인지를 예측해 보아야 한다. 정책목표를 달성하기 위한 여러 가지 정책대안들 가운데 어떤 대안이 가장 바람직한 대안인가를 판단하여 선택하기 위해서는 정책대안들의 결과를 가능한 한 정확하게 예측해 보아야 한다. 그러나 정책대안의 결과를 미리 예측해 본다는 것은 매우 어려운 단계 중의 하나이다. 동시에 정책대안의 결과예측단계는 정책분석이 능력과 시간이 부족한 정책결정자에게 도움을 줄 수 있는 가장 중요한 단계이다(정정길, 1997). 따라서 정책대안의 결과를 예측해 보기 위한 많은 방법들이 개발되어 왔다.

정책대안의 결과를 예측하기 위한 방법은 관점에 따라 여러 가지로 분류해 볼 수 있다. 우선 직관적 · 주관적 판단, 기존의 정책사례를 토대로 하는 방법 등이 있다. 그러나 이러한 방법은 많은 약점이 있다. 비교적 바람직한 예측방법으로는 예측모형의 작성과 활용, 정책실험 등이 있다. 이들은 대체적으로 통계기법을 많이 활용한다. 또 정책실험이나 영향평가 등도 미래예측 방법으로 많이 사용된다.

(4) 정책대안의 비교 · 평가 및 선택

정책대안의 결과를 예측하고 난 후에는 그러한 결과들이 얼마나 바람직스러운지를 평가할 수 있는 기준을 적용하여 정책대안들을 평가하게 된다. 각 대안들의 평가결과를 토대로 여러 가지 정책대안들 가운데 최선이라고 생각되는 정책대안을 선정하게 되는데, 이것이 합리적 · 분석적 정책결정의 마지막 단계이다.

정책대안의 평가기준은 크게 소망성(desirability) 차원의 기준과 실현가능성(feasibility) 차원의 기준으로 나눌 수 있다. 소망성이란 정책대안의 집행결과가 얼마나 바람직스러우냐를 나타내는 것으로서 효과성, 능률성, 공평성, 대응성(적응성), 주민의 만족도, 일관성 등 여러 가지가 있다. 반면에 실현가능성이란 어떤 정책대안이 채택되어 집행될 수 있는 가능성의 정도를 의미하는 측정기준으로 기술적 실현가능성, 경제적 실현가능성, 사회윤리적 실현가능성, 행정적 실현가능성, 정치적 실현가능성 등으로 구분해 볼 수 있다.

정책목표를 달성하기 위한 정책대안들이 탐색 · 검토되어 각 대안들의 예상되는 결과들이 예측되고, 이들을 비교 · 평가하기 위한 평가기준까지 검토되고 나면 마지막으로 이들 기준에 따른 최선의 정책대안이 선정된다. 먼저 여러 가지 정책대안들 가운데 실현가능성이 없는 대안은 제외시키고 나머지 대안들 가운데 가장 소망스러운 정책대안을 선정하게 되는 것이다. 그러나 현실적으로 이러한 선정작업도 용이한 것만은 아니다. 왜냐하면 그러한 선정작업에 분석가의 주관적 가치가 개입될 뿐만 아니라, 정책대안간의 우선순위가 명백하게 설정되는 경우도 드물기 때문이다.

5.2 정책문제의 분석

1. 정책문제의 분석과 정의의 본질

(1) 의 의

정책문제 분석에 관한 논의에 앞서 정책문제의 개념에 대해 살펴볼 필요가 있다. 정책문제라는 용어는 두 가지의 의미를 내포하고 있는데, 하나는 어떤 어려운 상황이 발생하여 이것을 해결해야 한다는 의미에서의 정책문제이고, 다른 하나는 어떤 상황의 변화로 인하여 기회가 제공되었을 때 이러한 기회를 어떻게 활용해야 할 것인가 라는 의미에서의 정책문제이다(노화준, 1989:32), 예를 들어, IMF 체제하에서 구조조정에 따른 실업자 문제는 해결해야 할 문제로서의 정책문제이고, 무역수지의 개선에 따른 흑자를 어떻게 활용할 것인가 하는 문제는 활용할 기회로서의 정책문제이다. 본 서에서는 정책문제를 양자를 포함한 넓은 개념으로 사용하기로 한다.

우리는 흔히 문제가 무엇인지를 정확히 파악하기도 전에 해결방안을 찾으려 하는 경우가 많다. 그러나 해결해야 할 문제에 대한 치밀한 분석이 전제되지 않고는 바람직한 정책결정을 기대하기 어렵다. 정책문제에 대한 정확한 파악은 정책목표의 바람직한 설정을 위해서 필수적일 뿐만 아니라 정책대안의 개발과 정책대안의 결과예측을 위해서도 불가결한 작업이다. 정책문제가 과연 무엇인지를 파악하기 위해서 정책문제의 내용을 분석하고 재정리하는 등의 과학적 · 체계적 작업을 정책문제의 분석이라 부른다(정정길, 1997:294), 그리고 정책문제의 분석을 통하여 정책문제가 무엇인가를 인지하고 그 문제의 원인, 결과 그리고 이들간의 인과관계를 파악하는 것을 정책문제의 파악이라 부르고, 이를 토대로 무엇이 문제인지를 규정하는 것이 정책문제의 정의이다. 따라서 정책문제의 분석, 정책문제의 파악, 정책문제의 정의는 모두 정책문제가 무엇인지를 규명하는 것을 핵심으로 하는 동일한 작업임을 알 수 있다. 그래서 이들 용어들은 서로 혼용되어 사용되는 경우가 많다.

정책문제의 분석을 통하여 그 내용이 파악되면 정책문제를 정의하게 되는데, 정책문제의 정의과정은 정책의제의 설정과정과 마찬가지로 고도의 정치적 성격을 띠고 있다. 즉, 정책문제의 정의과정은 서로 다른 관심과 이해관계를 가진 집단들간의 조직 내 · 외적인 역학관계에 의해 영향을 받는다. 따라서 정책문제에 대한 정의를 내리기 위해서는 정책문제의 실체에 대한 분석을 함과 동시에 정책문제에 대한 이해관계자, 그리고 정책결정자의 가치, 기대, 관심사 및 그들의 조직내외에서의 역학관계 등을 검토하지 않으면 안 된다(노화준, 1989:34).

또한 정책문제의 분석과 정의는 정책의제가 형성된 후에만 이루어지는 것은 아니다. 정책문제와 관련된 집단이나 정책담당자는 정책의제 형성과정에서 문제를 분석 · 정의하고 계속해서 문제에 대한 재분석과 정의를 실행하게 된다. 다만 정책의제가 형성된 후에 좀더 본격적이고 체계적인 분석이 이루어질 뿐이다(강근복, 1994:52).

(2) 정책문제 정의의 관점

정책문제를 정의하는 데 있어서는 크게 두 가지의 논란이 제기되고 있다. 하나는 정책문제의 객관성과 주관성에 관한 논란이고, 다른 하나는 정책문제정의에 있어서 문제의 원인규명 즉, 인과성을 포함시킬 것이냐 말 것이냐 하는 논란이 그것이다.

먼저 정책문제의 객관성과 주관성에 관한 논쟁에 있어서는 객관적 관점과 주관적(구성론적) 관점으로 나뉘어 있다. 객관적 관점은 정책문제를 객관적 실체로 보고 정책문제에 대한 정의는 이 주어진 문제를 정확히 이해하고 그 특성을 밝히는 것이라고 보는 입장이다. 이에 반해 주관적 혹은 구성론적 관점은 정책문제를 객관적 실체로 보지 않고 문제를 인식하는 사람의 마음 속에 있는 '분석적 축조물' 로 보는 입장이다.

그리고 정책문제 정의에 있어서 인과성의 포함여부에 관한 논쟁에 있어서는 찬 · 반이 엇갈리고 있다. 먼저 문제정의에 있어서 인과적 개념이 개재되어서는 안 된다는 주장은 여러 가지 이유를 제시하고 있지만 그 중 하나는 문제정의에 있어서 문제의 원인규명을 포함시킬 경우 해결방안을 모색하는 과정에 있어서 해결방안을 암시해줌으로써 행동반경을 제한할 수 있다는 것이다. 따라서 문제정의가 가능한 한 사전에 어떤 해결방안에 얽매이지 않도록 하기 위해서는 문제정의에 있어서 인과적 요소를 제거시켜야 한다는 것이다. 이에 반해 문제정의에 있어서 인과적 개념이 개재되어야 한다는 주장은 정책문제를 정확하게 이해하고 진단하기 위해서는 문제의 인과적 분석이 불가피하다고 주장한다(노화준, 1989:43-50). 이상과 같은 인과성의 개입에 대한 논의를 객관적 관점과 주관적(구성론적) 관점에 포함시켜 살펴보면 다음과 같다.

1) 객관적 관점

객관적 관점은 정책문제를 경험할 수 있는 객관적 실체로 보고 문제시 되는 상황을 객관적으로 정확히 묘사하는 것이 문제정의의 핵심이라고 보는 입장이다. 이 입장에서는 정책문제를 바람직한 상태와 현실상태간의 차이로 정의하게 된다. 가령 1년 동안에 교통사고가 한 건도 없는 상태와 1,000건이 있는 상태간의 차이로서 정책문제를 정의하는 것이 그것이다. 또한 정책문제의 객관성을

정책문제의 해결을 목표로 하는 치유적 정책목표일 경우에는 해결할 정책문제를 정의하는 것이 치유적 정책목표를 결정하는 것과 같은 의미가 된다(정정길, 1997:304). 본 서에서 합리적 정책결정을 위한 정책분석의 첫 번째 단계를 '정책문제분석 및 정책목표의 설정' 이라고 부른 것은 바로 문제분석단계와 목표설정단계를 본질적으로 유사한 활동으로 보았기 때문이다. 문제를 정확히 파악하지 못하면 타당한 목표설정이 불가능하게 되고, 실제로 문제가 되고 있는 것을 해결하지 못한 채 엉뚱한 문제를 해결하는 오류에 빠지게 된다. 정책문제의 정의가 잘못된 경우를 제3종 오류라 한다.[3] 제3종 오류로 인하여 정책문제를 잘못 해결할 가능성을 이해하기 위해서 예를 들어보자. 어떤 은행 창구에서 고객들이 서비스를 받기 위해 대기하는 시간이 길다는 불평이 있어 은행측은 심리학자와 기술자에게 문제의 해결을 의뢰하였다. 심리학자는 고객들의 불만을 심리적 대기시간이 긴 것으로 해석하여 고객들이 기다리는 곳에 각종 잡지나 그림, 어항의 설치 등을 해결책으로 제시하였다. 반면에 기술자는 실제 대기시간이 긴 것으로 진단하여 창구의 추가적인 설치, 신속한 새로운 시스템의 도입 등을 해결책으로 제시하였다. 이러한 사례는 정책문제에 대한 상이한 정의가 얼마나 상이한 해결책을 제안하게 하는가를 나타내준 사례라 하겠다.

둘째, 정책문제의 정의는 정책대안을 개괄적으로 파악할 수 있도록 해준다. 정책문제의 원인이 무엇으로 규정되느냐에 따라 정책대안의 탐색방향이 결정되기 때문이다. 예를 들어, 환자의 병이 무엇인지를 정확히 진단해야 치료방법의 선택범위가 결정되는 것과 같다.

셋째, 정책문제의 정의는 갈등관계나 경쟁관계에 있는 여러 가지 정책목표와 정책수단들 사이의 우선순위를 암시해준다. 즉, 정책문제가 분석되어 어떻게 정의되느냐에 따라 정책문제의 어떠한 측면이 우선적으로 해결되어야 하는지를 파악할 수 있게 된다. 따라서 정책문제 분석과 정책문제의 정의는 정책의 우

3) 정책이 원래 의도했던 결과를 가져오지 못하게 되거나, 또는 기대했던 것과는 다른 변화를 가져오게 되는 것을 정책오류라 부른다. 정책오류에는 정책영향평가의 오류, 정책집행의 오류, 정책결정의 오류, 정책분석의 오류 등이 있다. 여기서 다시 정책분석의 오류로는 제1종 오류, 제2종 오류, 제3종 오류 등이 있는데, 제1종 오류는 정책문제를 해결하기에 적절한 정책대안을 적절치 못하다고 잘못 판단한 경우를 말하고, 제2종 오류는 적절치 못한 대안을 적절하다고 잘못 판단한 경우를 말한다. 그리고 제3종 오류는 정책문제 정의 자체가 잘못된 경우를 말한다.

선순위를 잠정적으로 알 수 있게 해준다(정정길, 1997:304-6). 예를 들어, 노동자들이 폭력적 시위를 일으켰을 때 정책문제를 정의하는 사례를 가지고 설명해 보자. 노동자들의 폭력시위라는 동일한 현상에 대해 사람들마다 문제의 핵심을 다르게 생각할 수 있다. 즉, 어떤 사람들은 폭력시위에 따른 질서파괴를 문제의 핵심으로 보는 경우도 있을 것이고, 또 다른 어떤 사람들은 노동자들의 불공정한 대우와 신분불안 등 열악한 근로조건을 문제의 핵심으로 보는 사람들도 있을 것이다. 이처럼 동일한 문제상황에 대해 상이한 문제정의가 이루어지면 그에 따라 정책목표와 정책수단의 내용이 달라지게 된다. 질서파괴를 문제의 핵심으로 보는 입장에서는 질서회복을 정책목표로 설정할 것이고, 질서회복을 위한 제반 수단, 즉 군·경의 동원과 같은 강압적인 수단까지도 고려하게 될 것이다.

이에 반해 노동자들의 불공정한 대우와 신분불안 등 열악한 근로조건을 문제의 핵심으로 보는 입장에서는 노동자들에 대한 근로조건의 개선을 정책목표로 삼게 될 것이고, 이를 위한 제반 수단, 즉 제도의 개선, 악덕 기업주의 의법조치와 같은 정책수단을 고려하게 될 것이다. 만일 이상의 두 가지를 모두 문제의 핵심으로 보는 입장에서는 문제의 어느 측면을 중시하느냐에 따라 정책목표와 수단의 우선순위가 달라질 것이다.

2. 정책문제의 분석

정책문제의 분석과정은 크게 두 단계로 나눌 수 있다. 하나는 정책문제를 개략적으로 분석해 보는 예비분석 단계이고, 다른 하나는 앞의 예비분석을 토대로 본격적인 분석을 하는 정밀분석 단계이다. 먼저 예비분석 단계는 문제분석의 효율성을 높이기 위한 단계로 이 단계에서는 정밀분석이 필요한 문제와 그럴 필요가 없는 문제로 분류하여 여과시키고, 정밀분석이 필요한 문제에 대해서 개략적으로 분석하게 된다. 그리고 본격적인 정밀분석 단계에서는 정책결정자나 정책문제관련 집단이 추구하는 가치, 정책문제의 원인과 결과, 정책문제와 관련된 집단 및 정책문제의 변화가능성 등을 분석하게 된다. 이에 관해 구체적으로 살펴보면 다음과 같다.

(1) 예비분석

1) 정책문제의 분류와 여과

① 정책문제 여과의 필요성

정책문제를 분석하는 데는 많은 시간과 노력, 비용이 소모된다. 따라서 정밀분석이 필요한 문제와 그럴 필요가 없는 문제를 분류하여 중요한 문제에 대해서만 체계적으로 분석하는 것이 바람직하다. 이러한 작업을 우리는 정책문제의 분류와 여과라고 부른다. 대체로 일상적인 문제는 비분석적 절차에 따라 결정하고 새롭고 중대한 문제는 분석적 결정이 바람직하다는 것은 Simon 이후 널리 인정되어 왔다(정정길, 1997:300), 그러면 정밀분석 여부를 결정하기 위한 기준으로는 어떤 것이 있는가? 이하에서는 이에 관해 좀더 구체적으로 검토해 보기로 한다.

② 정책문제 분류와 여과의 기준

정책문제의 분류와 여과기준은 다음과 같이 크게 세 가지로 분류해 볼 수 있다. 먼저 정책문제의 특성과 관련된 것으로 정책문제의 중대성, 복잡성 및 불확실성의 정도가 있고, 분석여건과 관련된 것으로 분석의 실시가능성과 분석결과의 활용가능성이 있다.

첫째, 정책문제의 특성상 정밀분석할 가치가 있느냐의 여부가 첫 번째 기준이다. 정책문제가 중대할수록, 복잡할수록, 불확실할수록 정밀분석의 필요성은 증대한다. 정책문제는 그 문제로 인하여 피해의 범위가 크며 피해의 강도가 클수록, 정책비용의 규모가 클수록, 다른 정책문제와 관련성이 클수록, 다른 정책문제의 결정에 영향을 많이 미칠수록 그 문제는 중대한 문제라 할 수 있다. 정책문제가 중대하면 정밀하게 파악하고 분석적인 결정을 해야 한다. 또한 정책문제의 내용이나 성격, 범위 등에 대해서 관련자들 사이에 갈등이 많고 복잡한 경우와 정책문제의 성격이나 결과가 불확실한 경우도 정밀분석의 필요성이 크다.

둘째, 정책문제 분석의 실시가능성은 정밀분석 실시여부를 결정하는 중요한 기준이 된다. 정책문제의 정밀분석은 분석에 필요한 시간이나 자원, 능력 등이 충분하게 갖추어져 있을 때 가능하다. 현실적으로 이러한 요소들이 부족한 경우에는 체계적인 문제분석이 불가능하다. 이 중에서 자원과 능력의 부족은 부분적으로 극복될 수 있다. 그러나 시간의 제약을 받을 때에는 문제의 정밀분석이 어렵게 된다. 또한 정치적으로 민감하여 정치세력들간에 갈등을 일으키기 쉬운 문제들은 현실적으로 합리적인 분석이 어려운 경우가 많다. 이러한 경우에는 설령 정책문제에 대한 정밀분석이 이루어졌다고 하더라도 분석결과가 활용되지 못할 가능성이 크다. 그럼에도 불구하고 정치적으로 민감한 문제는 중대한 문제인 경우가 많기 때문에 정치적 저항이나 반대를 무릅쓰고 분석적 해결을 위해 노력을 계속해야 할 것이다(정정길, 1997:302-3).

셋째, 분석결과의 활용가능성은 정책문제의 정밀분석 실시여부를 결정하는 중요한 기준이 된다. 정책문제에 대한 분석결과가 실제 정책결정과정에 활용되지 못한다면 분석에 소요된 시간, 노력 및 자원 등은 낭비가 되기 때문에 정밀분석의 필요성은 그만큼 낮게 된다. 정책문제에 대한 분석결과가 실제로 얼마나 활용되느냐의 여부는 정치풍토나 권력구조, 그리고 분석의 질에 따라 크게 영향을 받는다. 만일 정책결정자가 정책문제에 대해 이미 확고한 선입관이나 신념을 갖고 있는 경우나 정책문제와 관련된 사람들 사이에 이미 합의가 이루어진 경우에는 분석결과의 활용가능성은 그만큼 줄어들게 된다. 그럼에도 불구하고 분석가의 노력여하에 따라 분석결과의 활용가능성은 증대될 수 있다. 분석가는 좀더 철저한 분석으로 정책결정자의 선입관이나 신념을 바꿀 수 있기 때문이다.

③ 정책문제 여과방법

가. 우선순위 행렬의 활용

이 방법은 문제의 여과기준을 세로로 나열하고 가로로는 검토대상이 되는 문제들을 나열하여, 문제별로 각 여과기준에 비추어 평가 · 종합하는 방법이다. 이것은 다시 평가하는 방법에 따라 단순한 우선순위 행렬, 수치를 부여한 행렬, 가중치를 부여한 행렬 등으로 나눌 수 있다(Hogwood and Gunn, 1984:99-107).

첫째, 단순한 우선순위 행렬법은 〈표 5-1〉에서 보는 바와 같이 세로 쪽으로는 문제여과 기준을 나열하고 가로 쪽으로는 문제들을 나열하여, 기준에 부합되면 V표, 그렇지 않으면 X표를 하여 최종적으로 V표가 X표보다 많으면 정밀분석의 가치가 있는 것으로 판단하는 방법이다. 그러나 이 방법은 각 기준들 사이의 비중을 고려치 않고 지나치게 단순하게 판단한다는 약점이 있다.

둘째, 수치를 부여한 행렬법은 단순한 요소 점검법을 보완한 것으로서 각 기

표 5-1 단순 우선순위 행렬표(예시)

문제여과 기준	정책문제의 종류		
	A	B	C
1. 정책문제의 특성			
– 피해의 범위	V	V	V
– 피해의 강도	V	V	V
– 복잡성	V	X	V
– 불확실성	X	X	V
2. 분석의 실시가능성			
– 시간적 여유	V	X	X
– 자원의 동원	V	V	X
– 분석능력의 구비	X	V	X
3. 분석결과의 활용가능성			
– 정치적 민감성	V	V	X
– 가치함축성	V	V	V
– 정책문제에 대한 관련집단의 선입관	V	V	V
합 계	8–2=6	7–3=4	6–4=2

준의 충족도를 수치, 예컨대 10점 만점으로 평가하여 합계를 내는 방법이다. 물론 이 경우에도 단순 우선순위 행렬법처럼 각 기준의 중요도를 같은 것으로 간주한다.

셋째, 가중치를 부여한 행렬법은 〈표 5–2〉에서 보는 바와 같이 각 기준의 중요도에 따라 가중치를 부여하여 합계를 내는 방법으로, 합계 점수가 큰 문제일수록 정밀분석의 가치가 높다고 판단하는 방법이다. 따라서 이 방법은 앞의 두 가지 방법이 지니고 있는 한계를 보완할 수 있다는 장점이 있다. 그러나 가중치의 결정에 있어서 주관적 가치의 개입을 배제할 수 없다는 단점이 있다.

나. 의사결정수를 활용한 방법

이 방법은 [그림 5–2]에서 보는 바와 같이 중요한 것으로 판단되는 문제여과

표 5-2 가중치를 부여한 우선순위 행렬표(예시)

문제여과 기준(가중치)	정책문제의 종류		
	A	B	C
1. 정책문제의 특성			
– 피해의 범위(6)	6×5=30	6×6=36	6×4=24
– 피해의 강도(8)	8×7=56	8×8=64	8×6=48
– 복잡성(6)	6×9=54	6×6=36	6×3=18
– 불확실성(7)	7×8=56	7×7=49	7×3=21
2. 분석의 실시가능성			
– 시간적 여유(9)	9×7=63	9×7=63	9×6=54
– 자원의 동원(6)	6×7=42	6×8=48	6×6=36
– 분석능력의 구비(6)	6×6=36	6×7=42	6×6=36
3. 분석결과의 활용가능성			
– 정치적 민감성(8)	8×6=48	8×8=64	8×4=32
– 가치함축성(9)	9×6=54	9×6=54	9×2=18
– 정책문제에 대한 관련집단의 선입관(7)	7×5=35	7×8=56	7×6=42
합 계	474	512	329

기준들을 순차적으로 적용시켜 기준에 부합되지 못하면 정밀분석의 대상에서 제외시키고, 기준에 부합되면 계속 여과과정을 거치게 하여 문제의 정밀분석 여부를 결정하는 방법이다(Hogwood and Gunn, 1984:99–107). 이 방법은 몇 개의 기준만을 순차적으로 적용하여 정밀분석 여부를 결정하는 방법으로 시간과 비용을 절약할 수 있다는 장점이 있다. 그러나 단순히 '예', '아니오' 라는 응답만을 토대로 판단하기 때문에 단순 우선순위 행렬표에 의한 방법과 마찬가지로 지나치게 엉성하다는 단점이 있다.

다. 의사결정수와 행렬접근법의 결합방법

이 방법은 앞의 두 가지 접근법, 즉 우선순위 행렬에 의한 방법과 의사결정수를 활용한 방법을 결합한 방법이다. 먼저 의사결정수 접근법을 통하여 문제

그림 5-2 의사결정수를 활용한 문제여과

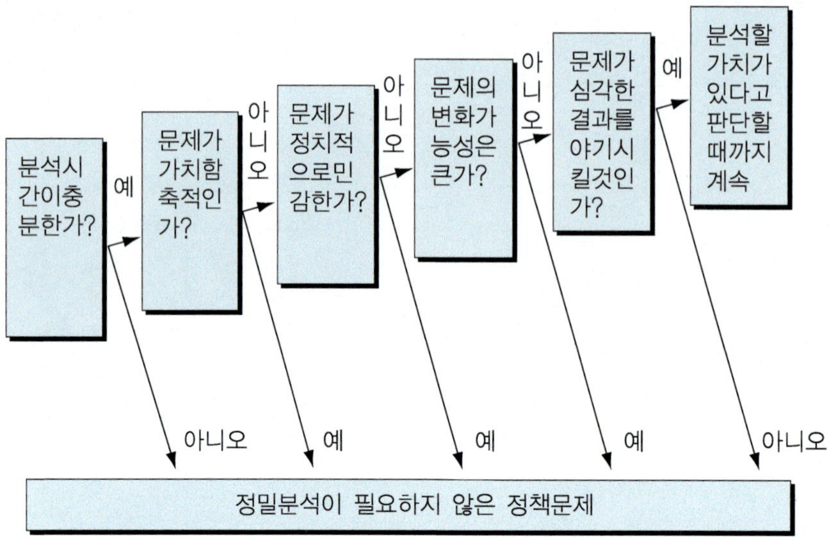

를 여과시켜 나가되 정책문제가 문제여과 기준에 부합된다고 하더라도 곧바로 정밀분석의 대상에서 제외시키는 것이 아니라, 다른 여과기준에 부합여부를 검토하여 여과시켜 나가다가 마지막으로 우선순위 행렬표에 의해 정밀분석 여부를 결정하게 된다([그림 5-3] 참조).

2) 기존 관련 정책분석

앞의 정책문제의 분류와 여과단계에서 특정한 정책문제가 정밀분석할 가치가 있다고 판단되면 그 정책문제와 관련된 기존의 정책이 있었는지의 여부를 검토해 본다. 만일 관련된 기존의 정책이 있었다면 그 정책의 성패요인을 분석해 본다. 기존의 관련 정책을 분석해 봄으로써 해당 정책문제의 특성을 더 잘 파악할 수 있기 때문이다.

3) 정책문제의 구성요소의 개략적 확인

정책문제는 여러 가지 측면에서 정의될 수 있다. 따라서 정책문제의 분석에

그림 5-3 의사결정수와 행렬접근법의 결합

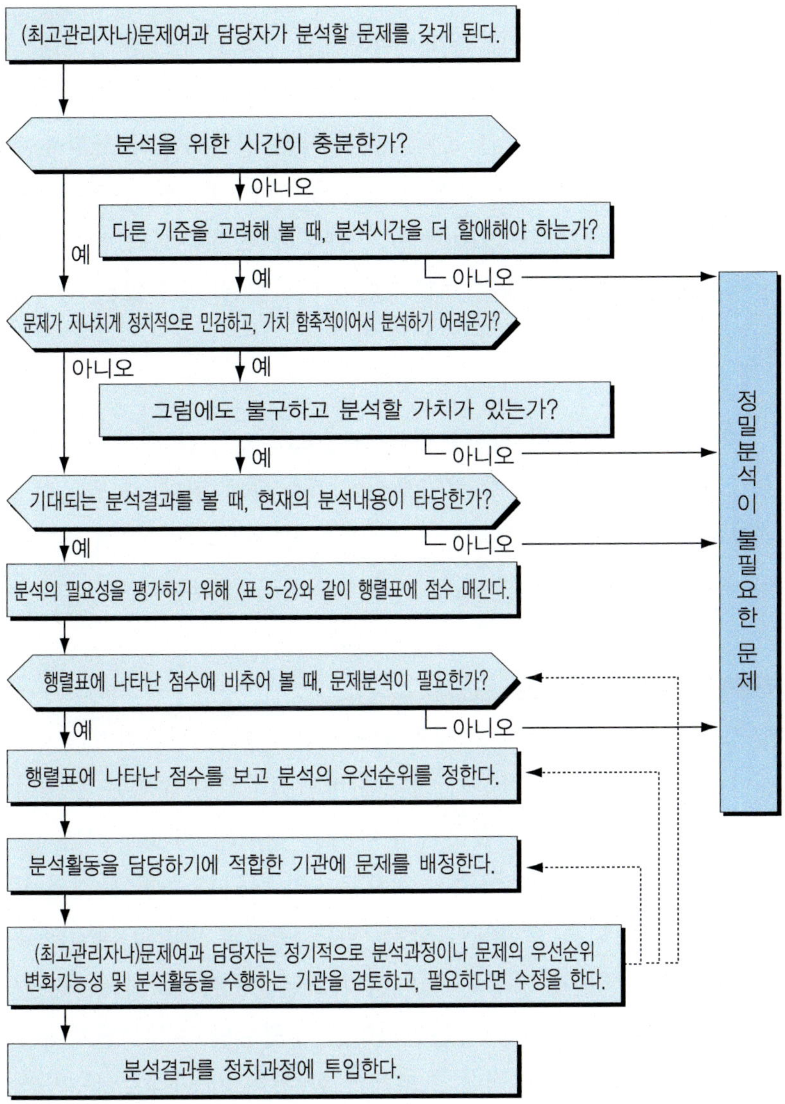

있어서는 먼저 정책문제의 구성요소들, 즉 정책문제의 여러 가지 측면들에 대해 개략적으로 파악해 보아야 한다. 이러한 문제의 구성요소들 중에서 어떤 것을 문제의 핵심으로 보느냐는 관점에 따라 다르다. 문제의 원인적 측면을 문제의 핵심으로 보는 사람이 있는가 하면, 결과적 측면을 문제의 핵심으로 보는 사람도 있다.

예를 들면, 근로자들의 폭력시위문제를 인식함에 있어서 어떤 사람들은 근로자들의 열악한 근로조건과 같은 원인적 측면을 문제의 핵심으로 인식할 것이고, 반면에 다른 사람들은 폭력시위에 따른 질서파괴와 사회불안 등과 같은 결과적 측면을 문제의 핵심으로 인식할 것이다. 이처럼 관점에 따라 정책문제의 핵심을 달리 인식하는 경향이 있기 때문에 정책문제의 분석에 있어서는 먼저 정책문제의 제측면에 대해 개괄적으로 분석할 필요가 있는 것이다.

(2) 정밀분석

예비분석 단계에서 정밀분석의 대상으로 선정된 정책문제들에 대해 개괄적으로 분석한 후 본격적인 정밀분석에 들어가게 된다. 정밀분석 단계에서는 정책문제의 원인과 결과적 측면, 이해관계집단의 파악, 정책결정자 및 관련 집단이 추구하는 가치, 정책문제의 미래예측 등을 분석한다.

1) 정책문제의 원인분석

정책문제를 정의할 때 문제의 원인을 규명하는 인과적 개념이 개입되는 것은 대안탐색의 방향을 제한하기 때문에 바람직하지 못하다는 주장이 있다. 그러나 정책문제를 정확하게 이해하기 위해서는 문제의 원인을 규명하는 것은 불가피하다(노화준, 1997:48). 따라서 정책문제의 정의를 위한 문제의 분석단계에서는 정책문제의 원인을 분석해야 한다. 일단 문제의 원인이 파악되고 나면 그 원인이 정책적으로 통제 가능한 원인인지 또는, 통제 불가능한 원인인지를 판단해야 한다. 만일 통제 가능한 원인이라면 정책수단의 탐색단계에서 그 원인을 제거 · 통제 · 조작하는 방법을 고려해야 할 것이고, 반대로 통제 불가능한 원인이라면 원인 자체에 대해서는 손대지 않고 문제의 심각성을 완화 · 감소하는 방법을 고려하게 된다. 예를 들어, 국내 경기의 침체가 국제 유가상승에 기인된 것이라면 이 원인을 제거시키는 것은 국제정치적으로 보아 불가능한 것이므로 정책수단의 탐색에서 제외된다. 이처럼 정책문제의 원인이 규명되고 그 원인에 대한 통제가능성 여부가 판단되고 나면, 결과측면과의 인과구조를 파악해야 한다. 이것은 정책수단의 탐색이나 정책대안의 결과예측을 위해 가장 핵심적인 도구로서 역할을 하게 된다.

2) 정책문제의 결과측면 분석

정책문제의 원인이 분석되고 나면 결과측면에 대한 분석이 이루어져야 한다. 결과분석에서는 정책문제의 심각성 또는 중요성을 분석하게 되는데, 이것은 정책문제의 규모와 범위, 피해의 강도 등으로 파악될 수 있다(정정길, 1997:297–8).

즉, 정책문제의 심각성 분석은 정책문제로 인하여 피해를 보는 집단이 얼마나 많은지, 정책문제의 파급범위가 얼마나 큰지, 그리고 정책문제로 인한 피해의 강도와 피해영역은 어떠한지를 분석하는 것이다.

3) 정책문제 관련집단의 파악

정책문제와 관련된 집단의 분석에 있어서는 그 정책문제로 인하여 피해를 입는 집단과 반대로 이익을 누리고 있는 집단에 대한 분석이 이루어져야 한다. 정책문제로 인하여 피해를 입는 집단은 정책문제의 여러 가지 측면에 따라 다르다. 예를 들어, 교통 서비스에 대해 고소득층은 서비스의 질을 중요한 문제로 생각할 것이고, 반대로 저소득층은 서비스 요금을 더 중요한 문제로 인식할 것이다. 이것은 문제의 측면에 따라 피해계층이 다름을 의미하는 것이다. 정책문제로 인한 피해집단은 특정지역이나 특정계층에 집중될 수도 있다. 그리고 정책문제로 인하여 이익을 누리는 집단도 있는데, 이들 집단은 정책문제의 정의단계에서부터 자신들에게 유리한 정의가 이루어질 수 있도록 노력하게 된다. 이처럼 정책문제로 인하여 피해를 입고 있는 집단은 누구이고 반대로 이익을 누리고 있는 집단은 누구인지, 또 그들은 정책문제에 대해 어떠한 가치를 지니고 있는지를 분석하는 것은 올바른 정책문제의 정의를 위해 필수적인 작업이다.

4) 정책결정자 및 관련집단의 가치 분석

앞에서도 언급했듯이 정책문제는 객관적으로 주어진 것이 아니라 주관적으로 구성되는 '분석적 축조물'로 정책문제의 정의는 주관성이 개입될 수밖에 없다. 따라서 정책문제를 올바로 정의하기 위해서는 정책문제와 관련된 사람들이 추구하는 가치에 대한 분석이 이루어져야 한다. 즉, 정책문제와 관련된 사람들이 정책문제와 관련하여 바람직하다고 생각하는 상태가 무엇인지에 관해 파악해야 한다. 그러나 이에 대한 분석은 결코 쉬운 일이 아니다. 그럼에도 불구하고 올바른 정책문제의 정의를 위해서는 관련자들의 가치에 대한 분석이 필수적이다.

5) 정책문제의 미래예측

정책문제는 시간이 흐름에 따라 변한다. 시간이 흐름에 따라 점점 더 심각해지는 문제도 있고 자동적으로 해결되는 문제도 있다. 자동적으로 해결될 수 있는 정책문제는 별도로 해결방안을 강구할 필요가 없다. 따라서 어떤 정책문제가 앞으로 어떻게 변화할 것인가를 예측하는 것은 정책문제 분석의 중요한 일부분이다. 정책문제의 미래예측방법으로는 여러 가지가 있으며 일반적인 미래예측방법과 다를 바가 없다. 따라서 미래예측방법에 대해서는 정책대안의 결과예측 부분에서 자세히 살펴보기로 한다.

(3) 정책문제의 정의에 있어서의 유의사항

정책문제의 분석을 통하여 그 내용이 파악되면 '무엇이 문제인지' 를 정의하게 된다. 정책문제는 객관적으로 주어진 것이 아니라 주관적으로 구성되기 때문에 사람마다 정의한 문제의 내용이 달라지게 된다. 그러나 바람직한 정책문제의 정의를 위해서는 정책문제에 대한 체계적인 분석을 토대로 적어도 다음과 같은 사항에 주의를 기울여야 한다.

첫째, 정책문제의 정의는 공익의 관점에서 이루어져야 한다. 이것은 정책문제 정의의 주관성으로부터 나오는 당연한 귀결이다. 즉, 정책문제정의의 주관성으로 인하여 '누가 인지한 내용을 문제의 핵심으로 볼 것인가?' 가 문제가 되는데, 이 경우 국가사회 전체 또는 국민 전체의 입장에서 문제를 정의하는 것이 바람직하다.

둘째, 정책문제의 정의는 정책문제에 대한 체계적인 분석을 토대로 이루어져야 한다. 먼저 문제분석을 통하여 문제의 구성요소, 원인, 결과 등을 파악한다. 다음으로 문제의 구성요소 중 중요하다고 판단되는 것을 규정하고, 이 요소들의 원인에 대해서도 규정한다. 이러한 절차를 거쳐 문제의 중요한 요소들이 규정되고 이들의 원인이 명백히 되면 바람직하게 문제가 정의되었다고 할 수 있다(정정길, 1997:309–10).

셋째, 정책문제의 정의는 선입관이나 편견을 배제한 상태에서 이루어져야 한다. 정책문제 정의는 주관적으로 이루어질 수밖에 없으나 이것은 문제정의가 전혀 객관성을 유지할 필요가 없다는 의미는 아니다. 인지된 이상상태와 객관적 현실상태간의 차이를 문제라 할 때 적어도 객관적 현실상태의 인지에 있어서는 객관성의 유지가 요구된다. 그리하여 좀더 현실에 가깝게 상황판단을 해야 한다는 것이다. 그러기 위해서는 분석가나 특정집단의 선입관 및 편견을 배제하여 객관성을 유지할 수 있도록 하여야 한다.

3. 정책문제의 분석기법

정책문제를 분석하는 기법으로는 여러 가지를 들 수 있다. 〈표 5–3〉에서 보는 바와 같이, 각 기법들은 나름대로 목적, 절차, 초점, 성과측정의 기준을 포함하고 있으나 이들은 모두 올바른 문제정의를 위해 도움을 줄 수 있는 기법들이다. 여기서는 분류분석, 계층분석, 시넥틱스, 가정분석, 브레인스토밍 등 다섯 가지의 기법에 대해서 살펴보기로 한다.

(1) 분류분석(classificational analysis)

분류분석은 문제상황을 정의하고 분류하는 데 사용되는 각종 개념들을 명확히 하는 기법이다. 정책문제를 정확히 이해하기 위해서는 문제상황을 나타내는 추상적인 개념들을 구체적이고 특정한 상황이나 대상으로 나타내는 귀납적 추론과정을 통하여 분류할 필요가 있다. 이 경우 도움을 줄 수 있는 기법이 분류분석이다. 이것은 두 가지의 중요한 절차를 거쳐 이루어지는 데, 하나는 논리적 분할(logical division)이고, 다른 하나는 논리적 분류(logical classification)이다. 여기서 논리적 분할이란 어떤 하나의 문제상황을 선정하여 그것을 구성부분으로 하나하나 쪼개나가는 것을 말한다. 이에 비해 논리적 분류란 구성부분들인

표 5-3 문제분석의 기법

방 법	목 적	절 차	초점	성과 측정 기준
분류분석	개념의 명시	개념들에 대한 논리적 분할과 분류	개인	논리적 일관성
계층분석	원인이 될 만한 요인에 대한 검증	요인들에 대한 논리적 분할과 분석	개인	논리적 일관성
시넥틱스	문제들 사이의 유사성 인식	인적, 직접적, 상징적, 가상적 유추의 구성	개인	비교의 적절성
가정분석	갈등 있는 여러 가정들의 창조적 통합	이해관계집단의 인지, 가정색출, 가정들 사이의 경쟁과 합작, 가정통합	집단 또는 개인	갈등
브레인스토밍	아이디어, 목표, 전략 등 창안	아이디어의 개발과 평가	개인	의견의 일치여부

자료 : Dunn, *op cit.*, 1981:120.

목표들이나 구성원들을 좀더 큰 집단이나 계층으로 분류하는 과정을 말한다(Dunn, 1981:119-24).

예를 들어, 빈곤문제를 분류분석에 의해 분석한 사례를 검토해 보자.

먼저 각 가구는 국가가 정한 빈곤수준 이상인 가구와 빈곤수준 이하인 가구로 나눌 수 있다. 여기서 논리적 분할을 한 단계 더 진행하여 빈곤계층을 정부보조금 수령 전후를 기준으로 두 개의 하위집단으로 나눌 수 있다. 분류체계를 어떻게 하느냐의 여부는 문제상황에 대한 판단에 중요한 영향을 미친다. 각 가구를 빈곤계층과 비빈곤계층으로 분류한 경우 빈곤계층이 시간이 흐르면서 감소되어 빈곤문제가 개선되고 있다고 판단하게 된다. 그러나 〈표 5-4〉에서 보는

표 5-4 빈곤계층의 가구수

구분 \ 연도	1965	1968	1972
정부보조금 수령 전	15.6만(25.7%)	14.9만(23.2%)	17.6만(24.8%)
정부보조금 수령 후	10.5만(17.3%)	10.1만(15.7%)	10.0만(14.1%)

( ) 내의 숫자는 빈곤가구 수를 총가구 수로 나눈 것임.

바와 같이 이것을 다시 정부보조금 수령 전후를 기준으로 빈곤계층을 두 개의 하위집단으로 분류할 경우는 문제상황에 대한 정의는 달라지게 된다. 오히려 빈곤가구가 더 증가하고 있다고 판단하게 될 것이다. 빈곤의 감소는 정부의 사회복지정책의 결과이며, 사기업조직에 의해서는 빈곤문제가 해결될 수 없다고 할 것이다. 1972년에는 1968년에 비해 빈곤선 이하의 가구수가 오히려 증가하고 있기 때문이다. 따라서 분류체계는 적어도 문제상황과 연관성이 있고 논리적으로 일관성이 있어야 한다.

(2) 계층분석(hierachy analysis)

계층분석은 문제의 원인을 발견하기 위한 분석기법이다. 따라서 계층분석은 문제의 근본적 원인을 파악해 줌으로써 해결방안을 모색할 수 있도록 해 준다. 계층분석에서는 문제의 원인을 가능한 원인(possible causes), 개연적 원인(plausible causes), 통제가능한 원인(actionable causes)으로 나누어 분석한다. 여기서 가능한 원인이란 문제를 야기시켰을 가능성이 있는 사건이나 행위를 말하고, 개연적 원인이란 과학적 연구나 직접적 경험에 비추어 볼 때 문제상황의 발생에 중요한 영향을 미쳤다고 믿어지는 원인을 말한다. 그리고 통제가능한 원인이란 정책결정자가 통제할 수 있는 원인을 의미한다(Dunn, 1981:124-6).

예를 들어, 계층분석을 활용하여 쌀 가격의 폭등원인을 분석해 보자. [그림 5-4]에서 보는 바와 같이 쌀 가격의 폭등은 쌀 수요의 증가와 쌀 공급의 감소에서 비롯된 것이고, 쌀 수요의 증가는 쌀 가공식품의 증가, 정부의 수매량 증가, 중간상인들의 수매량 증가에 따른 것이다. 그리고 쌀 공급의 감소는 작황의 부진, 정부미 방출감소, 중간상인들의 보유미 방출감소에 따른 것이다.

(3) 시넥틱스(synectics)

시넥틱스는 유사한 문제에 대한 분석을 위해 고안된 방법이다. 이 기법은 흔히 새로운 문제인 것처럼 보이는 것도 실제로는 과거에 등장했던 문제이기 때문에 유사한 과거의 문제를 분석해 보면 문제에 대한 해결방안을 쉽게 발견할 수 있다는 가정에 토대를 두고 있다. 이 기법은 정책문제의 분석에 네 가지 형태의 유추(analogy)를 활용하는 데, 분석하고자 하는 문제상황과 유추된 상황이

그림 5-4 쌀 가격 폭등문제의 계층분석

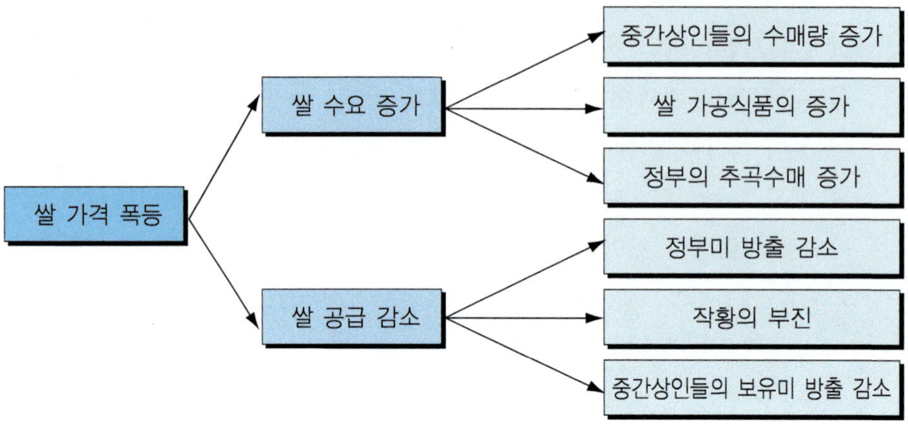

얼마나 일치하느냐에 따라 문제분석의 타당성이 달라진다. 이 기법에서 사용하는 네 가지 형태의 유추는 다음과 같다(Dunn, 1981:127–8).

첫째, 개인적 유추(personal analogies)로, 이것은 분석가가 마치 자신이 문제를 경험하고 있는 것처럼 상상해 봄으로써 문제를 파악하는 것이다.

둘째, 직접적 유추(direct analogies)로, 이것은 분석가가 두 개 이상의 문제상황 사이의 유사한 관계를 탐색해 봄으로써 문제를 분석한다. 예컨대, 약물중독 문제를 분석함에 있어서 전염병 통제경험을 유추하여 분석하는 것이다.

셋째, 상징적 유추(symbolic analogies)로, 이것은 분석하고자 하는 문제상황과 어떤 상징적 과정 사이의 유사한 관계를 발견하여 문제를 분석하는 것이다. 예를 들어, 정책과정을 자동제어 장치에 비유하는 것이 이에 해당한다.

넷째, 가상적 유추(fantastic analogies)로, 이것은 문제상황과 어떤 가상적인 상황 사이에 유사성이 있는 것으로 상상해 봄으로써 문제를 분석하는 것이다. 예를 들어, 전쟁상태를 가상하고 문제를 분석하는 것이 그것이다.

(4) 가정분석(assumption analysis)

가정분석은 문제상황의 인식을 둘러싼 여러 대립적인 가정들을 창조적으로 종합하기 위한 기법이다. 따라서 정책문제와 관련된 집단들이 문제상황에 대해서 합의를 도출하기 어려운 경우 도움을 줄 수 있는 기법이다. 가정분석은 다음과 같은 다섯 가지 절차를 거쳐 이루어진다(Dunn, 1981:130-3).

첫째, 정책문제 관련 집단의 확인단계로, 정책관련 집단을 확인하고 그들의 영향력의 정도와 정책과정에 의해 영향을 받는 정도에 따라 등급을 매긴다.

둘째, 가정의 표출단계로, 이 단계에서는 정책관련 집단들이 제안한 문제의 해결방안에 묵시적으로 포함된 가정들을 드러냄으로써 정책문제를 명확히 하는 것이다.

셋째, 가정의 도전단계로, 이 단계에서는 앞 단계에서 도출된 가정들을 비교평가한다. 이것은 어떤 가정과 이에 대립되는 가정을 체계적으로 비교함으로써 행해진다.

넷째, 가정의 집계단계로, 가능한 한 많은 이해관계자들이 동의할 수 있는 가정의 목록을 창출하기 위해 가정의 상대적 확실성과 각 집단에 대한 중요도에 따라 가정들 사이의 우선순위를 매긴다.

다섯째, 가정의 종합단계로, 여러 집단이 받아들일 수 있는 가정들의 복합체는 문제의 새로운 개념화에 도움을 줄 수 있다. 가정분석의 마지막 단계는 문제에 대한 복합적이고 종합적인 해결방안을 창출하는 것이다.

(5) 주관적 · 직관적 방법

정책문제의 분석을 위해 주관적이고 직관적인 판단을 이용하는 방법으로는 브레인스토밍, 델파이, 정책델파이 방법이 있다. 이들은 정책문제의 분석뿐만 아니라 정책대안의 탐색과 개발, 정책대안의 결과예측에서 더 유용하게 사용되는 기법들이다. 따라서 이들 기법들에 대해서는 뒷부분에서 구체적으로 살펴보기로 하고 여기서는 간단하게 그 개념만 설명하면 다음과 같다.

브레인스토밍(brainstorming)이란 즉흥적이고 자유분방하게 여러 가지 기발한 아이디어를 제기하고 토론하는 활동으로, 창조적인 문제 진술과 해결방안을 구하는 방법이다. 즉, 브레인스토밍은 가능한 한 많은 아이디어를 얻기 위해 관련분야의 전문가만이 아니라 상상력이 풍부하고 독창적인 사람, 정책문제와 관련된 사람들을 모아서 집단토의를 하는 방법이다. 그러나 브레인스토밍과 같은 대면적인 회의진행은 외향적이고 공격적인 성향을 지닌 몇 사람에 의해 지나치게 영향을 받아 합리적인 문제분석이 어려운 경우가 있다. 이러한 약점을 보완할 수 있는 방법이 델파이기법으로, 이것은 전문가들의 의견을 종합하여 합리적인 아이디어를 도출하기 위해 익명성, 질문의 반복과 환류, 합의 유도 등을 주요 특징으로 하는 기법이다. 그리고 이러한 델파이기법의 기본논리를 적용하여 정책문제를 해결하기 위해 정책대안을 개발하고 정책대안의 결과를 예측하기 위해서 만들어진 기법이 정책델파이기법이다(정정길, 1997:338-9).

5.3 정책목표의 설정

1. 정책문제 정의와 정책목표 설정

(1) 정책목표의 의의와 기능

정책문제 분석에 이어 정책목표 설정이 이루어진다. 정책목표란 정책을 통하여 달성하려는 미래의 바람직한 상태를 말한다. 이것은 정책이 추구하는 미래상이며 희망하는 결과이다. 정책을 통하여 얻게 되는 결과, 즉 바람직한 상태에 대해서는 두 가지를 생각해 볼 수 있다. 하나는 문제시 되는 상황을 원래의 상태로 환원시켜 원상을 회복하는 경우이고, 또 하나는 과거에 존재하지도 경험하지도 못한 새로운 상태를 창조하는 경우이다. 이 때 전자를 목표로 하는 것을 치유적 · 소극적 목표라고 하고, 후자를 목표로 삼는 것을 적극적 · 창조적 목표라 부른다(정정길, 1997:54-5). 정책목표가 치유적 · 소극적 목표일 경우, 즉 정책문제의 해결 그 자체를 목표로 하는 경우에는 정책목표의 설정은 정책문제의 정의와 표리일체의 관계에 있다. 정책문제를 정의하는 것은 일차적으로 정책이 달성하고자 하는 목표를 규정하는 것과 동일하기 때문이다.

정책목표의 내용이 되는 바람직한 상태에 대해서는 사람에 따라 다르다. 어떠한 상태가 과연 바람직한 상태인가 하는 것은 주관적 가치판단이 개입된다. 따라서 정책목표 설정과정에서 누구의 가치판단을 반영할 것인가 하는 문제는 중요한 문제로 등장한다. 이것은 정책문제를 정의할 때 누구의 가치판단을 반영시킬 것인가 하는 문제와 동일한 성격을 지닌다. 이러한 성격 때문에 정책목표의 설정과정은 하나의 정치과정이라 할 수 있다. 정치과정을 거쳐 설정된 정책목표는 정책과정 전반에 걸쳐 중요한 기능을 수행한다.

첫째, 정책목표는 정책과정이나 정책활동의 기준 또는 지침으로서 역할을 수행한다. 정책목표는 정책의 존재에 대한 정당성의 근원이 되기 때문에 정책과정이나 정책활동에 있어서 준거의 틀로서 기능을 한다.

둘째, 정책목표는 정책의 집행을 구속하는 행동의 지침이 된다. 정책목표의 구속력은 각 국가에 따라 다르겠지만 대체로 집행과정과 같은 세부적인 의사결정과 행위에 지속적인 영향을 미치는 지침이 되고 있다(D. Easton, 1965:358).

셋째, 정책목표는 정책집행의 결과나 성과를 평가하는 평가기준으로서의 역할을 한다. 즉, 정책목표는 성공적인 집행여부를 판단하는 기준이 되는 것이다.

(2) 정책문제 정의와 정책목표의 설정

정책목표를 설정하는 것은 정책문제 분석을 토대로 이루어지는 정책문제의 정의와 매우 유사한 활동이다. 특히 정책문제의 해결 그 자체를 목표로 하는 치유적 정책목표인 경우에는 거의 동일하다. 앞에서 살펴보았듯이 정책문제를 정의하는 것은 정책문제의 원인, 결과, 구성요소 등을 파악하여 '무엇이 문제인가'를 규정하는 것이다. 이 중에서 정책문제의 결과와 구성요소에 대한 정의는 정책목표의 설정과 직결된다. 정책문제의 구성요소 중에서 어떤 요소를 문제의 핵심으로 보느냐에 따라 각기 다른 목표가 설정될 수 있다. 예를 들어, 우리 경제가 직면하고 있는 현안문제에 대해서 부진한 경제성장을 문제의 핵심으로 생각하는 사람도 있을 것이고, 물가의 불안을 문제의 핵심으로 보는 사람도 있을 것이다. 이 경우 어떤 요소를 문제의 핵심으로 보느냐에 따라 두 가지의 다른 정책목표가 설정될 수 있다. 또한 정책문제의 분석과정에서 검토하는 정책문제의 심각성, 피해집단, 문제원인의 해결가능성, 문제의 원인 등이 어떻게 나타나느냐에 따라 정책목표의 내용이 달라지게 된다. 이것은 정책목표의 결정이 정책문제의 구성요소들에 대한 검토결과를 토대로 하기 때문이다.

이상에서 보는 바와 같이 정책문제의 정의는 정책목표의 설정과 표리관계에 있으므로 올바른 정책문제의 정의는 바람직한 정책목표 설정의 전제에 해당된다고 할 수 있다. 정책문제의 정의가 잘못되면 정책목표의 설정도 잘못될 것이고, 결과적으로 정책은 문제의 핵심을 해결하지 못하고 그릇된 문제를 해결하려고 애쓰는 오류를 범하게 될 것이다.

2. 바람직한 정책목표의 요건

정책목표가 바람직한 기능을 수행하기 위해서는 다음과 같은 몇 가지 요건을 구비해야 한다.

첫째, 정책목표는 실질적 내용면에서 타당성을 지녀야 한다. 이것은 정책목표의 적합성과 적절성을 포함하는 개념이다. 정책목표의 적합성(appropriateness)이란 정책목표가 여러 가지 요소 중에서 가장 바람직한 요소를 목표로 선정했느냐의 여부를 의미하고, 정책목표의 적절성(adequacy)이란 정책목표의 달성수준이 지나치게 높거나 낮지 않고 적정한 수준인지의 여부를 의미한다(정정길, 1997:312-3). 가령, 물가안정이 시급한 상황에서 경제성장을 우선시하는 정책목표의 설정은 적합하지 않다. 또 물가상승이 연 30%를 상회하는 상황에서 물가안정의 목표수준을 20%로 설정하는 것은 적절한(충분한) 목표가 될 수 없다. 이처럼 정책목표의 설정이 타당성을 결여하게 되면 엉뚱한 문제를 해결하기 위한 정책을 추진하거나 문제해결 자체가 불충분한 결과를 가져오게 된다.

둘째, 정책목표는 일관성을 유지하여야 한다. 종적인 차원에서 하위목표는 내용상 상위목표의 수단이 되는 목표 · 수단의 연쇄관계가 유지되어야 하며, 횡적으로도 다른 목표들과 상충되지 않아야 한다.

셋째, 정책목표는 실현가능한 것이라야 한다. 실현가능성이 없는 목표는 결국 실패로 끝날 뿐만 아니라 자원의 낭비마저 초래하게 된다. 이러한 실현가능성에는 기술적 실현가능성, 사회적 실현가능성, 경제적 실현가능성, 정치적 실현가능성, 행정적 실현가능성 등이 포함된다.

넷째, 정책목표는 구체적이고 실제적이어야 한다. 정책목표가 지나치게 추상적이거나 애매모호하게 되면 정책대안의 탐색이나 정책의 집행, 평가에서 적절한 기준이 될 수 없으며 혼란을 야기 시킬 수 있다. 따라서 정책목표는 가능한 한 측정가능한 단위로 제시하는 것이 바람직하다.

다섯째, 정책목표는 가능한 한 여러 관련 집단의 이익을 반영하여 합의가 이루어져야 한다. 정책목표에 대한 합의가 이루어지지 않은 상태에서 다음 단계로 넘어갈 경우 많은 충돌과 혼란이 예상되기 때문이다(박성복 외, 1993:330-1).

3. 정책목표들 사이의 관계와 우선순위 결정

(1) 정책목표들 사이의 관계

정책은 하나의 목표만 지니고 있는 경우도 있지만 대체적으로 몇 개의 목표를 지니고 있는 경우가 많다. 여러 가지의 목표를 포괄적이고 추상적인 하나의 목표로 나타내기도 하지만 이러한 목표는 정책과정에서 바람직한 목표로서의 기능을 발휘할 수 없다. 따라서 포괄적이고 추상적인 목표를 구체적이고 명확하게 재규정하게 되는데, 이것이 바로 목표의 구체화이다. 목표의 구체화 과정에서는 여러 개의 하위목표들이 등장하게 되는데 이러한 목표들 사이에는 다음과 같은 여러 유형의 관계들이 존재한다.

1) 종적인 관계

정책목표는 국가 전체의 궁극적인 목표로부터 구체적인 세부목표에 이르기까지 그 수준이 매우 다양하다. 이러한 정책목표들은 상위목표와 하위목표 사이에 '목표-수단의 연쇄관계'를 이루고 있다. 예를 들어, 국민복지 향상이라는 궁극적인 정책목표를 달성하기 위해 정치발전, 경제발전, 사회발전, 문화발전 등의 일반목표가 있을 수 있으며, 이 중에서 경제발전이라는 목표를 달성하기 위한 하위목표로는 농업발전, 제조업의 발전, 상업발전 등이 있다. 다시 이러한 하위목표를 달성하기 위한 차 하위목표로는 여러 가지를 생각할 수 있다. 이와 같이 정책목표들간에는 종적으로 목표–수단의 연쇄관계를 이루고 있다.

정책목표가 상위목표일수록 추상적 · 가치함축적이고 하위목표일수록 구체적이고 가시적인 성격이 강하다. 정책목표의 설정과정에서 추상적이고 일반적인 상위목표에 대해서는 관련 집단의 합의를 구하기 쉬우나 구체적인 하위목표에 대해서는 이해관계가 엇갈려 합의를 구하기 어렵다. 하위목표의 경우 상당히 구체적이고 실제적이어서 관련 집단들 사이의 이해득실에 대한 판단이 비교적 용이하기 때문이다.

정책목표는 시간적 차원에서도 계층구조를 이룬다. 즉, 정책목표는 시간을 기준으로 장기목표, 중기목표, 단기목표로 나눌 수 있는데, 이 중에서 가장 기본이 되는 것은 장기목표이고, 중기목표는 장기목표를 달성하기 위한 수단이 되며, 단기목표는 중기목표를 달성하기 위한 실현수단이 된다.

2) 횡적인 관계

정책목표는 종적인 차원에서 뿐만 아니라 동일한 차원에서 여러 목표를 동시에 추구하는 경우가 많다. 이러한 다원적 목표들 사이에는 논리적으로 다음과 같은 관계가 존재한다(유훈 외, 1982:42–3). ① 완전합치(identical)관계, ② 상호보완적(complement) 관계, ③ 상호무관하거나 독립적인 관계, ④ 상호의존적인 관계, ⑤ 상호 우선순위를 다투는 경쟁관계, ⑥ 전혀 양립이 불가능한 관계 등이 그것이다.

이상과 같은 다양한 관계 가운데 복수의 정책목표들이 병존할 수 있는 경우는 목표들이 합치되거나, 상호보완적이거나 또는 무관한 경우이다. 그러나 목표들간의 관계가 상호의존적인 관계의 경우와 우선순위를 다투는 경쟁관계인 경우에는 갈등을 빚기 쉬우므로 조정이 필요하며, 양립이 불가능한 경우에는 어느 한쪽을 폐기해야 한다.

(2) 정책목표들 사이의 조정과 우선순위 결정

이상에서 보는 바와 같이 정책목표들 사이의 관계는 다양하다. 이 중에서도 특히 정책목표들 사이의 관계가 경쟁적이거나 양립 불가능한 경우에는 우선순위를 먼저 결정하지 않으면 안 된다. 그러나 여러 목표들 중에서 중점적으로 추진할 목표의 우선순위를 결정하고 그 달성수준을 결정하는 것은 매우 어렵다. 이 작업은 목표설정 과정의 핵심적인 활동으로 다음과 같은 두 가지 방법이 있다.

1) 이상적인 방법

정책목표들 사이의 우선순위와 그 달성수준을 바람직하게 결정하는 데에는 여러 가지 기준을 고려하게 된다. 실현가능성, 능률성, 공평성 등이 그것이다. 즉, 실현가능한 목표들 중에서 능률성과 공평성, 그리고 기타 다른 기준을 고려하여 정책목표들의 우선순위와 달성수준을 결정한다. 여기서 실현가능성이란 정책목표의 달성가능성을 의미하고, 능률성이란 동일한 비용으로 얼마나 많은 효과를 낼 수 있는가를 의미한다. 그리고 공평성이란 비용과 효과의 배분이 사회적 정의에 합치되는 정도를 의미한다. 따라서 정책목표의 우선순위와 달성수준을 결정하기 위한 이상적인 방법은 다음과 같은 요소들을 고려하여 결정하는 것이다(정정길, 1997:316-7).

첫째, 정책목표의 달성가능성을 고려한다. 즉, 정책목표들 중에서 달성 불가능한 것은 제외시킨다.

둘째, 정책효과의 크기를 고려한다. 동일한 자원을 투입하여 더 많은 효과를 가져오는 목표를 우선시키는 것이 바람직하다. 정책효과가 클수록 그 목표는 더 중요한 목표라 할 수 있기 때문이다.

셋째, 정책비용의 크기를 고려해야 한다. 즉, 정책효과의 크기뿐만 아니라 정책목표달성이나 정책문제 해결을 위해 희생되는 정책비용의 크기를 함께 고려해야 한다.

넷째, 정책효과와 정책비용의 사회적 배분을 고려해야 한다. 즉, 정책의 수혜자는 누구이고 정책비용의 부담자는 누구인가를 고려하여 공평성이나 사회정의 관점에 합당한 정책목표에 우선순위를 부여해야 한다.

2) 현실적 방법

이상의 기준에 입각하여 정책목표의 우선순위를 정하는 방법은 이상적이기는 하지만 현실적으로 적용하기에는 한계가 있다. 정책효과나 비용의 측정 · 비교가 어렵고 우선순위의 판단기준이 충돌되는 경우 어떤 기준을 더 중시할 것인가를 판단하기 어렵기 때문이다. 특히 정책목표들이 서로 이질적인 정책효과를 산출하고 있을 경우에는 어떤 효과가 더 중요 한지를 판단하는 것은 쉬운 일이 아니다(정정길, 1997:317-8).

이러한 한계 때문에 현실적으로는 여러 목표들 중에 일부를 제약조건으로 취급하여 다른 목표의 달성을 극대화시키려는 방법이 있다. 이 방법에서는 하나의 목표를 어느 수준만큼 달성하도록 하고, 그 범위 내에서 다른 목표를 극대화시키고자 한다. 예를 들어, 경제안정과 경제성장이라는 두 가지의 목표를 추구할 경우 물가상승률을 9%로 억제하면서 이 범위 안에서 경제성장을 극대화하는 것이다. 정책목표가 다수일 경우에도 마찬가지의 논리를 적용할 수 있다. 그러나 이 방법은 제약조건으로 취급하는 정책목표의 달성수준을 어느 수준으로 결정할 것인가가 어려운 문제로 남는다. 객관적인 기준을 찾기 어렵기 때문이다.

4. 정책목표 구체화의 필요성과 제약요인

정책목표가 앞에서 살펴본 바와 같은 바람직한 기능을 수행하기 위해서는 가능한 한 구체적이고 명확하게 제시되어야 한다. 정책목표가 명확하게 설정되어 있지 않으면 정책목표의 달성을 위한 정책수단의 선택도 어렵게 된다. 정책집행단계에서도 정책목표가 명확하게 설정되어있지 않으면 정책집행자가 혼란에 빠져 정책이 표류될 가능성이 크다. 정책집행은 목표-수단의 계층제에서 하위수단을 결정하는 것, 즉 정책수단을 구체화시켜 가는 과정으로 볼 수 있기 때문이다. 또 정책목표를 얼마만큼 달성했는가를 판단하는 것은 정책평가의 핵심적인 활동이므로 정책목표가 불명확할 경우 목표의 달성도를 평가하기 어렵다. 예를 들어, '고용확대 또는 실업자 감소'라는 정책목표는 막연하고 추상적인 목표이지만, 이것을 '실업률 3% 이내로 억제' 할 것을 목표로 하는 경우에는 더 명확하고 구체적이어서 정책목표의 달성도를 평가하기가 쉽다.

그러나 현실적으로 정책목표를 구체화하는 것은 지극히 어려운 일이다. 경우에 따라서는 정책문제의 정의가 올바로 이루어지면 정책목표가 자동적으로 명확해질 수 있다. 예를 들어, 학생들의 폭력시위의 원인이 법질서의 파괴로 규정지어진다면 정책목표는 '법질서의 회복'이 될 것이다. 그러나 문제는 그렇게 간단하지 않다. 폭력시위 문제에 대해서는 사람마다 달리 생각하기 때문이다. 어떤 사람들은 법질서의 파괴를 문제의 핵심이라고 보나, 정부개혁에 대한 불만, 대학 자율화의 억압 등을 문제의 핵심으로 보는 사람들도 있기 때문이다.

대체로 정책목표를 구체화하는 데 있어서는 다음과 같은 제약이 따른다.

첫째, 정책목표의 설정단계에서 정책목표가 구체적인 경우 관련 집단의 반대에 부딪칠 가능성이 크다. 가령 '제조업의 투자확대를 통한 경제 발전'이라는 정책목표는 비교적 구체적인 편이지만 1차 산업의 종사자나 3차 산업의 종사자들의 반대에 부딪치게 될 것이다. 이 경우 정책목표를 '경제발전'이라는 추상적인 용어로 표현하게 되면 각 산업에 종사하는 사람들 모두가 이를 찬성하고 지지하게 될 것이다.

둘째, 정책목표는 정책수단의 존재 여하에 따라 영향을 받기 때문에 처음부터 명확하게 설정하기에는 한계가 있다. 즉, 정책목표를 먼저 설정하고 그 다음에 정책수단을 탐색하는 것이 아니라 정책목표를 개략적으로 설정하고 개략적인 정책수단을 탐색해 본 후 여기서 도출된 정보를 바탕으로 정책목표를 수정·보완하여 구체화시켜 가는 것이다. 따라서 정책목표는 정책수단의 구체화 과정, 즉 정책집행단계에서 구체적이고 명확하게 결정될 수 있게 된다.

셋째, 정책목표가 구체적으로 결정되면 될수록 결정 후에 수정의 필요성이 커지게 되는 것이다. 가령, 고용정책의 목표를 '고용안정'이라고 했을 경우에는 경제상황의 변화에 따라 정책목표를 수정할 필요가 없지만 '실업률 5% 이내'라고 구체적으로 설정했을 경우에는 경제상황의 변화에 따라 수정할 필요성이 그만큼 커지게 된다.

이상과 같은 이유로 정책목표는 정책결정단계에서 추상적으로 결정되어 정책집행단계에서 구체화되기 쉬운데, 정책집행단계는 일반 대중의 참여가 어렵고 이해가 어려워 특정 집단에 유리하게 진전될 수 있다. 따라서 정책목표의 구체화는 가능한 한 정책집행단계에서보다는 정책결정단계에서 이루어질 수 있어야 한다.

연습문제

1. 정책분석의 기본논리와 특징을 설명하시오.
2. 정책분석의 절차를 설명하시오.
3. 정책문제의 정의를 설명하시오.
4. 정책문제의 정의에 있어서 이슈가 되고 있는 것들을 정리해 보시오.
5. 정책목표의 바람직한 요건은 무엇인가?
6. 정책목표들 사이의 우선순위를 결정하기 위한 방법을 설명하시오.
7. 최근 신문에서 이슈가 되고 있는 문제를 찾아서 문제분석을 해보시오.
8. 서울특별시에서는 불량주택을 소유하고 있는 저소득층에 대해 보조금을 지급하려고 한다. 이 경우 불량주택의 개념에 관해 정의해 보시오.
9. 최근 국내대학에 대한 종합평가에서 국공립대학에 비해 사립대학들이 명문대학으로 부상하고 있는 경향이 있다. 국공립대학의 경쟁력 저하라는 문제를 계층분석기법을 가지고 분석해 보시오.

각종 기출 시험문제

1. 정책결정(policy making)과 정책분석(policy analysis)과의 상호관계를 논하시오. ('92 입법고시)

2. 정부정책은 사회실정에 적합해야 한다. 정책분석의 가장 중요한 목적 중의 하나는 정책의 사회적 적합성을 확보하는 것이다. 이와 같은 목적을 달성하기 위한 정책분석의 요건과 기본구조를 논하라. ('96 행정고시)

3. 정책목표의 구체화 ('97 행정고시)

4. 사회문제는 보는 관점에 따라 크게 다르고, 문제해결방법에는 차이가 있을 수 있다. 따라서 정책문제를 해결해야 하는 정부의 입장에서는 문제를 어떻게 정의할 것인지가 매우 중요하다. 이와 관련하여 바람직한 정책문제의 정의 방법을 논하시오. (2003 행정고시)

5. 아래 사례를 읽고 문제에 답하시오.

> 2002년 6월 이명박 시장후보는 청계천 복원사업 추진을 시장선거의 주요 공약으로 제시하였고, 당선 후 준비작업을 진행하여 왔다. 최근 서울시는 청계천 복원사업 착공을 2003년 7월 초로 확정하고, 복원추진본부 중심으로 세부적인 사업계획을 작성하고 추진하고 있다. 청계천 복원사업은 콘크리트 복개구조물 철거, 하천 복원, 그리고 주변 지역 정비의 세 단계로 구성되어 있다. 청계천 복원 추진본부에서는 고가도로와 복개구조물이 상당히 노후하여 구조적으로 위험하기 때문에 구조물 철거공사를 서둘러야 한다고 주장하고 있다. 한편 청계천 주변 상인들과 시민단체들은 상인 대책의 미흡과 교통문제의 선결(先決), 그리고 생태하천과 관련된 문제를 제기하며 청계천 복원사업에 대한 연기론을 주장하고 있고, 일부 상인들은 시

위 집회를 산발적으로 열고 있는 상태이다. 복원추진본부에서는 사업추진을 위한 대책을 제시하고 있다. 도심부 교통대책으로 주요 간선가로의 중앙 버스전용차로제를 도입하고, 중장기적으로는 주차장 상한제 및 혼잡통행료의 징수 등 승용차 이용 억제를 통해 교통문제를 해결할 계획이다. 주변 상인들에 대한 대책으로 상권별 · 업종별 특성에 따라 이주대책 부지의 마련, 리모델링과 업그레이드 등 영업 활성화를 위한 행정 · 재정적 지원, 그리고 새로운 재개발 방법의 연구와 함께 합리적인 임차상인 대책을 모색하고 있다. 생태학자들이 제기하는 지천(支川) 복원문제는 시민단체와 전문가들이 함께 계획을 수립하고, 그 결과에 따라 장기적 과제로 풀어갈 계획이다.

[문제] 수험생 자신이 청계천 복원추진본부의 실무진으로서 복원사업 추진에 대한 정책분석을 수행한다고 가정하고, 정책문제와 정책목표를 정의하여 보시오.

(2003 서울대 행정대학원 석사과정 입학시험문제)

사례 5-1 과천-사당간 도로 확장 및 포장[4)]

이 사례는 서울특별시 사당동 사거리에서 경기도 과천시 입구의 관문광장(과천 사거리)에 이르는 도로의 확장 및 포장과 관련된 문제이다. 서울시에 속하는 사당동 사거리와 경기도 과천시 관문 광장 사이에는 남태령이라는 서울특별시와 경기도 과천시간의 시계가 있어 이 도로의 확장 및 포장 공사에는 서울특별시 · 과천시 및 건설부가 관련되어 있다. 사당동 로타리에서 시계인 남태령 정상까지는 도로폭이 6차선이고, 시계로부터 과천 사거리까지는 4차선에 불과하여 비좁은 실정이다. 그런데 이 도로는 서울~과천간은 물론 서울 동남부~안양 · 수원 등지를 잇는 새로운 간선도로로서 과천 신도시 개발 이후 정부 제2청사의 건립 · 이주와 서울대공원의 설치로 교통량이 급증하여 교통체증이 극심한 상태로 이 도로의 확장 · 포장이 시급한 실정이다.

1978년 서울시가 최초로 과천 신도시개발계획을 수립 · 시행한 이후 1982년 2월 대통령이 서울대공원 기공식때 본 구간을 확장토록 지시하고, 1983년 7월까지 서울시가 전구간의 실시설계까지 완료한 바 있으나, 1986년 11월 서울시장이 사당동에서 서울시계에 이르는 구간만을 확장 · 포장하겠다고 계획을 변경하여, 1987년 6월부터 공사에 들어갔다. 이에 대해서 경기도가 과천시를 대신하여 강력히 반발하면서 서울시 또는 건설부가 나머지 경기도 구간도 동일하게 공사를 시행하여 주도록 요청하였다. 이 문제에 대한 관련 행정기관들의 입장은 다음과 같았다.

① 서울시의 입장 : 경기도 구간(1.1km)은 서울시가 도로관리청이 아닌데다가 재정형편상 시행이 불가능하므로 경기도 또는 건설부가 시행해야 할 것이다. 그 이유는 법적 의무가 없는 과천시 구간의 도로확장공사를 시행할 경우 시민의 반발가능성이 높기 때문이다.

② 건설부의 입장 : 경기도 구간은 과천시 구역이므로 도로관리청인 과천시가 도로건설 및 유지를 담당해야 마땅하다(도로법 제22조).

---

4) 이 사례는 다음을 참고하였음. 박철곤, "과천-사당간 도로 · 확장 포장"(중앙공무원 교육원, 1987: 918) 또는 노화준, 「정책분석론」, 1997, pp.46-7.

③ 경기도(과천시)의 입장 : 이 구간의 확장의 필요성은 주로 서울대공원 · 승마공원 등의 서울시 시설과 정부 제2청사라는 국가시설로 인하여 발생되고 있으므로 그 원인 제공자이며, 확장의 수혜자인 서울시와 국가(건설부)가 형평의 원칙에 따라 사업비용을 부담하여야 마땅한 것이며, 과천시로서는 재정 형편상 그 부담능력도 없고 우선적으로 투자하여야 할 대상도 아니다.

토의과제

1. 사례 5-1은 이해관계당사자들이 정책문제를 보는 시각이 얼마나 다른지를 보여주고 있다. 이 사례들을 토대로 정책문제가 '객관적 실체' 라고 보는 견해와 주관적으로 구성되는 '분석적 축조물' 이라고 보는 견해에 대해서 논평해 보시오.

사례 5-2 주택문제

주택은 인간이 살아가는 데 있어서 생활의 기반일 뿐만 아니라 정신적인 안정측면에 있어서도 크게 작용하는 중요한 요소이다. 그럼에도 불구하고 이러한 주택문제는 인구의 폭발적 증가와 급속한 산업화로 인하여 지속적으로 제기된 문제 중의 하나였다. 우리 나라는 1962년부터 시작된 경제개발 5개년 계획의 성공적인 수행으로 국민소득이 대폭적으로 향상되었음에도 불구하고, 1960년대 이후 인구의 급속한 증가와 핵가족화에 따른 가구수의 증가, 인구의 도시집중 및 기존주택의 노후화 등으로 증가된 주택수요를 주택의 공급이 뒤따르지 못하는 실정이다. 주택문제는 양적으로 부족할 뿐만 아니라 질적인 측면에 있어서의 문제도 심각하다. 여기서 주택의 질이라 하면 건물 자체의 구조, 채광, 통풍, 상 · 하수도, 전기시설, 일세대당 평균 인원수, 일실당 주거인원수 등을 말한다. 주택의 양적 부족과 질적 저급은 개인적으로 잦은 주거이전으로 인한 주거생활의 불안정, 심리적 · 정신적 불안, 그리고 경제적 어려움을 가져와 여러 가지 사회적 제약을 받게 된다. 이러한 개인생활에서의 주택문제는 문제상황의 지속과 불특정 다수인의 피해로 사회문제로서의 성격을 지닌다. 사회문제로서의 주택문제는 그 해결을 위한 자원의 방대함과 문제당사자인 저소득층의 해결능력 부재 등으로 인하여 정책문제화 되어 일찍부터 정부차원에서의 해결노력이 이루어져 왔다. 제6공화국 정부에서 주택 200만호의 건설사업을 추진한 것은 바로 이러한 노력의 일환이었다. 그럼에도 불구하고 주택문제는 여전히 해결해야 할 심각한 정책문제로 남아 있다.

토의과제

1. 사례 5-2는 우리 나라 주택문제를 설명한 것이다. 주택문제의 원인과 결과측면을 조명해 보고, 정책문제로서의 주택문제를 정의해 보시오.
2. 위의 정의를 토대로 주택정책의 목표를 설정해 보고, 효과성의 평가기준을 제시해 보시오.

6 정책대안의 탐색 · 개발과 결과예측

이 장의 개요

정책대안의 탐색과 개발은 합리적・분석적 정책결정단계에서 가장 중요한 과정의 하나이다. 왜냐하면 정책결정은 개발된 정책대안의 비교・평가를 통해서 이루어지게 되므로 정책대안의 탐색・개발단계에서 적절한 대안이 개발되지 못한다면 최적대안의 선택은 불가능하기 때문이다. 따라서 본 장에서는, **제1절**에서 정책대안의 탐색과 개발에 관해 살펴보기로 한다. 먼저 정책대안의 의의를 살펴본 다음, 정책대안의 개발방법을 점증주의적 접근방법과 새로운 정책대안의 창조방법으로 나누어 살펴본다. **제2절**에서는 정책대안의 결과예측방법을 역사적 추세접근방법, 이론적 예측방법, 직관적 예측방법으로 나누어 살펴본 다음, 정책대안의 결과예측에서 불확실성의 문제를 살펴본다.

6.1 정책대안의 탐색과 개발

1. 정책대안의 탐색과 개발의 의의

(1) 정책대안의 의의

정책문제의 분석과 목표의 설정 그리고 목표의 구체화가 있고 난 뒤에는 이 목표를 달성할 수 있는 정책대안들을 광범위하게 탐색하고 개발해야 한다. 정책대안이란 정책목표와 이 목표를 달성할 수 있는 정책수단과의 조합을 지칭하는 용어이다. 즉, 일정한 정책목표를 달성하기 위해서 실현가능한 다양한 정책수단을 채택할 수 있을 때, 정책목표와 이를 달성하기 위한 일정한 정책수단들의 배합 하나하나가 정책대안이다(정정길, 1997:329–31). 예를 들면, 실업문제의 해결을 정책목표로 설정한 경우에 이를 달성하기 위한 정책수단으로 고용창출, 기업안정을 통한 실업발생의 최소화, 실직자 생활지원 등을 고려할 수 있는데, 실업문제의 해결이라는 정책목표와 하나 또는 둘 이상의 수단과의 조합이 정책대안이 되는 것이다([그림 6–1] 참조).

따라서 정책대안은 일정한 정책목표와 그 목표를 달성하기 위한 하나의 정책수단의 조합으로 이루어지는 경우도 있고 정책목표와 여러 가지의 정책수단들과의 조합으로 이루어지는 경우도 있다. 즉, 실업문제의 해결을 위해 직업훈련을 강화하고 대규모의 건설사업을 조기에 착수하고 구인–구직자 연계기능을 강화함으로써 고용을 창출하는 것을 하나의 대안으로 제시할 수 있으며, 이러한 고용창출에 덧붙여 실업자들의 생활을 지원하는 것을 또 하나의 대안으로 제시해 볼 수 있다. 여기서 전자는 일자리 부족의 해결에 보다 주안점을 두고 있으며, 후자는 일자리 부족의 해결과 더불어 실업자들의 생활문제의 해소에도 주안점을 둔 정책대안이다. 이러한 예에서 알 수 있는 바와 같이 정책대안간의 차이는 정책수단의 차이에서 비롯되며, 정책대안에 포함된 정책수단들은 각각

그림 6-1 정책대안과 정책수단

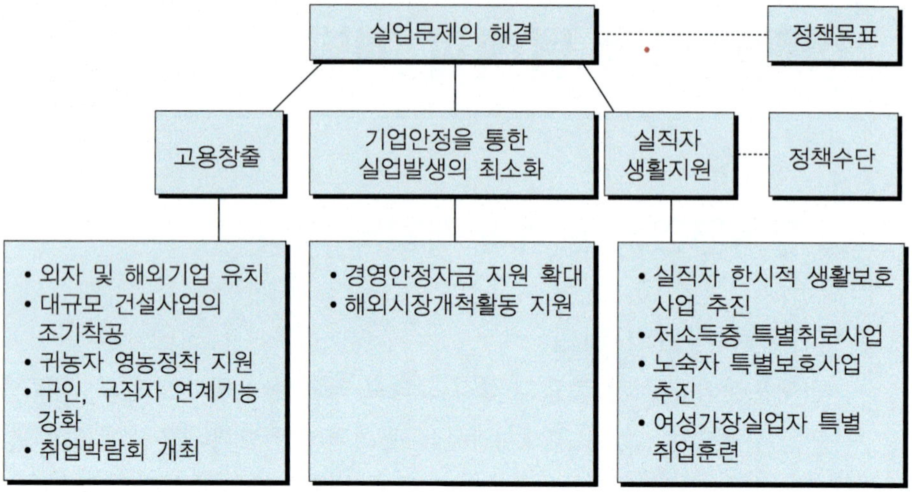

정책목표의 서로 다른 측면들과 관계된다. 따라서 정책대안의 차이는 주로 정책수단의 차이를 중심으로 검토하게 된다.

(2) 정책대안의 탐색과 개발의 의의

가장 바람직한 정책대안을 선택하기 위해서는 우선 정책대안들을 광범위하게 탐색하고 개발해야 한다. 가장 바람직한 대안은 여러 가지 대안들을 비교·평가한 후에 도출될 수 있으므로 중요한 대안 또는 바람직한 대안들을 찾아내고 개발하여 비교·평가의 대상에서 이들이 제외되지 않도록 해야 한다. 이것이 바로 정책대안의 탐색과 개발작업이다. 이 단계에서 탐색·개발된 대안을 중심으로 결과예측과 정책대안간의 비교·평가가 이루어져 최선의 대안이 선택되게 된다. 따라서 정책대안의 탐색과 개발과정에서 모든 가능한 대안들이 제시되지 않았거나 대안의 탐색과 개발을 소홀히 함으로써 중요한 대안들이 제시되지 못할 경우에는 정책문제의 근본적인 해결에 기여할 수 없게 된다. 이러한 점에서 대안의 탐색과 개발 작업은 합리적인 정책결정과정에서 매우 중요한 위치를 차지하고 있다.

그러나 실제에 있어서는 여러 가지 제약요인 때문에 모든 대안을 찾아내는 것은 불가능하다. 그러한 제약요인으로는 인간적인 요인, 조직구조적 요인, 환경적 요인 등 여러 가지가 있다. 정책결정자나 관련인의 능력이 부족하거나 시간과 정보가 부족하여 정책대안을 광범위하게 개발하기 어려울 경우가 많다. 또 정치체제의 이념에 반하거나 강력한 이익집단의 이해관계에 반한 대안은 처음부터 제외되기 쉽다. 이하에서는 정책결정자의 능력개발과 관련된 내용을 중심으로 살펴보기로 한다.

2. 정책대안의 탐색과 개발방법

정책대안을 탐색하고 개발하는 방법은 크게 두 가지로 분류할 수 있다. 하나는 점증적인 접근방법에 의한 방법이고, 다른 하나는 새로운 대안을 창조 · 개발하는 방법이다. 전자에는 기존의 정책이나 다른 정부의 정책으로부터 대안을 탐색하는 방법이 있고, 후자에는 주관적 판단에 의한 방법과 이론이나 모형으로부터 새로이 창조하는 방법이 있다.

(1) 점증주의적 접근방법

1) 점증주의 논리

점증주의는 Lindblom과 Wildavsky 등이 주장한 이론으로 현실적으로 이루어지는 정책결정을 설명하기 위한 이론이다. Lindblom은 정책결정에서 선택되는 대안들은 기존의 정책에다 약간의 수정만을 가하여 점진적으로 개선해 나가는 것이며, 정책결정과정에서 대안분석의 범위는 크게 제약받는다고 보았다. Lindblom이 설명하고 있는 내용을 소개하면 다음과 같다(Charls E. Lindblom, 1979:517-26).

첫째, 정책목표를 선택하는 것과 정책대안을 선택하는 것은 서로 밀접하게 얽혀 있다. 즉, 정책목표를 먼저 설정한 다음 정책대안을 선택하는 것이 아니라 정책대안을 고려하면서 정책목표를 설정하게 된다.

둘째, 현존의 정책에서 약간 수정 · 보완된 것만을 정책대안으로 고려한다. 따라서 아무리 중요하고 훌륭한 것이라도 현존의 정책과 전혀 다른 정책대안은 고려하지 않게 된다.

셋째, 정책대안의 모든 결과를 분석하는 것이 아니고 결과 중에서 일부만을 제한적으로 분석하게 된다. 따라서 자질구레한 것은 물론 중요한 결과마저도 흔히 예측에서 누락될 수 있다.

넷째, 정책결정자의 능력 · 시간 · 정보의 부족을 극복하기 위해 정책결정은 한꺼번에 결정되지 않고 조금씩 서서히 수정 · 보완하는 방법으로 이루어진다.

다섯째, 정책결정은 부분적 · 분산적으로 이루어진다. 즉 하나의 정책이 여러 가지의 하위정책으로 구성되어 있을 때 이들 부분은 각기 상이한 결정기관의 주장을 반영하는 경우가 많다. 예컨대 A부분은 대통령, B부분은 관료, C부분은 유력한 정치인의 주장이 반영된 경우가 그러하다.

2) 점증주의의 현실적 근거

Lindblom은 현실에서의 정책대안의 탐색 · 개발은 점증적으로 이루어지며 또 그렇게 이루어지는 것이 바람직하다고 주장하였다(Charles E. Lindblom, 1959). 이러한 주장의 배경에는 다음과 같은 이유가 있기 때문이다.

첫째, 정책결정자의 능력은 시간적 · 지식적 · 경제적으로 한계가 있다. 따라서 정책결정자는 자신의 관심분야에 대해서만 생각하게 되고, 제한된 수의 대안만을 탐색하게 된다. 또 대안의 결과를 예측함에 있어서도 한정된 범위만을 검토하게 되며, 시기적으로 먼 미래를 고려하는 것보다는 현재와 비교적 가까운 것만을 고려하게 된다.

둘째, 이미 투입된 매몰비용이 있을 경우이다. 이 경우에는 보다 나은 새로운 대안이 있더라도 그때까지 이미 투입된 비용 때문에 새로운 대안을 받아들이지 못하게 된다. 그리하여 기존의 정책대안에다 약간의 수정을 가한 대안들만을 고려하게 된다.

셋째, 정치적 실현가능성이다. 새로운 정책대안은 기존의 이해관계를 깨뜨리는 것이기 때문에 기존의 정책에 의해 혜택을 받는 집단들의 반대에 부딪칠 가능성이 높다. 따라서 정책결정자는 새로운 정책대안보다는 기존의 정책을 고수하거나 거기에 약간의 수정을 가한 대안들을 고려하게 된다. 점증적인 대안은 가장 실현가능성이 높기 때문이다.

넷째, 정책의 안정성이다. 점증주의는 기존의 정책대안을 토대로 점증적인 변화를 도모하는 것이기 때문에 정책의 안정성을 유지할 수 있다.

3) 점증주의적 정책대안의 원천

점증주의적 접근방법에 있어서는 기존의 알려진 정책이나 다른 정부의 정책이 정책대안의 중요한 원천이 된다. 이 경우 정책대안은 기존의 정책이나 다른 정부의 정책을 그대로 제시하거나 약간 수정을 거쳐 제시하게 된다.

① 기존의 알려진 정책

기존의 알려진 정책은 정책대안의 탐색에 있어서 가장 중요한 원천이 된다. 일반적으로 해결해야 할 정책문제는 과거부터 반복적으로 나타난 문제인 경우가 많다. 이 경우에는 과거 정부가 이 문제를 어떠한 방법으로 해결하였는가 하는 것이 가장 먼저 생각할 수 있는 정책대안이 된다. 따라서 과거 또는 현존의 정책은 정책결정자들이 실제로 고려하는 중요한 정책대안의 원천이라 할 수 있다. 기존의 알려진 정책을 정책대안으로 사용할 경우에는 다음과 같은 장 · 단점이 있다(정정길, 1997:333-4).

가. 장 점

첫째, 정책결과를 미리 짐작하고 예측할 수 있다. 즉, 과거 정책추진의 결과에 대한 정보를 토대로 정책을 통하여 나타날 여러 가지 결과를 비교적 쉽게 예측할 수 있다. 이것은 정책결과의 예측이 매우 어렵다는 점을 감안해 볼 때 아주 중요한 장점에 해당된다고 할 수 있다.

둘째, 정책과정에서 정책과 관련된 이익집단들의 활동방향을 쉽게 예측할 수 있다. 과거에 이미 시행된 정책의 경우 이해관계집단들이 어느 정도 명확하게 드러난 상태이고, 이들의 활동내용과 방향에 대한 정보가 제시되어 있기 때문에 그들의 활동에 대한 예측이 용이하다.

셋째, 집행과정에서 필요한 활동, 자원 등을 미리 쉽게 예측하고 계획할 수 있다. 이미 시행된 정책의 경우 집행과정에서의 상황변화에 대한 예측력이 높아지므로 집행과정에서 나타날 제반 여건을 예측하는 데 도움을 줄 수 있다.

넷째, 과거 정책에서 문제가 되었던 점을 개선할 수 있다. 이미 시행된 정책의 경우 사전에 예상치 못했던 문제점들에 대한 정보를 제공해 주기 때문에 이에 대한 대책을 수립함으로써, 과거 정책보다는 더 나은 정책대안을 개발하는 데 도움을 줄 수 있다.

나. 단 점

첫째, 상황변화에 따라 특정 정책대안이 채택되었던 과거상황과 앞으로 전개될 미래상황이 다를 경우 정책효과가 상실될 가능성이 높다. 예컨대, 과거에는 실업문제의 해결을 위해 비록 3D 업종의 일자리를 제공하더라도 실업감소 효과가 상당히 나타났지만, 경제상황이 달라진 오늘날에는 실업감소의 효과가 상대적으로 미약하게 나타나고 있다.

둘째, 정책결정자들이 기존의 정책에 대해 거부감을 느끼고 있을 경우 기존 정책이 효과가 있을 경우라 할지라도 기존의 정책이라는 이유로 거부될 가능성이 있다.

② 다른 정부의 정책

다른 정부의 정책도 정책대안의 원천이 된다. 여기서 다른 정부로는 국내의 다른 지방정부인 경우도 있고, 다른 나라의 정부인 경우도 있다. 예를 들면, 광주광역시의 환경문제 해결을 위해 대구광역시의 환경정책을 하나의 정책대안으로 살펴보는 것은 전자에 해당되고, 대전광역시 첨단단지 개발을 위해 일본 스쿠바 과학단지의 사례를 하나의 정책대안으로 고려하는 것은 후자에 속한다. 이와 같이 다른 정부의 정책을 하나의 정책대안으로 고려하는 경우에도 기존의 알려진 정책을 정책대안으로 고려하는 경우에 있어서와 같은 장 · 단점을 가지고 있다. 즉, 다른 정부의 정책을 정책대안으로 고려하는 경우 정책대안의 결과 예측이나 정치적 이해관계집단의 분포, 집행과정에서의 상황변화에 대한 예측, 그리고 정책의 개선 등이 용이하다는 장점이 있다. 또한 이 경우 정책대안의 단점도 기존의 알려진 정책을 정책대안으로 고려하는 경우와 본질적으로 유사하다. 다만 다른 정부의 정책을 정책대안으로 고려하는 경우에는 공간적인 차이가 문제를 일으킬 수 있다면, 기존의 알려진 정책을 정책대안으로 고려하는 경우에는 시간적인 차이가 문제를 야기시킬 수 있다는 점이 차이가 있다(정정길, 1997:334-5).

다른 정부의 정책을 정책대안으로 고려하는 경우에 있어서도 동일한 국가내의 다른 지방정부의 정책을 정책대안으로 채택한 경우와 다른 나라 정부의 정책을 정책대안으로 채택한 경우간에는 정책의 추진과 관련된 여러 가지 현상에 있어서 차이가 있을 수 있다. 대체로 동일한 국가의 다른 지방정부의 정책을 정책대안으로 채택한 경우에는 정책의 추진과 관련된 여러 가지 현상들이 비슷하게 나타날 가능성이 높다. 반면에 다른 나라 정부의 정책을 정책대안으로 채택한 경우에는 정치, 경제, 사회, 문화적인 측면에서 상황이 달라져 정책과 관련된 현상들이 비슷하게 나타날 가능성은 훨씬 낮다고 할 수 있다. 따라서 다른 나라 정부의 정책을 정책대안으로 고려하는 경우에는 상황의 차이를 신중하게 고려해야 할 것이다.

(2) 새로운 정적대안의 개발 방법

앞서 살펴본 점증주의적 접근방법에 따른 정책대안의 탐색 · 개발방법은 정치적 실현가능성을 높여주고, 정책대안의 탐색비용을 절약할 수 있다는 점에서 매우 좋은 정책대안의 탐색방법이다. 그러나 점증주의적 접근방법은 기존 정책의 틀 안에서 정책대안을 탐색하는 것이기 때문에 새로운 상황변화에 대응할 수 있는 정책대안의 탐색에는 한계가 있다. 오늘날처럼 가변적이고 복잡한 시기에는 과거에 없었던 새로운 정책문제들이 많이 발생하며, 이들 정책문제를 해결하기 위해서는 기존의 틀을 뛰어넘는 새로운 발상의 전환이 필요하다. 따라서 새로운 아이디어를 많이 내놓고 혁신적인 사고를 격려하는 것은 매우 중요한 일이다. 그럼에도 불구하고 새로운 아이디어, 혁신적인 사고를 유도하는 일은 실제 행정에서 거의 주목을 받지 못한 것 같다. 생각하는 범위를 늘 해오던 것에 한정하기 쉽고, 아주 다른 접근방법을 생각해 내기보다는 최근의 또는 과거의 아이디어에서 따온 아이디어를 좋아하기 쉬운 것이다. 여기서는 새로운 정책대안의 개발을 위한 몇 가지 기법들에 대해 살펴보기로 한다.

1) 주관적 판단에 의한 방법

이것은 개인이나 집단의 주관적 판단에 입각하여 정책대안을 개발하는 방법이다. 일반적으로 집단적인 토론을 통하여 이루어지며, 토론의 유형으로는 세미나, 심포지엄, 포럼, 분임토의 등과 같은 소수 내지 다수가 참여하는 방법들이 있다. 또 정책 델파이 기법이나 집단자유토론법, 브레인라이팅(brainwriting)

등이 주관적인 정책대안의 탐색방법으로 자주 활용된다. 여기서는 집단자유토론법으로 브레인스토밍(brainstorming)과 창조적 · 논리적 사고기법인 생선-뼈(fish-boning) 기법에 관해 살펴보기로 한다.

① 브레인스토밍(brainstorming)

브레인스토밍은 기발하고 다양한 아이디어를 자유분방하게 제안하도록 함으로써 가능한 한 많은 아이디어를 얻기 위한 활동이다. 사실 우리는 사무실에서 직원들을 한 자리에 모아놓고 자유분방하게 난상토론을 벌이는 광경을 목격할 수 있다. 이것이야 말로 일종의 브레인스토밍이라 할 수 있다. 브레인스토밍의 목적은 아이디어를 창출하는 데 있지, 그것들에 관해 토론하거나 그것들을 평가하는 것은 아니다. 따라서 효과적인 브레인스토밍을 위해서는 다음과 같은 규칙이 준수되어야 한다.

첫째, 비판 또는 평가하지 않는다는 것이다. 이것은 아마도 이 기법의 가장 기본적인 룰(rule)이다. 대체적으로 창의성 개발을 가로막고 있는 가장 큰 장벽은 두려움, 어리석게 보이지 않을까 하는 두려움, 동료 및 상관들 그리고 부하직원들이 한 자리에 있다는 두려움 등이다. 따라서 이러한 상황에서는 모든 아이디어가 가치가 있음을 인정하는 것이 매우 중요하다. 섣불리 다른 사람의 아이디어에 점수를 매기려는 행태는 브레인스토밍의 가장 큰 장애가 된다. 모든 아이디어는 다른 사람의 아이디어 유도에 큰 공헌을 하게 되므로 늘 환영받아야 한다.

둘째, 브레인스토밍에서는 사고가 의도적으로 조직화되거나 구조화될 필요는 없다. 서로 협조해야 할 필요는 있지만 논리의 비약도 환영받아야 하며 더 나아가 장려되어야 한다.

셋째, 브레인스토밍은 양을 추구하는 것으로 양이 질을 지배한다. 계속 아이디어를 모으고 기록해야 한다.

넷째, 브레인스토밍은 다른 사람의 아이디어 위에 자기의 것을 얹어 놓는 것이다. 다른 사람의 생각에 조금 덧붙여서 자기의 생각으로 말하는 것이다. 경우에 따라서는 다른 사람의 아이디어를 표절하는 것도 막아서는 안된다.

이상과 같은 브레인스토밍은 다음과 같은 절차를 거쳐 진행된다.

첫째, 토론집단을 구성하는 것이다. 토론집단은 다루고자 하는 주제에 정통한 전문가들로 구성하는 것이 바람직하겠지만 전문가가 아니라도 좋다. 오히려 전문가는 아니지만 상상력이 풍부하고 독창적인 사람들을 선정하는 것이 더 바람직할 수 있다. 전문가들로 구성하는 경우 그 주제에 관해 더 잘 안다는 사실로 인해 폭넓은 아이디어를 내놓지 못하는 경우가 있기 때문이다. 그러면 토론집단의 규모는 어느 정도로 하는 것이 바람직할까? 이에 관해서는 특별한 규칙이 있는 것은 아니지만 일반적으로 12명 내지 20명 수준으로 하는 것이 좋다. 토론집단의 규모가 너무 크면 그냥 앉아 있기만 하는 사람도 있게 된다. 반대로 토론집단의 규모가 6-7명도 되지 않은 경우에는 다양한 아이디어나 다양한 반응을 끌어 모으기 어렵게 된다.

둘째, 토론참여자들이 자유롭고 개방적인 분위기에서 허심탄회하게 자신의 의견을 개진하도록 유도하는 것이다. 이를 위해 각자가 자신의 아이디어를 제시만 하고 다른 사람의 아이디어를 비판 또는 평가하지 않도록 해야 한다. 그래서 엉뚱한 아이디어라도 거침없이 자유롭게 제시될 수 있어야 한다.

셋째, 아이디어가 다 나온 것 같으면 브레인스토밍을 마치고, 그 동안 제안된 아이디어들에 대한 평가와 종합을 해야 한다. 그러나 브레인스토밍을 마치자마자 평가를 해서는 안 된다. 먼저 아이디어를 깨끗이 타이핑해서 아이디어 목록을 만들어 며칠 후에 평가에 참가할 사람들에게 나누어주는 것이 좋다. 물론 브레인스토밍에 참여했던 사람들도 평가에 참여할 수 있다. 이 단계에서는 비슷한 아이디어들의 통합, 전혀 실현가능성이 없는 대안의 제거, 아이디어에 대한 우선순위 결정 등을 통해서 몇 가지 대안들에 대한 제안이 있게 된다.

② 생선-뼈(fish-boning) 기법

이것은 창조적이고 논리적인 사고에서 사용될 수 있고, 아이디어들을 구조화하고 선택하는 데도 사용될 수 있는 기법이다. 앞의 브레인스토밍이 어떤 문제의 해결방법으로 비교적 대안이 많이 있을 것 같은 경우에 유용한 기법이라면, 생선-뼈 접근법은 대안이 그렇게 많이 나을 것 같지 않은 경우에 고려해 볼 만한 기법이다. 특히 이 기법은 아이디어들을 짜임새 있는, 즉 구조화된 모양으로 표현한다는 장점을 가지고 있어 어떤 아이디어들을 선정할까 하는데 도움이 되며, 평가가 어느 부분에 집중 되어야 하는지 결정하는 데도 도움이 된다. 생선-뼈 기법을 예로 들면 다음과 같다(신문주, 1997:8-9).

그림 6-2 **생선-뼈 기법(fish-boning)**

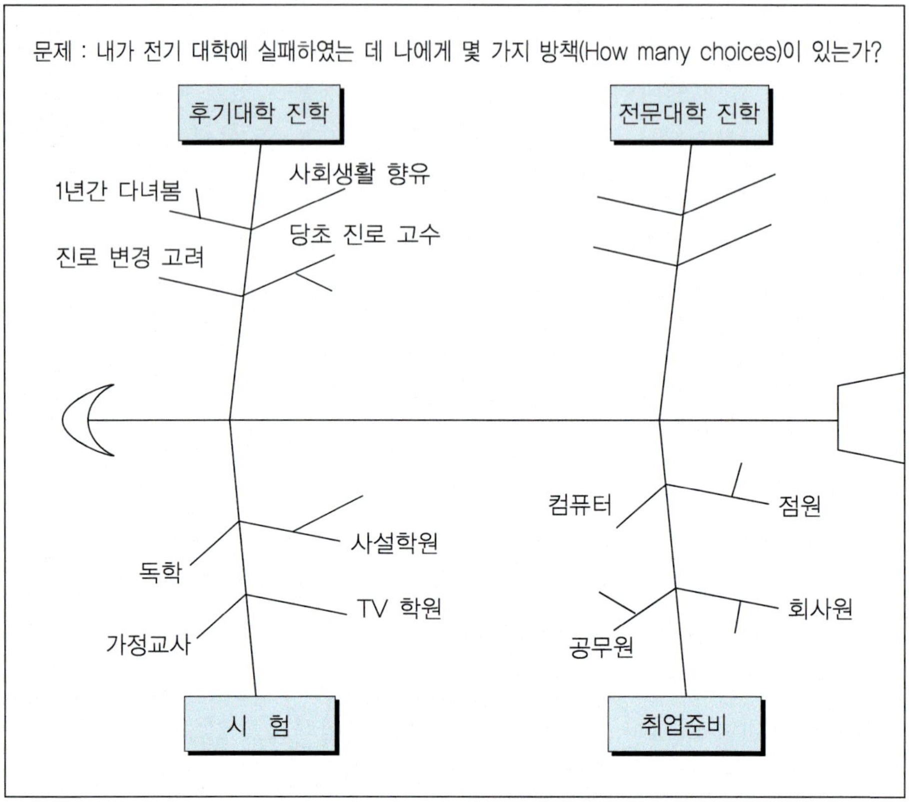

먼저 출발은 정책문제로부터 시작한다. 여기서는 문제를 '수학능력 시험성적이 전기대학에 입학하기에는 부족하다' 라고 규정해 보자. 이 때 어떤 대안들이 있겠는가?

[그림 6-2]의 생선-뼈 중 네 개의 큰 뼈는 뼈의 끝 직사각형 안에 쓰여있는 주요 대안(수단)을 나타낸다. 위의 네 개의 주요 수단들은 어디까지나 예시일 뿐 이외에도 여러 가지가 있을 수 있다. 가령 독학사 학위를 취득한다든가, 방송통신대학에 입학한다든가, 그럭저럭 인생을 살아간다든가 하는 것 등이 그것이다. 또 네 개의 큰 뼈로부터 갈라져 나온 뼈들은 주요 대안의 범위내에서 세부적으로 분류되는 하위대안들을 나타내며, 그 뼈들로부터 갈라져 나온 가는

뼈들은 각각 차 하위대안들을 나타낸다. 물론 차 하위대안의 차 하위대안도 생각해 낼 수 있다. 정책대안을 구상함에 있어서는 주요 대안을 먼저 생각해낸 다음 순서대로 하위대안, 차 하위대안을 고안해 가는 과정도 있고, 그 반대의 경우도 있을 수 있다. 또 정책대안들을 창안하는 방법으로 우선 브레인스토밍을 통해 무작정 아무 아이디어나 있는 대로 다 끌어낸 다음, 나중에 생선-뼈에 하나하나씩 대응시켜 나가는 방법을 쓸 수도 있다.

2) 이론이나 모형의 작성을 통한 방법

새로운 정책대안을 탐색 · 개발함에 있어서는 과학적 지식이나 이론 및 모형의 작성이 크게 도움이 된다. 과학적 지식이나 이론은 정책수단과 정책목표 사이의 관계에 대한 인과관계를 내포하고 있고, 모형의 작성은 정책문제의 원인을 찾아내고 그 원인을 제거할 수 있는 대안의 탐색에 도움이 되기 때문이다.

모형작성을 통해 정책문제의 원인이 파악되면 그 원인들을 통제가능한 원인과 통제불가능한 원인으로 구분하여, 통제가능한 원인에 대해서는 그 원인을 통제 · 제거 · 조작하는 방법으로 정책수단을 고려하고, 통제불가능한 원인에 대해서는 원인 자체에 대해서는 손대지 않고 문제의 심각성을 완화 · 감소하는 다른 방법을 정책수단으로 고려한다(정정길, 1997:349).

3. 정책대안의 개발과 예비분석

(1) 정책대안의 개발

일반적으로 정책대안을 탐색 · 개발할 때에는 먼저 정책문제를 정확히 인지하고 정책목표를 명확히 설정한 다음, 정책목표를 달성하기 위한 정책수단들을 광범위하게 탐색한다. 그리고 마지막으로 두 번째 단계에서 파악된 정책수단들을 배합하여 정책대안을 개발하는 단계이다. 앞의 두 단계에 대해서는 이미 구체적으로 살펴보았으므로 여기서는 정책대안의 개발에 대해서만 살펴보기로 한다.

정책대안을 개발하기 위해서는 정책대안의 탐색단계에서 파악된 정책수단들을 몇 개의 주요 수단으로 묶고, 주요 수단들을 하위수단, 차 하위수단으로 나열하여 정책대안을 개발하게 된다. 이 작업에서 도움을 줄 수 있는 기법이 앞서 살펴본 생선-뼈 분석기법이다. 생선-뼈 기법을 통해 각종 수단들을 체계적으로 정렬시켜 본 다음, 정책대안들을 어떤 순서로 개발해 나갈 것인가를 결정하게 된다.

정책대안을 개발하기 위한 접근방법으로는 두 가지가 있을 수 있다. 하나는 상향식 접근방법이고, 다른 하나는 하향식 접근방법이다. 여기서 상향식 접근방법은 먼저 차 하위수단으로부터 하위수단, 주요 수단 순으로 정책대안을 개발해 나가는 방식이다. 반면에 하향식 접근방법은 주요 수단들로부터 하위수단, 차 하위수단 순으로 정책대안을 개발해 나가는 방식이다.

하향식 접근방법은 상향식에 비하여 상당히 작업부담을 덜 수 있다. 그 이유는 평가대상이 되는 대안들의 수가 적기 때문이다. 그러나 정책수단들의 개념이 명확히 규정되지 않은 상태에서 선정작업을 해야 한다는 약점이 있다. 따라서 주요 수단들을 선정했다고 하더라도 아직 방향을 명확히 점칠 수 없는 경우가 있다. 주요 수단이 포괄하는 범위가 너무 넓어서 하위수단을 골라 어느 정도 범위를 좁혀 놓기까지는 방향제시가 어려운 경우가 있는 것이다.

두 가지 접근방법 중 어떠한 접근방법에 토대를 두더라도 실제 정책대안의 개발과정에 있어서 빈번하게 나타나는 문제는 노력과 자원을 어떻게 배분하느냐 하는 것이다. 예를 들어, 실업자 문제의 해결을 위한 정책수단으로 고용창출, 실업자 생활지원, 기업안정을 통한 실업발생의 최소화 등이 있다고 하자. 이 때 이들 세 가지 방법이 각각 하나의 대안으 로 제시될 수도 있지만, 이 세 가지 방법을 배합하여 새로운 대안을 개발할 수도 있다. 즉, 예산의 배정을 고용창출 50%, 실업자 생활지원 20%, 기업안정을 통한 실업발생의 최소화 30% 등 세 가지 방법을 조합한 여러 가지 유형의 대안들을 개발할 수 있다.

(2) 정책대안의 예비분석

이상과 같이 정책대안을 개발한 다음에는 가장 바람직한 정책대안을 선택하기 위해 정책대안의 결과를 예측하고 비교 · 분석해야 한다. 그러나 모든 정책대안을 구체적으로 분석할 수는 없다. 너무 많은 시간과 비용이 소모되기 때문

표 6-1 의사결정문제의 이득표

결과상황 / 대안	상황 1	상황 2	상황 3
대안 A	530	400	−40
대안 B	500	430	−20
대안 C	400	430	−20
대안 D	100	300	10

에 모든 대안을 구체적으로 분석한다는 것은 현실적으로 거의 불가능하고 바람직하지도 않다. 따라서 모든 대안들 가운데 중요하다고 판단되는 몇 가지 대안들만을 일차적으로 골라내어 이들 대안들을 중심으로 본격적으로 분석할 필요가 있다. 이렇게 무수한 대안들 가운데 예비분석을 통하여 본격적인 분석을 할 필요가 있는 몇 가지 대안을 골라내는 작업을 스크린(screen)이라고 한다. 정책대안의 스크린은 다음과 같은 몇 가지 기준에 입각하여 이루어진다.

첫째, 실현가능성의 기준이다. 이 단계에서 검토되는 실현가능성으로는 경제적 실현가능성, 기술적 실현가능성, 사회윤리적 실현가능성, 행정적 실현가능성, 정치적 실현가능성 등 여러 가지 차원에서 검토된다. 물론 이들 실현가능성에 대한 본격적인 검토는 대안의 평가단계에서 이루어지게 될 것이므로 대안의 탐색과 개발단계에서는 개략적인 실현가능성만을 검토하게 될 것이다. 그리하여 어떤 대안이 경제적, 기술적, 사회윤리적, 정치적으로 실현가능성이 없다면 이러한 대안들은 본격적인 분석의 대상에서 제외시키고, 실현가능한 대안들만을 본격적인 분석의 대상으로 검토해야 한다. 그러나 여기서 주의해야 할 것은 실현가능성 측면에서 약간의 문제가 있더라도 그것이 결과예측과 평가에서 훌륭한 대안임이 밝혀지면 이를 실현시키기 위해 우리가 노력할 수 있으므로 본격적인 분석의 대상에서 제외시켜서는 안 된다는 것이다(정정길, 1997:389).

둘째, 지배의 원리이다. 일반적으로 A라는 대안이 어떠한 상황이 발생하더라도 대안 B보다 더 바람직하거나 최소한 동등할 때 대안 A는 대안 B를 지배한다고 한다. 예를 들어, 다음과 같은 의사결정문제의 이득표(pay-off table)가 주어졌다고 하자. 〈표 6-1〉에서 보는 바와 같이 대안 B는 어떠한 상황이 일어나더라도 대안 C보다 최소한 동등하거나 더 바람직하므로 대안 B는 대안 C를 지배한다고 할 수 있다. 이에 비해 대안 A와 대안 B는 상황에 따라 대안 A가 더 바람직한 경우도 있고 대안 B가 더 바람직한 경우도 있다. 그러므로, 대안 A와 B는 모두 서로 다른 대안에 의해 지배되지 않는다. 따라서 대안 A와 B는 본격적인 분석의 대상에 포함시켜야 하며, 마찬가지로 대안 D도 본격적인 분석의 대상에 포함된다.

6.2 정책대안의 결과예측

1. 정책대안 결과예측의 의의

정책대안들 중에서 가장 바람직한 대안을 선택하기 위해서는 정책목표가 설정되고 이를 달성할 수 있는 정책대안들이 광범위하게 탐색되어 개발된 후에 각 정책대안들이 집행되었을 경우 나타나게 될 결과에 관해 예측해 보아야 한다. 정책대안의 결과를 미리 예측하는 것은 합리적 · 분석적 정책결정에서 가장 어려운 단계 중의 하나이며, 정책분석이 정책결정자에게 도움을 줄 수 있는 가장 중요한 단계이다. 그래서 정책분석에서는 이 단계를 위한 많은 분석기법들이 개발되어 왔다. 소위 MS/OR, 체제분석(system analysis), 정책분석 등의 분야에서 개발된 각종 기법들이 정책대안의 결과예측을 위한 것들이다(정정길, 1997:343).

정책대안의 결과를 예측하기 위해서는 미래에 대한 정확한 예측이 필요하다. 정책대안의 결과는 미래상황에 따라 달라지기 때문이다. 정책분석가는 미래에 대한 정확한 예측을 통해 미래를 이해할 수 있을 뿐만 아니라 바람직한 정책대안을 선택하기 위한 정보를 얻게 된다.

2. 정책대안의 결과예측 방법

(1) 정책대안 결과예측의 접근방법

정책대안 결과예측의 접근방법은 역사적 추세, 이론적 가정, 주관적 판단 등 예측의 근거에 따라 크게 세 가지로 나뉠 수 있다.

첫째, 역사적 추세 접근방법으로 이것은 역사적 추세를 바탕으로 예측하는 것이다. 즉, 과거부터 현재에 이르기까지 관찰된 역사적 경향을 미래의 시점까지 확장시키는 것이다. 그러므로 돌발적인 사건에 의해 기존 사건의 진행과정이 방해받지 않는다면 과거에 일어났던 똑같은 과정이나 결과가 미래에도 나타날 것이라고 가정한다. 이러한 역사적 추세 접근방법은 특별한 관찰(예 : 시계열 분석자료)로부터 일반적인 결론이나 주장을 이끌어 내는 귀납적 논리에 기초를 두고 있다. 예를 들어, 해방 이후 1945년에서 1995년까지 정부지출현황에 대한 관찰을 통하여 앞으로의 경향이 어떻게 될 것인가를 투사하는 것이다. 이러한 역사적 경향에 입각하여 이루어지는 예측을 투사(projection)라고 한다. 역사적 추세접근법에서 많이 사용되는 분석기법으로는 시계열분석, 최소자승경향추정, 지수가중법 등 여러 가지가 있다.

둘째, 이론적 접근방법으로 이것은 이론적 가정을 근거로 예측하는 것이다. 이론적 가정은 한 사건의 발생을 예견할 수 있는 체계적인 구조를 가지고 있고 경험적으로 검증 가능한 일단의 법칙과 명제를 말한다. 이론적 가정은 보통 인과관계 형식을 가지고 있으며 설명과 예측에 쓰인다. 예측의 이론적 접근방법에서는 일반적인 법칙이나 명제로부터 특별한 정보나 주장을 추론해 내는 연역적 논리에 기초를 두고 있다. 예를 들어, '정책분석가의 지식은 정보사회에 있어서 점점 희소자원이 될 것' 이라는 명제로부터 '정부 내에 전문적인 정책분석가의 수는 급격히 늘어나게 될 것' 이라는 정보를 도출할 수 있는 것이다. 이러한 이론적 가정을 근거로 이루어지는 예측을 예견(prediction)이라고 한다. 이론적 접근방법에서 많이 활용되는 분석기법으로는 이론모형을 이용한 방법과 회

표 6-2 예측의 접근방법, 근거, 기법, 산물

접근방법	근 거	기 법	산 물
역사적 추세예측	역사적 경향	전통적 시계열분석(Classical Time-Series Analysis) 흑선기법(Black-Thread Technique) 최소자승경향추정(Least-Squares Trend Estimation) 지수가중법(Exponential Weighting) 자료전환(Data Transformation) 재난법(Catastrophe Methodology)	투 사
이론적 예측	이론적 가정	이론지도(Theory Mapping) 경로분석(Path Analysis) 투입-산출분석(Input-Output Analysis) 선형계획(Linear Programming) 회귀분석(Regression Analysis) 구간추정(Interval Estimation) 상관분석(Correlation Analysis)	예 견
직관적 예측	주관적 판단	전통적 델파이(Conventional Delphi) 정책 델파이(Policy Delphi) 상호영향분석(Cross-Impact Analysis) 실현가능성 평가기법(Feasibility Assessment Technique)	추 측

자료 : Dunn, *op. cit.*, 150.

귀분석, 경로분석 등 여러 가지가 있다.

셋째, 직관적 접근방법으로 이것은 주관적 판단을 근거로 예측하는 것이다. 주관적 판단은 주로 내적 통찰력에 의해 예측을 하는 것이다. 주관적 판단은 보통 예측하고자 하는 대상에 대한 전문가나 지식인들에 의해 이루어지게 되며 앞의 두 가지 접근법, 즉 역사적 추세 접근법이나 이론적 접근법을 이용하기 어려운 경우에 사용된다. 직관적 접근법에서는 미래에 대한 어떤 주장을 해놓고 이를 뒷받침할 수 있는 정보나 가정을 추론해 나가는 회귀적 논리(retroductive logic)에 기초를 두고 있다.

예를 들어, '2000년대에는 무인자동차를 위한 고속도로가 건설될지도 모른다' 라고 주장하고, 이를 뒷받침할 수 있는 정보나 가정[1]을 찾기 위해 회귀적 논리를 사용하는 경우이다. 이렇게 주관적 판단을 근거로 이루어지는 예측을 추측(conjecture)이라고 한다. 이러한 직관적 접근방법에서 많이 활용되는 분석기법으로는 전통적 델파이, 정책 델파이, 상호영향분석, 실현가능성기법 등이 있다. 이상의 내용을 요약하면 〈표 6-2〉와 같다. 다음에서는 이들 가운데 대표적인 기법들만을 차례로 살펴보기로 한다.

(2) 역사적 추세 예측기법

이것은 과거의 역사적 자료를 토대로 미래의 사회변화를 투사할 수 있도록 해주는 절차를 말한다. 대체로 이 기법들은 시계열분석 형태를 취하게 되는데 시계열분석자료는 과거나 미래에 있어서의 변화량이나 변화율을 측정 가능하게 해주며, 경제성장, 인구감소, 에너지소비, 생활수준, 기관의 업무량 등을 투사하는 데 쓰여져 오고 있다. 이 기법들은 투사를 함에 있어서 다음과 같은 가정을 바탕으로 하고 있다.

첫째, 지속성이다. 이것은 과거에 관측된 어떤 경향이 미래에도 똑같이 계속될 것이라는 가정이다.

둘째, 규칙성이다. 이것은 과거에 관찰된 어떤 경향이 미래에 있어서도 똑같은 규칙성을 가지고 나타나게 될 것이라는 가정이다. 가령, 경기침체가 20년 내지 30년의 주기로 발생했다면 이러한 주기는 미래에도 똑같은 주기로 되풀이될 것이라는 가정이다.

셋째, 자료의 신뢰성과 타당성이다. 이것은 어떠한 경향에 대한 측정이 신뢰성 있고 타당성 있어야 한다는 가정이다. 여기서 신뢰성은 엄밀해야 한다는 의미이고, 타당성은 측정하고자 하는 내용을 정확히 측정할 수 있어야 한다는 의미이다.

이상과 같은 세 가지 가정이 충족될 수 있어야 역사적 추세 예측은 동태적인 사회변화에 대해 깊은 통찰력을 제공할 수 있으며, 잠재적인 미래사회 변화에 대해 보다 많은 이해를 제공할 수 있을 것이다. 이 중 하나의 가정이라도 결여

1) 예를 들어, '과학자들은 연구를 통해 새로운 혁신적 발명을 할 수 있는 통찰력을 가지고 있기 때문이다' 와 같은 가정이 이에 해당된다.

될 경우에는 단순히 미래는 과거를 따를 것이라는 식으로 정책의 예측은 매우 제한된 형태로 이루어질 것이다.

(3) 이론적 예측기법 : 예측모형의 작성과 이용

이론적 예측기법은 몇 가지 이론적 가정과 여러 가지 자료를 기초로 미래를 예측하는 기법이다. 이것은 역사적 추세 예측기법과는 달리 여러 이론들 속에 포함되어 있는 각종의 인과관계에 대한 가정을 근거로 예측이 행해진다. 역사적 추세 예측의 기본논리가 근본적으로 귀납적이라면 이론적 예측의 기본논리는 연역적이다. 연역적 논리는 공리나 법칙, 명제 등 보다 일반적인 언명(statements)을 통해 보다 구체적인 언명의 진위를 판단하거나 예측을 하는 추론형식이다. 〈표 6-2〉에서 보는 바와 같이 이론적 예측기법으로는 여러 가지가 있는데, 여기서는 모형의 작성과 이용방법에 관해 살펴보기로 한다.

1) 모형의 의의

일반적으로 모형이란 현실에서 중요한 측면만을 선별하여 단순화시킨 것이다. 예를 들어, [그림 6-3]은 달러 환율의 급락이 정책문제가 되어 이를 해결하는 것을 정책목표로 하는 환율 안정화정책을 마련하기 위한 모형을 나타낸 것이다. 즉, 환율의 급격한 하락은 수출가격의 경쟁력 위축을 가져와 경상수지를 악화시키게 되고, 경상수지의 악화는 성장률의 저하를 통해 소득감소 · 실업증가로 이어질 것이기 때문에 중요한 정책문제가 된다. 이 모형에서는 달러에 대한 수요가 증가하면 환율이 상승하고, 달러의 공급이 증가하면 환율이 하락한다는 경제논리를 그대로 단순화하여 표시한 것이다.

이 모형에서는 현실적으로 환율(달러가격)에 영향을 미칠 수 있는 요인으로 중간상인(암달러상)들과 개인들이 보유한 외화의 공급과 같은 다른 요인들이 있을 수 있지만 이들 요인들은 제외되었다. 따라서 모형이란 현실을 있는 그대로 완전히 나타나는 것이 아니라 단순화시킨 것이다. 이러한 모형을 작성하는 목적은 정책대안의 탐색과 개발에 도움을 주기 위한 목적과 정책대안의 결과를 예측하기 위한 목적 등 두 가지가 있는데, 이 중에서 후자의 목적이 강조되고 있다.

그림 6-3 환율을 결정하는 요인에 대한 모형

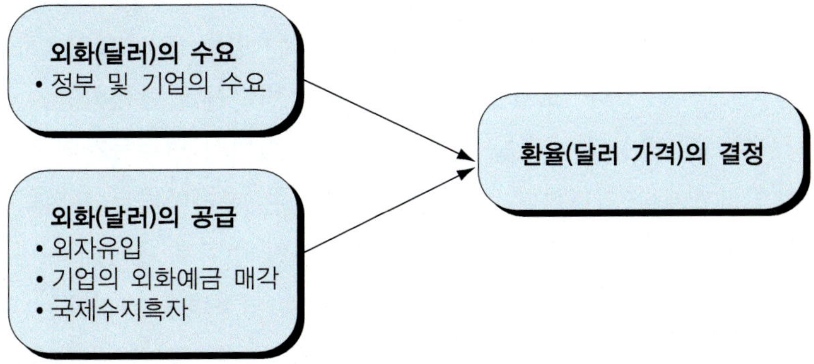

2) 모형의 작성과 결과예측

이론모형은 이론에 대한 간단명료한 표현으로 이론적 예측의 가장 핵심적인 부분이라 할 수 있다. 그 이유는 이론으로부터 직접적인 예측을 도출하는 것이 매우 어렵기 때문이다. 분석가의 입장에서는 비록 이론에서 출발하게 될지라도 그들이 미래 사건을 예측하기 이전에 반드시 이러한 이론들에 대한 모형을 개발해내야 한다. 이론 자체가 너무나 복잡하기 때문에 정책문제에 적용시키기 위해서는 좀더 단순화할 필요가 있거나 어떤 이론의 타당성을 알아보기 위해 이론모형의 검증을 포함하고 있을 경우에는 이론모형의 작성이 필수적이다.

그러면 이론의 단순화된 표현이라 할 수 있는 이론모형의 작성에 있어서는 어떠한 요소를 포함시키고 어떠한 요소를 제외시켜야 하는가? 이것은 모형작성의 목적과 관련된다. 모형작성을 통해 정책대안을 개발하고 대안의 결과예측을 도모하고자 할 때에는 정책대안과 직접적으로 관련된 주요 요소들을 고려해야 한다. 합리적·분석적 정책결정을 위해 모형을 작성할 때에는 먼저 해결해야 할 정책문제를 명확히 하고 정책문제의 발생원인 및 정책대안이 추진되었을 때 나타날 결과들은 무엇인지 탐색해야 한다. 다음으로 각 원인변수와 결과변수 및 각 요소들간의 상호관계의 방향 및 강도를 파악하게 되는데, 이러한 원인과 결과 사이의 관계는 이론 속에 포함되어 있는 법칙이나 명제로 표현되거나 분석가에 의해 모형으로 나타냄으로써 모형작성은 완성된다.

위의 환율문제의 사례에서 보면 환율안정화 정책에서 환율의 갑작스런 하락이 해결해야 할 정책문제로 명백해지면 '환율수준'이 문제 상황을 나타내는 변수가 된다. 그리고 외화수요의 감소와 외화공급의 증가가 환율을 하락시키는 원인변수가 된다. 이외에도 모형을 구성하는 변수 또는 요인으로 다른 여러 가지가 있을 수 있다. 모형을 구성하는 주요 변수들이 탐색되면 이들 변수들간의 상호관계의 방향과 강도를 파악하게 된다. 여기서 변수들간의 상호관계의 방향은 인과관계를 의미한다. 인과관계의 강도는 파라미터로 표현되는 데, 파라미터는 비율로 나타내는 경우도 있고 절대적인 수치로 나타내는 경우도 있다. 가령, 정부의 외화매입이 환율상승에 미치는 영향력을 나타내는 파라미터 값이 0.1로, 이것은 정부의 외화매입을 1% 증가시켰을 때 환율이 0.1% 상승하는 것을 의미한다고 하자. 이 경우 1억 달러를 매입하는 것이 수요량을 몇 퍼센트 증가시키는가를 파악하게 되면 외화 1억 달러의 추가매입이 환율의 몇 퍼센트를 상승시키게 될지를 쉽게 알 수 있다. 이처럼 모형 속에 원인과 결과 변수간의 인과관계를 나타내는 파라미터의 값이 알려져 있으면 정책대안의 결과를 예측할 수 있게 된다.

정책대안의 결과를 예측할 때에는 결과를 확정적으로 예측하는 경우도 있고 확률적으로 예측하는 경우도 있다. 전자는 확정적 모형을 이용한 예측방법이고, 후자는 확률적 모형을 이용한 예측방법이다. 확정적 예측모형은 한 가지 확정적인 미래상태를 제시하는 데 반해, 확률적 모형은 어떤 상태에 이르게 될 가능성을 확률로 환산하여 제시한다. 합리적 · 분석적 정책결정을 위해 사용되는 확정적 모형의 대표적인 것으로는 선형계획이 있고 확률적 모형으로는 의사결정분석이 있다.

3) 예측모형의 요건과 한계

모형을 이용하여 정책대안의 결과를 정밀하게 예측하는 것은 매우 어려운 작업이다. 정책대안의 결과를 예측하기 위해서는 적어도 다음과 같은 두 가지의 요건이 충족되어야 한다. 첫째, 모형 자체가 정확하게 설계되어야 한다. 즉, 중요한 변수들이 모형 속에 포함되어 있어야 하고 변수들간의 인과관계의 방향이나 강도가 정확하게 표현되어야 한다. 둘째, 모형 속에 포함된 변수들에 대한 자료 또는 정보가 충분하고 정확해야 한다. 아무리 모형 자체가 정확하게 설계되어 있어도 변수들의 상태에 대한 자료나 정보가 정확하지 못하면 예측되는 결과는 부정확해질 수밖에 없다.

최근에는 정보화가 진전되면서 각종 자료와 정보의 데이터베이스화로 자료와 정보의 정확성이 높아지고 있고, 다양한 모형들이 프로그램화되어 있어 모형의 정확성도 높아지고 있다. 그럼에도 불구하고 모형을 이용하여 정책대안의 결과를 예측함에 있어서는 많은 한계가 있다. 즉, 모형은 실제의 현상이 아니라 실제 현상을 단순화시킨 것이기 때문에 중요한 변수들이 생략되어 있을 수 있어 결과적으로 모형의 예측력에는 한계가 있다는 것이다. 따라서 모형에 의해 예측된 결과가 실제 현실에서도 그대로 나타날 것이라고 확신해서는 안된다.

(4) 직관적 예측기법

직관적 예측기법은 주관적 판단을 근거로 예측을 하는 기법이다. 이것은 처음부터 어떤 추측된 상태를 전제로 출발해서 이러한 추측을 뒷받침할 수 있는 자료나 가정을 찾고자 노력하는 것이기 때문에 근본적으로 회귀적(retroductive) 논리에 바탕을 두고 있다. 이러한 직관적 예측기법으로는 브레인스토밍, 델파이 기법, 정책 델파이, 상호영향분석 등 여러 가지가 있지만 브레인스토밍의 경우는 앞에서 살펴보았으므로 생략하기로 하고, 여기서는 전통적인 델파이 기법과 정책 델파이 기법에 관해서만 살펴보기로 한다.

1) 전통적 델파이

전통적인 델파이 기법은 미래사건에 대한 전문가들의 의견을 체계적으로 종합하는 직관적 예측방법이다. 이 기법은 1948년 Rand 연구소에서 개발되어 공공부문과 민간부문의 많은 예측활동에 활용되어 왔다. 처음에는 주로 군사분야에서 활용되었으나 점차 확대되어 교육, 운송, 의료, 우주탐험, 연구개발 등 여러 분야에서 활용되고 있다.

델파이 기법은 위원회나 집단토의 등 대면적 접촉을 통한 의견수렴 방법이 지닌 한계를 극복하기 위해 고안된 것이다. 대면적인 집단토의에서는 몇몇 사람에 의한 집단 분위기의 주도, 동료집단에 대한 의견통일의 강요, 상급자의 의견에 반한 의견개진의 곤란 등 여러 가지의 어려움 때문에 합리적인 아이디어를 얻기 힘든 경우가 많다. 그래서 이러한 문제점을 극복하기 위한 취지에서 등장한 것이 바로 델파이 기법이다. 따라서 델파이 기법은 다음과 같은 원리를 바탕으로 하고 있다.

첫째, 익명성(anonymity)이다. 즉, 모든 참여자는 익명성이 엄격히 보장되어 누가 어떤 의견을 개진한 것인지를 모르게 한다. 그리하여 모든 참여자들은 독립적이고 동등한 입장에서 자유롭게 자신의 의견을 개진할 수 있도록 하는 것이다.

둘째, 반복성(iteration)과 통계적 처리, 통제된 환류(controlled feedback)이다. 참여자들의 의견이 개진되면 이것을 통계적으로 처리하여 그 결과를 모든 참여자들에게 회람시킨다. 그 후 참여자들로 하여금 다시 의견을 제시하도록 한다. 이러한 과정을 2–3회 반복함으로써 참여자들은 사회학습의 기회를 얻게 되고 자신들의 의견을 수정할 수 있게 된다. 여기서 통계적 처리는 확률분포 형식으로 표현되고, 종합된 의견의 전달은 질문서에 대한 답을 집계하는 형식으로 이루어진다.

셋째, 합의성(expert consensus)이다. 즉, 몇 차례 회람 후 가능한 한 전문가들의 의견을 종합하여 이들간의 합의가 도출되도록 유도하는 것이다.

이상과 같은 원리들은 전통적인 델파이 기법의 특성을 잘 나타내주고 있다. 1960년대 말까지 지배적이었던 전통적인 델파이 기법은 여러 가지 형태로 수행되고 그 유용성도 높이 평가되고 있지만, 주관적 판단에 의한 예측방법의 공통적인 약점 외에도 몇 가지 점에서 비판을 받고 있다. 즉, 전통적인 델파이 기법은 특정 분야의 동질적인 전문가들로부터 합의된 의견을 도출해 보자는 의도에서 비롯되었으나, 특정 분야의 전문가들은 자신들의 편협한 전문영역에 집착한 나머지 거시적인 안목을 가지고 예측을 하지 못할 우려가 있다는 점이다. 그러므로 델파이 기법에서는 특정 분야의 전문가들뿐만 아니라 통찰력과 창의력을 지닌 사람들도 포함시킬 필요가 있다. 이러한 전통적 델파이의 기본논리를 이용하면서 델파이 기법의 약점을 보완해 보고자 하는 것이 다음에서 설명하는 정책 델파이 기법이다.

2) 정책 델파이

정책 델파이 기법은 기본적으로 전통적 델파이 기법의 논리를 적용하여 정책문제의 해결을 위한 정책대안의 개발과 정책대안의 결과를 예측하기 위한 방법이다. 전통적인 델파이가 어떤 이해관계나 입장과는 상관없이 어떤 특정분야의 동질적인 전문가들의 합의를 도출해 보고자 하는 의도에서 개발된 것이라면, 정책 델파이는 정책문제의 해결방안을 둘러싸고 발생할 수 있는 대립된 의견을 드러내고자 하는 의도에서 개발된 것이다.

일반적으로 정책은 소득재분배적 성격을 지니고 있다. 즉, 정책은 대개의 경우 어떤 사람들에게는 이익을 가져다주고, 또다른 사람들에게는 손해를 가져다준다. 그러므로 정책관련자들은 자신들의 이해관계에 따라 선호하는 정책대안이 다르게 되고 특정 정책대안의 예상되는 결과에 대해서도 매우 민감하게 반응하게 된다(정정길, 1997:338-9). 그래서 이들은 객관적인 입장에 서있는 전문가들이 미쳐 생각하지 못한 부분을 생각해 내게 된다. 정책 델파이는 이러한 정책대안이나 정책대안의 결과를 예측하는 데 목적이 있다. 이 때문에 정책 델파이는 전통적인 델파이의 특징이라 할 수 있는 질문의 반복과 회람, 그리고 통제된 환류라는 두 가지 원칙 외에도 전혀 새로운 요소를 내포하고 있다(Dunn, 1981:197).

첫째, 선택적 익명성(selective anonymity)이다. 즉, 정책 델파이에 참여하는 사람들은 예측이 행해지는 초기 단계에서만 익명성이 요구된다. 그러나 의견들이 모두 제시되어 종합되고 몇 가지 정책대안과 정책대안의 결과들에 대한 논쟁이 표면화되고 나면 참여자들은 공개적으로 토론을 벌이게 된다.

둘째, 양식있는 다양한 정책관련자들의 참여(informed multiple advocacy)를 중시한다. 즉, 정책 델파이에 참여하는 사람의 선발은 전문성뿐만 아니라 그 문제에 대해서 관심과 통찰력을 가지고 있는가의 여부도 고려해서 이루어져야 한다. 그래서 정책 델파이 집단을 구성함에 있어서는 여러 입장을 대표하는 관련자들을 참여시켜 가능한 한 다양한 의견을 표출시키는 것이 바람직하다.

셋째, 의견차이를 부각시키는 통계처리(polarized statistical response)와 의도적인 갈등조성(structured conflict)이다. 즉, 개개인의 의견을 종합할 때에는 의견의 불일치 부분에 초점을 맞추어 참여자들간의 어떤 부분에 차이가 있는지를

정책사례 및 토의과제

사례 6-1 책임운영기관의 도입방안

최근 우리 나라에서는 신정부 출범에 앞서 정부혁신 논의의 확산과 더불어 정부조직 개편의 여러 가지 구상이 제기되고 있는데, 그 중 중요한 주제의 하나는 책임행정기관의 도입이다. 뉴질랜드와 영국에서 성공적으로 추진되고 있다는 보고가 있고, 일본의 하시모토 행정개혁회의 보고서 초안에 따르면 독립행정법인이라는 영국식 책임행정기관을 도입하려는 계획안의 입법화를 추진하였다.

우리 나라에서도 최근 국민정부의 정부조직개편에 관한 논의에서 이러한 책임행정기관의 도입을 추진하였다. 그래서 우선 시범적으로 국립의료원과 자동차 운전면허시험장을 대상으로 도입해 보고, 그 성과여하에 따라 확대 · 실시할 계획이다. 우리 정부에서는 영국형, 뉴질랜드형, 호주형 중 영국형에 가까운 모형을 적극 검토한 것으로 알려졌다. 이들 세 모형을 비교 · 설명하면 다음과 같다.

① 제1안(영국형) : 이것은 책임행정기관이 정부부처 내에 속한 독립기관으로 운영되며, 구성원들의 신분은 공무원이다. 그리고 책임행정기관의 사장은 소관부처 장관과 기관의 성과목표 등 연도별 성과계약을 맺는다. 사장은 공개경쟁을 통해 3-5년의 임기제로 임명되어, 조직의 성과목표달성에 책임을 지는 대신에 관리재량권을 갖는다.

② 제2안(뉴질랜드형) : 이것은 책임행정기관이 정부부처로부터 분리된 독립기관으로 운영되며, 구성원들의 신분은 민간인 신분이다. 그리고 책임행정기관의 사장은 각 부처장관이 구성한 이사회에서 선정되고, 이사회와 고용계약을 맺어 임용되고 매년 성과계약을 맺는다. 사장은 이사회의 대리인으로 기관의 운영에 대해 책임을 지며, 고용주로서 기관 내의 모든 인사권을 갖는다.

③ 제3안(호주형) : 이것은 책임행정기관이 행정부처 내의 사업소 형태와 행정부처 밖의 독립기관 형태가 공존하고 있다. 구성원의 신분도 공무원인 경우와 민간인 신분인 경우의 두 가지 형태가 있다.

토의과제

1. 사례 6-1은 다른 나라의 정부조직혁신 모델을 바탕으로 우리 나라의 혁신방안을 모색해 본 사례이다. 이 경우 제기될 수 있는 문제점에 대해 논의하시오.
2. 사례 6-1에서 보는 바와 같이 정책대안은 여러 개의 행위(하위수단) 들로 구성되어 있음을 보여주고 있다. 외국의 모델의 장 · 단점을 검토해 보고, 이들 모델에서 제시된 내용들을 토대로 우리 상황에 적합한 정부조직 혁신모델을 개발해 보시오.

사례 6-2 통합 동사무소 소재지 선정과 관련된 주민갈등

작고 효율적인 정부구현을 위해 중앙정부의 구조조정과 함께 범정부차원에서 추진하고 있는 지방행정조직의 구조조정 방침에 따라 각 지방자치단체들은 읍 · 면 · 동의 통합을 추진하고 있다. 이와 관련하여 K시 S구에서도 행정의 능률성을 제고시키기 위해 인구 5,000명 미만의 소규모 동의 통 · 폐합을 추진하였다. 이를 위해 현장을 방문하여 지역별 여건 및 통합 타당성을 조사하였고, 양 지역의 주민들을 대상으로 통합설명회 및 주민의견조사를 실시하였다. 그러나 이 과정에서 통합 동사무소의 소재지를 둘러싸고 양 지역의 주민들 사이에 의견이 첨예하게 대립하여 심각한 갈등현상이 발생하였다. 이에 따라 S구에서는 '통합 동사무소 소재지 결정을 위한 추진위원회' 를 구성하였는 데, 이 위원회는 양 지역의 주민 대표들(각 4명씩 8명)과 학계 전문가 3인 등 총 11명으로 구성되었다. 그리하여 이 위원회가 주체가 되어 통합 동사무소의 소재지 선정문제를 해결하도록 하였다.

토의과제

1. 사례 6-2는 지방화 시대에 흔히 볼 수 있는 지역간 갈등문제를 다룬 사례이다. 귀하가 현재 '통합 동사무소의 소재지 결정을 위한 위원회' 의 위원장이라 가정하고, 이 문제를 해결하기 위한 방안에 관해 논의해 보시오.

7
정책대안의 비교 · 평가 및 선택

이 장의 개요

중요한 정책대안들의 결과를 예측한 후에는 이러한 대안들 중 어떠한 정책대안이 가장 바람직스러운지를 비교·평가하여 최선의 정책대안을 선택해야 한다. 이것이 합리적·분석적 정책결정의 마지막 단계이다. 특히 정책대안의 비교·평가단계에서는 정책대안들이 일정한 기준을 충족시키지 못하면 다시 정책대안의 탐색과 개발단계로 돌아가 좀더 바람직한 대안을 찾아야 한다. 이러한 정책대안의 분석과정이 반복·순환되면서 정책목표를 달성할 수 있는 좀더 바람직한 대안을 찾게 된다. 정책대안들을 비교·평가하여 최선의 정책대안을 선택하기 위해서는 일정한 평가기준이 필요하다. 본 장에서는, 먼저 정책대안의 평가기준에 관해 살펴보고, 정책대안들 사이의 비교·평가를 위한 분석기법들에 관해 살펴본다. 그리고 마지막으로 정책대안의 선택과정에 관해 살펴본다.

7.1 정책대안의 평가기준

정책대안의 평가기준이란 정책대안들을 비교하여 정책대안들간의 우선순위를 정하는 일정한 기준을 말한다. 이러한 정책대안의 평가기준으로는 궁극적으로 공익을 들 수 있다. 그러나 공익은 너무 추상적이고 가치함축적인 개념이어서 실제 적용에 있어서는 한계가 있다. 그래서 실제 정책대안의 평가기준으로 공익이라는 추상적 기준보다는 좀더 구체적인 기준이 많이 활용된다. 그러한 기준으로는 크게 소망성(desirability)의 기준과 실현가능성(feasibility)의 기준으로 나누어 볼 수 있다(노화준, 1995:215–25). 여기서는 정책대안의 규범적 평가기준으로서 공익에 관해 살펴본 다음, 소망성과 실현가능성 기준에 관해 살펴보기로 한다.

1. 규범적 기준 : 공익

(1) 의 의

정책대안의 규범적 평가기준으로서 공익이라는 용어는 참으로 다양하게 정의되나, 일반적으로 공익이란 사회구성원 전체의 공통이익을 말한다. 이러한 공익의 내용에 대해서는 그 동안 학자들 사이에서 많은 논란의 대상이 되어 왔다. 이에 대해서는 대체적으로 다음과 같이 두 가지로 크게 나누어 볼 수 있을 것이다. 하나는 집단주의에 입각한 실체설이고, 다른 하나는 개인주의에 입각한 과정설이다(오석홍, 1998:219), 먼저 집단주의적 실체설은 개인의 사익을 초월한 공동체 전체의 공익이 따로 있다고 보는 견해이다. 이것은 공동체를 개인에 우선시키는 견해이며, 개인들의 사익과 구별되는 공익의 실체가 있다고 보는 견해이다. 이 견해에 따르면 개인적 이익은 공동체의 공동선에 종속하는 것이며 공익과 사익의 갈등이란 있을 수 없다고 한다. 다음으로 개인주의적 과정설은 공익을 개인들의 사익으로부터 도출된 것이라고 주장한다. 개인들의 사익을 초월한 또는 사익과 무관한 공익이 따로 존재할 수는 없다고 보는 것이다. 공익은 사익의 총합이거나 사익간의 타협 · 조정과정을 통해 얻어지는 것이라고 보는 견해이다.

(2) 공익의 결정방법

위에서 살펴본 바와 같이 공익에 대한 관점이 다르기 때문에 공익의 결정방법에 대해서도 의견이 갈린다.

첫째, 집단주의에 입각한 실체설에서는 단일인이나 소수인이 공익을 모색하는 것이며, 이 때 결정자에게는 도덕성이 높이 요청된다고 본다. 그러나 이 경우 소수인에 지나치게 의존하는데서 연유하는 불합리성의 문제가 제기된다.

둘째, 개인주의에 입각한 과정설에서는 다수 이해관계자들간의 조정 · 타협으로서 공익, 또는 정책이 결정되므로 결정자의 적극적인 역할이 개입될 여지가 없다고 본다. 그러나 이 경우에는 사익을 추구하는 다수 이해관계자들간의 타협의 결과가 공익과 일치될 수 있겠느냐의 문제가 제기될 수 있으며, 결정자가 실제 재량권을 가지고 결정할 수 있는 여지가 전혀 없을 수는 없다는 문제가 제기될 수 있다.

셋째, 전술한 두 가지 입장을 절충한 것으로 이것은 국민의 대표기관이나 집단을 결정과정에 참여케 함은 물론 행정인들의 전문적인 직업윤리를 바탕으로 결정에 중요한 역할을 수행토록 하는 것이다. 이것은 민주성과 전문성을 모두 충족시키려는 절충방식이다.

(3) 공익의 결정변수

공익의 내용과 결정방식에 대한 관점 가운데 어느 관점이 공익결정의 실제를 더 설명해줄 수 있는가 하는 것은 상황적응적으로 결정해야 한다. 일반적으로 정책결정과정에서 공익을 결정하는 데 작용하는 변수로는 여러 가지가 있으나 정치이념, 관 · 민의 능력 및 정책의 종류 등이다(박동서, 1995:231–2).

첫째, 정치이념면에서 볼 때 공익은 개인주의 사회와 집단주의 사회에 따라 다르다. 개인주의 사회에서는 개인들의 이해관계의 조정과 타협을 통해 공익을 결정하나 집단주의 사회에서는 국가이익 또는 집단이익이라는 측면에서 공익을 주장하고 결정하는 것이다.

둘째, 공익은 관 · 민의 능력에 따라 다르다. 즉, 관료엘리트주의를 신봉하는 사회 혹은 민의 능력이 낮다고 평가되는 사회에서는 관료엘리트들이 공익을 결정하게 된다. 그러나 국민의 교육수준이 높고 정책에 대하여 비판적인 능력이 높은 사회에서는 대체로 국민들의 의사가 공익결정에 많이 반영된다.

셋째, 공익은 정책의 종류에 따라 결정과정의 특징이 달라진다. 아무리 민주국가라 하더라도 국가기밀과 관련된 정책의 경우에는 소수 관료엘리트들의 역할이 중요하며, 지역개발, 교육 등과 같은 분야에서는 다수의 이해관계자의 역할이 공익결정에 많은 영향을 미친다.

(4) 현실적용의 난점

앞서 살펴보았듯이 공익에 대한 관점이 다양하기 때문에 공익개념을 구체적으로 규정하기는 매우 어려운 일이다. 그러나 현실적으로 볼 때, 바람직한 정책결정기준으로서의 공익은 다수인에게 이익을 제공함과 동시에 그 양을 증가시켜 가는 것이라고 할 수 있다. 여기서 말하는 이익은 자유 · 평등 · 안전 · 복지 등 여러 가지로 표현할 수 있고, 특정 사회가 처해 있는 상황에 따라 달라진다고 보아야 할 것이다. 이처럼 정책대안의 평가기준으로서 공익은 너무 모호하고 가치함축적이어서 실제 정책대안의 평가기준으로는 한계가 있다. 따라서 현실적으로는 정책결정과정에서 공익개념 대신에 소망성과 실현가능성 기준이 많이 사용된다.

2. 소망성

정책대안의 평가기준으로서 소망성이란 정책대안이 과연 얼마나 바람직스러운 것이냐 하는 바람직스러움의 정도를 나타내는 말이다. 그런데 소망성이란 누구의 입장에서 본 소망성이냐 하는 것이 문제가 될 수 있다. 정책대안의 평가기준으로서 소망성은 특정한 개인이나 집단의 이익을 위한 이기적인 기준이 아니라 사회전체의 이익을 추구하는 윤리적인 기준이어야 한다. 소망성을 판단할 수 있는 기준으로는 여러 가지가 있다. 효과성, 능률성, 공평성, 만족도, 감응성, 형평성, 평등성, 정의의 원칙, 위험성, 일관성 등이 그것이다. 이 중에서 가장 중요한 것이 효과성, 능률성, 공평성 등이므로 여기서는 이들에 관해서만 살펴보기로 한다.

(1) 효과성

일반적으로 효과성(effectiveness)은 정책목표의 달성정도를 의미한다. 정책의 효과는 정책목표 달성의 결과로 나타나는 것도 있고 부수적으로 나타나는 것도 있다. 후자를 우리는 부수효과(side effect)라 부른다. 이 경우 중요한 정책효과는 정책목표의 달성결과로 나타난 것이지만, 애초에 의도하지 않았던 부수효과도 나타나는 것이기 때문에 정책효과를 정책목표의 달성에 국한시키지 않고 부수효과까지도 포함시키는 넓은 의미로 보는 것이 바람직할 것이다.

효과성을 측정할 때에는 두 가지의 서로 다른 측정치를 사용할 수 있다. 하나는 달성된 목표의 절대치로 나타내는 것이다. 가령, 실업자 구제정책의 추진결과 10,000명에게 일자리를 제공했다면 고용효과를 10,000명으로 나타내는 것이다. 다른 하나는 공통된 척도로 효과성을 측정하는 방법이다. 가령, 화폐가치로 환산된 측정치로 효과를 표현한다든가 아니면 달성된 목표가 계획된 목표를 몇 퍼센트 달성했는가 하는 방법으로 표현하는 것이다.

효과성을 정책대안의 비교 · 평가기준으로 사용하는 것은 정책목표의 달성을 가장 극대화할 수 있는 정책대안을 선택할 수 있다는 장점이 있다. 효과성이 가장 큰 정책대안을 가장 바람직한 것으로 보기 때문이다. 따라서 국가운명을 좌우하는 외국과의 전쟁에서와 같이 목표달성 그 자체가 가장 중요한 정책결정에 있어서는 효과성이 매우 중요한 기준이 될수 있다. 그러나 효과성은 정책목표의 달성을 위해 투입된 비용을 고려하지 않기 때문에 한계가 있다. 어떤 정책대안이 아무리 목표달성을 극대화시킬 수 있는 것이라도 목표달성을 위해 투입된 비용이 지나치게 많이 소요될 경우에는 그 정책대안은 바람직스러운 대안이라 볼 수 없다. 그래서 정책비용까지도 고려하는 능률성 차원의 분석이 필요한 것이다.

(2) 능률성

능률성(efficiency)은 투입과 산출의 비율을 나타내는 개념이다. 즉, 정책을 집행하는 데 투입되어야 할 비용과 이러한 정책의 집행으로 산출될 산출의 비율로 정의된다. 여기서 비용은 정책을 추진하는 데 소요되는 직접적인 비용뿐만 아니라 사회적인 부작용까지 포함하며, 산출은 어떤 활동이나 업무수행의 직접적인 결과를 의미하는 데, 이들은 모두 동일한 화폐가치로 표시한다. 이 기준에 의하면 아무리 정책의 목표달성도가 높다고 하더라도 그러한 목표를 달성하는 데 너무 많은 비용이 소요된다면 그러한 정책대안은 바람직하지 못하다는 것이다.

능률성을 측정할 때에 정책의 산출을 사용하는 경우와 정책의 효과를 사용하는 경우가 있다. 전자를 좁은 의미의 능률성이라고 하고, 후자를 넓은 의미의 능률성이라고 한다. 정책대안의 비교 · 평가기준으로서 능률성을 측정할 때에는 산출 대신 효과를 사용하는 것이 일반적이다. 산출대신 정책효과를 사용하게 되면 원래의 정책목표 달성을 통해 얻게 되는 효과 이외에도 부수효과까지도 포함하게 된다. 이를 수식으로 표현하면 다음과 같다.

$$\text{능률성} = \frac{\text{정책대안의 효과}}{\text{정책대안의 비용}} = \frac{\text{정책효과(effect)}}{\text{정책비용(cost)}}$$

이 수식에서 알 수 있는 바와 같이 정책대안의 비교 · 평가기준으로서 능률성의 기준은 최선의 정책대안을 선택하기 위해서 동일한 비용으로 최대의 효과를 얻거나 동일한 효과를 얻기 위해 최소의 비용이 드는 정책대안을 찾기 위한 기준이다. 따라서 능률성을 기준으로 정책대안을 평가하면 정책효과뿐만 아니라 정책비용까지도 고려하여 대안을 선택할 수 있다는 장점이 있다. 이러한 능률성의 기준을 정책분석 과정에서 적용할 수 있는 좀더 구체적인 기준으로 발전시킨 개념이 Pareto 최적화의 기준이다. Pareto 최적화란 어느 한 사람이라도 손실을 끼치지 않고는 다른 사람들을 더 좋게 만들 수 없는 상태를 말한다. 따라서 Pareto 최적화의 기준이란 어떤 정책대안을 집행한 결과 아무에게도 손실을 끼치지 않고 어느 한 사람이라도 더 좋은 상태로 만들 수 있을 때, 이러한 정책대안은 바람직한 정책대안이라 판단하는 기준이다.

그러나 Pareto 최적화의 기준도 두 가지 문제점이 있다. 첫째, 어떤 한 정책의 시행으로 복지가 증가하고, 또 일부 사람들은 복지가 감소한다면 어떻게 판단해야 하는가 하는 문제이다. 둘째, 이것은 경제적 능률성에 관한 판단기준으로 누구에게 어느 정도의 비용을 부담시킬 것인가, 그리고 정책효과를 어떻게 배분할 것인가에 관해서는 전혀 고려하지 못 한다는 것이다. 이러한 약점들 가운데 첫 번째 약점을 해결하기 위해 제시된 기준이 Kaldor-Hicks 기준이다. 이것은 어떤 정책을 시행하여 어떤 사람들은 전보다 더 나빠지고 또 어떤 사람들은 더 좋아지게 될 때, 더 좋아지는 사람들이 더 나빠지게 되는 사람들에게 보상을 해 주고도 남을 때 전체 사회의 복지는 증가하게 되며, 이러한 정책은 바람직한 정책이라는 것이다. 그러나 이 Kaldor-Hicks 기준도 Pareto 최적화의 기준과 마찬가지로 정책효과 및 비용의 공평한 배분상태에 대한 판단은 전혀 제공하지 못하고 있다.

(3) 공평성

능률성의 기준과 함께 정책대안의 평가기준으로 가장 널리 활용되는 기준이 공평성의 기준이다. 이것은 정책효과나 정책비용이 누구에게 얼마만큼 돌아가느냐 하는 측면을 고려하는 기준이다. 근래에 민주화가 진전되면서 공평성 기준이 중요한 기준으로 고려되어야 한다고 강조되고 있다. 그러나 공평성의 개념에 대해서 아직까지 명확하게 합의된 개념은 없으나, '서로 동일한 경우는 동일하게 취급하고, 서로 다른 경우는 서로 다르게 취급해야 함' 을 의미한다. 전자를 수평적 공평성이라 부르고, 후자를 수직적 공평성이라 부른다(MacRae Jr., and Wilde, 1979:64-9). 노동시장에서 동일한 업무에 대해서는 동일한 보수를 지불한다든가, 동일한 연령에 달한 사람들에게는 똑같이 한 표의 투표권을 행사하도록 하는 것은 수평적 공평성의 예들이다. 이에 반해 소득수준이 다른 사람들에게는 서로 다른 누진세를 부과한다든가 또는 건강보험료를 달리하는 것은 수직적 공평성의 예들이다.

공평성의 기준은 때로는 능률성의 기준과 서로 상충되기도 하지만, 때로는 보완적 관계를 가지고 있어 공평성을 높이는 것이 또한 능률성을 높이는 결과를 가져올 수도 있다. 그러나 두 기준은 일반적으로는 상충되는 기준으로 서로 트레이드 오프(trade off) 관계인 경우가 많다(노화준, 1997:111). 가령, 우체국을 도서벽지까지 설치하는 대안과 중소도시까지만 설치하는 대안을 생각해 보자. 이 경우 전자는 공평성 차원에서는 바람직하지만 능률성 차원에서는 바람직하지 못하다. 반면에 후자는 능률성 차원에서는 더 바람직하지만 공평성 차원에서는 바람직하지 못하다.

일반적으로 공평성은 사전적인 기회균등이나 절차적인 측면의 평등뿐만 아니라 결과적인 측면에서도 고려되어야 진정한 의미의 공평성이 이루어질 수 있다(Wildavsky, 1982:367). 이처럼 공평성의 의미는 여러 가지로 사용되고 있으나 정책대안의 비교 · 평가기준으로서의 공평성은 일반적으로 '정책효과와 정책비용의 사회적 배분이 배분적 정의에 합치되는 정도'로 볼 수 있다. 즉, 정책의 편익을 수혜받을 계층에게는 편익을, 그리고 비용을 부담해야 할 계층에게는 당연히 비용부담이 이루어지도록 하는 것이며, 공평한 비율로 편익과 비용의 배분이 이루어져야 한다는 것이다. 그리고 절차적 기회균등뿐만 아니라 실질적 결과까지도 고려하는 것을 의미한다.

이러한 공평성의 개념을 좀더 명확히 이해하기 위해서는 공평성과 밀접히 관련된 개념에 대해서도 살펴볼 필요가 있다. 공평성과 가장 밀접하게 관련된 개념으로는 평등성(equality)이 있다. 평등성이란 둘 이상의 개인, 집단 또는 지역들이 동등하게 취급받는 것을 의미한다. 예를 들어, A시와 B시에 10억원의 복지예산을 배정함에 있어서 두 지역의 인구비율이나 소득수준에 관계없이 각각 5억원씩 평등하게 배분하는 것이 평등성의 기준이다. 이에 반해 공평성은 인구의 비율이나 소득수준 등 두 지역의 특성을 고려하여 일정한 비율에 따라 배분하는 것이다.

이상에서 보는 바와 같이 공평성 기준은 경제적 측면보다는 정치적 측면에서 중요한 가치를 지닌다. 공평성 기준을 강조하게 되면 가난하고 약한 사람들이 정치체제에 대해 가질 수 있는 반감을 줄일 수 있게 되고, 결과적으로 정치체제에 대한 지지도를 향상시켜 정치적 안정과 체제의 정치적 능력을 향상시키는 등 여러 가지 효과를 가져올 수 있다. 그러므로 공평성은 그 자체가 중요한 정치적 가치를 지닐 뿐만 아니라 그로 인하여 여러 가지 정치적으로 바람직한 결과를 가져올 수 있다(정정길, 1997:384).

3. 실현가능성

어떤 정책대안이 소망성 차원에서 타당성을 지니고 있으면 다음으로는 그것이 과연 실현가능한 대안인가를 검토해 보아야 한다. 정책대안의 실현가능성이란 어떤 정책대안이 채택되고 집행될 가능성의 정도를 의미한다. 따라서 실현가능성은 정책대안의 채택가능성과 집행가능성 이라는 두 가지 요소를 포함하고 있다. 그런데 이들 두 요소 중에서 집행가능성이 더 많이 거론된다. 아무리 소망성 차원에서 바람직한 대안이라 하더라도 집행이 불가능한 대안이라면 최선의 대안으로 볼 수 없다(정정길, 1997:388). 예를 들어, 어떤 대안이 능률성 차원에서 최선의 것이라 하더라도 대안의 비용이 예산의 범위를 초과하면 예산상의 제약 때문에 실현 불가능한 것이 된다. 집행가능성과 관련된 실현가능성으로는 행정적 · 재정적 · 기술적 실현가능성이 논의의 초점이 된다. 정책대안의 실현가능성에 대한 논의에서 채택가능성보다는 집행가능성에 대한 관심이 더 많은 것은 당연한 일이지만 정책대안이 정책으로 채택될 가능성도 매우 중요하다. 이 경우 특히 문제가 되는 것은 정치적 반대로 인한 정책대안이 채택 불가능한 경우이다. 정책대안의 정치적 실현가능성은 정책으로 채택된 후의 집행과정에서 정치적 반대로 인한 집행 불가능성이 문제가 될 수 있지만, 이보다는 정책으로서 채택되는 과정에서 정치적 반대로 인한 채택 불가능성이 문제의 핵심이 된다.

이상에서 보는 바와 같이 정책대안의 실현가능성으로는 재정적 실현가능성, 행정적 실현가능성, 기술적 실현가능성, 정치적 실현가능성 등이 있으며, 이외에도 법적 · 윤리적 실현가능성을 생각해 볼 수 있다.

첫째, 재정적 실현가능성으로 이것은 정책대안의 집행을 위해서 필요한 재원의 확보가 가능한지의 여부를 말한다. 예컨대, 어떤 정책대안의 집행에 소요되는 비용은 10억원인데 예산의 확보는 5억원에 불과하다면 이 대안은 재정적으로 실현 불가능한 대안이다.

둘째, 행정적 실현가능성으로 이것은 정책대안의 집행을 위하여 필요한 집행조직, 집행요원 및 전문인력 등의 이용가능성을 의미한다. 정책대안의 추진을 위해 기존의 행정기구로는 집행이 불가능하거나, 또는 기존의 행정인력으로 집행이 어려우면 행정능력상의 제약이 있는 것이다(Van Meter and Van Horn, 1975:460−5).

셋째, 기술적 실현가능성으로, 이것은 정책대안이 현재 이용가능한 기술로서 그 실현이 가능한 정도를 의미한다. 이처럼 기술적 실현가능성은 주로 정책수단의 기술적 실현가능성을 의미한다. 그러나 경우에 따라서는 정책수단과 정책목표 사이의 인과관계가 존재하는지의 여부를 의미하기도 한다. 이것을 흔히 정책의 기술적 합리성이라 부른다.

넷째, 정치적 실현가능성으로, 이것은 정책대안이 정책결정 과정에서 정책으로 채택되고 또 그것이 집행될 가능성의 정도를 의미한다. 다시말해, 정책대안이 정치적 측면에서 관련 집단이나 일반 국민들로부터 지지를 받아 채택되고 집행될 가능성의 정도를 말한다. 이러한 정치적 실현가능성은 정책 델파이를 활용하여 평가할 수 있다. 즉, 정책대안과 관련된 주요 이해관계자들의 입장, 그들이 이용가능한 자원의 능력, 이들 자원의 상대적 영향력 등에 대해 관련 전문가 집단에게 설문조사를 실시함으로써 정치적 실현가능성에 대한 예측이 가능하다.

다섯째, 법적 · 윤리적 실현가능성으로, 이것은 정책대안이 타 법률의 내용과 모순되지 않아 법적 제약을 받지 않고 사회윤리의 제약을 받지 않을 가능성의 정도를 의미한다.

이상에서 살펴본 실현가능성의 기준들 가운데 가장 우선적으로 고려되어야 하는 것은 정치적 실현가능성이라 할 수 있을 것이다. 왜냐하면 정치적 실현가능성이 높으면 다른 실현가능성도 클 것이기 때문이다. 예컨대, 어떤 정책대안에 대한 정치적 지지가 높으면 재정적 실현가능성이나 행정적 실현가능성, 그리고 기술적 실현가능성도 향상될 수 있다.

7.2 정책대안들간의 비교 · 평가기법

1. 비용 · 편익분석

(1) 비용 · 편익분석의 의의와 기본논리

비용 · 편익분석(cost-benefit analysis)은 정책대안의 능률성뿐만 아니라 정책대안의 비교 · 평가를 위한 기본논리를 제공해 주기 때문에 정책대안의 분석에서 가장 많이 활용되고 있는 기법 중의 하나다. 비용 · 편익분석이란 정책목표를 달성하기 위하여 예상되는 여러 대안들 각각의 비용과 편익을 측정하고 비교 · 평가하여 최선의 대안을 도출하는 기술적 방법이라 할 수 있다. 이러한 비용 · 편익분석의 절차에 대해서는 학자들에 따라 약간씩 다르나 대체로 다음과 같은 단계로 나누어 볼 수 있다.

첫째, 대안의 식별단계로 이 단계에서는 설정된 목표를 달성하기 위한 모든 대안들을 식별하는 것이다.

둘째, 각 대안들의 비용과 편익을 추정하는 단계이다. 이 단계에서는 먼저 사업수명과 할인율을 결정하여 각 대안들의 각 연도별 편익과 비용을 현재가치로 환산하여 총비용과 총편익을 추정하는 것이다.

셋째, 대안들의 비교 · 평가를 위한 기준을 결정하여 비교하는 단계이다. 이 단계에서는 각 대안들의 능률성을 측정할 적절한 기준을 선정하는 것이다. 그러한 기준들로는 순현재가치(net present value : NPV), 편익비용비(benefit cost ratio), 내부수익률(internal rate of return : IRR)등이 있다.

넷째, 민감도 분석을 시행하고 최선의 대안을 선택하는 단계이다. 일반적으로 비용 · 편익분석은 모든 파라미터의 값들, 즉 계획의 시계(視界), 편익과 비용의 추계, 할인율 등이 확실하게 알려 있는 것으로 간주하고 분석을 하게 된다. 그러나 현실적으로 이러한 파라미터 값들이 확실하게 알려져 있지 않은 경

표 7-1 고속도로 건설과 철도 건설의 비용과 편익

(단위 : 100억원)

구분		금액
고속도로	비 용	54.49
	편 익	64.25
철　도	비 용	55.80
	편 익	64.19

우가 많다. 그래서 파라미터의 값들이 달라지게 되면 대안들의 효과성이 어떻게 달라지는가에 관해 관심을 갖게 되는데, 이를 위한 분석이 민감도 분석이다. 마지막으로 이상의 분석결과를 토대로 최선의 대안을 선택하는 단계이다.

이상과 같은 비용 · 편익분석의 기본논리를 간단한 예를 가지고 설명해 보기로 한다. A시와 B시간의 교통혼잡이 정책문제가 되어 이 문제를 해결하기 위한 정책대안으로 두 가지 방안이 모색되었다고 하자. 하나는 고속도로를 건설하는 방안이고, 다른 하나는 철도를 건설하는 방안이다. 이 두 가지 대안 중에서 어떤 대안을 선택하느냐 하는 것은 비용 · 편익분석에 의해 해답을 얻을 수 있다. 〈표 7-1〉에서 보는 바와 같이 고속도로 건설의 경우 철도 건설에 비해 비용이 적게 소요되면서 편익은 더 많은 것으로 나타나 고속도로 건설이 더 바람직한 대안임을 알 수 있다.

(2) 현재가치의 계산

위의 사례는 매우 단순한 사례를 소개한 것이다. 그러나 현실에 있어서는 그렇게 단순한 경우만 존재하는 것이 아니다. 일반적으로 공공사업은 그 사업에 투자되는 비용이나 그 사업으로부터 나오는 편익이 단일 년도에 국한되는 것이 아니라 수 년도에 걸쳐 발생하게 된다. 따라서 각 대안(사업)의 비용과 편익을 현재가치로 환산하여 종합할 필요가 있다. 설령 인플레이션이 없다고 하더라도 오늘의 100만원이 1년 후의 100만원과 같은 가치를 가지는 것이 아니기 때문이다. 오늘의 100만원과 1년 후의 100만원의 가치가 다른 이유로는 여러 가지를 들 수 있다. 예컨대, 오늘의 100만원은 투자하여 1년 후에는 100만원 이상이 될 수 있다든가, 1년 안에 내가 죽을 수도 있는 위험이 있다든가, 1년 후에는 잘 살

표 7-2 고속도로 건설사업의 비용과 편익의 흐름

대안 \ 연도		현년도	1차년도	2차년도	…	(n−1)차년도	n차년도
고속도로	비 용	C_0	C_1	C_2	…	C_{n-1}	C_n
	편 익	B_0	B_1	B_2	…	B_{n-1}	B_n

게 되어 돈이 필요하지 않을 수도 있다는 것 등이 그것이다. 따라서 각 대안(사업)의 미래 비용과 편익에 대해서 현재가치로 환산하는 작업이 필요하다.

현재가치로의 환산은 할인율[1]을 r, 몇 해째를 n이라 하고, 그 해의 비용과 편익을 각각 C와 B라 할 때 다음과 같이 계산된다.

$$\text{PVC(비용의 현재가치)} = C/(1+r)^n$$

$$\text{PVB(편익의 현재가치)} = B/(1+r)^n$$

이러한 원리를 일반화시켜 보기 위해 앞의 사례 중 고속도로를 건설하는 대안의 경우 비용과 편익의 분포가 다음 〈표 7-2〉와 같다고 가정하자. 이 경우 고속도로 건설사업의 비용과 편익의 총 현재가치는 다음과 같이 구할 수 있다.

TPVC(비용의 총 현재가치) =

$$C_0 + \frac{C_1}{1+r} + \frac{C_2}{(1+r)^2} + \cdots\cdots \frac{C_n}{(1+r)^n} = \sum_{t=0}^{n} \frac{C_t}{(1+r)^t}$$

TPVB(편익의 총 현재가치) =

$$B_0 + \frac{B_1}{1+r} + \frac{B_2}{(1+r)^2} + \cdots\cdots \frac{B_n}{(1+r)^n} = \sum_{t=0}^{n} \frac{B_t}{(1+r)^t}$$

1) 엄격한 의미에서 할인율과 이자율은 그 개념이 약간 차이가 있지만 여기서는 할인율을 이자율로 생각하기로 한다.

표 7-3 대안의 비교 · 평가기준

평가기준	계 산 방 법
순현재가치(NPV)	NPV = (편익의 현재가치 − 비용의 현재가치)
비용 · 편익비(B/C)	B/C = (편익의 현재가치)/(비용의 현재가치)
내부수익율(IRR)	NPV = 0이 되는 할인율

(3) 대안의 선택기준

각 대안들의 비용과 편익을 현재가치로 환산하여 종합한 후 최선의 대안을 선택하기 위해 대안의 비교 · 평가기준으로 많이 활용되고 있는 것으로는 순현재가치(net present value : NPV), 비용 · 편익비율(cost−benefit ratio), 내부수익률(internal rate of return : IRR) 등이 있다(〈표 7−3〉참조).

1) 순현재가치

능률성 평가에서 비용 · 편익비와 함께 널리 활용되는 개념이 순현재가치 기준이다. 순현재가치는 편익의 총 현재가치에서 비용의 총 현재가치를 뺀 것으로 정의한다. 따라서 순현재가치가 0보다 클 경우에 그 사업은 타당성이 있다고 판단할 수 있다. n년간 투자사업에 대한 순현재가치는 다음과 같이 구할 수 있다.

$$NPV=\sum_{t=o}^{n} \frac{(B_t - C_t)}{(1+r)^t} = \left\{\sum_{t=o}^{n} \frac{B_t}{(1+r)^t}\right\} - \left\{\sum_{t=o}^{n} \frac{C_t}{(1+r)^t}\right\}$$

여기서 B_t : t시점에서의 편익

C_t : t시점에서의 비용

r : 평가기간 동안의 이자율

2) 비용 · 편익비

비용 · 편익비 기준은 편익을 비용으로 나눈 결과가 큰 대안을 선택하는 기준이다. 따라서 일반적으로 비용 · 편익비가 1보다 큰 사업은 경제적으로 타당성이 있다고 볼 수 있다. 현재가치로 환산된 비용 · 편익비는 다음과 같이 계산된다.

$$B/C=\left\{\sum_{t=o}^{n} \frac{B_t}{(1+r)^t}\right\} / \left\{\sum_{t=o}^{n} \frac{C_t}{(1+r)^t}\right\}$$

여기서 B_t : t시점에서의 편익

C_t : t시점에서의 비용

r : 평가기간 동안의 이자율

3) 내부수익률

내부수익률은 B/C비가 1 또는 순현재가치가 0이 되는 할인율을 의미한다. 따라서 내부수익률은 다음과 같은 수식을 만족시키는 i값이다. 일반적으로 내부수익률이 큰 사업일수록 좋은 사업이다. 그 이유는 내부수익률을 구하는 수식을 살펴보면 알 수 있다.

$$(B_0-C_0)+\frac{(B_1-C_1)}{(1+i)}+\frac{(B_2-C_2)}{(1+i)^2}+\cdots+\frac{(B_n-C_n)}{(1+i)^n}=0$$

$$\text{i.e}\quad \sum_{t=0}^{n}\frac{(B_t-C_t)}{(1+i)^t}=0$$

여기서 B_t : t시점에서의 편익

C_t : t시점에서의 비용

i : 내부수익률

이 수식을 살펴보면 대체적으로 어떤 사업이나 사업에 소요되는 비용은 초기년도에 집중되고, 반면에 사업으로 인한 편익은 사업이 완성된 후, 즉 후기년도부터 본격적으로 나타나게 된다. 따라서 내부수익률이 클수록 편익과 비용의 차이가 크고, 이 때문에 내부수익률이 큰 사업은 바람직한 사업임을 알 수 있다.

4) 비교 · 평가기준의 선정

이상에서 보는 바와 같이 비용 · 편익분석에서 대안들의 비교 · 평가기준으로는 세 가지가 있다. 그러면 이 중에서 어떠한 기준을 비교 · 평가기준으로 선정할 것인가? 여기에 대해서는 다음과 같이 세 가지 경우로 나누어 볼 수 있을 것이다.

첫째, 자금의 제약이 있는 경우로, 이 경우에는 B/C값이 큰 대안을 선정하는 것이 바람직하다. 둘째, 자금의 제약이 없는 경우로, 이 경우에는 NPV가 높은 대안을 선정하는 것이 바람직하다. 셋째, 자금상환능력이 중요한 경우로, 이 경우에는 *IRR*기준을 활용하는 것이 바람직하다.

2. 비용 · 효과분석(cost-effectiveness analysis)

비용 · 편익분석과 아울러 널리 이용되고 있는 기법 중의 하나는 비용 · 효과분석이다. 앞의 비용 · 편익분석은 공공사업의 비용과 편익을 모두 화폐가치로 측정하여 비교 · 평가하는 것을 전제로 하는 것이나, 현실에 있어서는 비용과 편익이 화폐가치로 측정될 수 없는 분야가 많다. 이러한 한계를 극복할 수 있는 기법이 바로 비용 · 효과분석이다. 이것은 비용 · 편익분석과 기본논리는 비슷하나 비용과 편익을 모두 화폐가치로 측정하지 않고 두 개의 각각 다른 가치단위를 사용한다. 즉, 비용은 화폐단위로 측정되고, 효과는 전형적으로 재화단위나 용역단위 또는 기타 가치 있는 효과단위로 측정된다(Dunn, 1981:250-2).

비용 · 효과분석은 비용과 편익을 화폐가치로 측정할 수 없는 사업에 자원을 어떻게 가장 능률적으로 투입할 것인가를 결정하는 문제에 가장 좋은 방법이다. 이러한 분야로는 국방, 경찰행정, 운수, 보건 등 많은 분야가 있다. 이러한 비용 · 효과분석에서는 다음과 같은 두 가지 적절성 기준에 의하여 대안을 선택한다.

첫째, 최소비용기준(least-cost criterion)으로, 이것은 효과의 바람직한 수준이 확정되면 같은 효과를 달성할 수 있는 정책대안들의 비용을 비교하는 것이다. 즉, 일정한 효과수준을 최소비용으로 달성 가능한 정책대안을 선택하는 것이다.

둘째, 최대효과기준(maximum-effectiveness criterion)으로, 이것은 일정한 비용으로 최대의 효과를 달성할 수 있는 정책대안을 선택하는 것이다.

비용 · 효과분석에서는 효과를 화폐가치로 측정하지 않기 때문에 비교적 적용이 용이하고, 시장가격으로 가치를 측정할 수 없는 집합재나 준집합재를 다룰 수 있다는 장점이 있다. 그러나 비용과 효과가 서로 다른 단위로 측정되기 때문에 총효과가 총비용을 초과하는지의 여부에 대한 직접적인 증거를 제시할 수 없다는 단점이 있다.

3. 가중치를 고려한 우선순위(weighting & ranking) 결정기법

(1) 의 의

앞의 비용 · 편익분석은 정책문제가 재정적 성격을 띠고 있는 경우에 유용한 기법이다. 그러나 대부분의 정책문제는 공공분야든 민간분야든 재정적 성격을 띠고 있지 않는 경우가 많다. 그래서 공공분야의 많은 정책사안들은 비재정적 판단을 필요로 하는 경우가 많다.

'가중치를 이용한 우선순위 결정기법' 은 비재정적 고려사항들을 어떻게 다룰 것인지, 혹은 비재정적 고려사항들을 재정적 고려사항들과 함께 어떻게 다룰 것인가를 보여준다. 이 기법은 구조화된 의사결정을 도와주는 도구로, '주관적 판단' 의 필요성을 인정하되, 사람들이 그 주관적 판단을 명백하고 분명하게 하고, 또 가능하면 신중하게 생각하도록 촉구하는 방향으로 설계된다. 정책대안을 비교 · 평가함에 있어서는 많은 주관적 요소들을 포함하는 데, 그런 경우에는 자본투자 사업과 관련된 경우를 제외하고는, 비용 · 편익 분석기법이 상대적으로 큰 역할을 못하는 것이다.

이 기법은 본질적으로 정책대안들을, 여러 가지 기준들에 따라 차례대로 대비시켜 평가하고 점수를 부여한 후, 그 점수들을 합산한 결과들을 검토한다. 이 분석기법에서 중요한 문제는 각 대안들의 평가기준들을 선정하는 문제이다.

(2) 평가기준의 선정

정책대안의 비교 · 평가를 통하여 최선의 대안을 선정함에 있어서는 먼저 '우리가 성취하고자 하는 것은 무엇인가?' 라는 질문에서 출발해야 한다. 이를 위해 다음과 같은 질문을 해본다.

① 이 대안이 우리의 목표와 핵심적인 세부목표의 달성에 얼마나 공헌할 수 있는가?

② 이 대안은 우리에게 어떤 장점들을 얼마나 더 가져다 줄 것인가?

③ 이 대안은 우리의 약점들을 얼마나 해결해 줄 것인가?

④ 이 대안은 우리가 확인한 기회를 포착하는 데 얼마나 도움이 되는가?

⑤ 이 대안은 우리가 확인한 위협에 대처하는 데 얼마나 기여할 수 있는가?

이상과 같은 질문들은 그 자체가 그 기준들이라고 할 수도 있으나, 그 의미가 너무 포괄적이다. 따라서 이 기준들을 좀더 구체화 할 필요가 있다. 그렇지 않으면 각 대안들을 각 기준들에 따라 구체적으로 평가하기 어려울 것이다. 기준의 선정에 도움이 될 수 있는 또 다른 분류는 적합성(suitability), 실현가능성(feasibility), 수용가능성(acceptability)으로 분류하는 것이다. 이에 관한 예를 들어보면 아래와 같다(신문주, 1997:20-3).

첫째, 적합성으로 여기에는 다음과 같은 항목들이 포함된다. ① 가치와의 부합성, ② 기술(skills)과의 부합성, ③ 조직에의 부합성, ④ 기본목적과의 부합성, ⑤ 확인된 기회(opportunities)와의 부합성, ⑥ 확인된 위협(threats)에 대처하는 데 기여, ⑦ 확인된 약점(weaknesses)을 극복하는 데 기여, ⑧ 확인된 장점(strengths)을 개발하는 데 기여 등이다.

둘째, 실현가능성으로 여기에는 다음과 같은 항목들이 포함된다. ① 필요한 자금을 획득할 기회, ② 운전비용 자금 획득 기회, ③ 서비스의 질을 달성할 기회, ④ 경쟁자와 경쟁적 반응을 돌파할 기회, ⑤ 의도했던 만큼의 변화를 관리할 수 있는 기회, ⑥ 소요되는 투입을 획득할 기회, ⑦ 소요되는 신기술을 획득할 기회, ⑧ 태도변화를 성취할 기회 등이다.

셋째, 수용가능성으로 여기에는 다음과 같은 항목들이 포함된다. ① 장관의 수용가능성, ② 서비스 수령자들의 수용가능성, ③ 로비 집단들의 수용가능성, ④ 우리 직원들의 수용가능성, ⑤ 재정적 위험 수준, ⑥ 관련된 서비스를 제공하는 다른 조직들의 수용가능성 등이다.

(3) 평가절차

제1단계는 평가기준들을 선정해서 〈표 7-4〉에서 보는 바와 같이 첫째 난에 그것들을 기재하는 것이다. 여기서는 기본 목적과의 부합성 등 10개의 기준을 선정하여 나열하였다. 많은 기준들 중에서 어떤 기준들이 선정되느냐 하는 것

표 7-4 가중치 및 순위화 기법의 가상적인 예

평가기준	가중치	가중치가 부여되지 않은 부여된 점수			가중치가 부여된 점수		
		대 안			대 안		
		A	B	C	A	B	C
1. 기본 목적과 부합	2	5	3	2	10	6	4
2. 가치와의 부합	2	4	4	2	8	8	4
3. 기술과의 부합	1	3	4	3	3	4	3
4. 새 기술 구축의 용이성	2	1	6	3	2	12	6
5. 현재가치 할인분석결과	2	4	2	4	8	4	8
6. 자금의 활용가능성	4	2	3	5	8	3	20
7. 성공의 기회	4	1	5	4	4	20	16
8. 정치인의 수용가능성	5	4	1	5	20	5	25
9. 수혜자의 수용가능성	3	2	6	2	6	18	6
10. 직원들의 수용가능성	2	6	2	2	12	4	4
총 점 수		32	36	32	81	93	96

은 정책문제의 성격에 따라 다를 것이다.

제2단계는 평가기준별로 중요성의 정도에 따라 가중치를 부여하는 것이다. 가중치는 둘째 난에 기재되어 있다. 가장 손쉽게 가중치를 부여하는 방법은 우선 가장 중요하지 않다고 간주되는 기준을 골라서 1이라는 가중치를 부여하는 것이다. 다음으로는 다른 기준들에 대하여도 이러한 방식으로 가중치를 부여해 가는데, 가장 중요한 기준은 마지막으로 가장 큰 가중치를 부여하는 것이다. 〈표 7-4〉에서는 기술과의 부합성에 가장 낮은 가중치가, 정치인의 수용가능성에 가장 큰 가중치가 부여되었다.

제3단계는 각 기준별로 어느 대안이 그 기준을 가장 잘 충족시켜 주는지를 판단하는 것이다. 〈표 7-4〉에서는 각각의 기준들에 대해서 10점씩을 부여한 후, 이 점수를 3개의 대안들(A, B, C)에게 배분하는 데, 그 기준을 충족시켜 주는 정도에 따라 배분되는 점수가 다르다. '직원들의 수용가능성' 에 대한 점수 10은 대안 A에 6점, 대안 B에 2점, 대안 C에 2점씩 각각 배당되었다. 만일 3개의 대안 중 어느 하나의 대안만이 그 기준을 충족시키고 나머지 2개는 전혀 그 기준을 충족시키지 못한다면, 10점 모두가 하나의 대안에 전부 주어지고, 나머지 2개의 대안에는 각각 0점씩 주어지게 된다. 그리고 3개의 대안 모두가 그 기준을 전혀 충족시키지 못한다면 10점을 3등분하여 3개의 대안에 똑같이 나누어 주면 된다. 10점을 3등분할 경우 분수나 소수가 나오게 되어 계산이 복잡하게 될 우려가 있으면, 12나 30처럼 3의 배수를 점수로 택하여 운영해도 된다. 대안이 3개가 아니고 많은 개수라면 점수를 나눌 때 편리를 위해 점수를 30 혹은 50 기타 적정한 수를 골라 쓰면 될 것이다.

제4단계는 가중치가 부여된 점수를 계산하는 것이다. 이것은 각 기준별로 가중치를 각 대안들의 점수에 곱하면 된다. 〈표 7-4〉에서 첫 번째 기준인 '기본목적과의 부합성'에 대한 대안 A의 가중치가 부여된 점수는, 기준 1의 가중치 2에 대안 A의 본래 점수 5를 곱하여 10이 되었다. 기준 2 이하 기준 10까지도 동일한 방법으로 계산한다. 그런 후에 각 대안별로 가중치가 부여된 점수의 합계를 가장 아래쪽에 기재한다. 〈표 7-4〉에서는 대안 C의 총점(96)이 가장 높으므로, 대안 C가 가장 좋은 대안이 되는 셈이다. 그러나 그 차이가 미미하고 사실상 각각의 기준에 가중치를 부여할 때 주관적 판단이 개입된 것을 감안하면, 대안 A가 대안 C보다 훨씬 뒤진다고 말하기는 어렵다.

제5단계는 위에서 나온 결과들을 신중하게 살펴보고, 왜 그러한 결과가 나왔는지 설명해 보는 것이다. 그리고 나서 이 결과가 의미하는 것은 무엇인가를 생각해 보아야 한다. 이 때 중요한 것은 민감도분석(sensitivity analysis)이다. 즉, 파라미터의 값들을 달리했을 때 어떠한 결과가 나올 것인가에 관해 분석해 보아야 한다. 그리고 주관적 판단이 가장 어려웠던 부분은 어디였고, 불확실성이 가장 우려되었던 부분은 어디였는가를 생각해 보아야 한다.

4. 실현가능성 평가기법

정책대안의 실현가능성을 평가하기 위한 방법으로는 정책 델파이 방법과 실현가능성 평가기법이 있다. 정책 델파이에 대해서는 앞에서 살펴보았으므로 여기서는 실현가능성 평가기법에 대해서만 살펴보기로 한다.

실현가능성 평가기법은 여러 정책대안들의 채택이나 집행을 지지하거나 반대하는 데 있어서 이해관계자들의 영향력에 대해서 직관적인 예측을 함으로써 정치적 실현가능성을 평가하기에 적합한 기법이다. 이 기법은 정책대안의 선택이나 집행 등 정책과정의 어떤 단계에 있어서 관련자들의 행태를 예측하는 데 유용하게 쓰일 수 있다. 다른 직관적 예측기법들과 마찬가지로 이 기법도 주관적 추정에 근거를 두고 있으며, 한 사람의 분석가 또는 전문가 집단에 의해 사용될 수 있다. 이러한 실현가능성 평가기법은 다음과 같은 세 가지 요소에 대해 주관적 추정을 하고 이들을 종합하여 실현가능성을 평가한다(Dunn, 1981:206–10).

(1) 정책대안에 대한 관련집단들의 태도

우선 정책문제에 대한 관련집단을 식별해 내고 관련집단들이 각 정책대안들에 대해 지지하거나 반대 또는 무관심한 태도를 취하게 될 확률을 추정한다. 관련집단이 취하게 될 태도에 대해서 지지는 +1로, 반대는 −1로, 무관심은 0으로 부호화 한다. 그리고 각 관련집단들이 어떠한 부호의 태도를 취할 것인가에 관해 주관적인 추정을 한다. 이 추정치는 각 관련집단이 해당 정책대안에 대해 얼마만큼 관심을 가지고 있는가를 나타낸다.

(2) 이용가능한 자원

관련집단들이 특정 정책대안에 대해 그들의 입장을 관철시키기 위해 이용가능한 자원들에 대해 주관적인 추정을 한다. 여기서 이용가능한 자원이란 경제력, 인적 자원, 정보에의 접근성, 권위나 합법성 등이 포함된다. 관련집단들은 대개 하나의 정책문제에만 관심을 갖는 것이 아니라 여러 정책문제에 관심을 갖고 있다. 그래서 그들은 어떤 특정한 정책을 지지 또는 반대하기 위해 자신들이 가지고 있는 총 자원을 사용하는 것이 아니라 일부만을 사용하는 것이다. 총 자원을 1이라 하면 이용가능한 자원의 규모는 0에서 1 사이이다. 여기서 하나 알아두어야 할 것은 어떤 집단이 특정 정책대안에 대해 지지할 확률이 아무리 높다고 하더라도 그 특정 정책의 채택이나 집행에 대해서는 거의 영향력을 행사할 수 없다는 점이다. 왜냐하면 다른 정책에 자신들의 자원을 지나치게 많이 투입하고 있기 때문이다.

(3) 각 집단의 상대적 영향력

앞의 자원에 대한 추정을 바탕으로 각 관련집단들의 영향력에 대해 서열을 매긴다. 만일 어떤 관련집단의 상대적 영향력이 낮은 경우에는 그 관련집단이 어떤 정책을 지지하기 위해 가용자원의 상당부분을 투입하고 있음에도 불구하고, 그 정책의 채택이나 집행에 별다른 영향을 미치지 못하는 수가 있다.

표 7-5 A시의 두 재정정책에 대한 실현가능성 평가

(a)대안 1(세율인상)

관련집단 (1)	태도 (부호화) (2)	확률 (3)	가용자원 비율 (4)	각 집단의 상대적 영향력 (5)	실현가능성 점수 (6)
시 장	+1	.2	.2	.4	.016
시 의 회	−1	.6	.7	.8	−.336
납세자집단	−1	.9	.8	1.0	−.720
공무원단체	+1	.9	.6	.6	.324
언 론	+1	.1	.5	.2	.010
					$\sum F$=−.706

$$\text{총실현가능성지수}(TF) = \frac{\sum F}{n} = \frac{-.706}{5} = -.14$$

(b)대안 2(예산삭감)

관련집단 (1)	태도 (부호화) (2)	확률 (3)	가용자원 비율 (4)	각 집단의 상대적 영향력 (5)	실현가능성 점수 (6)
시 장	+1	.8	.2	.4	.192
시 의 회	+1	.4	.5	.8	.160
납세자집단	+1	.9	.7	1.0	.630
공무원단체	−1	.9	.8	.6	−.432
언 론	−1	.1	.5	.2	−.010
					$\sum F$=−.54

$$\text{총실현가능성지수}(TF) = \frac{\sum F}{n} = \frac{-.54}{5} = -.11$$

이상과 같은 실현가능성 평가기법을 잘 이해하기 위해 구체적인 예를 들어보자. 지금 A시에서는 다음 해의 시재정 문제를 해결하기 위해 재산세율을 인상시키는 정책대안과 경비지출을 줄이기 위해 예산을 삭감하는 방안에 대해 검토하였다. 납세자들은 세율인상을 극력 반대하고 있으며, 공무원들은 행정서비스의 질적 수준이 저하된다는 이유로 예산삭감을 강력히 반대하고 있다. 이러한 상황에서 두 정책대안에 대해 실현가능성평가를 한 결과가 〈표 7-5〉에 나타나 있다.

〈표 7-5〉는 세금인상은 실현가능성이 없음을 보여주고 있다. 총 실현가능성지수가 (−)부호로 나타난 것은 세금인상에 대해 지지보다는 반대가 더 강하다는 것을 의미한다. 반면에 예산삭감은 총 실현가능성지수가 비록 약하긴 하지만 (+)로 나타나 반대보다는 지지가 더 많음을 의미하고 있다. 여기서 총 실현가능성지수는 −1에서 +1까지의 값을 취하게 되는데, 이것을 통해 여러 정책대안들의 실현가능성의 정도를 비교할 수 있다.

이 기법은 관련이론이나 경험적 자료가 부족한 경우에 주관적 판단을 바탕으로 정책대안의 채택가능성과 집행가능성을 사전적으로 평가하는 데 매우 유용하게 사용될 수 있다. 그러나 이 기법은 다음과 같은 한계를 지니고 있다.

첫째, 이 기법도 전통적 델파이 기법과 마찬가지로 주관적 판단의 근거라 할 수 있는 가정이나 진술을 명확히 해줄 수 있는 체계적인 방법이 없다는 점이다. 이러한 어려움을 해결해 주기 위한 방법으로는 정책 델파이나 가정분석 등을 도입하는 것이다.

둘째, 관련집단들의 입장이 상호독립적이고 같은 시기에 표명된다는 가정의 비현실성이다. 현실적으로 한 관련집단의 입장은 다른 관련집단의 입장이 변하면서 바뀔 수도 있다.

7.3 정책대안의 선택

정책분석단계에서 정책대안들이 개발되어 정책대안들 사이의 비교·평가가 이루어지면 여러 대안 가운데 문제해결에 가장 바람직한 대안을 선택하게 된다. 최적의 정책대안을 선택해 가는 과정에서는 먼저 정책대안들의 실현가능성을 따져본 후 실현가능성이 없거나 낮은 정책대안은 버리고, 나머지 대안 가운데 가장 바람직한 대안을 선택하게 된다. 이 때 바람직한 대안을 선택하는 기준은 궁극적으로는 공익이다. 그러나 공익이라는 개념은 너무 애매모호하고 가치함축적이어서 실제 적용에 있어서는 한계가 있다. 그래서 실제 정책대안의 선택기준으로 공익이라는 추상적인 기준보다는 좀더 구체적인 능률성, 효과성, 공평성(혹은 형평성) 등의 기준이 많이 활용된다. 보통의 경우 재정사업에 있어서는 경제성을 따지게 되는데, 이를 위한 분석도구가 바로 비용·편익분석(B/C)이나 비용·효과분석이다.

이러한 분석도구를 사용하더라도 결정의 유형에 따라서 결정의 원칙이 달라진다(유훈, 1991:228-30). 첫째, 어떤 사업을 할 것이냐 안 할 것이냐를 결정하는 경우에는 순편익이 양이면 그 사업은 해도 좋다는 결정의 원칙이 적용된다. 둘째, 서로 배타적인 수 개의 대안 중에서 하나만을 선택할 때에는 순편익이 가장 큰 대안을 선택해야 한다. 셋째, 상호배타적인 관계에 있지 않는 수 개의 대안 중에서 예산이 허용하는 한도까지 몇 개라도 사업을 선택하는 경우에는 편익비용비율이 가장 높은 것부터 비용누적액이 예산한도액에 이르기까지 선택하면 된다. 이를 요약하면 〈표 7-6〉과 같다.

표 7-6 결정유형에 따른 결정의 원칙

결정의 유형	결정의 원칙
가·부의 결정	순편익이 양이면 사업을 실시하는 것이 바람직함
상호배타적인 수 개의 대안 중에서 하나를 선택	순편익이 가장 큰 것을 선택
상호배타적이 아닌 대안 중에서 예산이 허용하는 한도까지 선택	B/C 비율이 가장 높은 것부터 비용누적액이 예산한도액에 이르기까지 선택

이상은 능률성을 기준으로 한 정책대안의 선택방법이다. 그러나 능률성 이외에도 효과성과 공평성 등을 대안선택의 기준으로 생각할 수도 있다. 또 정책의 유형에 따라 여러 가지 다른 기준, 가령 문화정책과 같은 경우에는 민족의 주체성도 대안선택의 기준이 될 수 있다. 문제는 하나의 정책대안을 선택해야 하는데 두 개 이상의 선택기준이 적용될 때이다. 실제 정책대안의 선택에 있어서는 몇 가지 기준들을 조합하여 정책대안을 선택하는 것이 일반적이다. 이 경우에는 선택기준들 사이에 우선순위를 정하여 적용할 수 있으나, 현실적으로는 선택기준들 사이의 우선순위에 대해서는 합의를 보기가 어렵다. 이 때문에 정책대안의 선택기준의 설정은 정책유형이나 정책상황에 따라 정책결정자의 판단에 의존할 수밖에 없다. 따라서 누가 정책결정자이며 정책결정자가 어떠한 가치관을 갖고 있으며, 어떤 사회적 배경을 갖고 있느냐에 따라 정책대안의 선택기준이 달라지게 된다.

이러한 대안선택기준들 사이의 갈등과 모순뿐만 아니라 정책환경의 불확실성도 정책대안의 합리적 선택을 어렵게 한다. 그래서 소위 직감이나 통찰력과 같은 초합리적인 요인에 의존하여 정책대안을 선택할 수도 있다. 한편 정책대안의 선택이 고도의 정치적 성격을 띠고 있어, 이해관계자가 많고 국민들이나 정치가들의 많은 관심을 끄는 문제라면 정치적 실현가능성도 따져보아야 할 것이다.

연습문제

1. 정책대안의 평가기준으로서 효과성과 능률성의 차이를 설명하시오.

2. Pareto 최적기준과 Kaldor의 기준을 비교 · 설명하시오.

3. 실현가능성의 개념을 유형별로 예를 들어 설명하시오.

4. 정치적 실현가능성의 측정기법에 관해 설명하시오.

5. 비용 · 편익분석과 비용 · 효과분석의 차이를 설명하시오.

6. 다음 사업의 효과성을 측정하기 위한 방법에 관해 논의해 보시오.

   ① 도심에서의 강력범죄 예방　　② 국가의 안보 강화

   ③ 시민생활의 질 향상　　④ 실업감소

7. 과거 10년간 A지역의 철강산업과 전자산업에 소요되는 비용과 편익을 표로 나타내면 다음과 같다. 과거 10년간의 이 지역의 이자율은 10%로 비교적 일정하였다. 이 때 A지역의 철강산업과 전자산업의 B/C 분석을 실시하고, B/C 분석의 결과를 해석하시오,

A지역의 산업에 소요된 비용과 편익

(단위 : 100억원)

산업 \ 시기		1년전	2년전	3년전	4년전	5년전	6년전	7년전	8년전	9년전	10년전
철강	비용	11,360	10,476	10,567	11,286	11,154	11,201	10,436	10,383	9,301	9,068
	편익	12,829	11,608	11,731	11,142	11,120	11,306	11,256	11,334	9,283	8,754
전자	비용	17,319	14,859	12,036	11,815	9,456	9,383	8,242	9,128	7,584	8,626
	편익	20,129	14,731	14,048	13,458	9,926	10,757	8,184	9,390	8,223	8,833

각종 기출 시험문제

1. 정책분석기준으로의 능률성과 형평성 ('87 행정고시, '04 행정고시)
2. 여러 가지 정책대안 중에서 최선의 대안을 선택하는 분석논리를 설명하라. ('91 행정고시)
3. 정책분석시 정치적 실현가능성의 의의를 약술하라. ('92 행정고시)
4. 비용·편익분석의 한계를 설명하라. ('93 행정고시)
5. 정책대안 평가기준으로서 공평성(형평성) ('95 행정고시)
6. 대안설정의 소망적인 평가기준을 설명하라. ('88 입법고시)
7. 정책결정에서는 비용·편익분석이 이용된다. 이 때 효율성과 공평성이 서로 상충되는 데 이에 대해 구체적인 사례를 들어 해결할 수 있는 방안에 대해 논하시오. ('96 지방고시)
8. Kaldo-Hicks 준거와 파레토 최적 양자간의 관계를 규명하고 이 준거에 바탕을 둔 정책결정기준에 대하여 논하시오. (2000 행정고시)
9. '공공정책은 사회문제를 해결하기 위한 목적으로 시장실패를 극복하기 위한 정부개입의 정당성 논거를 제기한다'는 명제에 근거하여 바람직한 정부개입의 정의를 논하시오. (2000 행정고시)
10. 최근 정부의 교육정책들이 잇달아 실패하고 있다는 여론이 비등하고 있다. '교육(education)서비스'의 특성을 시장실패 이론의 관점에서 논의하여 정부개입의 정당성을 확인한 후, 보다 나은 교육서비스를 공급하기 위한 적절한 방안을 거버넌스(governance) 이론을 활용하여 제시하시오. (2002 행정고시)
11. 정책대안의 평가기준으로서 능률성과 형평성의 관계에 대해서 설명하시오. (2004 행정고시)

12. 아래 사례를 읽고 문제에 답하시오.

2002년 6월 이명박 시장후보는 청계천 복원사업 추진을 시장선거의 주요 공약으로 제시하였고, 당선 후 준비작업을 진행하여 왔다. 최근 서울시는 청계천 복원사업 착공을 2003년 7월 초로 확정하고, 복원추진본부 중심으로 세부적인 사업계획을 작성하고 추진하고 있다. 청계천 복원사업은 콘크리트 복개구조물 철거, 하천 복원, 그리고 주변 지역 정비의 세 단계로 구성되어 있다. 청계천복원 추진본부에서는 고가도로와 복개구조물이 상당히 노후하여 구조적으로 위험하기 때문에 구조물 철거공사를 서둘러야 한다고 주장하고 있다. 한편 청계천 주변 상인들과 시민단체들은 상인 대책의 미흡과 교통문제의 선결(先決), 그리고 생태하천과 관련된 문제를 제기하며 청계천 복원사업에 대한 연기론을 주장하고 있고, 일부 상인들은 시위 집회를 산발적으로 열고 있는 상태이다. 복원추진본부에서는 사업추진을 위한 대책을 제시하고 있다. 도심부 교통대책으로 주요 간선가로의 중앙 버스전용차로제를 도입하고, 중장기적으로는 주차장 상한제 및 혼잡통행료의 징수 등 승용차 이용 억제를 통해 교통문제를 해결할 계획이다. 주변 상인들에 대한 대책으로 상권별 · 업종별 특성에 따라 이주 대책 부지의 마련, 리모델링과 업그레이드 등 영업 활성화를 위한 행정 · 재정적 지원, 그리고 새로운 재개발 방법의 연구와 함께 합리적인 임차상인 대책을 모색하고 있다. 생태학자들이 제기하는 지천(支川) 복원문제는 시민단체와 전문가들이 함께 계획을 수립하고, 그 결과에 따라 장기적 과제로 풀어갈 계획이다.

[문제] 수험생 자신이 청계천 복원추진본부의 실무진으로서 복원사업 추진에 대한 정책분석을 수행한다고 가정하자.

1) 문제해결을 위한 대안을 식별하고 사례에서 제시된 대책보다 구체적인 대안을 설명하고, 대안 평가기준을 제시하여 보시오.
2) 평가기준에 따른 최선의 대안을 제시하시오.

(2003학년도 서울대 행정대학원 석사과정 입학시험문제)

정책사례 및 토의과제

사례 7-1 PCS 사업자 선정의 공정성 논란

신규 통신서비스 사업의 노른자위로 꼽히는 개인휴대통신(PCS)의 사업자 선정기준을 둘러싸고 열띤 공방이 벌어지고 있다. 26일 정보통신부와 관련업계에 따르면 정통부가 15일 발표한 「사업자 허가신청요령」을 통해 PCS의 기술표준인 코드분할다중접속(CDMA) 관련기술의 개발실적에 높은 점수를 주기로 함에 따라, CDMA 기술개발에 참여하지 않은 업체들이 평가기준의 재검토를 요구하고 있다.

정통부는 사업신청법인이 작성한 사업계획서를 총 1백점 만점으로 평가하기로 하고 특히 PCS 관련기술의 개발실적 및 연구개발투자 실적에 대해 가장 높은 30점을 할당했다. 따라서 CDMA 관련 기술개발 실적이 없는 업체들은 기술개발 실적에 관한 서류의 제출이 원천적으로 불가능하며 사업권 수주에 필요한 점수를 따기가 어려울 수밖에 없는 셈이다.

또한 정통부는 사업허가의 조건으로 「CDMA 관련기술이나 장비 등을 사업자들이 개발 · 상용화하는 대로 역무를 개시하도록 함」이라는 원칙을 세우고 있어, CDMA 기술개발에 참여하지 않은 기업이 PCS 사업권을 따낼 경우 외국이나 국내업체로부터 장비구매를 통해 사업을 수행해서는 안되며, 새로 관련기술을 개발할 수밖에 없다.

이 같은 조항들에 대해 일부 기업들은 "CDMA 기술개발에 참여하지 않은 기업들은 원천적으로 PCS 사업권 수주가 불가능하도록 한 것과 마찬가지"라고 지적하고 있으며 "사업자가 미리 내정된 것과 다름없는 셈" 이라고 주장했다. 이들 업체는 또 "미퀄컴이 원천기술을 보유한 CDMA 기술은 어차피 외국에 의존할 수밖에 없으며 국내에서 CDMA 기술개발에 참여한 업체들의 그간의 성과도 과대평가된 점이 없지 않다"고 주장했다.

PCS 사업권 수주를 노리는 대기업 가운데 CDMA 기술개발에 참여한 업체는 삼성, 현대, LG 등 3개 기업이다. 이 밖에 대우, 금호, 효성, 한솔 등과 중소기업협동조합중앙회의 연합 컨소시엄 등 PCS사업의 진출을 준비 중인 기업들은 CDMA 관련 기술개발 실적이 없기 때문에 1백점 만점에서 30점을 깎인 채 나머지 평가항목에서 점수를 따 경쟁해야 사업권 수주가 가능한 불리한 처지라고 볼 수 있다.

이에 대해 정통부 관계자는 "해당 기술의 개발실적이 있는 업체를 우대하는 것을 불공정하다고 볼 수만 없다"고 반박하고, "사업허가조건으로 관련기술 및 장비를 개발, 상용화하도록 한 것은 최종 방침이 아니며 검토 중인 원칙 가운데 한가지 예에 불과하다"고 해명했다.

<자료 : 조선일보, 1997. 6>

토의과제

1. 상기 사례는 PCS사업자 선정과 관련하여 발생했던 공정성 시비에 관한 사례이다. 귀하가 사업자 선정을 위한 평가자의 입장에서 평가기준들을 도출해보고, 이 기준들에 따라 '가중치를 부여한 우선순위결정 기법'을 적용해 보시오.
2. 정부의 평가과정에서 문제가 되고 있는 사항들에 관해 논평해 보시오.

사례 7-2 유료 낚시터 사업의 타당성 분석

본격적인 지방화 시대에 접어들면서, 많은 지방자치단체들이 지방재정의 확충수단으로 경영수익사업의 실시를 추진하고 있다. K도 S군에서도 유료낚시터 사업을 검토하고 있는데, 총사업비는 시행년도에 8,300만원이 소요될 것으로 예상되고 있다. 예상수익으로는 입장료 수입과 부대시설의 설치를 통한 수입으로, 먼저 입장료 수입은 유료낚시터의 하루 입장료를 1만원으로 할 경우 입장객의 수는 매일 50명으로 예상하고 있다. 그리고 낚시터 주변에 식당을 비롯한 2개 동의 점포를 지어 임대해 줌으로써 매년 600만원의 임대수익이 발생하고, 자판기 설치를 통한 판매수익은 매년 324만원이 발생할 것으로 예상하고 있다. 그리고 유료낚시터의 수명은 30년으로 예상하고 있고 할인률을 8%로 예상하고 있다. 담당 공무원인 K씨는 경제적 타당성을 분석하여 그 결과를 군수에게 보고할 예정이다.

토의과제

1. 상기 사례는 유료 낚시터 사업의 경제적 타당성을 분석하기 위한 사례이다. 귀하가 실무자라고 가정하고, 이 사업의 타당성을 다음과 같은 사항을 고려하여 분석해 보시오.
   ① 편익의 현재가치를 구하라. ② 순현재가치 기준에 의해 평가해 보라.
   ③ B/C 비율로 평가해 보라. ④ 내부수익률의 방법에 의하여 평가해 보라.

사례 7-3 교육환경 및 사업계획[2)]

엘살바도르 정부는 정부예산의 27%를 차지하고 있는 교육예산을 보다 효율적으로 집행하면서 교육의 질을 높이기 위해 상당히 의욕적인 사업을 추진하기로 하였다. 현재 299개 학교가 시설을 임대하고 있던가 혹은 대단히 열악한 환경 속에서 운영되고 있다. 이 299개 학교는 현재 대단히 과밀한 상태이다. 따라서 이 299개 학교에 대하여 완전히 새로 건물을 신축하여 새로운 시설에서 공부하도록 하든가 그렇지 않으면 시설은 대폭 개량·개축하든가 하는 결정을 내려야 할 시점에 있다. 새로운 학교의 신축에 소요되는 경비는 약 16.0백만Cn이며, 이 시설에서는 총 36,900명의 학생에게 교육을 제공할 수 있다. 16.0백만Cn에 달하는 새로운 학교신축비용에는 학교부지획득비용이 포함되어 있지 않다. 그 이유는 해당 지역단체에서 학교 부지를 기부할 것을 전제로 하고 있기 때문이다. 만약, 지역단체에서 땅을 기부하지 않을 경우 토지구입비가 예산에 추가로 반영되어야 할 것이다.

대체가 고려되고 있는 299개 학교의 선정은 순전히 경제적 논리 위에서 결정된 것이다. 즉, 기존시설 보수비의 현재가치와 새건물 건축비의 현재가치를 비교하여 보수비가 건축비 보다 같거나 더 큰 경우만을 선정한 것이다. 물론 엄격히 말하여 비경제적 편익 같은 것도 고려되어야 한다. 예컨대 시설을 대체함으로써 교육환경이 좋아지고 그래서 교육성과가 높아지며 또한 안전성(safety), 시설공간의 다양한 활동을 등을 기대할 수 있는데 이러한 모든 것이 다 중요한 편익이 된다. 그러나 299개 학교를 선정하는 데는 이러한 비경제적인 편익은 고려하지 않고 오직 비용흐름의 차이만을 선택의 기준으로 삼았다. 이제 우리는 세 가지 대안을 마련하고 그 각각에 대한 타당성을 검토함으로써 최종안을 선택하고자 한다. 세 가지 대안은 다음과 같으며, 대안별 관련된 정보는 <표 7-7>과 같다.

대안 A : 299개 학교를 모두 새로운 신축학교로 대체하며 공사기간은 4년이 걸린다

대안 B : 현재의 299개 학교시설을 아무런 개축공사 없이 그대로 사용한다.

대안 C : 현재 299개 학교시설을 확장·개축하여 교육환경을 개선하며 동시에 정부의 표준시설 기준(학생당 1.3m²)을 지키면서 운영한다.

2) 이 사례는 다음을 참고하였음. 김동건, 「비용·편익분석」 (서울 : 박영사, 1997) pp.239-250

표 7-7 **대안들의 비용측정(1971년 불변가격)**

(단위 : 천Cn)

	연 도				
	0	1	2	3	4-30[1]
대안 A : 새로운 학교 신축					
학생수	–	–	22,300	36,900	44,500
교사수	–	–	372	610	744
투자비(토목공사비 등)	1,189	4,328	2,711	1,284	–
토지비용	293	293	–	–	–
직접교사비용(봉급 등)	–	–	1,602	2,627	3,204
기타 운영비	–	–	201	329	402
총비용	1,485	4,624	4,514	4,240	3,606
대안 B : 기존시설 그대로 이용					
학생수	–	–	22,300	36,900	44,500
교사수	–	–	511	839	1,023
투자비(토목공사비 등)	–	–	–	–	–
직접교사비용(봉급 등)	–	–	2,200	3,613	4,405
기타 운영비[2]	–	–	258	423	516
총비용	–	–	2,458	4,036	4,921
대안 C : 기존시설을 확장 · 개축 (표준시설기준 적용)					
학생수	–	–	22,300	36,900	44,500
교사수	–	–	680	1,115	1,360
투자비(토목공사비 등)	123	448	280	113	–
직접교사비용(봉급 등)	–	–	2,928	4,801	5,856
기타 운영비[3]	–	–	201	329	402
총비용	123	448	3,409	5,243	6,253

주: 1) 4~30년 기간 동안의 연간 인원수 및 비용임.

2) 표준운영비 및 임대료가 포함되어 있음.

3) 표준운영비만 계산됨(임대료 불포함).

토의과제

1. 상기 사례에서 가장 능률적인 대안을 선택하기 위한 분석과정을 설명하시오.
2. 이 사례는 능률성의 관점에서만 분석한 것으로, 이러한 경우 제기될 수 있는 문제점들에 관해 논술해보고, 보완방법을 설명해 보시오.

8 정책결정의 실제

이 장의 개요

앞에서는 합리적 · 분석적 정책결정을 각 단계별로 살펴보았다. 그러나 현실적으로는 이러한 규범적인 정책결정의 논리를 그대로 따르기가 어렵다. 현실의 정책결정과정에서는 여러 가지 제약요소들이 존재하기 때문이다. 여기서는 합리적 · 분석적 정책결정의 제약요인에 관해 살펴보고, 현실의 정책결정과정과 우리 나라 행정부의 정책결정과정에 관하여 살펴보기로 한다

8.1 합리적 · 분석적 정책결정의 한계

1. 정책결정자 측면

첫째, 정책결정자의 능력부족을 들 수 있다. 합리적 · 분석적 정책결정은 고도의 전문지식과 분석적 능력을 요구한다. 따라서 정책결정자의 지식과 경험부족은 합리적 · 분석적 정책결정의 제약요소가 된다. 그러나 정책결정자의 능력부족은 이를 보완하기 위한 제도적 장치를 통하여 어느 정도 해결될 수 있다. 예를 들면, 정책결정자의 정책결정능력을 보완하기 위해 정책자문위원회를 활성화하거나 정책분석 기구를 설치하여 운영하는 방법이 그것이다. 정책결정자의 건강에 문제가 있을 경우에도 그의 정책결정능력은 제한받게 된다. 예컨대, 미국의 윌슨(W. Wilson) 대통령은 임기말년에 반신불수가 되었고, 아이젠하워(D. Eisenhower) 대통령의 경우는 임기 중 투병생활로 권력의 약화를 초래해 합리적 · 분석적 정책결정 능력에 한계가 있었다(김형렬, 1992:233),

둘째, 정책결정자의 가치관, 편견, 권위주의 등이 합리적 · 분석적 정책결정의 제약요인으로 작용하는 경우도 있다. 정책결정자는 자신의 가치관과 신념에 입각하여 정책문제를 인지하고 정책을 결정하게 되므로, 정책결정자가 잘못된 가치관이나 편견을 가지고 있을 경우에는 합리적 정책결정을 기대하기 어렵게 된다. 또 정책결정자가 권위의식에 사로잡혀 정책문제와 관련된 사람들의 참여를 제한할 경우에도 합리적인 정책결정을 기대하기 어렵다.

8.3 우리 나라 행정부의 정책결정과정

1. 정책결정의 주요기관

(1) 행정부의 주요 정책결정기관

정책결정의 참여자는 공식적 참여자와 비공식적 참여자로 크게 나눌 수 있다. 여기서 공식적 참여자로는 대통령, 입법부, 행정기관, 사법부를 들 수 있고, 비공식적 참여자로는 이익집단, 정당, 언론기관, 일반국민, 및 외부 전문가를 들 수 있다. 그런데 우리 나라의 정책결정은 주로 행정부가 주도하고 있으므로, 여기서는 행정부 내의 정책결정기관들을 중심으로 살펴보면 다음과 같다.

1) 대통령

오늘날 행정국가 현상은 정책결정과정에서 행정부 수반인 대통령의 권한을 강화시키고 있다. 특히 우리 나라와 같이 권위주의적 · 가부장적 정치문화하에서는 정책결정과정에 있어서 대통령의 영향력이 매우 크다. 대통령은 정책결정과정 중에서 정책문제와 관련된 정보의 수집 및 분석단계에서는 그 영향력이 대단치 않으나, 대안의 작성 및 선택단계에서는 그 영향력이 강화되고 대안의 창도단계와 공식적 선택단계에서는 핵심적인 기능을 수행한다(Randal B. Reply, 1983:125-6). 그런데 대통령은 시간과 정보의 부족 때문에 중요하지 않은 안건이나 자신의 전문지식이 부족한 분야는 하위행정기관에 그 결정을 위임하고, 국가적으로 중요한 사항이나 행정부처간에 의견조정이 이루어지지 않은 사항에 대한 최종적 결정에 주로 관여한다.

정책결정과정에 있어서 대통령의 역할과 관련하여 빼놓을 수 없는 것이 대통령 비서실이다. 대통령 비서실의 비서들은 대통령 주변에서 대통령을 보좌하는 막료들로 대통령과 직접 접촉하여 정책결정에 영향을 미친다. 즉, 이들은 자기

그림 8-1 우리 나라 행정부의 정책결정과정

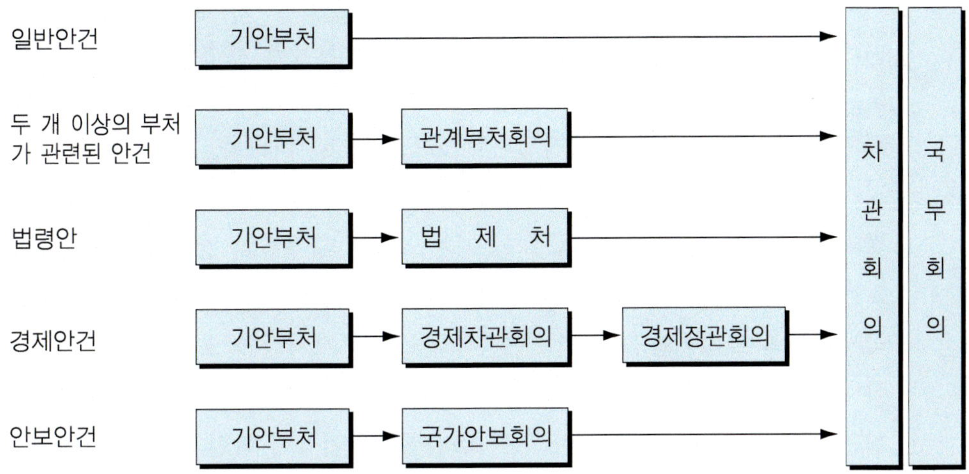

담당 분야별로 중요 사항들을 대통령에게 수시로 보고하며, 대통령 또한 정책결정에 앞서서 이들에게 개별적으로 의견을 구하는 경우가 많다. 따라서 이들의 정책결정에 대한 영향은 주로 간접적이라 할 수 있으나, 그 영향의 정도는 매우 크기 때문에 행정부처의 장관이나 국장들은 이들의 지지를 얻기 위해 노력하는 것이다. 더욱이 이들은 행정부처의 업무추진 상황이나 장·차관들의 실적에 대해서 수시로 평가·점검하여 대통령에게 보고할 수 있기 때문에 비서관들의 영향력은 더욱 커진다(정정길 외, 2003:457-64).

2) 부처간 정책조정 담당기구

우리 나라 행정부에서 부처간 의견조정이 공식적으로 이루어지는 것은 관계부처의 실무자들간의 협의로부터 시작된다. 실무자 수준에서의 의견조정은 흔히 '합의' 또는 '협조'라는 이름으로 진행된다. 이 때 실무자들 간에 합의 또는 협조가 이루어지지 못한 경우 차관이나 장관이 개입하게 되고, 장관들간에 이견이 존재하는 경우에는 대통령의 결정을 얻어야 하는데, 대통령의 결정을 받게 될 경우에는 부처간에 의견조정을 담당하는 '정부내의 정부'인 국무회의, 차관회의, 경제장관회의, 경제차관회의, 국가안전보장회의 등의 의결을 얻어야 한다. 이들에 관해 차례로 살펴보면 다음과 같다.

① **국무회의** : 국무회의는 대통령이 의장이 되고 국무총리가 부의장이 되며 15인 이상 30인 이하의 국무위원으로 구성되는 국가최고 정책결정기관이다. 우리 나라의 국무회의는 정부의 권한에 속하는 중요한 안건을 심의하는 기관으로, 의결기관도 아니고 자문기관도 아닌 중간적 성격을 띠고 있다. 이러한 국무회의에 상정되는 안건의 처리절차는 그 종류별로 다르다. 이에 대해 간단하게 정리한 것이 [그림 8-1]이다. 이 [그림 8-1]에서 알 수 있는 바와 같이 정책결정과 관련하여 국무회의의 중요한 기능으로는 대통령의 정책결정에 필요한 중지를 모으는 것과 부처간의 의사전달 및 조정기능 등이라 할 수 있다. 그러나 국무회의의 조정기능을 살펴보면, 적극적으로 부처간의 조정에 기여하는 것이 아니라 이미 부처간에 조정된 내용을 공식적으로 확인하는 소극적인 역할에 그치는 경향이 있다. 이와 같이 국무회의의 조정기능이 약한 이유는 국무회의 이전 단계에서 이루어지는 조정이 많다는 점도 있지만 국무회의가 안고 있는 다음과 같은 문제점으로부터도 기인되고 있다(백완기, 1986:426-7).

첫째, 모든 안건들이 국무회의에 상정되어 심의 · 통과되어야 하기 때문에 안건의 수가 많고 업무량이 과다하여 국무회의에서 부처간 의견을 조정할 수 있는 실질적인 논의가 이루어지기 어렵다.

둘째, 국무위원들이 자신의 소관분야 외의 안건에 대해서는 내용도 잘 모르는 경우가 많고, 관심수준 역시 낮다. 즉, 국무위원들은 국무위원의 자격으로서보다는 소관부처의 장관으로서 자기 부처의 사항이나 관련된 사항에 대해서만 관심을 갖는 경향이 있다. 그리고 국무위원들이 원만한 인간관계의 유지를 위해 자신의 소관분야 안건 이외의 다른 안건에 대해서는 관심을 표명하지 않는 경향이 강하다. 국무위원들의 이러한 행태는 정책의 조정을 행해야 할 국무회의의 조정능력을 저하시킨다.

셋째, 국무회의의 구성인원이 너무 과다한 편으로 문제를 진지하게 토의하고 의견을 교환하여 부처간의 의견조정을 행하는 것이 불가능하다. 이상과 같은 이유로 국무회의는 행정부의 최고의결기구로서 행정부의 정점에서 부처간의 의견조정을 행할 수 있는 공식적인 권한을 가지고 있음에도 불구하고 행정부의 최고결정기구로서, 또 최고정책기구로서의 기능을 수행하지 못하고 있으며 실질적인 부처간의 의견조정은 국무회의 개최 전에 이루어지고 있다.

② **차관회의** : 차관회의는 국무회의를 위한 사전 심의기관으로, 보통 안건의 실무적인 검토를 통하여 국무회의의 부담을 덜어주는 역할을 한다. 이러한 의미에서 차관회의는 실무적이며 전문적인 성격이 짙은 하나의 예비 심의기관이라 할 수 있다. 차관회의의 의결이 국무회의를 구속하는 것은 아니나 실제에 있어서는 차관회의에서 부결된 안건이 국무회의를 통과하기는 어렵다. 그러나 차관회의 역시 부처간 의견조정에서 실질적인 역할을 수행하지 못하는 경우가 많다. 차관회의가 지니고 있는 문제점은 국무회의가 지니고 있는 문제점과 유사하다. 즉, 차관회의에 상정되는 안건의 수가 지나치게 많고 그 참석인원도 과다하여 실질적인 의견조정 작업이 이루어지는 경우는 극히 드물다.

③ **경제장 · 차관회의의 조정** : 먼저 경제장관회의는 경제안건에 대한 사전 조정과 협의를 위한 회의로서 그 구성원은 경제관련 장관들로 구성된다. 그리고 경제차관회의는 경제장관회의에 상정되는 안건에 대한 사전심의를 담당하는 기구로 경제장관회의에 참석하는 행정부처의 차관 외에 행정자치부 차관이 추가로 출석하고 재정경제부 장관이 의장이 된다. 이러한 경제장 · 차관회의는 경제에 관한 중요한 정책을 결정하는 데 그 과정에서 경제정책을 둘러싼 행정부처간 의견조정을 수행하게 된다.

국무회의나 차관회의와 비교해 볼 때 경제장 · 차관회의는 부처간 의견조정에 실질적인 영향력을 행사하고 있다. 그 이유는 경제장 · 차관회의가 경제부처의 장 · 차관으로만 구성되고, 경제안건만을 다루기 때문에 참석자들이 안건에 대해서 흥미와 관심을 가지고 진지하게 토의에 임할 수 있으며, 또 안건의 내용에 대해서 잘 알고 있기 때문이다(백완기, 1986:428). 즉, 실무자 수준에서 부처간의 의견조정이 이루어진 사항도 대부분 경제문제의 전문가로 구성되어 있는 경제장 · 차관회의에서 재조정되기도 한다. 경제장 · 차관회의는 우리 나라의 공식적인 부처간 의견조정기구 중 가장 실질적인 역할을 수행한다.

④ **국가안전보장회의** : 국가안전보장회의는 국가안보에 관련된 사항을 심의하기 위하여 대통령을 의장으로 하고 국무총리, 재정경제부, 통일부, 외교통상부, 행정자치부, 국방부 등의 부처와 국가정보원장이 참석한다. 국가안전보장회의의 심의사항에는 국가기밀에 관한 사항이 많기 때문에 비밀리에 진행되는 경우가 많다. 대통령이 참석하기 때문에 이 회의에서 의결된 것은 사실상 확정

그림 8-2 우리 나라 행정부의 정책결정과정

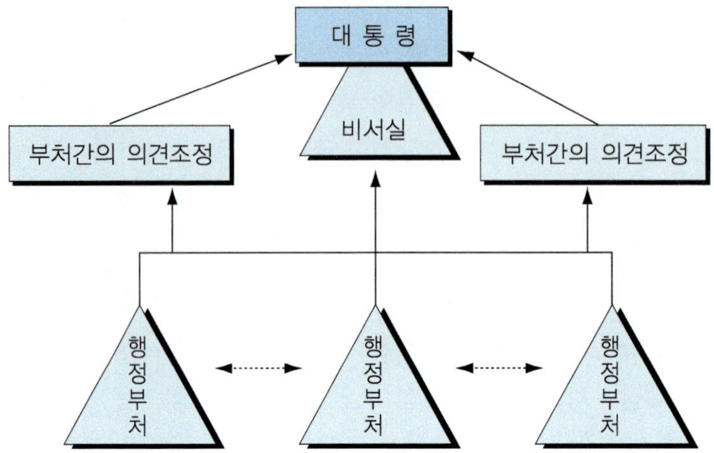

된 것으로 볼 수 있다.

3) 행정부처

우리 나라의 행정부처는 소관분야의 정책결정에 있어서 핵심적인 기능을 수행한다. 장관을 정점으로 하여 계층제의 원리에 의하여 구성되어 있는 행정부처는 정책문제의 인지, 정보의 수집 및 분석, 정책대안의 작성을 주도한다. 2006년 1월 현재 중앙행정기관은 18부 4처 17청으로 구성되어 있다.[3] 이들 행정부처를 비롯하여 각급 행정기관이 정책결정과정에서 중요한 역할을 하고 있다. 이것은 오늘날의 정책문제들이 기술적으로 복잡하여 전문성을 요하고 있기 때문이다. 따라서 국회에서는 개괄적이고 광범위한 지침만을 정하고, 세부적이고 구체적인 사항은 행정기관이 결정하게 된다. 그런데 사회가 다원화되어감에 따라 어떤 한 부처의 정책결정이 다른 부처에도 영향을 미치기 때문에 다른 부처와의 의견조정이 필요한 경우가 많다.

3) 먼저 18부로는 재정경제부, 교육인적자원부, 통일부, 외교통상부, 법무부, 국방부, 행정자치부, 과학기술부, 문화관광부, 농림부, 산업자원부, 정보통신부, 보건복지부, 환경부, 노동부, 여성부, 건설교통부, 해양수산부 등이고, 4처로는 기획예산처, 법제처, 국정홍보처, 국가보훈처 등이 있다. 그리고 17청으로는 국세청, 관세청, 조달청, 통계청, 기상청, 검찰청, 병무청, 방위사업청, 경찰청, 소방방재청, 문화재청, 농촌진흥청, 산림청, 중소기업청, 특허청, 식품의약품안전청, 해양경찰청 등이 있다.

2. 행정부 정책결정의 주요절차

(1) 행정부의 정책결정과정 개관

우리 나라는 대통령 중심제를 채택하고 있으므로 대통령이 행정부 정책결정의 최고책임자가 된다. 행정부의 정책결정과정을 공식적인 참여자들을 중심으로 단순화시켜 살펴보면 다음 [그림 8-2]와 같다. [그림 8-2]에서 보는 바와 같이 정책결정과정에서 최초의 정책발안은 행정부처에서 시작된다. 행정부처내의 의사결정절차는 여러 가지 면에서 일반 조직체의 의사결정절차와 비슷하다. 우리 나라 행정부처나 기관들의 내부 의사결정절차에서 가장 기본이 되는 것은 품의제도이다.

이것은 부하가 의견을 제시하고 상관이 그 의견을 검토하되 부하와 상의하여 최종 결정을 내리는 제도인 것이다. 다시 말해, 행정부처내의 실무책임자가 기안을 통하여 공식적인 의견을 제시하게 되면, 이것이 부처내의 계층제를 통하여 여러 단계의 검토와 조정을 거쳐 부처안으로 결정되게 된다. 이 과정에서 만일 타 부처와 관계되는 사항이 있으면 실무자간의 협력과 조정이 이루어진다. 그러나 부처간 관계되는 사항이 실무자 수준에서 조정되지 않으면 그것은 부처간의 의견조정과정을 거치게 된다. 행정부처간의 의견차이는 결정해야 할 안건이 여러 부처에 관련되어 있을 때 발생하는 데, 이것은 부처간의 갈등과 대립으로 이어지는 경우가 많다. 만일 부처간 의견조정단계에서 조정이 이루어지지 않으면 최종적으로 대통령에 의해 조정이 이루어진다. 부처간 의견조정이 필요없는 경우에는 직접 행정부처에서 대통령에게 보고되어 대통령이 이를 재가하는 과정을 거친다. 또 부처간의 의견조정과정을 거쳐 행정부처들이 정책에 합의한 경우에도 대통령이 최종적으로 재가를 행한다.

(2) 행정부처내의 정책결정과정 : 품의제도

1) 품의제의 의의와 실제

우리 나라 행정기관의 내부의사결정과정은 품의제도가 바탕이 되고 있다. 품의제도란 부하가 의견을 제시하고 상관이 그 의견을 검토하되 부하와 상의하여 결정을 내리는 제도이다. 이러한 과정은 계층제를 통하여 여러 단계의 검토와 조정을 거쳐 부처안으로 결정되게 된다. 즉, 팀원으로부터 팀장, 과장, 국장, 차관보, 차관, 장관에 이르기까지 최하층부로부터 상층부로 올라가면서 결재를 통하여 부처안이 결정되는 것이다. 따라서 이 제도는 하의상달제도로 매우 민주적인 제도라 할 수 있다. 이 제도에서 기안자는 해당업무의 실무책임자로 우리 나라 행정에서는 팀원들이라 할 수 있다.

이러한 품의제도하에서는 실무책임자의 의견이 중요한 역할을 하나, 실제에 있어서는 상층부의 의견을 반영시키기 위한 여러 가지 장치가 마련되어 있다. 즉, 실무책임자가 외부로부터 공문을 접수하거나 또는 조직내부 어떤 개인에 의해 정책결정의 필요성이 제기되면, 미리 상급자에게 보고하여 상급자의 지시를 받는 경우가 많다. 이 경우 상급자는 기본 방침을 정하여 지시하거나, 또 실무책임자가 기안을 작성하여 보고하면 상급자는 자신의 의견에 따라 수정·보완을 지시하는 경우가 많다. 따라서 품의제도하에서는 실무책임자들이 조직 상층부의 의견에 의해 크게 영향을 받게 됨으로써, 상급자 중심의 정책결정이 이루어지는 경우가 많다. 그러나 그렇다고 해서 실무책임자들의 의견이 완전히 무시되는 것은 아니다. 실무책임자들은 해당 분야의 전문가들로 이들의 전문성은 정책결정에 있어서 필수적이기 때문이다. 우리 나라 행정의 경우 계급제를 바탕으로 하고 있기 때문에 직위분류제를 바탕으로 하고 있는 미국에 비해서 관료들의 전문성은 약하다. 그렇다고 하더라도 행정관료 들은 재임기간이 짧은 장관이나 차관에 비해서 상대적으로 상당한 전문성을 지니고 있다. 그래서국·과장들은 전문성에 의거하여 상당한 영향력을 행사하는 경향이 있다(정정길, 1997:423-9).

2) 품의제의 장·단점

먼저 품의제의 장점으로는 다음을 들 수 있다. ① 상급자는 업무를 자세하게 파악하여 통제할 수 있다. ② 관련 직원이 참여의식과 단체정신을 가질 수 있다. ③ 관련된 국·과 등 사전심사·합의를 거치므로 사안에 관한 의견의 조정·협의가 이루어질 수 있다. ④ 하급자들에게 의견을 제안할 수 있는 기회를 부여하고, 신규직원들의 훈련기회로 이용할 수 있다. ⑤ 상급자와 하급자 사이

의 의견소통을 원활히 하고 일체감을 갖게 할 수 있다

다음으로 품의제의 단점으로는 다음을 들 수 있다. ① 의사결정과정이 너무 길어서 능률이 저하되고 행정이 지체된다. ② 형식상 하급자가 기안하는 형식을 취하므로 하급자의 지식, 능력, 사고방식에 부합되는 발의가 이루어지므로 이른바 주사행정의 폐단을 가져온다. ③ 실무자 선에서 처리할 사안까지 장관의 결재를 거치게 되어 있어 문서과다 현상을 초래하며, 최고관리층은 중요 문제에 대해 충분히 검토할 수 없다.

(3) 행정부처간 정책조정과정

행정부의 최고수준에서 이루어지는 정책결정에서 가장 어려운 것은 부처들간의 의견이 대립되었을 때이다. 이러한 의견대립은 결정해야 할 안건이 여러 부처에 관련되었을 때 발생하게 된다. 대체적으로 국무회의나 경제장관회의의 안건 중 절반 이상이 두 개 부처 이상에 관련되어 있는 경우가 많다. 이렇게 두 개 이상의 부처가 관련된 정책의 결정에 있어서는 부처 상호간의 조정이 필요하게 되는데, 이 조정과정에서 대립과 갈등이 일어나기 쉽다. 이러한 부처들간의 대립과 갈등이 일어나는 근본적인 원인은 부처할거주의에서 비롯된다. 할거주의는 부처내에서 보다는 부처들간에 더욱 심하게 나타나는 데, 여기서는 부처간 할거주의의 원인과 폐해를 살펴본 다음, 부처간 정책조정방법을 살펴보기로 한다.

1) 부처간 할거주의의 원인과 폐해

① 부처할거주의의 원인 : 부처할거주의(sectionalism)란 하위조직들이 자신들의 중요성만을 강조하고 타 하위조직, 경우에 따라서는 조직 전체에 대항하려는 경향을 말한다. 이러한 부처할거주의의 원인으로는 다음과 같은 것들을 지적할 수 있다.

첫째, 공식조직의 분절적 성격 때문에 부처할거주의가 발생한다. 즉, 부처할거주의가 발생되는 가장 큰 원인은 정부조직의 능률화를 위한 분업화와 전문화에 있다. 분업화된 하위조직은 특유의 규범을 생성 · 발전시켜 조직성원의 의식을 통일시키는 데 이것은 자기 조직의 중요성을 강조하는 경향을 강화시킨다. 그리고 전문화된 조직에서도 담당자들이 자신들의 업무가 전체조직에서 가장 중요하다는 생각을 하게 되고, 자신들이 소속된 하위조직이 중요하다는 생각을 하게 된다.

일반적으로 한 부처내의 업무는 동질성을 갖고 있고, 구성원 상호간에 업무에 대한 이해도 충분히 이루어져 있는 편이다. 이에 비해 부처간의 업무는 성격이 이질적이고 부처의 구성원 상호간에도 타 부처의 업무에 대한 이해가 결여되어 있는 상태이다. 이러한 현상은 행정부처간에 인사교류가 적고 직원들간에 상호접촉이 적은 것과도 밀접한 관련이 있다. 따라서 부처들은 국 · 과에 비해 독자성이 훨씬 강하고 폐쇄적이어서 부처할거주의를 심화시킨다.

둘째, 수혜집단의 차이 때문에 부처할거주의가 발생한다. 대부분의 행정부처는 수행하는 업무의 특성에 따라 그들이 대표하고, 지지하는 대상집단이 있는데 이러한 집단들을 수혜집단이라 한다. 수혜집단은 행정부처의 정치적 지지세력이면서, 동시에 그 존립기반을 형성한다. 각 행정부처들은 그들의 존립근거가 되는 이들 이해관계집단들의 이익을 대표하기 위해서 정부에 각종 정책대안들을 제시할 뿐만 아니라, 자신의 부처에서 입안하고 지지하는 정책대안이 최종적으로 채택되도록 노력하는 과정에서 부처간의 할거주의는 심화된다.

보통의 경우 부처내의 국 수준에 이르면 수혜집단이 달라지나, 이 차이는 각 부처간 수혜집단의 차이보다 적다. 또 수혜집단간의 이해관계가 상충되는 경우는 국 수준에서는 극히 드물고, 부처수준에서는 첨예하게 대립되는 경우가 있다. 예를 들어, 교육부내의 학교정책실이 초중고를 대상으로 하고 학교연구지원국은 대학을 대상으로 하므로, 이들 상호간에 이해관계가 상충되는 경우는 극히 드물다. 그러나 부처수준에서는 수혜집단의 차이가 커서 이해관계가 첨예하게 대립된다. 예를 들면, 산업자원부의 수혜집단은 기업이고 노동부의 수혜집단은 노동자인데, 이들은 정부가 어떤 정책을 수행할 때 이해관계가 첨예하게 대립된다.

셋째, 관할 영역권의 확장경쟁 때문에 부처할거주의가 발생한다. 각 행정부처는 정책대안에 대한 이견을 상호조정하는 과정에서 종종 자기 부처의 위상을 강화하고, 조직의 영역을 확장시키려고 노력하게 된다. 부처간의 업무에 대한 관할권 또는 영역권의 싸움에서 승리한 부처는 부처의 예산과 인력을 확충할 수 있는데 비하여, 패한 부처는 부처의 인력감소와 예산감축을 감수해야 된다. 이 때문에 부처간 싸움은 치열하게 전개되어 행정부처간의 할거주의는 더욱 심화된다.

② **부처할거주의의 폐해** : 부처할거주의는 정책결정과정에서 합리적 · 분석적 결정을 제약한다. 대체적으로 분업과 전문화에 따라 특정한 업무를 담당하고 있는 조직은 그 업무에서 가장 훌륭한 지식과 정보를 소유하고 있는 것으로 간주된다. 이 때문에 모든 조직은 다른 조직의 업무에 관여하는 것을 금기로 생각하는 경향이 있다. 이러한 할거주의로 인해 관료들은 자신들이 파악하고 있는 정보에만 의존하게 되고, 이들과 반대되거나 새로운 것은 고려하지 않는 경향이 있다. 우리 나라의 경우, 행정부처의 조직이 대체로 산하단체나 집단의 이익을 대변할 수 있도록 짜여져 있으며, 부처간에 권력배분이 편향성을 지니고 있기 때문에 정부부처가 특정집단에 유리한 정책을 추진할 수 있다는 점에서 또 다른 문제를 야기시킬 수 있다.

부처할거주의는 정책결정과정에서 뿐만 아니라 정책집행과 평가과정에서도 합리성을 저해한다. 대체적으로 하나의 정책을 집행하는 과정에는 다수의 과나 국 또는 부처가 관련되는 데, 이처럼 다수의 조직이 관련되어 정책을 집행할 경우 부처할거주의는 정책내용을 변질시킨다거나, 집행과정을 지연시키거나 또는 집행절차를 복잡하게 하는 등의 문제를 발생시켜 합리적인 정책의 집행을 어렵게 한다.

그리고 부처할거주의는 정책평가과정에서도 많은 문제를 발생시킨다. 할거주의가 존재할 경우 관료들은 정책평가과정에서 자기가 소속된 부서에 유리한 정보나 자료만을 제공하고, 상대편 부서에 대해서는 불리한 자료나 편향된 정보만을 제공하여 정책평가가 올바로 이루어지는 것을 방해하게 된다.

2) 부처간 정책조정방법

부처간에 갈등이 발생하였을 때 부처 상호간에 조정이 필요하게 된다. 상호조정이 이루어지는 방법은 크게 두 가지가 있다. 하나는 공식적인 방법을 통한 조정이다. 이것은 앞에서 살펴보았듯이 행정부처간의 의견을 조정하기 위한 공식적인 기구, 즉 '정부내의 정부' 를 통하여 부처간 의견조정을 하는 것이다. 다음으로는 비공식적 방법을 통한 조정이다. 비공식적인 방법을 통한 조정방법으로는 협상, 직접적인 조작, 제3자를 통한 조정, 적응적 조정, 정치적 개입 등이 있다. 일반적으로 부처간의 의견조정은 비공식적인 방법을 통하여 그 내용을 결정한 후 공식적인 방법, 즉 '정부내의 정부'를 통해 이를 확정하는 것이 보통이다. 부처간 정책조정을 위한 공식적인 기구들에 대해서는 앞에서 이미 살펴보았으므로, 여기서는 비공식적인 방법을 통한 조정을 살펴보기로 한다(David L. Rodgers and Charles L. Mulford, 1982).

① **협상을 통한 방법** : 부처간 의견조정을 위한 가장 보편적인 형태는 협상을 통한 방법이다. 행정부처가 행한 협상으로는 크게 설득, 위협 및 상호간의 타협이라는 세 가지 방법이 존재한다.

첫째, 설득은 부처간에 의견차이가 있을 경우 가장 먼저 행하여지는 조정의 방법이다. 즉, 합리적인 이유를 들어 타 부처의 의견이 문제가 있음을 지적하고 자기 부처의 의견이 정당함을 주장함으로써, 타 부처가 자기부처의 의견을 수용하도록 하는 것이다. 그런데 한 부처가 타 부처를 설득하기 위해서는 일정한 논리적 근거가 필요한데, 이 때 논리적 근거로 사용되는 것이 능률성, 형평성과 같은 행정이념들이다. 일반적인 부처간 설득과정을 살펴보면, 한 부처가 다른 부처를 설득하는 경우 설득을 당하는 부처가 이를 거부하기 위해서는 나름대로의 논리적 근거를 제시하게 된다. 이처럼 각 부처마다 정책대안에 대해 나름대로의 논리적 근거를 가지고 있기 때문에 설득에 의하여 부처간 의견조정이 이루어지는 경우는 극히 드물다.

둘째, 위협은 정책에 대해 조정을 필요로 하는 관계부처 중 한 부처가 다른 부처에 대해 압력을 가함으로써 조정을 이루려는 방법이다. 우리 나라에서 이 방법에 의한 부처간 조정은 예산권을 가지고 있는 재정경제부(기획예산처)와 타 부처 사이의 의견대립이 있는 경우 흔히 행해져왔다.

셋째, 상호간의 타협은 우리 나라 부처간 의견조정방법으로 가장 많이 행해지는 방법이다. 어느 한 부처의 주장이 일방적으로 관철되는 것이 아니라 부처 상호간에 양보를 통하여 적정선에서 의견이 조정되는 것이 보통이다.

② **제3의 행정부처에 의한 조정** : 이것은 이해관계가 없는 다른 부처가 조정에 관여하는 방법이다. 그런데 부처들간에는 자기 분야와 관련이 없는 영역에 대해서는 간섭하지 않으려는 경향이 강하므로 이 방법에 의한 조정은 극히 드물다. 그런데 우리 나라의 경우에는 정부조직이 개편되기 전, 즉 국민정부가 들어서기 전까지는 재정경제원 장관이 정부 조직법상 다른 부처보다 직급이 높

그림 8-3 **우리 나라 행정부의 부처간 정책조정과정**

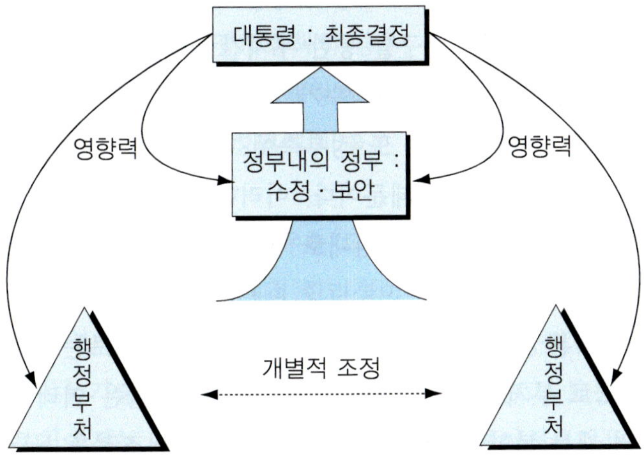

은 부총리로 되어 있어서 경제정책에 대해서 부처간 의견대립이 있을 경우에는 경제기획원에 의해 조정된 경우가 많았다.

③ **환경조작을 통한 방법** : 이것은 한 부처가 환경을 조작하여 다른 부처로 하여금 자기 부처의 의견에 동조하도록 만드는 방법이다. 우리 나라의 경우 정책결정에 대한 대통령의 영향력이 막강하기 때문에 각 부처는 대통령이 자기 부처의 의견에 호감을 갖도록 하기 위해 많은 노력을 기울인다. 그러한 방법의 하나로 대통령 비서실의 비서관들을 자기편으로 만들려고 노력할 뿐만 아니라 대통령의 측근들을 최대한 이용하려고 한다. 그리하여 대통령 주위에 어느 부처를 지지하는 연합전선이 형성되고 이에 대응하는 타 부처 지지의 연합전선도 형성된다(조석준, 1980:288).

④ **적응적 조정** : 이것은 부처간에 권력의 차이가 많이 존재할 때, 한 부처가 다른 부처와 의견대립이 있음에도 불구하고 다른 부처의 의견에 자신을 적응시키는 것이다. 이러한 현상은 부처간 권력의 차이가 있을 경우에 발생한다. 타 부처와 의견조정을 통해 자기 부처의 의견반영이 어렵다고 판단되면 적응적 흡수를 행하게 된다. 대체적으로 우리 나라의 경우에는 예산을 장악하고 있는 경제부처의 영향력이 강했기 때문에 힘없는 부처가 이들 부처와 의견대립이 있을 경우 적응적 흡수를 감수해야 하는 경우가 많았다.

정책사례 및 토의과제

사례 8-1 추곡수매와 관련한 부처간 갈등

매년 가을만 되면 신문 지면의 한 귀퉁이를 장식하는 기사가 있다. 다름아닌 정부의 추곡수매가 결정에 대한 기사이다. 이 기사가 세인의 관심을 끄는 이유는 아무래도 정부의 추곡수매가 결정과정에서 재정경제부와 농수산부가 벌이는 힘겨루기 때문일 것이다. 즉, 재정경제부는 물가안정을 이유로 추곡수매가의 인상폭을 낮게 책정하려 하고, 농수산부는 농민의 소득증대를 이유로 높게 책정하려 하면서 두 부처간에 갈등이 야기되며, 이를 해결하기 위한 힘겨루기가 시작되는 것이다. 이처럼 정부 부처들이 사회문제를 해결하는 과정에서 발생하는 정책갈등은 1980년대 중반 이후 우리 나라의 민주화가 급속하게 진행되면서 특히 자주 발생하게 되었고, 그 골이 더욱 깊어졌다고 할 수 있다. 그런데 이처럼 사회가 직면한 문제를 해결하는 과정에서 발생하는 정부 부처간의 정책갈등은 그 해결이 매우 복잡하고 어렵다. 뿐만 아니라 이러한 정책갈등을 바람직한 방법으로 해소하지 못할 경우 이는 정책의 제반 과정에 합리성을 크게 저해하는 원인을 제공한다. 따라서 정책갈등의 해소는 정부가 사회문제를 합리적으로 해결하기 위해 반드시 선결해야 할 필요조건인 것이다.

토의과제

1. 사례 8-1은 정책과정에서 여러 개의 행정부처가 관여하면 부처할거주의에 의한 정책갈등이 발생한다. 위의 사례에 근거하여 정책과정에서 발생하는 부처할거주의의 원인과 폐해를 논하고, 이를 해결하기 위한 방안으로서의 정책조정에 관해 논하시오.
2. 우리 나라 행정부의 부처간 의견조정방법들에 관해 설명하시오.

사례 8-2 추곡수매와 관련된 논란

추곡수매와 관련하여 큰 논란이 일고 있다. 농민들은 냉해피해를 이유로 정부가 수매가 및 수매량을 예년보다 늘려줄 것을 요구하고 있다. 이에 대해 정부는 냉해피해가 명백히 인정되는 농가에 대해 특별 지원하되 수매가와 수매량은 가능한 낮은 수준을 지키기로 내부방침을 정한 것으로 알려졌다. 재정경제부는 예산부족과 양정제도 개편 방침에 따라 수매가를 지난 해 수준에서 최대한 억제한다는 원칙을 고수하고 있다. 이에 반해 농림부는 냉해피해를 수매가에 어느 정도 반영할 수밖에 없다는 입장을 보이고 있다. 이런 가운데 농협중앙회는 임시대의원회를 열어 수매가와 수매량을 결정해 정부에 건의할 예정이다. 정부는 농협과 양곡유통위원회로부터 추곡수매 관련 건의안을 받는 대로 정부안을 마련하여 국회에 넘길 예정이다. 농민들은 냉해를 이유로 올해 추곡수매량을 지난 해보다 2백만 섬 이상 늘려주고, 수매가도 13~15% 인상해줄 것을 요구하고 있다. 그러나 정부는 수매량과 수매가를 모두 지난 해 수준 또는 그 이하로 한다는 복안을 가지고 있는 것으로 알려졌다. 수매가를 많이 올릴 경우 양정제도의 개혁과 상충되며, 정부보유 재고를 증대시켜 결국 농민에게 피해가 돌아간다고 주장하고 있다. 한편 야당은 냉해피해를 감안하여 농가 희망량의 전량 수매와 수매가의 15% 이상 인상안을 주장하고 있으며, 여당의 경우는 농민들을 달래주고 동시에 물가상승을 감안해 수매량증가와 수매가 6% 인상안을 내놓았으나, 정부측의 논리에 압도당하고 있다는 비판을 받고 있다. 따라서 국회 심의과정에서 큰 논란이 있을 것으로 보인다.

토의과제

1. 사례 8-2는 우리 나라의 정책결정과정에 관한 사례이다. 이 사례를 토대로 정책결정과정 참여집단들의 특징에 관해 논하시오.
2. 사례 8-2를 토대로 합리적 정책결정과 정치적 정책결정의 특징과 한계를 설명해 보시오.

9 정책결정의 이론모형

이 장의 개요

정책결정현상을 설명하는 모형은 이에 대하여 연구하는 학자들의 수만큼이나 많고 다양하다. 본 장에서는 이처럼 다양한 모형들 가운데 합리성을 기준으로 정책결정과정을 설명한 모형들에 대하여 살펴보기로 한다. 정책결정을 설명한 이론모형들은 정책결정에 작용하는 합리성을 기준으로 고도의 합리성을 주장하는 규범적・이상적 이론이 있는가 하면, 합리성을 매우 적게 인정하는 이론도 있으며 또한 이 양극의 중간을 가는 접근방법도 있다. 여기에서는 이러한 이론모형들 중에서 합리모형, 싸이버네틱스모형, 만족모형・점증주의・혼합주사모형・최적모형, 조직모형과 회사모형, 쓰레기통모형 및 앨리슨모형 등을 중심으로 고찰하게 된다.

9.1 이론모형의 분류

정책결정현상을 설명하는 모형은 정책결정현상에 대하여 연구하는 학자들의 수만큼 많다고 하여도 지나치지 않을 만큼 많고 다양하다(노화준, 1995:378). 왜냐하면 정책결정현상을 연구하는 학자들은 각각 정책결정현상의 서로 다른 측면을 연구하여 설명하고 가설적인 모형을 제시하려고 노력하기 때문이다. 따라서 정책결정을 설명하기 위한 이처럼 많고 다양한 이론모형들을 어느 한 가지 기준에 의해서 분류하고 설명하기는 매우 어렵다. 그럼에도 불구하고 정책결정에 관한 이론모형의 분류기준으로 가장 널리, 일반적으로 사용되는 것은 정책결정에 작용하는 합리성일 것이다.

이러한 점을 감안하여 여기에서는 합리성을 기준으로 하여 볼 때 정책결정에 고도의 합리성을 주장하는 합리모형과, 이와는 반대로 합리성이 완전히 존재하지 않는 상태에서의 정책결정현상을 설명하는 싸이버네틱스모형을 먼저 살펴보기로 한다. 뿐만 아니라 정책결정과정에 대한 설명모형들이면서 아울러 처방적 성격도 갖고 있는 만족모형 · 점증주의 · 혼합주사모형 · 최적모형을 차례대로 살펴보고, 다음으로 개인적 정책결정의 논리를 집단적 정책결정에 유추 · 적용을 시도한 모형들에 대해서도 살펴보기로 한다. 즉, 집단적 응집성이 강하지는 않으나 계층제적 조직에서 일어나는 정책결정현상을 잘 설명해 주고 있는 조직모형과 회사모형, 집단 구성원의 응집성이 매우 약한 조직의 정책결정현상에 설명력이 강한 쓰레기통모형 및 집단적 의사결정을 성질별로 분류하여 국가적 정책결정에 적용한 경우 중에서 가장 널리 알려진 앨리슨모형에 대해서도 살펴보기로 한다.

9.2 합리모형과 싸이버네틱스모형

1. 합리모형

합리모형(rational model)은 합리성에 근거하여 정책을 결정한다는 이론이다. 따라서 합리모형은 정책결정이 이루어지는 실제적 상황을 설명하기 위한 현실적 · 실증적 성격의 모형이라기보다는, 정책결정자가 합리적인 정책을 결정한다고 가정할 때 따라야 할 논리나 절차를 밝히는 규범적 · 이상적 성격의 모형이다.

합리모형은 정책결정을 다음 세 가지의 전제조건하에 다섯 단계의 과정을 거쳐 이루어지는 분석적 의사결정의 방식이다. 즉, 정책결정이 합리적으로 이루어지기 위해 필요한 전제조건으로는 첫째, 정책결정자는 정책을 통해 추구하려는 목표나 가치를 명확히 정의할 수 있을 뿐만 아니라, 목표나 가치간의 우선순위도 결정할 수 있어야 하고, 둘째, 식별된 목표의 달성을 위한 모든 대안을 알 수 있어야 하며, 셋째, 여러 가지 대안들 중에 최선의 대안을 식별할 수 있는 선택의 기준이 명확히 존재해야 한다는 것이다(J.E. Anderson, 1979; C. Lindblom, 1959). 이러한 전제조건하에 정책결정자가 합리적 · 분석적 의사결정을 하기 위해 밟아야 할 단계는 다음과 같다.

첫째, 해결해야 할 문제나 달성하고자 하는 목표를 명확히 하고, 둘째, 문제를 해결할 수 있는 여러 가지 대안들을 광범위하게 탐색하며, 셋째, 각 대안들을 실행하게 될 때 나타나게 될 결과들을 예측하며, 넷째, 대안들의 결과들을 평가하고, 다섯째, 목표에 가장 부합되는 결과를 가져올 대안을 선택한다.[1]

이러한 합리모형은 정책결정이 이루어지는 현실을 설명하기 위한 이론이라기보다는 정책결정자가 합리적인 결정을 하기 위하여 지켜야 할 이상적인 준거의 틀을 제공하려는 성격이 강하기 때문에, 현실적으로 정책결정이 이루어지는 현상을 실증적인 방법에 의해 설명하려는 학자들에 의해서 특히 많은 비판을 받고 있다. 이들 가운데 대표적인 학자들로는 만족모형을 주장하는 Simon과 점증주의를 주장하는 Lindblom과 Wildavsky 등이 있다. 이들이 지적한 합리모형이 지닌 문제점은 다음과 같다.

첫째, 합리모형은 인간능력의 한계를 간과하고 있다는 점이다. 즉, 합리모형에서는 정책결정을 함에 있어 관련된 모든 정보를 동원하여 목표를 달성할 수 있는 모든 대안을 탐색·비교·평가할 수 있다고 가정하지만, 그렇게 하기엔 인간의 능력에 한계가 있고 시간적으로도 한계를 지닌다

둘째, 합리모형은 정책대안을 탐색하고 그 결과를 예측하는 데 필요한 인적·물적 자원의 제한을 고려하지 않고 있다. 즉, 정책목표를 달성할 수 있는 다양한 내용의 대안을 탐색하고 분석하는 일은 많은 비용이 필요한 작업이다. 따라서 합리적·분석적 결정은 이러한 방법에 의한 정책결정의 편익이 분석에 들어가는 비용을 상쇄하고도 남음이 있을 때에나 그 의미가 있으며, 분석과정에서 드는 비용이 편익을 초과할 때에는 의미가 없는 방법이라 할 수 있다. 그러나 합리모형은 정책대안의 탐색 및 분석과정에서 필요한 이러한 비용의 측면을 간과하고 있다.

셋째, 합리모형에서는 정책목표가 명확히 식별될 수 있다고 가정하나 현실의 많은 정책문제들은 그 목표가 분명히 식별될 수 없는 경우도 많을 뿐만 아니라, 때로는 정책결정에 참여하는 정책결정자들이 서로 다른 목표를 가지고 있는 경우도 많다.

넷째, 매몰비용(sunk cost)과 관련된 한계가 있다. 즉, 기존 정책이나 사업에 이미 많은 자원의 투입이 이루어졌을 경우, 그보다 더 합리적인 대안이 있다 하

1) 합리모형에서는 정책결정자가 이러한 다섯 가지 단계를 의식적으로 밟으면서 정책결정을 한다는 사실에 대해서는 아무런 이견도 없다. 그러나 합리모형이 완전분석적 결정을 의미하는지, 또는 불완전분석적 결정을 의미하는지에 대해서는 학자들간에 견해가 엇갈린다. 즉, 완전분석적 결정만을 주장하는 학자들은 모든 대안을 탐색하고, 이들 대안의 모든 결과를 예측하여 최선의 대안을 선택하는 포괄성이야말로 합리모형의 핵심이라 생각한다. 반면에 불완전분석적 결정을 합리모형으로 간주하는 학자들도 있다. 이들은 가능한 대안들 중 몇 가지의 대안만을 고려하며, 이들 대안이 가져올 결과들에 대해서도 중요한 결과들만을 예측하되 의식적으로 정보를 수집하고, 모형을 이용하는 등 객관적·과학적 방법을 사용하고, 최선의 대안선택을 위하여 이질적인 가치를 통합할 수 있는 기준이 이용되는 정도의 분석적결정 역시 합리모형에 해당한다고 주장한다(정정길, 1997:464-5).

더라도 과거에 이미 투자된 비용(sunk cost) 때문에 합리적인 새로운 대안을 채택하기보다는 기존의 정책을 계속 채택하거나 또는 일부의 내용을 수정하여 채택하는 것이 일반적인 현실이라는 것이다(J.E. Anderson, 1979:11).

2. 싸이버네틱스모형

앞에서 살펴본 합리모형이 합리성에 근거하여 정책결정을 설명하는 이론이라면, 여기에서 살펴보고자 하는 싸이버네틱스(cybernetics)모형은 분석적 합리성이 완전히 존재하지 않는 상태에서의 정책결정현상을 설명한 이론이다. 이 모형은 다음과 같은 측면에서 합리모형과는 다른 특성을 보여주고 있다.

첫째, 합리모형에서는 정책결정을 통해서 달성하려는 목표가 무엇인지 명확히 정의되어 있고, 정책결정자가 이들 목표를 달성하기 위한 모든 대안들을 알고 있다고 가정한다. 이러한 전제하에 정책결정자는 목표의 달성을 극대화할 수 있는 최선의 대안을 모색하게 된다는 것이 합리모형이 설명하는 정책결정의 모습이다. 그러나 싸이버네틱스모형에서는 정책결정을 위한 목표나 가치가 반드시 사전에 존재한다고 전제하지 않는다. 즉, 이 모형에서는 단지 일정한 중요변수의 유지를 위한 끊임없는 적응에 초점을 맞춘다. 가령 정온기는 실내의 온도가 사전에 설정된 온도 이하로 내려가면 연소되는 가스(gas)의 양을 늘려서 온도를 높이고, 온도가 사전에 설정된 온도 이상으로 올라가면 가스의 양을 줄여 온도를 낮추어 실내의 온도를 일정하게 유지하도록 한다. 이처럼 싸이버네틱스모형에서는 정책결정자가 어떠한 결정을 통해서 달성하려는 목표나 가치를 염두에 두고 정책을 결정하는 것이 아니라, 이미 프로그램화 되어 있는 어떠한 상태를 유지시키기 위한 결정을 한다.

둘째, 합리모형에서는 정책대안의 결과예측을 위해 새로운 정보가 추가되면 이 새로 추가된 정보에 따라 대안의 결과예측을 수정해 가면서 대안의 결과에 대한 불확실성을 감소시킨다. 그러나 싸이버네틱스모형에서 정책결정자는 상황의 변화에 따른 새로운 정보에 따라 각 대안들의 결과예측을 수정해 가는 것이 아니라, 정책결정과정에서 극히 제한된 수의 투입변수들에만 주의를 집중하여 불확실성을 통제한다. 즉, 정책결정자들은 고도로 초점을 맞춘 환류채널(feedback channel)을 통하여 들어오는 정보에 대해서만 반응하며, 이 때의 정책결정은 반응레퍼토리(response repertory)에서 대안을 찾아내는 형태로 이루어진다.

셋째, 합리모형에서는 하나의 조직을 마치 한 사람의 의사결정자와 같이 보고, 개인적 의사결정의 논리가 조직의 집단적 의사결정에도 그대로 적용할 수 있을 것으로 보고 있다. 그러나 싸이버네틱스모형에서는 조직의 각 하위단위들은 계층적으로 상호분리되어 있으며 조직상층부의 감독을 받고 있으나, 조직상층부의 정책결정자는 분할의 원리(decomposition principle)에 의하여 각 하위단위들의 정책결정문제를 별개로 분리하여 하나씩 순서대로 취급하는 것으로 보았다. 따라서 싸이버네틱스모형에서는 조직의 정책결정은 합리모형에서 가정하는 조직 전체의 맥락 속에서 이루어지는 것이 아니라, 조직 각 하위단위의 맥락 속에서 이루어지는 것으로 본다(J.G. March and H.A. Simon, 1958).

9.3 만족모형 · 점 증 주의 · 혼합주사모형 · 최적모형

1. 만족모형

만족모형(satisficing model)은 Simon, March 등에 의해서 합리모형의 현실적 제약점을 극복하기 위해 제시된 모형이다. 따라서 이 모형은 합리모형과는 달리 완전한 의미의 '합리성'이 아닌, '제한된 합리성(bounded rationality)'에 기초하고 있다. 즉, 합리모형에서 가정하는 전제조건과는 다르게 인간은 인지능력에 한계가 있으며, 시간 · 경비의 부족으로 모든 가능한 대안을 탐색할 수도 없어, 현실적인 인간은 극히 소수의 대안만을 알고 있는데 이 소수의 대안에 관해서도 그 결과의 일부만을 예상할 수 있을 뿐이라는 것이다. 따라서 정책결정자는 현실적인 정책결정과정에서 최적의 대안을 찾으려고 하는 것이 아니라, 만족할 만한 정도의 대안을 찾으면 더 이상의 대안탐색을 중지하고 그 대안을 정책대안으로 선택한다는 것이 Simon의 주장이다. 이 때 대안의 탐색은 무작위적(random)이고, 순차적(sequential)으로 이루어진다. 즉, 문제를 해결하기 위해 어떤 대안이 떠오르면 이 대안이 가져올 결과를 예측해 보고 다음에 다른 대안을 생각하고 그 대안의 결과를 예측하는 식으로 하여, 결국 만족할 만한 결과를 가져오는 대안을 찾을 때까지 대안탐색은 계속된다.

Simon에 의해서 제시된 만족모형은 정책결정이 실제로 이루어질 때 일어나는 현상을 정확하게 설명하여 정책결정론에 대한 경험적 · 실증적 연구를 창도하였다는 점에 커다란 의의가 있다. 뿐만 아니라 이 모형은 정책결정은 비용이 들어가는 작업임을 명백히 하였다는 점에서 규범적 · 처방적 측면에서도 커다란 장점이 있다. 그럼에도 불구하고 이 모형은 첫째, '만족할 만한' 의 수준이 어느정도인지를 측정할 수 있는 객관적 척도를 구체적으로 제시하지 못하고 있으며(Y. Dror, 1968), 둘째, 실제의 정책결정과정에서 만족할 만한 대안을 찾은 후에는 더 이상의 대안탐색을 중지함으로써, 더 중요한 대안이 있어도 이것을 탐색하지 않고 포기해 버리도록 하는 의식과 행태를 조장할 우려가 있다는(정정길, 1997:472) 등의 비판이 제기되고 있다.

2. 점증주의

점증주의(incrernentalism)는 Lindblom과 Wildavsky 등에 의해 대표되는 이론으로서 합리적 · 포괄적 정책결정방법을 비판하고, 정책의 실현가능성을 중시한 이론이다. 즉, 합리적 · 포괄적 접근방법이 정책결정문제의 기본적인 이슈로부터 출발하여 점차로 세부적인 것으로 옮겨가면서 정책목표를 설정하고 대안을 검토해 가는 근본적 방법(root method)이라고 한다면, 점증주의는 현존하는 상태로부터 점진적으로 조금씩 변화시켜 가는 지엽적 방법(branch method)이라고 볼 수 있다. 따라서 점증주의에서는 합리모형과는 달리 정책결정에서 선택되는 대안들은 기존의 정책이나 결정을 점진적으로 개선해 나가는 것이며, 정책결정은 부분적 · 순차적으로 진행되고, 정책결정의 과정에서 대안분석의 범위는 크게 제약을 받는다.

점증주의에 대해서 Lindblom이 설명한 내용을 요약하면 다음과 같다(C.E. Lindblom, 1959).

① 가치(목표)를 절차상 우선적으로 내세우고 이를 평가하는 일은 없으며, 오히려 가치(목표)를 선택하는 것과 필요한 행동대안을 선택하는 것은 별개의 것으로 구분되는 것이 아니라 상호간에 밀접하게 얽혀있다. 그 이유는 사회 내의 가치표명자들간에는 가치의 내용과 정도에 관하여 이견이 있으며, 또한 가치들간의 우선순위나 비중을 결정할 수 없으므로 정책결정의 실제에 있어서는 가치를 명백히 정하지 않고 정책을 선택할 수밖에 없는 것이다.

② 일반적으로 정책결정과정은 목표를 먼저 정하고, 이 목표에 비추어 수단을 평가하는 목표–수단관계(ends–means relationship)로 인식되나 Lindblom은 이를 부정한다. 즉, 정책결정과정에서 목표와 수단은 명백히 구분되지 않으므로 목표–수단의 분석은 부적절하거나 제한적으로 이용된다는 것이 그의 주장이다.

③ 어떤 정책대안이 '좋은' 대안인가에 대해서 합리적 · 포괄적 접근방법은 목표가 명백히 정해져 있고, 이 목표를 달성할 수 있는 가장 적절한 수단이 '좋은' 정책대안이라고 주장한다. 그러나 점증주의에서는 다양한 분석가들이 합의에 도달할 수 있는 정책대안이 '좋은' 정책대안이라고 주장한다.

④ 정책대안의 분석범위에 대해 합리적 · 포괄적 접근방법에서는 중요한 관련사항을 모두 포함시키는 종합적 분석을 강조하나, 점증주의에서는 분석의 한정성을 강조한다. 즉, Lindblom도 Simon과 마찬가지로 인간의 지적능력이나 소유한 정보의 제한 때문에 정책결정에 있어서 복잡한 문제를 간소화하여 파악할 수밖에 없다고 한다. 따라서 정책결정자들은 복잡한 문제를 단순화해야 되는데 여기에는 다음과 같은 두 가지 방법이 있다. 즉, 기존의 정책과 차이가 적은 정책대안들만 선별하여 비교하는 방법과 정책대안이 실현됨으로써 발생할 수 있는 중요한 결과의 일부와 그에 결부된 가치를 능력상 무시해 버리는 방법

이다.

⑤ 정책대안을 비교하거나 선택할 때, 동시에 하지 않고 짧은 간격을 가진 상이한 시기에 걸쳐 점진적인 변동을 연속적으로 해나간다. 이렇게 함으로써 정책결정자는 기대하지 않은 결과가 발생할 가능성을 감소시키며, 바라지 않는 결과가 발생하였을 때 대응조치를 취할 수 있다. 이러한 내용적 특성을 갖는 점증주의가 현실에서 이루어지는 정책결정현상을 설명하는 데 합리모형보다 더욱 설득력이 있는 이유는 다음과 같다.

첫째, 정책결정자의 지적능력이나 정보수집능력에 있어서 또는 시간과 비용면에 있어서 불충분한 것이 보다 일반적인 현실이라고 믿어지기 때문이다.

둘째, 기존의 정책에는 이미 상당한 정도의 투자가 이루어져 있기 마련인데, 그것을 전면적으로 부정해 버리고 전혀 새로운 정책대안을 채택하여 집행한다면 과거에 정책에 투입된 투자는 전혀 쓸모없는 것이 되어버린다. 따라서 특별한 경우가 아니면 이미 상당한 정도의 투자가 이루어진 과거의 정책을 계속 유지시키거나 거기에 약간씩의 수정을 가하는 정도로 만족하게 되는 것이 일반적인 현상이라고 보기 때문이다.

셋째, 기존의 정책은 다양한 정치세력들간에 이미 타협과 조정을 거쳐 나타난 산출물이다. 그런데 이것을 무시하고 새로운 정책대안을 채택하게 된다면 과거에 이루어진 타협과 조정을 파괴하는 결과가 되어 기존의 정책에 의해 혜택을 받아온 집단뿐만 아니라, 기존의 정책에 근거하여 행동해온 개인이나 집단들은 새로운 정책을 회피하려 들 것이다. 따라서 사회적 지지를 계속 확보하여 기존의 정치권력을 유지하기를 원하는 정책결정자의 입장에서는 특별한 경우를 제외하고는 과거의 것과 유사한 정책을 제시하려고 할 것이다.

한편 점증주의적 접근방법은 현실에서 이루어지는 정책결정의 실상을 당시로서는 가장 정확하게 기술하였다는 점과, 미국처럼 권력이 분산된 다원주의 사회에서는 현실의 정책결정현상에 대한 설명력이 높다는 점에서 의의가 크다 하겠다. 그러나 이 모형은 다음과 같은 측면에서 비판을 받고 있다.

첫째, 점증주의는 정치적으로 안정된 사회에서의 정책결정현상을 설명하는 데에는 적합하나, 사회변동이 극심한 사회의 정책결정현상을 설명하는 데에는 한계가 있다는 점이다. 가령 Dror에 의하면 점증주의가 타당성을 지니기 위해서는 ① 현행정책의 결과가 대체로 만족스러운 것이어야 하며, ② 해결해야 할 문제의 성격이 고도의 안정성을 지녀야 하고, ③ 문제해결을 위한 수단 역시 고도의 안정성을 지녀야 한다는 전제조건의 충족이 필요하다고 한다. 그러나 이러한 전제조건은 사회가 안정되어 있는 선진국에서는 충족될 수 있으나, 계속적인 변동을 거듭하고 있으며 때로는 급격한 변동을 겪고 있는 발전도상국에는 적합지 않다는 것이다(Y. Dror, 1964:154–5).

둘째, 점증주의가 지나치게 보수적이어서 쇄신을 저해한다는 것이다. 점증주의적 정책결정의 접근방법은 과거의 정책을 거의 그대로 지켜나가는 보수적인 성격을 띠고 있으므로 원래부터 정책이 잘못된 경우에는 시정이 어렵다는 문제점이 있다. 뿐만 아니라 점증주의에 의한 정책결정방법은 현재의 상태를 옹호하려는 성향을 강하게 띠고 있으므로 사회세력들간에 불균형에 기인한 불평등이 존재하는 경우 정책은 계속해서 정치적 약자의 희생 위에 정치적 강자의 이익을 대변할 가능성이 크다는 문제점을 제기한다.

셋째, 점증주의는 안이한 정책결정을 조장할 가능성이 크다. 행정조직이든 정책결정조직이든 모든 인간조직은 타성(inertia)에 흐르기 쉬우며 새로운 대안의 모색을 소홀히 할 우려가 많다. 합리모형은 비현실적이라는 비판을 면하기는 어려울는지 모르나 이러한 타성에서 벗어나 문제해결을 위한 새로운 방법, 새로운 대안을 모색하도록 촉구하는 기능을 수행한다. 그러나 점증주의는 무사안일을 정당화하고 더 나아가서는 조장할 우려마저 있다는 것이다(유훈, 1986: 68).

3. 혼합주사모형

혼합주사모형(mixed–scanning model)은 Etzioni에 의해 제시된 접근방법으로서, 합리모형과 점증주의를 혼합 · 절충한 제3의 모형이다. 즉, 합리모형의 이상주의적 성격을 지양하고, 점증주의의 보수성을 탈피하기 위하여 이 양자를 변증법적으로 통합한 것이다(A. Etzioni, 1967:295).

혼합주사모형은 먼저 합리모형과 점증주의에 대한 비판으로부터 시작한다.

즉, Etzioni에 의하면 합리모형에 의한 정책결정은 결정자에게 모든 대안의 모든 결과를 정확하게 예측할 것을 요구하여, 지나치게 엄격하고 이상적인 지적 작업을 요구한다는 것이다. 반면에 점증주의는 너무 근시안적이고, 방향감각이 없으며 또한 너무 보수적이어서 반혁신적인 정책결정을 정당화시켜 주는 경향이 있다고 비판한다.

그러나 Etzioni에 따르면 혼합주사모형을 사용하는 결정자는 의사결정을 근본적인 결정과 지엽적인 결정으로 구분하고, 근본적인 결정을 할 때에는 결정자의 목표를 달성하기 위한 대안을 광범위하게 모색하나 합리모형과는 달리 세부적인 문제는 생략한다. 그러나 지엽적인 결정을 할 때에는 근본적인 결정에 의하여 설정된 맥락(context) 안에서 점증적으로 이루어진다는 것이다. 이러한 혼합주사모형은 기상위성의 예를 들어 설명하면 이해하기 쉽다.

가령 기상위성으로 태풍의 발생을 탐지하기 위한 작업을 한다고 가정하자. 이 때 만약 합리모형의 주장대로 관측을 한다면 하늘의 한 쪽 끝에서 다른 쪽 끝까지 정밀관찰을 하여야 하는데, 이것은 미세한 사항에 대한 엄청난 분량의 자료 때문에 분석에 너무 많은 시간과 경비가 필요하여 분석이 사실상 불가능할 것이다. 반면에 점증주의 방법에 의하면 과거에 태풍이 발생하였던 지역과 그 근처에만 초점을 두고 관측하게 되는데, 이 방식으로는 다른 지역에서 발생할 가능성이 있는 태풍을 전혀 관측하지 못하게 된다. 이 경우 혼합주사모형은 두 개의 서로 다른 카메라를 사용하여 태풍의 발생가능성을 탐지한다. 즉, 첫 번째 카메라는 넓은 앵글을 지닌 렌즈의 카메라로서, 이 카메라로는 하늘 전체를 조감하되 세밀하게 관측하지는 않는다. 그러나 정밀한 검토가 필요한 지역을 관측할 때에는 두 번째 카메라를 사용하여 세밀하게 관측한다. 즉, 처음부터 모든 지역에 관해서 세밀하게 관측하는 것보다는 처음에는 광범위한 지역을 대상으로 하되 덜 세밀하게 관측하고, 이것을 토대로 하여 문제있는 지역이 나타나면 그 지역만을 대상으로 하여 세밀하게 관측하는 것이 바람직하다는 것이다.

이 모형은 모든 결정을 동일한 수준으로 보지 않고 근본적인 결정과 세부적인 결정 그리고 양극단 사이에 존재할 많은 결정을 제시하여 의사결정간의 상호관계를 밝히고, 나아가서 근본적 결정이 중대한 영향을 미칠 뿐 아니라 후속적인 세부적 결정의 테두리를 정하고, 그 방향을 제시하는 등의 중요성이 있음을 지적한 것이나 또는 합리모형의 지나친 지적엄밀성과 점증주의의 보수성을 극복할 수 있는 전략을 제시하였다는 점에서 정책결정이론의 발전에 커다란 기여를 한 것으로 평가할 수 있다(정정길, 1997:497). 그러나 현실적인 정책결정과정에서는 근본적인 정책결정과 지엽적인 정책결정의 구별이 어렵다는 점과, Etzioni도 이에 대한 명확한 기준을 제시하지 못하고 있다는 점에서 비판이 제기되고 있다(C. Ham and M. Hill, 1984:87-8).

4. 최적모형

점증주의적 정책결정의 접근방법은 현존의 정책이 만족스럽고, 문제의 성격상에 높은 일관성이 유지되고 있으며, 이 문제를 다루기 위하여 이용 가능한 정책수단들에 고도의 계속성이 유지될 수 있을 때에는 유용하나, 이 모형은 타성을 조장하고 쇄신을 저해하는 정책결정방법이라고 통렬하게 비판한 Dror는 현실주의와 이상주의를 통합한 최적모형(optimal model)을 제시하였다(Y. Dror, 1964, 1971). Dror가 제시한 최적모형의 특성은 다음과 같다(Y. Dror, 1983).

첫째, 최적모형은 경제적 합리성을 중요시 한다. 현실주의와 함께 이상주의를 강조한 Dror는 합리성의 제고를 중요시 하되, 그것은 어디까지나 '경제성을 감안한 합리성' 임을 강조한다. 즉, 정책결정의 합리성을 제고하기 위해 대안을 탐색하거나 최적의 대안을 선택하는 과정에 시간 및 인적 · 물적 자원의 제약이 있다는 사실을 감안해야 한다는 것이 그의 주장이다.

둘째, 최적모형은 합리성뿐만 아니라 초합리성(extra-rationality)의 중요성도 강조한다. Dror가 말하는 초합리성은 직관(intuition), 판단(judgement) 등

2) Dror는 직관이나 통찰력 등의 초합리성이 훌륭한 정책결정을 위해서 도움이 되는 이유를 다음 세 가지로 요약하여 설명한다. 첫째, 정책결정을 위한 자원 · 시간 · 능력이 부족하고 상황이 불확실한 경우에는 결정자의 직관이나 통찰력에 따라 결정을 내리는 것이 더 바람직한 경우가 많다. 둘째, 정책결정의 일부 국면에서는 초합리성만이 그 업무를 담당할 수 있다. 셋째, 합리모형에 의해 해결이 가능한 경우라도 문제의 어떤 국면은 합리모형에 의존하는 것보다 초합리성에 의존하는 것이 더 나은 경우도 있다(Y. Dror, 1968).

과 같은 인간 의식의 저변에 존재하는 반무의식적(subconscious) 요소를 의미한다.[2)]

셋째, 최적모형은 메타정책결정(meta-policymaking)을 중요시 한다. Dror의 최적모형은 4단계 18개 국면으로 구성되어 있다. 이들 4단계는 메타정책결정단계, 정책결정단계(policymaking stage), 정책결정 이후단계(post-policy-making stage) 및 커뮤니케이션과 피드백(feedback)단계 등이다. 이러한 4단계 중에서 Dror가 특히 강조하는 단계는 메타정책결정단계이다. 메타정책결정단계에는 ① 가치의 처리, ② 현실의 처리, ③ 문제의 처리, ④ 자원의 조사 · 처리 및 개발, ⑤ 정책결정시스템의 설계 · 평가 및 재설계, ⑥ 문제 · 가치 및 자원의 할당, ⑦ 정책결정전략의 결정 등 7개 국면들이 포함되어 있다. 즉, 메타정책결정은 '정책결정에 대한 정책결정' 으로서 '정책결정을 어떻게 하여야 할 것인가에 대한 결정' 이며,[3)] 이 때의 목표는 보다 바람직한 정책을 결정하기 위한 전략을 결정하는 것이다(정정길, 1997:502).

넷째, 최적모형은 피드백 작용을 중요시 한다. 즉, Dror는 의사전달과 피드백의 통로를 통하여 앞의 모든 국면을 상호 연결하는 피드백의 작용을 중요시 한다.

지금까지 살펴본 최적모형은 첫째, 정책결정과정에서 가치의 존재를 중요시하고 초합리적 요소들의 중요성을 강조하였으며, 둘째, 메타정책결정과정을 정책결정의 선행단계로 도입함으로써 정책결정의 새로운 이론모형을 개척하였고, 셋째, 정책집행 후의 평가와 피드백을 공식적 정책결정과정의 한 단계로 포함시킴으로써 정책결정이론의 새로운 지평을 여는데 큰 기여를 한 것으로 보인다(김병진, 1989:242). 그러나 최적모형은 첫째, 정책결정에서 사회적 과정에 대한 고찰이 미흡하다는 점, 둘째, 초합리성의 구체적 달성방법이 명확치 않다는 점, 셋째, 너무 유토피아적인 모형이라는 점 등 때문에 비판을 받고 있다(윤재풍, 1981:124).

---

3) 메타정책결정단계에서는 정책결정을 위한 전략을 세우는 단계로서, 이 과정에서 고려해야 할 사항으로는 첫째, 정책결정과정에서 고려해야 할 가치, 목표, 원칙, 지침, 둘째, 정책결정의 주체 및 참여자, 셋째, 정책수립의 과정, 절차, 넷째, 정책결정과정에 투입될 자원 및 시간 등이다.

9.4 조직모형과 회사모형

1. 조직모형

합리모형이 지닌 비현실적 요소를 정확하게 지적하고 현실적인 의사결정 이론을 체계적으로 창시한 사람은 Simon이다. Simon의 이론이 분업화된 계층적 구조를 지닌 조직내부의 의사결정에 적용된 것이 조직모형과 회사모형이다. 조직모형은 Simon과 March가 공저한 「조직론(organizations)」에서 전개한 것이다(정정길, 1997:506).

(1) 의사결정의 두 가지 방법과 문제해결식 의사결정

March와 Simon은 조직은 본질적으로 합리성이 제약된 인간들로 구성되어 있다고 전제한다. 조직의 구조와 기능을 조직이 문제해결, 즉, 의사결정을 수행하는 과정에서 필연적으로 나타나는 현상으로 취급하고, 의사결정의 단순화된 모형으로서 다음과 같은 특징을 열거하였다. 최적화 대신 만족화가 추구되고, 대안이나 대안의 결과는 탐색과정에 의하여 순차적으로 발견되며, 행동프로그램의 묶음 또는 목록이 개인과 조직에 의하여 개발되어 선택의 대안으로 계속 이용된다. 또한 개별적인 행동 프로그램 하나, 하나는 한정된 범위의 상황과 결과만을 취급하고, 하나 하나의 행동 프로그램은 다른 것들과 반독립적으로 집행될 수 있다. 그래서 이들은 서로 느슨하게 연결되어 있다.

March와 Simon은 의사결정을 상례화된 의사결정과 문제해결식 의사결정으로 나누고 있다. 조직도 개인과 마찬가지로 일정한 자극을 받으면 반응을 일으킨다. 이 때 자극이 과거에 반복적으로 경험한 것이면, 일정한 자극이 있을 때 그에 대한 반응도 상례화된다. 이를 '상례화된 의사결정(routinized decision)' 또는 '프로그램화된 의사결정(programmed decision)' 이라고 한다. '문제해결식 의사결정(problem solving decision)', 또는 '비프로그램화된 의사결정(non-programmed decision)'은 새로운 자극이 발생하였을 때, 기존의 프로그램으로 대응하면 만족스러운 결과를 가져오지 못한다고 판단되어, 새로운 대안들이 제안되고 이 새로운 대안 가운데 어느 하나가 채택되는 의사결정을 의미한다.

(2) 상례화된 의사결정과 프로그램목록(program repertory)

문제해결식 의사결정을 통하여 채택된 대안은 하나의 프로그램이 되어, 조직의 기억속에 저장되고 프로그램화된 의사결정에 그대로 이용된다. 상례화된 혹은 프로그램화된 의사결정이란 어떤 문제를 해결하기 위한 방법으로서, 이미 개발된 프로그램목록 속에 저장되어 있는 프로그램 중에서 어느 하나를 선택하는 행위를 지칭한다. 자극이 있으면 즉각적으로 반응프로그램들의 창고로부터 적절한 프로그램을 뽑아낸다.

(3) 요소분해와 업무 및 목표의 분화

프로그램 구조를 위로부터 밑으로 내려다보면 업무와 목표의 분화를 의미한다. 조직 전체의 업무를 목표-수단의 계층제 또는 프로그램 구조에 의하여 무수한 하위수준의 업무로 단순화 · 전문화하면, 업무추진의 속도를 빨리하는 장점이 있다. 반면에 수단의 목표화, 할거주의 등 여러 가지 피해도 발생한다. 특히 분화된 조직에 있어서 어느 하위부서나 개인이 정보를 전달할 때에, 자신이 나름대로 해석 · 요약한 후에 결론만을 전달하는 경향이 많은데, 이를 불확실성의 흡수라고 한다.

(4) 조직내의 갈등

개인적 의사결정에서 합리적 의사결정에 가장 문제가 되는 것이 의사결정자의 지적 능력의 부족이지만, 집단적 의사결정에서는 이와 더불어 개인들간의 선호와 목표의 차이가 커다란 문제점이다. 조직모형에서는 조직내 갈등이 중요시되는데, 조직내 갈등의 원인은 ① 공동의사결정을 해야 하고, ② 서로 추구하는 목표의 차이가 있으며, ③ 목표가 같더라도 문제상황에 대한 판단이 다를 수 있기 때문이다. 갈등을 해결하는 방법은 다음과 같다. ① 목표는 동일한데 상황에 대한 인지의 차이로 인하여 해결책에 대한 합의를 보지 못하는 경우에는, 새로운 대안을 탐색하고 보다 많은 정보를 수집한다. 이로써 합의할 수 있는 대안을 선택하게 된다. ② 설득(persuasion)의 방법이다. 개인들의 목표가 상이한 경우, 상위목표에 의한 조정으로 합의할 수 있는 대안을 선택할 수 있다. ③ 흥정(bargaining)의 방법이다. 목표의 차이를 해소할 수 없는 경우에는 타협의 방법으로 대안에 대한 합의를 구한다. ④ 정치(politics)의 방법이다. 연합을 구성하기 위하여 새로운 세력을 끌어들이기도 한다.

March와 Simon은 본질적으로 합리성이 제약된 인간들로 구성된 것이 조직이라고 보아, 조직의 인지적 한계에 초점을 두고 조직 내의 의사결정을 다루고 있다. 인간의 능력은 한정되어 있기 때문에, 복잡한 현실에서 합리성을 도모하기 위해서는 현실을 단순화시키며, 이것이 요소분해와 업무 및 목표의 분화라고 본다. 이는 조직적 의사결정현상을 설명하고 이해하는 데 기여한다.

2. 회사모형

회사모형은 Cyert와 March가 공저한 「회사의 행태이론」의 핵심부분으로서, Simon과 March가 공저한 「조직론」을 한 걸음 더 발전시켜 실제 기업체의 의사결정과정을 밝힌 것이다. 회사모형은 개인의 의사결정의 원리를 그대로 유추 · 적용하여 조직의 의사결정을 설명한 것이 많은데, 조직의 집단적 측면을 보다 자세하게 취급하고 발전시킨 것이다. 회사모형은 조직모형보다 더욱 철저하게 기업조직 내부의 의사결정에 초점을 맞추고 있다. 고전파 경제학에서는 기업이 합리모형에 따라 의사결정을 하는 것으로 전제하고 있는데, 회사모형은 이에 대한 비판에서 출발한다. 합리모형의 전제는 ① 기업은 이윤극대화의 목표를 지니고 있고, ② 목표달성에 필요한 수단의 탐색과 관련된 모든 것들에 대한 완전 한 지식을 지니고 있다는 것이다.

(1) 갈등의 준해결

회사모형에서는 회사조직이 서로 다른 목표들을 지닌 구성원들의 연합체라고 가정한다. 예를 들면, 생산부, 판매부, 자재부 등은 각각 독립된 하위목표를 지니고 있는데, 목표들간에 갈등이 일어날 수도 있고 이들 갈등 · 모순되는 목표들을 하나의 차원이나 기준으로 통합할 수 있는 방법은 없으며, 타협을 통해 해결된다. 따라서 갈등의 완전한 해결은 불가능하며 준해결에 머물고 만다.

(2) 문제중심의 탐색

보통의 의사결정에는 목표나 해결할 문제를 확인한 후에 대안탐색이 있게 되지만, 회사에서의 탐색활동은 문제지향적이다. 문제에 의하여 탐색이 시작되어 문제의 해결책을 찾는 방향으로 향하게 되는데, 이러한 현상을 문제중심의 탐색이라고 부른다.

(3) 불확실성 회피

장기적인 전략을 통해 매일매일의 행동에 대한 의사결정을 하려는 것은 자칫 부정확해지기 쉬우며 미래예측이 어렵다. 따라서 주로 단기적인 환류를 이용하여 현재 당면한 문제를 해결하는 데 치중한다. 어떤 문제가 발생하면 해결책을 강구하고 그것이 해결되면 다음 문제가 등장할 때까지 기다리는 식의 의사결정 방식을 택한다.

고전경제이론에서는 환경을 외생변수로 보아 회사가 환경에 대한 예측을 하면서 이에 따라 수동적으로 움직이는 것을 전제로 한다. 그러나 회사모형에서는 환경의 불확실성을 제거하기 위해서 환경을 통제할 수 있는 방법을 찾는다.

(4) 조직의 학습

인간이 경험을 통하여 학습하는 것처럼, 조직도 구성원의 학습을 통하여 전체로서 학습을 하게 된다 구체적으로 보면 조직은 경험에 의하여 목표를 변화시키며, 관심의 대상을 변화시키고, 탐색을 위한 절차도 수정하게 된다. 그래서 시간이 흐름에 따라 적응적인 행태를 보이게 된다.

(5) 표준운영절차(SOP)

표준운영절차는 조직내의 개인이나 하위조직에게 부과된 업무를 수행하는 방법을 세밀하게 밝혀 둔 것이다. 조직체가 오랫동안의 학습을 통하여 형성한 행동규칙이 표준운영절차인데, 이는 조직체 내부의 의사결정에 중요한 준거의 역할을 한다. 표준운영절차에는 일반적 SOP와 구체적 SOP가 있는데, 이 중에서 구체적 SOP가 중요하므로 이에 대하여 간단히 살펴보기로 한다.

① **업무수행에 관한 규칙**(task performance rules) : 조직내의 모든 하위조직 및 그 구성원들에게 어떻게 적절히 업무를 배분하며, 또한 그 업무를 어떠한 방법에 따라 효과적으로 달성할 것인가를 구체적으로 나타내주는 표준운영절차이다.

② **지속적인 기록 및 보고에 관한 규칙**(continuing records and reports) : 업무수행결과로서의 성과에 관한 기록이나 예산서 모두를 포함한다. 조직은 과거에 사용된 중요한 기록을 영구히 보존하며, 또한 일반적인 보고절차에 관해서도 SOP를 지닌다.

③ **정보처리에 관한 규칙**(information-handling rules) : 업무를 처리하는 과정에서 필요한 정보의 이용에 관한 규칙이다. 즉, 첫째, 환경으로부터 어떤 종류의 정보가 수집되어야 하며, 둘째, 조직내의 어떤 종류의 정보가 환경으로 배분되어야 하고, 셋째, 정보를 조직내의 하위조직 사이에서 어떻게 수집해 분배하느냐에 관한 규칙을 포함한다.

④ **계획과 기획에 관한 규칙**(plan and planning rules) : 각 하위조직 및 대안들 사이에 자원을 어떻게 배분할 것인가를 구체적인 형식으로 표현한 것이 계획인데, 이것은 단기 지출예산으로부터 장기적인 자본지출에 이르기까지 매우 다양하며, 이를 기초로 해서 조직은 선택을 하게 된다.

회사모형은 조직내의 하위조직들 사이의 상이한 목표로 인한 갈등이 협상을 통하여 해결이 된다는 점과, 이러한 해결은 완전한 것이 아니고 준해결 상태로 남는다는 점, 그리고 조직내의 표준운영절차의 중요성을 강조한 점 등은 현실에 대한 설명력이 매우 높다고 볼 수 있다. 회사모형은 비단 사기업뿐만 아니라 행정부에서의 정책결정에도 적용된다는 점에서 의의가 있다.

9.5 쓰레기통모형

쓰레기통모형(garbage can model)은 모형 이름이 시사하는 바와 같이 쓰레기통처럼 무질서한 상태에서의 조직에서 이루어지는 의사결정을 설명하기 위해 Cohen, March 및 Olsen 등이 제시한 모형이다(M.D. Cohen, J.G. March and J.p. Olsen, 1972). 즉, 대학사회나 또는 친목단체에서처럼 조직(집단)의 구성원들 사이에 응집성이 아주 약한 혼란상태에서 이루어지는 의사결정의 특징적 측면을 강조한 모형이다. 이 모형이 갖는 내용적 특성은 다음과 같다.

1. 전제조건

① **문제성 있는 선호**(problematic preferences) : 문제성 있는 선호란 결정에 참여하는 개인들이 서로 다른 선호를 가지고 있거나, 또는 어떤 경우에는 자기의 선호가 무엇인지 조차 모르고 있다가 결정이 어느 정도 진행되면서 차츰 선호를 깨닫게 되는 현상을 의미한다. 따라서 이러한 상태에서는 참여자의 선호들간에 일관성도 없고, 선호가 명확하지도 않은 상태에서 조직의 정책결정이 이루어진다.

② **불명확한 기술**(unclear technology) : 여기에서 기술이라는 것은 문제를 해결하기 위한 수단과, 이를 통해 달성하려는 목표 사이에 존재하는 인과관계를 의미한다. 따라서 불명확한 기술이란 목표와 수단간에 존재하는 인과관계가 불분명한 것을 나타낸다. 대개의 경우 조직은 시행착오(trial and error)를 통해서 운영되는 것이 현실이며, 또한 이러한 시행착오를 통해 문제를 해결하는 방법을 학습하게 된다.

③ **일시적 참여자**(part-time participants) : 일시적 참여자란 의사결정과정

의 참여자들이 일정하지도 않고, 참여하는 사람들도 의사결정과정에 바치는 시간이나 노력의 양이 다르며, 시간의 흐름에 따라서 등장인물도 변화하는 것을 의미한다.

2. 의사결정의 네 가지 요소

위에서 알아 본 바와 같은 전제조건 아래에서 의사결정이 이루어지기 위해서는 다음 네 가지의 구성요소가 모두 구비되어야 한다.

① **결정해야 할 문제**(problems) : 의사결정을 통해서 해결해야 할 문제를 의미한다. 일상생활에서 발견되는 무수한 사회문제가 여기에 해당될 수 있다.

② **문제의 해결책**(solutions) : 의사결정이 이루어지기 위해서는 문제에 대한 해결책이 있어야 한다. 현실적으로는 해결책이 먼저 발견되고, 이것이 오히려 해결해야 할 문제를 찾으려고 하는 경우도 많다.

③ **참여자**(participants) : 참여자란 의사결정에 참여하는 모든 사람을 의미한다. 참여자가 없으면 의사결정이 이루어질 수 없다. 그런데 앞에서 살펴본 것처럼 참여자들은 의사결정의 전과정을 계속하여 참여하는 것이 아니고, 자신의 시간 · 사정 · 관심도 또는 문제의 성격 등에 따라 계속적으로 참여하기도 하고, 참여하지 않기도 한다.

④ **의사결정의 기회**(opportunity) : 의사결정의 기회는 개인이 결정을 하는 경우에는 결정의 순간을 의미하고, 여러 사람이 참여하여 이루어지는 결정의 경우에는 회의 등을 의미한다.

⑤ **상호관계** : 이들 네 가지의 구성요소가 상호간에 유기적으로 결합될 때 의사결정은 이루어진다. 그러나 때로는 네 가지 요소가 서로 아무런 관계없이 독자적으로 움직일 수 있음을 밝힌 것이 쓰레기통모형의 가장 큰 공헌이라 할 수 있다. 가령 사회문제의 흐름과 이에 대한 해결책의 흐름은 독자적으로 움직일 수 있으며, 해결책의 흐름과 의사결정 기회의 흐름 역시 전혀 상관없이 독자적으로 움직일 수 있는 것이다.

3. 의사결정방식

의사결정이 이루어지기 위해서는 위에서 알아 본 네 가지 요소의 흐름이 합쳐져야 한다는 것은 전술한 바 있다. 이처럼 의사결정이 이루어지기 위해서 네 가지 요소의 흐름이 합쳐지는 경우는 다음과 같다.

① **순수한 무정부상태**(pure anarchy) : 네 가지 구성요소의 흐름에 대한 인위적 규제가 전혀 가해지지 않는 경우로서, 네 가지 요소의 흐름이 시간의 우연적 동시성 때문에 합쳐지게 되어 의사결정이 이루어진다.

② **완전한 통제**(organized control) : 네 가지의 흐름이 등장하면 바로 의사결정이 이루어지는 경우이다. 이 유형과 앞에서 살펴본 순수한 혼란상태와 다른 점은 전자의 경우에는 네 가지 요소가 다 등장하면 바로 결정이 이루어지지만, 후자의 경우에는 네 가지의 요소가 다 등장하여도 즉,시 결정이 이루어지지 않는다는 점이다.

③ **조직화된 무정부상태**(organized anarchy) : 이 경우에 나타나는 대표적인 의사결정방식은 다음과 같다. 첫 번째 방식은 진빼기 결정(choice by flight)으로 이 경우는 해결해야 될 주된 문제에 여러 가지 문제들이 관련된 경우로서, 다른 문제들이 다른 의사결정기회, 즉, 선택의 기회(choice opportunity)를 찾아서 떠날 때까지 기다려서 의사결정을 하는 방식이다. 두 번째 방식은 날치기 통과(choice by oversight)로서 이 경우는 관련된 다른 문제들이 제기되기 전에 재빨리 주된 문제에 관한 의사결정을 하는 방식이다. 즉, 해결하려는 주된 문제에 다른 문제가 결부되면 어려울 경우, 다른 문제가 결부되기 전에 즉,시 이 문제를 해결하는 방식이다.

이러한 속성을 지니고 있는 쓰레기통모형은 조직화된 무정부 상태를 전제로 하여 현실의 결정문제를 보다 더 적실하게 분석하였다는 점에서 그 의의가 크다고 할 수 있다.

9.6 앨리슨모형

1960년대 초에 있었던 쿠바 미사일 사건과 관련된 미국의 외교정책을 분석한 Allison은 국제관계 내지 외교정책의 분야에서 사용되어야 할 정책결정이론으로 다음 세 가지 모형을 제시하고 있다. 즉, Allison은 과거에 논의되었던 정책결정에 관한 여러 가지의 모형을 합리모형(rational actor model : Model Ⅰ)과 조직모형(organizational process model : Model Ⅱ) 등 크게 둘로 나누어 정리하고, 정치모형(bureaucratic politics model : Model Ⅲ)을 새로이 제시하였다. 이러한 모형들이 갖는 속성을 살펴보면 다음과 같다(G.T. Allison, 1971).

1. 합리모형(Model Ⅰ)

합리모형은 전통적으로 가장 많이 사용되어 온 모형으로서 정부를 잘 조정된 유기체로 간주한다. 즉, 정책결정의 주체인 국가 또는 정부는 합리적이고 단일적인 결정자로서 일관된 선호 · 목표 · 평가기준을 가지고 있다고 가정한다. 뿐만 아니라 정책결정은 정책목표가 주어지고, 다음으로 이를 달성할 수 있는 대안들이 존재하며, 각각의 대안들이 야기할 결과를 검토한 다음 효용이 극대화되는 정책대안을 선정하는 절차를 밟는다고 본다. 따라서 이 모형에 따른 정책결정은 합리적으로 이루어지며, 정책결정과정에의 참여자들은 합리적인 정책결정을 위해 최선의 노력을 기울인다.

이 모형이 현실적인 정책결정에서 존재하기는 어렵다. 즉, 집단적인 의사결정이 합리적으로 이루어지는 경우는 드문 것이다. 그러나 국가 전체의 운명에 관계되는 외교정책이나 또는 국방정책에 관해서는 합리모형에 의한 설명이 보다 설득력이 있을 때가 많다.

2. 조직모형(Model Ⅱ)

조직모형은 위에서 살펴본 합리모형과는 달리 정책결정주체가 느슨하게 연결된, 반 독립적인 하위조직들의 집합체로 가정한다. 즉, 정책결정자인 정부는 단일의 기관이 아니고, 엉성하게 얽혀 있는 여러 개의 조직들이다. 이들 조직들이 문제를 다루는 방법은 문제의 각 국면을 반 독립적인 부서들이 요소분해(factoring)를 하여 떼어 맞는다. 따라서 각 조직은 부분적인 권력만을 가지고 있으며, 이들은 자기들의 특수성에 의한 우선순위와 인지방식을 갖고 있다. 이러한 상태에서의 각 조직들은 정책결정을 함에 있어 정책목표를 공식적인 명제로 받아들이기보다는 주어진 제약요인으로 간주하며, 따라서 목표들간에는 갈등이 존재한다. 그런데 조직목표들간의 이러한 갈등은 각 목표들에 대한 순차적인 관심에 의해 해결된다.

한편 조직은 그들의 문제를 해결하기 위한 절차로서 SOP를 사용한다. 이와 같은 SOP가 일정분야에 관하여 여러 개 있으면, 이 집합을 가리켜 '프로그램'이라 부르며, 이러한 프로그램들은 '프로그램목록(program repertory)' 으로 조직에 보관된다. 프로그램목록은 조직이 해결해야 할 문제가 복잡하고 행동이 다양하며, 관련자가 많을수록 조직행동의 결정인자로서 그 중요성이 커진다.

3. 정치모형(Model Ⅲ)

정치모형은 정부정책의 결정주체를 합리모형에서 가정하는 단일주체로서의 정부나 또는 조직모형에서처럼 하위조직으로서 부처들의 연합체로 가정하지 않고, 참여자들 개개인으로 본다. 한편 이들 참여자 개개인들은 정책목표의 공유도 측면에서 보면 매우 약한 것이 특징인데, 가령 구성원들 사이의 응집성이 약한 집단이 하나의 문제를 놓고 의사결정을 할 때 각 행위자들은 집단의 목표, 자신이 속한 하위집단의 목표 및 자기 개개인의 목표가 혼합된 상태에 있게 된다. 따라서 이 모형에서는 이러한 상태에서 결정된 정책을 정부구성원들에 의한 정치적 게임의 산물로서 본다. 즉, 정책을 문제의 해결을 위한 최선책으로

표 9-1 Allison의 세 가지 모형

	합리모형(Ⅰ)	조직모형(Ⅱ)	정치모형(Ⅲ)
조직관	조정과 통제가 잘된 유기체	느슨하게 연결된 하위 조직들의 연합체	독립적인 개인적 행위자들의 집합체
권력의 소재	조직의 두뇌와 같은 최고지도자가 보유	반독립적인 하위조직들이 분산소유	개인적 행위자들의 정치적 자원에 의존
행위자의 목표	조직전체의 목표	조직전체의 목표+ 하위 조직들의 목표	조직전체의 목표+하위 조직들의 목표+개별적 행위자들의 목표
목표의 공유도	매우 강하다	약하다	매우 약하다
정책결정의 양태	최고지도자가 조직의 두뇌와 같이 명령하고 지시	SOP에 대한 프로그램 목록에서 대안 추출	정치적 게임의 규칙에 따라 타협, 흥정, 지배
정책결정의 일관성	매우 강하다 (항상 일관성 유지)	약하다 (자주 바뀐다)	매우 약하다 (거의 일치하지 않는다)

자료 : 정정길,「정책학원론」, 1997. p. 535.

보기보다는 정책결정에 참여하는 정부 관료들 사이에 이루어지는 타협 · 경쟁 · 연합형성 · 지배 등 정치적 게임의 결과로 간주하는 것이다. 이상에서 논의된 내용을 핵심적인 기준에 따라 요약하면 〈표 9-1〉과 같다.

Allison이 제시한 세 가지의 모형은 상호간에 배타적이기보다는 보완적인 관계에 있다. 즉, 실제의 정책결정에서는 어느 하나의 모형만이 적용되는 것이 아니라 세 가지의 모형이 모두 적용될 수 있는 것이다. 물론 이 세 가지 모형은 정책결정이 이루어지는 조직계층에 따라 적용가능성에 있어서는 차이가 있다. 가령 조직의 상위계층에서 이루어지는 정책결정을 설명하기 위해서는 정치모형의 적용가능성이 높을 것이고, 이와는 달리 조직 하위계층의 경우에는 조직모형의 적용가능성이 클 것이다.

연습문제

1. 정책결정현상을 설명하는 이론모형으로서 합리모형과 싸이버네틱스모형의 내용적 특성을 비교 · 설명하시오.

2. 합리모형과 점증주의의 기본논리를 비교 · 설명하시오.

3. 정책결정에 관한 이론모형으로서 Etzioni의 혼합주사모형이 갖는 내용적 특성을 설명하고, 이 모형이 정책결정이론의 발전에 미친 공과를 논하시오.

4. Dror가 최적모형에서 주장하는 메타정책결정(meta-policymaking)이란 무엇을 의미하며, 이것이 정책결정에 관한 이론모형의 발전에서 갖는 의의를 논하시오.

5. 쓰레기통모형의 기본전제는 무엇이며, 이것이 정책결정의 합리성에 어떠한 영향을 미치는가?

6. 쓰레기통모형에서 주장하는 의사결정에 필요한 네 가지의 구성요소는 각각 무엇인지를 구체적으로 설명하시오.

7. 회사모형에서 주장하는 갈등의 준해결(quasi-resolution of conflict)이란 무엇을 의미하며, 이것이 정책결정의 합리성에 미치는 영향을 논하시오.

8. 앨리슨의 모형 중 합리모형(Model Ⅰ)과 정치모형(Model Ⅲ)을 비교 · 설명하시오.

9. 정책과정에서 표준운영절차(SOP)가 수행하는 순기능과 역기능을 논하시오.

각종 기출 시험문제

1. 합리적 정책결정을 제약하는 요인에 관해 논하라. ('85 행정고시)

2. 혼합주사모형 (Mixed Scanning Model) ('86 행정고시)

3. 합리적인 정책결정에 관한 관심과 요구가 정부내외에서 증가하고 있다. 다음의 질문에 대하여 답하라.
   1) 합리적인 정책결정의 개념과 이를 달성하기 위한 구체적인 정책결정절차를 설명하라.
   2) 합리적인 정책결정이 현실적으로 이루어지기 어려운 원인을 정책결정자의 내적 특성과 정책환경상의 요인으로 구분하여 설명하고, 각 특성 및 요인들이 1)에서 답한 합리적인 정책결정절차에 어떠한 영향을 미치는지를 논하라.
   3) 합리모형에 근거한 정부개혁방안의 수립 및 집행과 점증모형에 근거한 정부개혁방안의 수립 및 집행을 각각 설명하고, 양자의 장점과 단점을 언급하라.
   4) 우리 나라의 경우 위의 어떤 모형에 근거한 정부개혁이 바람직한지를 논술하되, 하나의 구체적 사례를 들어 자신의 주장을 뒷받침해 보라.

   (1997학년도 서울대 행정대학원 석사과정 입학시험문제)

3. 2002년 여름에 서울 강남지역을 중심으로 전세가격과 아파트 가격이 상승하자 정부는 서둘러 주택가격 안정대책을 발표하였다. 다음은 계속된 정부의 대책에 가상적 요소를 추가시키며 설명한 것이다. 이를 읽고, 문제에 대하여 답하라.

   『정부가 처음 발표한 대책은 강남지역의 낡은 아파트의 재개발을 제한하는 것이었다. 재개발을 하게 되면, 층수를 높이면서 엄청난 premium이 추가되기 때문에 재개발가능 아파트 주민들은 격렬하게 반대하였다. 어쨌든, 주택가격은 계속 상승되었고 정부는 다른 강력한 대책을 발표하였다. 즉, 시가 6억 이상의 아파트는 1가구 1주택에 해당되더라도 양도세를 부과한다는 것이었다. 이 대책도 처음에는 강남지역에만 적용하려 하였으나, 형평성의 문제가 제기되자 수도권 전체에 적용한다는 방침으로 선회하였다.』

이러한 사태를 두고, 다음의 질문에 답하되, 가급적 이론적으로 설명하라.

아파트 가격이 상승하게 된 것은 사실 여러 가지 요인이 복합되었기 때문이다. 먼저, 주식시장이 침체상태에 있고 이자율이 낮아서 여유자금을 지닌 사람들이 아파트와 같은 부동산에 투기를 하게 되었다는 점도 있고, 강남지역은 학군이 좋고 우수한 학원이 많아서 전세가격이 비쌌기 때문에 한번 아파트 투기 붐이 일게 되자 투기자금들이 갑자기 모여들게 되었다고도 한다. 이 상태를 알고 있음에도 불구하고, 정부의 대책은 문제의 직접적 원인과는 약간 거리가 있었다. 즉, 처음에는 재개발가능 아파트의 재개발을 허용하지 않는다는 대책을 발표하였는 데, 아파트 가격이 안정되지 않자 다시 6억원 이상의 아파트에 양도세를 부과한다든지 하는 대책을 차례대로 마련하였다. 먼저, 이 결정들이 합리적으로 이루어졌다는 전제를 하고, 합리적 결정을 뒷받침하였을 분석적 논리를 밝히시오. 그리고, 합리모형이 아닌 다른 모형이나 이론으로도(최소한 하나 이상의 이론이나 모형으로) 설명하시오.

(2003학년도 서울대 행정대학원 박사과정 입학시험문제)

10 정책집행의 의의와 접근방법

이 장의 개요

정책집행은 정책과정에서 볼 때 정책결정과 정책평가를 연결하는 고리의 역할을 하는 매우 중요한 단계이다. **제1절**에서는 정책집행의 개념 및 중요성을 살펴보기로 한다. **제2절**에서는 정책학이 본격적으로 연구되기 시작한 1960년대에 왜 정책학자들이 정책집행에 관한 연구를 소홀히 취급하였는지 하는 원인을 살펴보고, **제3절**에서는 정책결정과 정책집행의 유사점과 차이점 및 정책결정자와 집행자의 관계를 살펴보기로 한다. **제4절**에서는 그동안 이루어진 다수의 학자들에 의해 제시된 정책집행의 접근방법에 대한 내용에 대하여 고찰해 보기로 한다.

10.1 정책집행의 의의

1. 정책집행의 개념

정책학에서 사용되는 대다수 용어의 경우에서 처럼 정책집행이라는 개념 역시 다수의 학자들에 의해서 다양하게 정의되고 있다. 가령 Pressman과 Wildavsky는 정책집행을 '실행하는 것, 수행하는 것, 달성하는 것, 생산하는 것, 완성하는 것' 이라고 하여, 결국 정책에 포함된 목표 혹은 내용을 구체적으로 달성하는 것을 정책집행으로 보았다(J. Pressman and A. Wildavsky, 1973:xiii).

그러나 정책집행의 단일 방향성과 활동의 측면을 중시한 Van Meter와 Van Horn은 정책집행을 '정책결정에서 미리 설정된 목표를 달성하기 위하여 정부부문 및 민간부문의 개인이나 집단이 수행하는 활동' 이라고 정의하였다(Van Meter and Van Horn, 1975:447).

한편 이들과는 달리 정책집행의 단일 방향성을 부정하는 Nakamura와 Smallwood는 집행을 '권위 있는 정책지시를 실천에 옮기는 과정으로서, 그 과정은 결코 용이하지도 않고 자동적이지도 않다' 고 정의하여 정책집행을 순환적 과정으로 보고 있다(R. Nakamura and F. Smallwood, 1980:1). 이들 외에도 Bachdach는 집행과정을 '기계를 조립하여 그것이 작동되도록 하는 조립과정(assembly process)' 이라고 하여 정책집행을 기계의 조립과정에 비유하였고(E. Bachdach, 1977:36), Jones는 정책집행을 '프로그램을 실천에 옮기기 위한 활동' 이라고 정의하는 등(C.O. Jones, 1977:139), 실로 많은 학자들이 그들 나름의 독특한 시각을 반영하여 정책집행의 개념을 정의하였다.

지금까지 살펴본 여러 학자들의 견해를 종합해 보면 정책집행(policy implementation)이란 일련의 전체 정책과정(policy process) 가운데 정책결정과 정책평가단계 사이에서 이루어지는 실천적 단계로서, 정책내용을 구체화하기 위한 실현활동으로 이해할 수 있다. 즉, 정책의 내용을 구체적으로 실현하는 활동 또는 과정(process)을 정책집행이라 할 수 있다.

2. 정책집행의 중요성

정책집행은 정책과정에서 볼 때 정책의제설정과 정책결정 이후에 이루어지는 단계이고, 또한 정책결정과 정책평가를 연결하는 고리의 역할을 하는 단계이기도 하다. 종래에는 정책을 결정하고 나면 바로 정책의 효과 또는 영향이 나오는 것으로 가정하였다. 그러나 정책이 어떻게 집행되느냐에 따라 정책의 효과가 달리 나타나게 된다. 즉, 정부가 아무리 중요하고 훌륭한 정책안을 입안하였다 할지라도 정책집행이 이루어지지 않거나(non-implementation) 또는 원래 의도한 방향으로 집행이 이루어지지 않으면(mal-implementation) 정책이 본래 의도한 효과가 발생하지 않음은 물론이요, 정책안을 입안하기 위해 지금까지 정부가 투입한 많은 인적·물적 자원의 낭비로 인한 피해 역시 막대할 것이다.

한편 정책집행단계는 정책의 실질적인 내용을 결정하는 단계이기도 하다. 다음과 같은 이유 때문에 정책은 결정과정에서 구체적이고 실질적인 내용으로 결정되는 것이 아니라, 일반적이고 추상적으로 결정되는 경우가 많다(정정길, 1997: 543-5).

첫째, 정책은 결정의 단계에서는 목표와 수단에 대한 기본방침만을 결정하고, 집행단계에서 비로소 구체적인 내용을 결정한다. 왜냐하면 정책결정을 위해 필요한 전문적이고 기술적인 지식과 정보를 정책결정자들이 결여하고 있기 때문이다. 따라서 정책결정과정에서는 추상적인 내용의 정책이 결정되고, 이를 실현하는 집행의 단계에 들어와서야 정책의 내용은 구체적으로 결정되는 것이다.

둘째, 정책결정단계에서 결정이 된 정책의 내용이 정책집행과정에서 수정·보완되는 경우가 많다. 무엇보다도 복잡하고 불확실(uncertain)한 상황에서 불완전한 정보를 가지고 결정을 하기 때문에 정책의 내용이 불합리하게 결정되는 수가 많고, 이 때문에 집행과정에서 추가적으로 수집되는 정보에 의해서 정책내용을 수정·보완하는 경우가 많다.

셋째, 정책결정과정에서 일어나는 정치적 갈등 · 타협 때문에 정책이 애매모호하고 불합리하며, 상호모순되는 정책이 결정되기 쉽다. 이러한 경우 정책을 집행하기 위해서는 집행과정에서 정책의 내용을 결정하는 수밖에 없다.

한편 정책집행단계는 행정서비스의 품질이 결정되는 단계이다. 정부에서 생산하여 국민에게 제공하는 제품으로는 상품과 서비스가 있다.[1] 이들 중 정부가 국민에게 제공하는 것은 상품보다는 서비스가 대부분이다. 그런데 서비스는 그것이 갖고 있는 특성상 전달하는 사람 · 장소 · 시간 등이 그 제품의 품질을 결정한다. 따라서 정부의 공무원이 정책의 내용을 전달하는 집행의 단계야말로 행정서비스의 품질이 결정되는 단계인 것이다.

이러한 이유들 외에도 정책집행단계는 정부의 활동이 일반국민에게 직접적으로 영향을 미쳐 일부의 국민에게는 혜택을, 일부의 국민에게는 피해를 미치기도 한다는 것과, 정책의 집행과정에서 많은 부정과 비리가 발생할 수 있다는 측면에서 정책집행단계의 중요성은 더욱 더 커지게 된다.

10.2 정책집행 연구의 대두배경

정책학이 본격적으로 연구되기 시작하였던 1960년대에 정책학자들은 정책집행에 대한 연구를 소홀히 취급하였다. 즉, 당시의 학자들은 정책결정에 관한 연구를 중요시 하였고, 상대적으로 정책집행연구는 소홀히 다루었다. 그 이유를

---

1) 서비스(service)는 다음과 같은 특성을 갖는다. 첫째, 무형성(intangibility)으로 서비스는 눈으로 보거나, 손으로 만질 수 없다. 둘째, 이질성(heterogenity)으로 서비스는 품질이 고르지 않다. 즉, 서비스는 제공자와 제공상황에 따라 품질이 다양하게 나타난다. 셋째, 비분리성(inseperability)으로 서비스는 생산과 소비가 동시에 일어난다. 넷째, 소멸성(perishability)으로 판매되지 않는 서비스는 사라진다. 즉, 서비스는 상품처럼 재고로 보관할 수도 없기 때문에 판매되지 않은 서비스는 사라진다.

고전적 행정모형과 관련하여 살펴보고, 이어 학자들이 정책집행에 관심을 가지게 된 배경을 살펴보기로 한다.

1. 고전적 행정모형

고전적 행정모형은 과학적 관리론에 입각하고 있다. 이 모형의 근본적인 속성 중의 하나는 정책과정에서 집행가의 중요성을 간과하고 있다는 점이다. 이러한 고전적 행정모형이 정책연구에 대한 초기 학자들의 인식을 형성하였기 때문에 그 내용을 살펴보는 것이 집행연구가 소홀히 다루어진 이유를 이해하는데 도움을 준다.

고전적 행정모형의 특성을 이루는 요소로는 여러 가지를 들 수 있겠으나, 여기에서는 계층제, 정치 · 행정이원론, 능률지상주의를 들기로 한다.

첫째, 고전적 행정모형은 계층제를 강조한다. 고전적 행정모형에 의하면 행정조직은 집권적이며 피라밋형 계층제를 이루고 있다. 이처럼 고전적 행정모형이 내세우는 계층제는 조직의 상층부를 구성하는 소수의 결정자가 정책을 결정하면, 그 내용은 상관의 명령에 무조건 복종하는 부하들에 의해서 신속하게 자동적으로 그리고 충실하게 집행된다고 가정한다. 따라서 정책결정을 담당하는 상급자와 이의 집행을 책임지는 하급자간에 엄격한 상 · 하 계층적 구별이 있고, 정책결정권한은 상급자에게만 주어져 있으며, 하급자는 그들의 명령을 받아 법규에 정해진 방식대로 신속하게 자동적으로 집행하는 것으로 가정하고 있는 고전적 행정모형에서 정책의 집행문제는 중요한 문제가 될 수 없는 것이다.

둘째, 고전적 행정모형은 정치 · 행정이원론을 강조한다. 즉, 행정은 정치로부터 엄격히 구별될 수 있을 뿐만 아니라, 구별되어져야 한다는 것이다. 이러한 주장은 Wilson이나 Goodnow 등 초기 행정학자들의 연구에서 찾아볼 수 있다. 이들은 광범위한 정부활동의 계획, 즉 정책을 수립하는 것은 행정에 속하는 것이 아니라 정치의 영역에 속하는 것이고, 행정은 단지 정치에서 수립한 정책을 구체적으로 집행하는 것이라 하였다. 따라서 집행으로서의 행정은 중립적이고 전문화된 비정치적 활동으로서 과학적인 합리성의 원리에 입각하여 수행될 수 있다고 믿었다.

셋째, 고전적 행정모형은 능률지상주의를 특징으로 한다. 즉, 고전적 행정모형은 능률(efficiency)과 절약(economy)이 유일한 목표는 아니라 할지라도, 행정이 기초해야 할 과학적이고 객관적인 합리성의 기준으로 강조하였다.

따라서 이러한 요소들을 특성으로 하는 고전적 행정모형은 정책집행의 중요성을 인정하지 않게 된다. 왜냐하면 행정조직은 계층제로 이루어져 있기 때문에 하향식 명령체계에 따라 상층부에서 이루어진 정책의 내용을 하층부에서는 아무런 재량없이 자동적으로 집행만 하면, 행정이 의도한 소기의 목적을 능률적으로 달성할 수 있는 것으로 보았기 때문이다.

2. 정책집행 연구의 대두배경

앞에서 살펴본 것처럼 고전적 행정모형에서는 일단 정책이 결정되고 나면 이에 관한 집행은 별다른 문제없이 잘 이루어질 수 있다고 가정하였는 데, 많은 학자들이 실제의 사례를 대상으로 연구한 결과 그렇지 않다는 것이 입증되었다. 특히 다양한 이유로 정책이 애매모호하고 추상적으로 결정이 되고 나면 이에 관한 집행이 능률적으로 이루어질 수 없을 뿐만 아니라, 정책집행자가 오히려 정책결정자의 역할을 수행하게 된다. 이러한 이유들 때문에 Pressman과 Wildavsky가 「Implementation(집행론)」을 발간한 1973년을 기점으로 하여 정책집행에 대한 연구가 급격히 늘어나기 시작하였다. 이처럼 1970년대에 접어들어 집행에 관한 연구가 활발해진 배경에 대해 살펴보면 다음과 같다(유훈, 1986: 252-4).

(1) 사회문제에 관한 입법

1960년대 미국은 빈곤, 범죄, 실업, 도시문제, 인종차별, 남녀차별 등 각종의 사회문제로 인하여 심한 홍역을 치르게 되었다. 이러한 사회문제를 해결하여 미국을 위대한 사회(great society)로 탈바꿈시키려 하였던 존슨은 1964년 자력으로 대통령에 당선되자, 그의 상원지도자로서의 오랜 경력을 활용하여 각종

사회문제에 대한 법률을 대량 통과시켰다. 그런데 이러한 사회문제에 대한 법률 중에는 입법과정에서의 타협의 필요나 문제의 불확실성 등으로 인하여 애매모호한 법률이 많았을 뿐만 아니라, 사회문제의 성격상 집행과정에서 예기치 않았던 많은 난관에 봉착하게 되었다. 1970년대 초에 집행에 관한 연구가 본격적으로 시작된 근본적인 이유의 하나가 여기에 있다.

(2) 연방제

미국은 연방국가로서 정책은 연방정부가 수립하고 재원도 연방정부에서 지원하나, 집행은 선거에 의해서 취임하는 주정부나 지방자치단체의 간부들이 담당한다. 이들은 연방정부의 목표의 실현보다는 자기의 재선과 유권자의 지지가 더 중요하다고 생각한다. 그런데 연방국가의 경우에는 중앙정부가 주정부나 지방자치단체에 대한 통제권에 한계가 있다. 이것이 정책집행에 관한 연구가 나올 수밖에 없었던 또 다른 이유들 중의 하나이다.

(3) 엄격한 권력분립

미국은 엄격한 3권분립이 실현된 국가로서 입법부는 예외적인 경우를 제외하고는 행정수반으로서의 대통령은 물론, 정치지도자로서의 대통령의 영향도 크게 받지 않는다. 그런데 미국 입법부가 자체내의 정치적인 이유로 애매모호한 법률을 많이 제정하였는 데, 이에 관한 한 예술의 경지에까지 이르렀다는 것이 일부 학자들의 주장이다. 이처럼 애매모호한 법률의 제정은 정책집행에 많은 문제를 제기한다.

(4) 조직의 변화

많은 조직에서 일어난 탈관료제적 현상 역시 집행연구의 활성화에 영향을 미치게 되었다. 즉, 조직에서 관료제적 특징이 희박해지고, 계층제와 피라밋을 강조하는 조직에서 체제(system)와 네트웍(network)을 중시하는 조직으로 점차 이행하여 감에 따라 집행이 중요한 문제로 대두될 수밖에 없었던 것이다.

10.3 정책결정과 정책집행

1. 정책결정과 집행의 공통점과 차이점

일반적으로 정책과정에서 정책결정과 집행은 서로 다른 단계로 인식되고 있으나, Lindblom과 같은 학자는 '정책집행은 항상 정책을 결정하거나 수정한다' 라고 주장하여 정책결정과 집행을 동일시하고 있다(Lindblom, 1980;65). 그러나 정책의 결정과 집행은 다음과 같은 공통점과 차이점이 존재한다.

(1) 공통점

첫째, 정책결정이나 집행의 주요 담당주체가 행정부라는 점에서 정책결정과 집행은 공통점이 있다. 물론 입법 · 행정 · 사법 3권의 분립이라는 차원에서 정책결정의 담당자는 입법부이다. 그러나 현대 산업사회에 들어오면서 발생하는 사회문제의 복잡성, 시간의 급박성 또는 정책결정에 필요한 전문성의 결여 등과 같은 문제로 오늘날 행정부가 정책결정의 주요 담당자 역할을 수행하는 것은 선 · 후진국을 막론하고 나타나는 보편적인 현상이다.

둘째, 정책집행이나 정책결정 모두 의사결정활동을 수행한다는 측면에서 공통적이다. 정책결정단계에서 완전히 구체화할 수 없었던 내용을 집행단계에서 구체화하여 실현시키는 데, 이 때 구체화과정에서의 핵심적인 활동이 의사결정이며 이것은 정책결정에서의 핵심적인 활동인 의사결정과 본질적으로 아무런 차이가 없다.

셋째, 정책집행활동도 정책결정과 마찬가지로 정치적 성격을 띠고 있다. 특히 정책결정과정에서 이해관계집단들로부터의 투입활동이 원활하게 이루어지지 않는 후진국의 경우 정책집행단계가 정치적 성격을 강하게 띤다. 왜냐하면 정책결정단계에서 그들의 이익을 정책의 내용에 투영시키지 못한 정책대상집단들은 정책의 집행과정에서 강력하게 저항을 하게 되고, 따라서 집행단계에서 이해관계가 대립되는 관계집단들 사이에서 타협 · 흥정에 의해 정책은 그 내용이 수정될 수 있기 때문이다.

(2) 차이점

첫째, 담당주체면에서 보면 정책결정과정의 참여자는 의회 의원들과, 행정부의 경우 장 · 차관, 국장 등과 같이 비교적 고위계층에 있는 관료들인데 비해, 집행과정의 담당주체들은 고위관료들 뿐만 아니라 하위의 관료들 역시 중요한 역할을 담당하고 있다. 특히 환경오염물질배출 등에 대한 규제정책이나, 사회복지서비스의 공급 등과 같은 배분정책의 집행에서는 하위계층에 소속된 일선관료의 역할은 매우 중요하다.

둘째, 정책결정과 정책집행단계에서 똑같이 의사결정활동을 수행하고 있지만, 그 성격에서는 조금 차이가 난다. 즉, 정책결정과정에서의 의사결정은 정책내용에 대한 기본적인 방향과 테두리에 대한 결정이라면, 정책집행단계에서의 의사결정은 정책결정단계에서 결정된 테두리 내에서 실질적인 내용에 관한 의사결정의 성격을 띤다. 따라서 정책결정단계에서의 의사결정활동은 계획(plan)의 성격이 강한 반면에, 집행단계에서의 의사결정은 계획을 실천하기 위한 행동(action) 또는 활동(activity)이 중요한 부문을 차지한다.

셋째, 정책결정단계에서의 의사결정활동은 정치적 성격이 강한데 비해서, 정책집행단계에서의 의사결정은 정치적 성격도 내포하고 있지만 기술적 성격이 보다 강하다. 즉, 정책결정단계에서의 의사결정은 정치적 참여자들의 게임(game)에 따라 결정될 가능성이 크지만, 집행과정에서의 의사결정은 기계적 · 기술적(technical)으로 이루어진다.

2. 정책결정자와 집행자의 관계

Nakamura와 Smallwood는 정책결정자와 집행자의 역학관계에 따라 정책집행을 다섯 가지 유형으로 나누어 다음과 같이 설명하고 있다(R.T. Nakamura and F. Smallwood, 1980;111-42)

① **고전적 기술자형**(Classical Technocrats) : 이 유형은 정책과정이 정책결정자에 의해서 지배되어 있기 때문에 정책집행자는 정책결정자가 결정한 정책내용을 충실히 집행하는 유형을 의미한다. 정책집행자는 약간의 기술적 재량권만을 가지고 있을 뿐이다.

한편 이 유형의 전제조건은 첫째, 정책결정자는 명확한 정책목표를 제시(delineate)하고 집행자들은 이 목표를 지지한다. 둘째, 정책결정자는 위계적 명령구조를 형성하고, 집행자에게 기술적 권한을 위임한다. 셋째, 정책집행자들은 목적을 달성할 기술적 능력을 보유하고 있다. 이 유형은 Nakamura와 Smallwood가 제시한 다섯 가지 모형들 중에서 정책결정자의 집행자에 대한 통제권이 가장 크고, 따라서 고전파 행정학에서 주장하는 고전모형에 가장 가까운 유형이다. 그러나 이 유형은 세 번째 가정이 맞지 않는 경우, 즉 집행자가 정책을 집행하는 데 필요한 기술적 능력을 보유하고 있지 못하면 집행은 실패할 수도 있다. 가령, 1954년에 미국에서 시행된 '원자력발전소건립사업'의 경우가 여기에 해당한다. 즉, 미국정부는 전력생산을 위하여 원자력의 개발 및 활용을 고무하고 실현시킨다는 구체적인 정책목표를 수립하고, 정보 · 재정 · 전문성 등을 갖춘 원자력 위원회가 집행을 담당하는 조직이 되어 원자력발전소를 건립하였다. 그러나 이 사업은 집행과정에서 방사능 누출 가능성에 의한 안전문제와 안전사고에 대비한 보험문제의 미해결 등의 기술적인 문제 때문에 많은 기관과 단체들이 집행에 관여하게 되었고, 결국 정치문제로 확대되어 집행실패로 귀결되었다. 이 유형은 집행담당자의 기술적인 차질이 발생하면 집행이 복잡해지지만, 그러나 기술적 문제만 해결되면 정치적 차질로 인한 집행의 실패가능성은 가장 적다.

② **지시적 위임형**(Instructed Delegates) : 이 유형에서는 정책결정자가 집행자에게 정책목표를 달성하는 데 필요한 규칙을 비롯한 각종의 행정적 조치를 취할 수 있는 일반적인 권한을 위임하려 하기 때문에 정책집행자는 앞에서 살펴본 고전적 기술자형보다 많은 정치적 재량을 행사하게 된다. 정책결정자가 목적을 제시하고 집행자도 목적을 지지한다는 점에서는 고전적 모형과 유사하다. 그러나 집행자가 수단을 결정하는 데 더 많은 재량권을 가지며 집행이 복잡

본 고전적 기술관료형과 정반대적인 성격을 지닌 것으로서, 정책집행자가 정책결정자의 결정권을 장악하고 정책과정 전반을 완전히 통제하는 유형이다. 이처럼 정책집행자가 정책결정과정을 완전히 장악할 수 있는 이유로는 첫째, 정책집행자에게 정책형성에 필요한 정보를 생산하고 통제할 수 있는 힘(power)이 있어서, 둘째, 정부 관료제의 본질적인 속성인 안정성과 지속성으로 인해 정책결정자는 자주 바뀌지만, 정책집행자는 계속 남아있기 때문에, 셋째, 정책집행자 개인이 지닌 기업가적 또는 정치적 능력과 기술 때문이다.

한편 이 유형의 전제조건은 첫째, 정책집행자 스스로 정책목표를 수립하고, 공식 결정자가 이 목표를 받아들이도록 확신시킬 수 있는 충분한 능력을 보유하고 있다. 둘째, 정책집행자는 정책목표의 달성을 위한 수단을 확보하기 위해 정책결정자와 협상 및 흥정을 한다. 셋째, 정책집행자는 자신의 목표를 수행할 의지와 능력을 보유하고 있다.

이 유형에 해당하는 사례로는 여덟 명의 대통령 밑에서 미연방경찰국장직을 수행한 후버(Hoover)의 사례와,[4] 닉슨대통령의 가족보조계획사례[5] 등이 있다.

---

4) 후버는 1924년 29세의 나이로 법무성에 들어가 공산주의 소탕의 공로를 인정받아 연방경찰국(FBI)의 국장이 되었다. 이후 1930년대에는 마피아 갱단의 검거, 1940년대에는 대간첩작전의 수행, 1950년대에는 공산주의자의 색출 등의 성과를 이용해 강력한 지지 세력을 형성하여, 1924년부터 1972년까지 무려 48년간을 연방경찰국(FBI)의 국장직을 수행하였다. 즉, 후버는 여덟 명의 대통령 밑에서 연방경찰국의 책임자로 재직하면서 계속 그의 권한을 확장시켜 나갔으며, 결국에 가서는 치안유지분야에서 정책집행자로서 뿐만 아니라, 정책결정자로서도 막강한 영향력을 행사하였다.

5) 닉슨은 대통령에 당선되면서 복지사업의 개혁을 원했으며, 그에 따라 개혁안을 마련할 필요성을 느꼈다. 그러나 이를 위해 해결해야 할 국내사업계획이 400여건이 넘었으며, 그 내용도 매우 복잡한 것이었다. 따라서 이 문제를 해결하기 위해 닉슨은 관료들에게 의존하였다. 즉, 닉슨이 백악관의 도시문제위원회(Urban Affairs Council)의 책임자로 임명한 모이니한(D. Moynihan)은 연방관료제를 이용하여 수많은 정보와 연구 자료를 수집할 수 있었고, 이를 바탕으로 복지개혁안을 즉시 마련할 수 있었다. 닉슨은 짧은 시일 내에 구체적인 복지개혁안을 마련할 수 있었다는 데에 기뻐하면서 즉시 정부안을 채택하였다.

10.4 정책집행 연구의 접근방법

정책집행 연구에 대한 접근방법은 그 동안 많은 학자들에 의해서 다양한 내용이 소개되었다. 가령 그동안의 집행 연구가 집행에 관한 일반이론을 정립하는 데 미흡했다고 주장하면서, 사회정책수행에 내재하는 문제점과 이를 개선하는 방법을 모색하기 위한 정교한 개념틀을 구성해야 한다고 주장하는 Berman처럼 집행연구를 거시적 접근방법과 미시적 접근방법으로 구분하여 살펴보는 학자도 있었고(P. Berman, 1978;157-82), Elmore처럼 네 가지 모형을 제시하는 학자도 있었다(R.F. Elmore, 1978;185-228). 한편 Hogwood와 Gunn은 정책집행연구의 접근방법을 보다 세분하여 구조적 접근방법, 절차적 · 관리적 접근방법, 행태적 접근방법, 정치적 접근방법 등으로 분류하고 있다(B. Hogwood and L.A. Gunn, 1984; 209-18). 여기에서는 먼저 Hogwood와 Gunn의 모형을 살펴보고, 다음으로 Elmore의 네 가지 모형과 Berman의 거시적 접근방법과 미시적 접근방법을, 그리고 마지막으로 상향식 모형과 하향식 모형을 중심으로 살펴보기로 한다. 이러한 접근방법은 다음 장에서 소개되는 정책집행에 영향을 미치는 요인에 관한 내용을 체계적으로 이해하는 데 많은 도움을 준다.

1. Hogwood와 Gunn의 모형

(1) 구조적 접근방법(structural approaches)

어느 조직에서나 정책이 형성되면 이를 효율적으로 집행하기 위하여 어떤 구조가 필요한가를 생각해야 한다. 이를 위해 도움을 줄 수 있는 조직론은 고전적 조직론과 현대적 조직론이라 할 수 있다. 여기서 중요한 것은 이들 조직론에서 개발된 제반 원칙들은 조직의 목적, 주어진 임무, 조직의 구성원들의 수준, 조직의 환경 등 여러 변수를 고려하여 어떤 조직구조가 바람직한가를 찾아낼 수 있어야 한다.

한편 이를 나타내는 대표적인 조직유형으로는 정태적 조직과 동태적 조직이 있다. 먼저 정태적 조직의 대표적인 유형은 막스 베버가 주장하는 관료제모형이다. 이러한 유형의 조직은 업무와 조직구성원의 관계를 명확히 규정하며, 계층적 구조를 특성으로 한다. 또한 정태적 조직은 업무를 처리함에 있어 공식적 채널(official channels)과 수직적 커뮤니케이션을 강조한다. 반면에 동태적 조직은 정태적 조직보다 업무와 관계를 상대적으로 덜 정확히 규정하고, 계층제를 덜 강조한다. 이러한 동태적 조직은 상황이 불확실하고, 환경의 변화가 급속한 경우에 적합한 조직유형이다.

따라서 구조적 접근방법의 주요 관심은 주어진 정책을 집행하는 데 어떠한 조직구조를 채택해야 효율적이겠느냐 하는 것이다.

(2) 절차적 · 관리적 접근방법(procedural and managerial approaches)

절차적 · 관리적 접근방법은 조직의 구조보다 정책집행의 절차나 관리를 중요시하는 접근방법이다. 이 접근방법은 다음과 같은 특징을 갖는다. 첫째, 이 접근방법은 정책집행자들로 하여금 정책형성의 전제조건과 목표를 근본적으로 재검토할 것을 요구한다. 둘째, 이 접근방법은 정책의 목표와 사업을 완전히 확정하지 않고, 잠정적으로 정하여 집행과정에서 이를 유연성 있게 재조정하도록 하는데 초점을 둔다. 셋째, 이 접근방법은 비록 정책목표가 처음에 확정되었다 할지라도 정책환경의 변수에 따라 수정될 가능성을 인정하여 몇 개의 정책대안을 동시에 집행할 필요가 발생할 것을 인정하며, 이러한 정책대안은 반드시 비상계획이 포함될 것을 요구한다. 넷째, 이 접근방법은 정책집행의 모니터링에 역점을 둔다. 즉, 고위 정책집행자는 정책목표가 원래 의도했던 대로 집행이 되고 있는가를 확인하기 위하여 집행과정을 모니터링을 할 필요가 있으며, 이 과정에서 만족스럽지 못한 성과가 발견된다면 목표를 실정에 맞게 수정하거나 사업활동을 변경해야 한다는 것이다.

(3) 행태적 접근방법(behavioral approaches)

정책집행이 성공적으로 이루어지기 위해서는 정책집행자들의 적극적인 협조가 중요하다고 주장하는 행태적 접근방법은 다음과 같은 특성을 갖는다. 첫째, 정책의 내용에 따라 조직구성원들의 행동과 태도가 달라지는 경향이 있다는 가정하에, 이 접근방법에서는 정책집행에 관련된 개인의 행태에 연구의 초점을 맞춘다. 둘째, 이 접근방법은 정책집행에 참여하는 집단(특히 비공식적 집단)의 행태에 집행연구의 초점을 맞춘다. 셋째, 이 접근방법은 공중관계(public relation)를 특히 중요시 한다. 즉, 고위 정책집행자들은 조직구성원들과의 관계를 원만하게 유지하려고 할 뿐만 아니라, 대외적으로 고객들과의 관계는 물론이며 일반 공중과의 관계를 원활하게 함으로써, 정책집행의 효율성을 높일 수 있다는 것이 이 접근방법의 주장이다.

행태적 접근방법은 정책집행은 변화를 유발하며, 변화에는 저항이 따른다는 가정에 기초한다. 이러한 저항을 극복하기 위해 조직은 정책에 의해서 영향을 받는 집단에게 정보를 공개하고, 이들과의 신뢰를 회복하는 것이 필요하다는 것이 행태적 접근방법의 주장이다. 이를 위해 정책결정과정에 이해관계집단(조직내부 및 외부)의 참여와 광범위한 토론이 필요하다. 특히 이 접근방법은 명령(command)보다는 설득(persuasion)을 강조하고, 비공식집단과 지도자의 역할을 중요시 한다.

(4) 정치적 접근방법(political approaches)

이 접근방법은 정책집행의 조직구조와 관리절차가 아무리 잘 마련되어 있고, 집행자들의 행태가 우수하다 하더라도 현실적으로 영향력을 가진 개인이나 집단을 고려하지 않을 때 이들의 저항으로 정책집행이 좌절될 수 있다고 본다. 정치적 접근방법은 정책집행과정에는 잠재적으로나 현시적으로 항상 갈등이 존재한다고 가정하고, 이러한 갈등을 타협과 협상으로 해결함으로써 정책집행의 효율성을 높일 수 있다고 주장한다. 이 접근방법은 정책을 입안하고 집행하는데 관련된 조직과 사회 집단들간에는 조정하기 어려운 갈등이 존재한다는 것을 기본 전제로 한다.

특히 정책을 결정하는 조직(중앙정부)과 집행하는 조직(지방정부)이 다른 정부간 사업의 경우에 이러한 갈등이 심각하게 나타나게 되는데, 이러한 갈등은 개선된 대인간 능력의 향상만으로는 해결할 수 없고 권력의 실체에 대한 이해가 필요하다는 것이다. 즉, 이 접근방법은 정책집행과정에서 갈등이 발생하였을 경우 정책집행의 성공여부는 지배집단(dominant group)이 있을 경우에는 집행을 강요하려는 지배집단의 능력이나 의지에 달려있고, 지배집단이 없을 경우는 '점증주의' 나 '당사자간 상호조정' 의 긴 과정을 통해서 집행이 이루어진다는 것을 강조한다.

2. Elmore의 네 가지 모형

Elmore는 정책집행을 분석하는 데에는 무엇보다 조직에 대한 이해가 중요하다고 주장한다. 왜냐하면 정책집행의 주역은 행정조직이기 때문이다. 따라서 그는 집행조직을 이해하기 위한 모형으로서 다음과 같은 네 가지를 제시했다. 동일한 사건에 대하여 여러 모형들을 적용해 봄으로써, 집행과정의 여러 측면을 이해할 수 있다는 것이 Elmore의 주장이다.

(1) 체제관리모형(system management model)

이 모형의 전제조건은 첫째, 조직은 합리적 가치극대화의 장치로서 작동해야 하며, 둘째, 조직은 계층적 통제의 원리에 따라 구성되어야 하고, 셋째, 조직이 수행하는 모든 과업에는 하위 단위들간의 책임의 최적배분이 있기 마련이며, 넷째, 환경의 변화에도 불구하고 정책집행은 언제나 목표 지향적이고 가치 극대화적이어야 한다는 것이다. 이러한 전제조건하에서 조직이 효과적으로 정책을 집행하기 위해서 필요한 요소로는 첫째, 정책의 의도를 정확하게 반영하는 구체적이고, 명백한 과업들과 목표, 둘째, 하위단위들에 과업과 성과표준을 달성하는 관리계획, 셋째, 하위단위의 업적을 측정할 수 있는 객관적 수단, 넷째, 하급자들로 하여금 그들의 업적에 책임을 지게 하기에 충분한 관리통제체제의 사회적 제재 등이다. 따라서 이 모형은 정책집행실패의 원인을 미숙한 관리(bad management) 즉, 기획 · 구체화 · 통제에서의 실책 등으로 규정한다.

(2) 관료과정모형(bureaucratic process model)

이 모형의 전제조건은 첫째, 조직의 두 가지 핵심적 속성은 재량과 루틴이라는 것, 둘째, 조직의 권력은 자기의 권위 영역에 속하는 구체적 과업에 대해 상대적으로 강한 통제권을 행사하는 작은 단위들 사이에 분산되어 있다는 것, 셋째, 의사결정은 재량을 통제하거나 상례화(routine)된 과정을 변경시키는 것으로 구성된다는 것, 넷째, 집행은 어디에 재량이 집중되어 있고 상례화된 과정의 목록들 가운데 어떤 것이 변경되어야 하는지를 확인하는 것, 정책의 의도를 반영하게끔 상례화된 과정을 새롭게 고안해 내는 것, 조직구성원들이나 하위단위로 하여금 그것을 수용하도록 유도하는 것 등의 활동으로 구성된다. 이러한 조건하에서 정책집행의 성공을 위한 중심과제로는 첫째, 재량의 소재를 파악하여 그 통제방안을 모색하는 것과, 둘째, 기존의 상례화된 과정을 어떻게 정책의 목표에 부합하도록 전환시킬 수 있는지를 발견하는 것 등이다. 따라서 이 모형에서는 정책의 대 수정이 있었는데 관료제가 현존의 루틴을 바꾸지 않는 경우에 집행이 실패한다고 주장한다.

(3) 조직발전모형(organizational development model)

이 모형의 전제조건은 첫째, 조직은 구성원들 개개인의 기본적인 심리적 · 사회적 욕구를 충족시킬 수 있도록 작동되어야 한다는 것, 둘째, 조직은 모든 계층에 걸쳐 조직구성원들 개개인이 스스로의 일에 대해 자율과 통제를 갖게끔, 그리고 조직의 목표에 몰입되게끔 구성되어야 한다는 것, 셋째, 조직의 효과적 의사결정은 효과적인 작업집단들을 창조해 내는데 달려있다는 것, 넷째, 집행과정은 정책결정자들과 집행자들간에 상호적응과 합의를 창출해 내는 과정이라는 것이다. 따라서 이 모형은 조직의 추상적 특성들 보다 조직구성원 개개인의 욕구를 중시하고 있다. 즉, 조직의 과업이 제대로 수행되기 위해서는 조직구성원의 자율 · 참여 · 몰입 등과 같은 욕구가 매우 중요하다는 것이다.

이 모형은 정책집행 실패의 원인을 그릇된 관리통제나 관례화된 업무처리과정에서 보다, 정책집행자들간의 합의와 몰입(commitment)의 결여에서 찾는다. 그리고 정책집행과정의 핵심은 계층적 통제의 강화가 아니라 개인의 동기와 대인간의 협조에 영향을 미치는 데 있는 것으로 해석한다. 이런 관계로 집행분석의 주요과제는 하급자들의 욕구를 충족시킬 수 있도록 조직을 재구성하는 것과, 정책결정자들과 하급관료들 사이에 합의를 도출해 낼 수 있는 방안을 모색하는 것이 된다.

(4) 갈등협상모형(conflict and bargaining model)

이 모형의 전제조건은 첫째, 조직은 이해관계를 달리하는 개인들과 하위단위들이 권력의 행사와 자원의 배분을 둘러싸고 상호 경쟁을 벌리는 갈등의 장이라는 것, 둘째, 조직에 있어서 권력의 분포는 결코 안정적이지 못하다는 것, 셋째, 조직에 있어서 의사결정은 하위단위들 내의 혹은 하위단위들간의 협상으로 구성된다는 것, 넷째, 정책집행은 참여자들의 자원과 선호를 반영하는 복잡한 일련의 협상된 결정으로 구성된다는 것 등이다.

이 모형은 조직을 독자적 이익을 지닌 개개의 조직구성원들 및 하위단위들간의 갈등 · 협상 · 제휴의 과정으로 본다. 따라서 전체 목표에 대한 조직구성원의 동의의 결여는 조직실패의 증후로 볼 수 없게 되며, 조직의 실제적 구조는 공식적 계층구조나 상례화된 과정이 아니라 협상과정 속에서 발견된다.

이처럼 조직을 갈등의 장이라 보는 이 모형에서는 정책집행의 성공이나 실패는 상대적 개념이라고 본다. 협상과정에 있어서의 각자의 위치에 따라 평가가 다를 수 있는 까닭이다. 집행의 성공여부에 대한 유일한 객관적 기준이 있다면 그것은 협상과정의 존속 여부라는 것이 이 모형이 주장하는 내용이다.

3. Berman의 미시적 접근방법과 거시적 접근방법

정책집행상의 문제가 주로 제도적 환경(institutional setting)을 연구함으로써 파악할 수 있다고 보는 Berman은 정책집행연구의 접근방법을 거시적 접근방법과 미시적 접근방법으로 구분하고, 이들 중 미시적 집행을 더욱 강조하고 있다(P. Berman, 1978;157-82). 즉, 그는 중앙정부가 정책을 결정하고, 어느 정도의 자율성과 조직마다의 특수한 문제를 안고 있는 지방정부가 집행을 담당할 때 두 가지 문제가 야기되는 데 하나는 거시적 집행문제이고, 다른 하나는 미시적 집행문제라는 것이다. 그런데 이 때 미시적 집행과 거시적 집행을 구분할 수 있는 가장 큰 차이는 이들 각각의 제도적인 환경이 다르다는 것이다. 즉, 미시적 집행의 제도적 환경은 지방전달 조직이고, 거시적 집행의 제도적 환경은 모든 연방과 지방수준의 조직을 포함하는 전반적인 정책부문이다. 이에 대한 구체적인 내용을 좀더 자세히 살펴보면 다음과 같다.

(1) 거시적 집행

중앙정부로부터 지방자치단체에 이르는 모든 정책부문(entire policy sector)을 배경으로 하는 것으로서 거시적인 관점에서 정책집행을 보는 것이다. Berman에 의하면 거시적인 관점에서 볼 때 집행은 다음과 같은 네 단계를 거치도록 되어있다.

제1단계는 정책에 관한 결정이 정부프로그램을 창출하는 단계이다. 이 단계에서는 정책의도와 정부활동이 서로 일치하지 않아서 문제가 발생한다. 이의 주요 원인은 정책의도상의 모호성 때문이다. 다시 말해 정책결정자의 의도가 모호할수록 정부사업의 내용을 결정할 때 행정기관의 재량권이 많아진다. 그런데 관료들은 정책목표에 따라 움직이기보다는 오히려 자기의 이익이나 혹은 자신이 속해 있는 조직의 목표에 따라 행동하기 쉽다.

제2단계에서는 정부프로그램을 토대로 해당 지방자치단체의 현지프로젝트(local project)의 채택이 이루어진다. 이 단계에서는 연방정부의 사업지침과 지방정부의 반응 사이에 나타나는 '부조화(slippage)' 라는 형태의 불확실성이 나타난다. 이러한 부조화 현상은 연방정부의 사업목표와 지방이익 사이에 공감대가 낮고, 연방정부의 영향력이 미미할 때 주로 발생한다. 이러한 경우 지방전달조직은 단지 상징적인 측면에서 이 사업을 채택하거나, 혹은 정부사업과 별로 관계가 없거나 심지어 원래 정책목표에 배치되는 사업을 채택하려고 시도할 가능성도 있다. 한편, 정책결정자나 평가자는 정책의 효율성을 평가할 때 지방정부에 의해서 채택된 사업의 수를 지표로 사용하는 데, 이는 정책집행의 미시적 오류를 범하기 쉽다. 왜냐하면 지방정부에 의해서 채택된 정책집행은 집행과정에서 지방정부의 관행에 의해서 많은 영향을 받을 수 있기 때문이다.

제3단계에서는 현지프로젝트가 실제적으로 집행되며, 제4단계란 실제적인 집행이 성과를 창출하는 단계이다. 거시적 집행연구는 이 네 단계를 포괄적으로 연구하는 것인 까닭에 집행연구를 위해서는 중앙정부와 지방자치단체의 관계, 중앙정부의 여러 부처 상호간의 관계 등을 소홀히 취급해서는 안 된다.

(2) 미시적 집행

거시적 집행이 모든 정책부문을 배경으로 하는 것인데 대하여 미시적 집행은 현지전달(집행)조직(local delivery organization)을 배경으로 한다. 따라서 미시적 집행에서는 집행과정의 네 개 단계 중에서 제3단계와 제4단계에 초점을 맞추어 연구하는 것이다. 경제학에서 거시경제학과 미시경제학이 다 필요한 것처럼 집행연구에 있어서도 거시적 집행연구와 미시적 집행연구를 병행해야 할 것이다.

연방정부의 정책결정자들은 사업채택결정 단계까지만 관심을 보이고 지방수준에서의 집행은 자동적으로 이루어지는 것으로 간주하는 경향이 있다. 하지만 이러한 집행이 순조롭게 이루어지기 위해서는 지방전달조직의 표준운영절차(SOP)에 상당한 변화가 일어나야 하는데 현실적으로 이것을 기대하기는 상당히 어렵다. 만약 일어난다고 하더라도 표준운영절차상의 변동은 정책결정자가 의도하지 않는 방향으로 전개될 수 있다. Berman은 여기에 미시적 집행의 문제가 있다고 주장한다. 가령, 지방정부 조직은 정책분야가 달라짐에 따라 상당히 다른 양상을 보이기 때문에 모든 상황에 적용할 수 있는 조직모형을 개발하는 것은 불가능하다. 그럼에도 불구하고 기존연구는 집행과정에서 나타나는 공공전달조직의 주요한 구조적 특성이 일반화할 것을 보여준다. 따라서 이러한 문제를 효과적으로 극복하기 위해서 사업과 집행조직이 바람직한 방향으로 상호적응하는 것이 필요하다.

정책집행 분석가들은 미시적 집행경로를 기술할 때 같은 현상을 두 가지 상이한 관점에서 접근할 필요가 있다. 연방정부나 주정부의 관점에서, 미시적 집행은 지방정부차원의 채택결정에서 시작하여 지방조직이 새로운 관행을 구체화하거나 혹은 종결시킬 때 끝나게 된다. 그러나 지방정부의 관점에서 볼 때, 집행이란 연방정부의 정책을 수행하는 것이 아니라 지방정부가 자신의 정책을 수행하는 것을 의미한다.

지방정부의 우선순위가 연방정부의 그것과 일치하지 않으면 사업채택결정은 형식적인 것에 그치기 쉽다. 따라서 사업채택결정이 이루어진 다음 효과적인 집행을 위한 계획을 세울 필요가 있는데, 이를 위해 다음의 조건이 고려되어야 한다. 첫째, 전달자의 관심을 불러일으키기 위해 이들을 계획과정 속으로 공고히 하기 위해 연합형성과 협상전략을 강구해야 한다. 둘째, 전달자 집행국면이다. 전달자는 사업계획을 그들의 행위에 적응시킬 것인가, 혹은 그 역의 과정을 택할 것인가 하는 것을 결정해야 한다. 이 경우 네 가지의 전달자 집행경로 즉, 부집행 · 동화 · 기술적 학습 · 상호적응 등이 있다. 이들 중 상호적응의 경로를 밟을 때 가장 효과적인 결과가 나타날 수 있다. 셋째, 제도화 국면이다. 정책이 장기적인 효과를 가져오기 위해서는 집행관행이 지방전달조직의 조직절차 속으로 구현되어야 하는 것이다.

따라서 Berman은 집행자체에 내재하는 불확실성과 예측의 어려움 때문에 실제 정책수행에 있어 정책결정자나 조직의 관리자보다 일선집행관료의 영향력이 더 크다고 주장한다(박광국, 2000;482).

4. 하향식 접근방법과 상향식 접근방법

정책집행의 접근방법은 정책결정자의 입장을 강조하느냐, 또는 집행담당자의 역할을 강조하느냐에 따라 하향식 접근방법과 상향식 접근방법으로 나누어 볼 수 있다.[6)]

(1) 하향식 접근방법(top-down approach)

하향식 접근방법은 집행이란 정책결정자가 해결하고자 하는 정책문제와 관련되므로, 이를 정책중심의 접근방법 또는 정책결정자의 관점이라고도 한다. 따라서 이 접근방법은 정책목표를 성취하기 위해 집행과정이 어떻게 구조화되어야 하는가의 문제가 주된 관심의 대상이다. 또한 이 접근방법은 고전적 행정

---

6) Elmore는 Top-Down Approach를 "Forward Mapping"이라 하고, Bottom-Up Approach를 "Backward Happing"이라 하였다(R.F. Elmore, 1979-80:601-6).

작되는 것이 아니라 정책의 필요를 야기시킨 집행과정의 가장 낮은 수준의 구체적 행태에 대한 언명으로부터 시작된다고 한다(R.F. Elmore, 1979).

특히 이러한 Elmore의 모형은 일선관료의 재량권에 대한 문제에서 하향식 접근방법론자들과 날카롭게 대립하고 있다. 즉, 하향식 접근방법에서는 일선관료의 재량권을 최악으로 가정하고 더욱 심한 경우 만약 정책이 하위계층에서 결정된다면, 민주정치체제에서 정책통제에 대한 많은 아이디어는 심각하게 도전 받을 수밖에 없다고 가정한다. 하향식 접근방법론자들의 이러한 주장에 대하여 상향식 접근방법론자들의 주장은 문제로부터 멀리 떨어진 곳에서 결정된 표준화된 해결책은, 정책결정자가 기대하지 못한 상황에서 일선집행관료의 적응을 어렵게 하여 정책의 성공적 집행을 이룩하기가 어렵다고 본다. 따라서 상향식 접근방법론자들은 정책의 집행과정에서 정책집행담당자의 광범위한 재량권이 필요하며, 또한 불가피하다고 주장하여 정책집행자의 정책결정기능의 중요성을 강조한다(M. Lipsky, 1978: 398).

한편 정책집행현장에서의 복잡성과 특수성이 정책집행에 미치는 영향을 중요시하는 Coombs와 Anderson 등은 정책의 집행에 영향을 미치는 요인으로서 일선집행요원들의 중앙통제에 대한 순응과 재량권 행사, 또는 정책대상집단의 순응과 태도 등이 정책집행에 미치는 영향을 강조하고 있다.

이들은 특히 규제정책의 성공적 집행에 영향을 미치는 요인으로서 정책집행요원 및 정책대상집단의 정책에 대한 순응의 중요성을 강조하고 있는데, 이들 중 대표적인 연구자의 하나인 Coombs는 정책대상집단이 정책내용에 대한 순응에 영향을 미치는 요인으로서 ① 의사전달, ② 자원,③ 정책, ④ 행동, ⑤ 권위 등 다섯 가지를 제시하고 있다. 특히 그는 정책대상집단의 정책자체에 대한 불응을 정책으로 인한 불응으로 칭하고 이를 다시 목표로 인한 불응과 수단으로 인한 불응으로 구별하였다(F.S. Coombs, 1981:53-61). 그러나 이러한 Coombs 모형은 정책대상집단의 행태변화를 중요시 하는 각종 규제정책에 대해서는 설명력이 강하나, 불응의 발생원인을 정책대상집단에게만 한정하여 정책집행과정에서 야기되는 전체적인 불응의 발생원인을 설명하는 데에는 한계가 있다.[9]

Anderson은 정책에 대한 순응 및 불응의 발생원인을 각각 구분하여 설명하고 있는데 그는 순응의 발생요인으로, ① 정당성에 대한 신념, ② 개인적 이익,

③ 강제와 유인, ④ 사회나 집단의 압력, ⑤ 정책집행의 기간 등을 제시하고, 한편으로 불응의 발생요인으로, ① 기존가치체계와의 대립, ② 금전적 욕심, ③ 정책의 모호성 및 기준의 비일관성 등을 제시하고 있다(J. Anderson, 1979:93-7).

미국에서 수행된 상향식 접근방법론의 연구대상은 주로 혁신적 교과과정추진사업이나 흑인학교에 대한 교육지원사업, 직업재훈련사업 또는 실직자의 취직 알선활동의 서비스제공사업 등과 같은 재분배정책이나 환경오염방지사업과 같은 규제정책 등이었다.

상향식 접근방법은 Linder가 지적하였듯이 집행현장에서 일하고 있는 일선집행요원들이 활동하는 과정에서 부딪히는 여러 가지 요소들을 분명히 파악할 수 있게 하여줌으로써, 정책집행연구에 결정적인 공헌을 하였다. 그럼에도 불구하고 이 접근방법은(S.H. Linder, 1989:463) 첫째, 집행현장을 지나치게 중시한 나머지 정책집행의 성공에 중요한 영향을 미치는 정책내용과 관련된 요인들을 지나치게 경시한 점, 둘째, 집행현장에서 활동하고 있는 일선집행요원들과 정책대상집단들이 '인지' 하고 있는 문제점과 요인들을 중심으로 연구하게 되므로 이들이 인지하지 못하는 요인들, 특히 쉽게 느낄 수는 없지만 이들에 간접적으로 영향을 미치는 사회 · 경제 · 법적 요인들을 연구에서 무시하기 쉽다는 점 등이 이 접근방법이 해결해야 할 결점으로 지적되고 있다(정정길, 1989:495). 특히 이 접근방법은 일정한 모형이나 「분석을 위한 틀(framework)」을 이용하여 연역적으로 집행과정을 연구하는 하향식 접근방법과는 달리, 집행현장에서 작용하는 무수하게 많은 요인들을 일반화하여 일정한 틀로써 나타내기가 어렵다. 따라서 집행현장에서 행위자들이 인지하고 있는 요소들과 행위자들간의 흥정, 타협이 되고 있는 요소들만 연구의 대상으로 삼았기 때문에 정책집행 연구에 연역적인 분석틀을 이용하기가 어렵다는 것이 이 접근방법의 문제점으로 지적되고 있다.

---

9) 정책에 대한 불응의 발생은 정책대상집단에서 뿐만 아니라, 정책집행주체나 중간매개집단에서도 발생할 수 있다. 특히 이러한 현상은 정책집행의 책임을 위임받은 중간매개집단이 집행책임기관으로부터 독자적 자율성이 강한 조직의 경우 더욱 심각하다.

연습문제

1. 정책집행의 의의를 설명하시오.

2. 정책집행과 정책결정의 공통점과 차이점을 설명하시오.

3. 1960년대 초기에 정책학자들이 정책에 관한 연구를 소홀히 취급하였던 이유를 고전적 행정모형과 관련하여 논하시오.

4. 1970년대에 들어와 미국에서 정책집행에 관한 연구가 활발해진 계기와 배경에 대해 논하시오.

5. 정책집행 연구의 하향식 접근방법(top-down approach)과 상향식 접근방법(bottom-up approach)을 비교하여 설명하시오.

6. 정책집행 연구의 접근방법 중 Elmore의 네 가지 모형을 비교하시오.

7. Berman의 미시적 접근방법과 거시적 접근방법을 비교하시오.

8. 정책집행에 영향을 미치는 요인을 식별하기 위한 일반모형의 정립이 어려운 이유는 무엇인가?

각종 기출 시험문제

1. 정책집행의 하향식 접근방법(top-down approach)과 상향식 접근방법(bottom-up approach)을 비교하여 설명하시오. (2005 행정고시)

11 정책집행에 영향을 미치는 요인

이 장의 개요

1970년대에 들어와 정책집행의 중요성이 강조되어 정책학자들 사이에 집행에 대한 연구가 본격적으로 이루어지면서, 그 동안 집행에 관한 연구는 정책집행의 성패에 영향을 미치는 요인을 식별하려는 문제에 관심이 집중되어 왔다. 본 장에서는 이러한 주제를 중심과제로 하여 살펴보기로 한다. 먼저 **제1절**에서는 정책집행의 성공과 실패란 무엇을 의미하며, 이에 관한 유형으로는 어떠한 것이 있는지를 살펴본다. 다음 **제2절**에서는 정책집행의 성패에 영향을 미치는 요인을 정책결정자와 관련 집단의 지지, 프로그램 설계, 집행체제의 능력, 정책대상집단 등으로 구별하여 살펴보고, **제3절**에서는 정책집행현장에서 정책집행에 중요한 영향력을 행사하는 일선관료의 재량권 행사의 의미와 문제점에 대해서 살펴본다.

11.1 정책집행의 성공과 실패

정책집행의 성공과 실패는 집행론 분야에서 연구되어야 할 가장 중요한 개념 중의 하나임에도 불구하고, 아직 이에 대한 명확한 개념의 정립이 이루어지지 않고 있다.[1] 물론 여기에는 여러 가지의 이유가 있을 수 있으나 그 중 가장 중요한 이유는 Ingram의 지적처럼 '성공(success)' 이나 '실패(failure)' 의 개념이 상당히 주관적이고, 개인의 가치판단이 개입된 '파악하기 힘든 개념(slippery concept)' [2]이기 때문일 것이다.

이러한 문제 외에도 정책집행의 성공과 실패의 개념정립이 어려운 데에는 정

1) 정책학에서 정책집행분야가 연구의 관심대상으로 떠오른 계기는 1960년대 미국의 존슨행정부가 '위대한 사회' 를 기치로 내걸고 많은 사회입법을 입안하였으나, 대부분 연방정부의 사업이 보잘 것 없는 결과만을 산출하여 충격적으로 실패하게 되자 Pressman과 Wildavsky가 집행과정의 분석을 통하여 그 원인을 밝혀낸 「집행론(Implementation)」이라는 책이었다는 사실을 상기할 필요가 있다.

2) Ingram은 정책의 성공과 실패는 보는 사람의 관점에 따라 전혀 다르게 나타난다고 주장한다. 예를 들어 우유 반잔이 들어 있는 컵을 두 사람에게 보이면 어떤 사람은 반 컵이 차 있다고(half-full) 하는 반면에, 또 다른 사람은 반 컵이 비어 있다고(half-empty) 주장하는 것처럼, 정책집행의 성공과 실패도 보는 사람(beholder)의 관점에 따라 전혀 다르게 나타난다는 것이다(H. M. Ingram and D. Mann, 1980: 12).

3) 집행평가의 기준으로 Suchmann은 노력, 성과, 적절성, 능률성 및 과정(process)을(E. A. Suchman, 1967:68), Nakamura와 Smallwood는 정책목표의 달성, 능률성, 지배자의 만족, 수혜자에 대한 대응성 및 체제유지를(R. T. Nakamura and F. Smallwood, 1980:77), Edwards 3세와 Sharkansky는 능률성과 형평성을(G. C. Edwards Ⅲ and I. Sharkansky, 1978:186-206), 정정길 교수는 실질적 · 내용적 판단의 기준으로 효과성과 능률성을, 구체적 · 절차적 판단의 기준으로 정책의도의 실현과 관료적 합리성 및 집행기관집단의 요구충족을 제시하고 있다(정정길, 1989:497-509). 정책집행의 평가기준문제는 평가기준의 다양성 문제 외에도 평가기준적용상의 선정문제에도 학자들간에 의견을 달리하고 있다. 즉, 하향식 접근방법은 양적인 기준에 주로 의존하고, 상향식 접근방법은 주로 질적인 기준에 의존한다. 따라서 하향식 접근방법은 성공적인 정책집행의 기준으로 능률성과 목표달성의 정도를 주장한다. 그러나 상향식 접근방법에서는 하향식 접근방법의 기준들이 안고 있는 여러 가지 문제점들을 제시하고, 정책집행의 평가기준으로서 질적인 기준을 사용할 것을 권유한다. 이들이 대표적으로 제시하는 집행평가의 기준은 사회적 학습(social learning)이다. 자세한 내용은 김병섭, "정책집행, 어떻게 이해할 것인가? -현대사상의 두 가지 조류를 중심으로 -," 「현대사상연구」 (1988), pp. 52-3. 참조.

책집행의 영역이 불확실한 데에 따르는 정책집행이라는 개념의 불확실성(J. P. Lester, 1989:207)과 이로 인한 정책집행 측정수단(즉, 지표 등)의 미개발 및 집행평가기준의 다양성,[3] 또는 집행평가의 시점(time periods)[4] 등의 문제가 있다.

여기에서는 정책집행의 성공과 실패의 개념이 그간 정책집행연구자들 사이에서 어떤 의미로 사용되어 왔는가 하는 문제와, 정책집행의 성공과 실패의 유형으로는 어떠한 것들이 있는지를 그 동안 전개되어 온 여러 집행론자들의 논의를 중심으로 살펴보기로 한다.

일반적으로 정책의 실패는 집행과정에서 원래 의도한 정책목표가 달성되지 못한 상태를 의미한다(염재호 · 박국흠, 1992:25). 즉, 기존의 집행론에서 논의된 정책실패의 개념은 정책집행과정에서 결정된 정책이 효과적으로 집행되지 않은 상태를 주로 논의의 대상으로 하였다.

Hogwood와 Gunn은 정책결정이론에서 합리모형이 가정하는 것과 같은 의미에서의 '완전한 집행(perfect implementation)'은 다원주의 사회에서 일어날 수 없으며, 따라서 정책집행에서 '완전한(perfect)'의 의미는 이상적 형태로서가 아니라 분석적 개념으로 파악해야 된다고 주장하였다(B. W. Hogwood and L. A, Gunn, 1984:198-9). 즉, 그는 정책집행의 실패란 정책집행과정 중에 발생하는 문제[5]로 규정하고, 실패의 유형을 '부집행(non-implementation)'과 '성공적이지 못한 집행(unsuccessful implementation)'으로 구분하였다.[6]

한편 Larson도 정책집행의 실패를 정책의 집행과정에서 발생하는 문제로 파악한다는 점에서 Hogwood 등과 견해를 같이 한다. 그는 실패(failure)라는 단어를 광범위한 개념으로 규정하였다. 즉, 그에 따르면 정책집행의 실패한 정부프로그램의 전체적 실패로서가 아니라, 프로그램에 내재하여 있는 어떤 중대한

4) 정책집행 후 일정 시점에서의 실패가 장기적으로 보아 보다 나은 성공으로 이끌 수 있다. 민진, "공공정책 실패원인에 관한 연구," 「한국행정학보」 제19권, 1호(1985), p.245.

5) 여기에서 '문제'의 의미는 '일이 잘못되어 가는 것(what had gone wrong)'을 지칭한다.

6) Hogwood는 부집행(non-implementation)이란 집행에 개입한 사람들이 비협조적(uncooperative)이거나 비효율적(inefficient)이어서, 또는 집행에 참여한 사람들이 그들의 최선을 다해 집행을 시도했으나 그들 능력 밖의 어떤 장애물 때문에 정책이 의도한 효력을 발생시키지 못한 경우를 말하며, 성공적이지 못한 집행(unsuccessful implementation)이란 이와 반대로 정책은 충분히 집행되었으며 외적 환경도 비우호적(unfavourable)이 아니었음에도 불구하고 정책이 의도한 결과를 얻는데 실패한 경우를 가리킨다고 주장하였다.

결함(significant shortcoming)이라고 정의하였다(J.S. Larson, 1980:1). 따라서 그는 모든 프로그램은 전체적으로는 성공적이라 할지라도 부분적으로는 실패하였다고 볼 수 있으며, 이러한 견해는 정책이 개선의 여지가 있는 분야에서 특히 유용하다고 주장하였다.

집행과정의 특성과 집행의 성과 사이의 구별을 주장하는 Goggin은 성공적 집행이 프로그램의 성공을 보장해 주는 것은 아니라고 주장하면서, 정책집행의 성공 및 실패를 네 가지로 유형화하였다(M.L. Goggin, 1986:330–1). 즉, 그는 정책집행의 결과를 성공과 실패로 구분하지 않고, 성공의 강도에 따라 ① 부집행(no implementation at all), ② 탁상집행(paper implementation), ③ 적응적 집행(adjusted implementation), ④ 조정된 집행(coordinated implementation) 등으로[7] 구분하여 이들 중 가장 성공적인 집행을 조정된 집행으로, 가장 성공적이지 못한 집행을 부집행으로 보고, 이 중 부집행과 탁상집행을 정책집행상의 실패하고 규정하였다.

한편 정부의 활동을 정치인에 의한 결정과 관료제에 의한 집행으로 파악한 Peirce는 정책실패의 원인을 정치적 실패(political failure)와 관료적 실패(bureaucratic failure)로 구별하였다(S.W. Peirce, 1981:5–9). 즉, 그는 정책의 공식목표가 달성되지 못하는 이유로 첫째, 프로그램 설계상의 실패나 재원확보상의 실패와, 둘째, 프로그램 집행상의 실패 때문이라고 하면서, 이 중 후자, 즉 프로그램 집행상의 실패가 관료적 실패를 의미한다고 하여 사실상 관료적 실패를 정책집행 실패와 동일시하였다.

Peirce는 정책집행 과정 중에서 발생하는 실패일지라도 정치인의 개입에 의해 일어나는 실패는 관료제적 실패로 볼 수 없다고 주장하면서, 정책실패를 ① 부패, ② 할당적 실패, ③ 기술적 비효율성, ④ 어떤 것을 성취하지 못하는 실패, ⑤ 고객 혹은 다른 이익단체에의 추종, ⑥ 관련된 활동에 대한 조정의 결여,

7) Goggin에 의하면 부집행이란 정책집행이 이루어지지 않고 교착상태에 빠져 있는 집행을, 탁상집행이란 이론상으로는 효과적이나 실제 집행에서는 기대된 성과를 산출하지 못하는 집행을, 적응적 집행은 집행상에 일어나는 갈등이 적응적 과정을 통해 해결되나 본래의 법령의로는 상당히 수정된 형태의 집행을, 조정된 집행은 정치적이라기보다 관리적 집행으로 이러한 형태의 집행은 집행관련 행위자들이 목표에 대한 합의에서 집행이 시작되기 때문에, 집행과정 중에 집행목표를 달성할 수 있는 가장 훌륭한 집행전략을 발견하기 위하여 그들의 에너지를 집중시킬 수 있는 집행을 의미한다.

⑦ 집행기관의 목표들간의 갈등, ⑧ 관료들 개개인의 목적에 의한 정당 및 정치인의 추종, ⑨ 법률에 의해 규정된 정책과는 다른 정책의 추구, ⑩ 정실에 의한 상벌, ⑪ 목표달성에 대한 지나친 지연, ⑫ 목표의 대체, ⑬ 외부환경에 대한 지연된 적응, ⑭ 행정과정의 적절한 기준에 대한 행정행태 순응의 실패 등으로 유형화하였다.

한편 이들과는 달리 Levin과 Ferman은 미국에서 성공적으로 집행된 아홉 가지의 사례를 중심으로 효과적 정책집행의 조건을 제시하기 위한 연구에서 정책의 성공과 실패의 기준으로서 ① 적절한 수준의 지연, ② 적절한 수준의 재정적 비용, ③ 목표의 중요한 변경이나 과소성취 없는 본래 목표의 성취 가능성 등의 추상적인 기준을 제시하였다(M.A, Levin and B. Ferman, 1986:146).

지금까지 정책집행의 성공 또는 실패가 집행론 분야에서 어떠한 의미로 사용되어 왔는지, 그리고 정책집행의 성공과 실패의 유형으로는 어떠한 종류가 있는지를 그 동안 전개되어 온 집행론자들의 여러 가지 논문 및 저서를 중심으로 살펴보았다. 물론 이처럼 정책집행 연구론자들간에 정책집행의 성공 또는 실패의 개념에 대한 의견이 일치를 보지 못하는 데에는 앞에서 알아본 여러 가지의 문제점들이 큰 원인이 되겠으나, 보다 큰 이유는 정책집행의 성공 또는 실패의 개념이 상대적이라는 데에 있을 것이다.

그러나 위에서 살펴 본 정책집행의 성공 및 실패에 대한 이들의 주장을 종합하여 정리해 보면, 정책집행의 성공 혹은 실패의 개념 속에는 다음과 같은 특성이 내포되어 있음을 발견할 수 있다.

첫째, 정책집행의 실패 또는 성공의 개념은 양극화 할 수 있는 개념이라기보다는 연속된 개념으로서 파악할 수 있다.

둘째, 정책집행의 성공과 실패는 양의 개념으로서 뿐만 아니라 질의 개념으로서도 평가될 수 있다.

셋째, 정책집행의 성공과 실패는 단일차원의 개념이라기보다는 다차원의 개념이다. 즉, 정책집행의 성공과 실패는 집행과정상(implementation process)의 평기기준에 의해서도 평가될 수 있고, 또는 집행산출(implementation output) 및 집행결과(implementation outcome)의 기준으로서도 평가될 수 있는 개념이다.[8)]

본 서에서는 정책집행의 성공을 정책의 집행과정에서 중대한 결함(significant shortcoming)을 발생시키지 않고 정책이 본래 의도한 목표를 달성하는 과정 및 결과로서 파악하기로 한다. 따라서 정책이 의도한 본래의 목표를 달성하지 못한 상태는 물론이고, 정책의 집행과정에서 중대한 결함이 발생하는 것도 정책집행의 실패라고 볼 수 있다.

11.2 정책집행의 성패를 좌우하는 요인

1. 정책결정자 및 정책관련집단의 지지

(1) 정책결정자의 관심과 지원

대통령과 의회 등과 같은 정책결정자는 정책집행기관에서 집행해야 할 업무를 지시하고, 집행에 필요한 각종 자원의 분배에 관한 권한을 소유하고 있다는 점에서 정책집행에 중대한 영향을 미친다. 즉, 정책결정자는 정책이 집행되는 과정에서 정책집행자들에 대한 지휘, 통솔, 감독 등을 담당하게 되는데, 정책결정자가 정책집행의 성공적 추진을 어느 정도 중시하느냐에 따라 집행자의 정책집행에 대한 의욕이 달라질 수 있다. 정책결정자가 특히 정책에 커다란 관심을

8) Goggin은 집행노력의 성공은 과정(process), 산출(output) 및 결과(outcome) 등에 의해 측정될 수 있다고 하였다(M.L. Goggin, 1990:11). Lester는 집행(implementation)은 과정(process) 혹은 권위있는 연방의 입법상의 결정을 수행하는 일련의 결정이나 행동으로 개념화될 수 있기도 하고, 또한 산출(output)이나 목표달성의 견지에서도 개념을 규정할 수 있다고 하였다(J.P. Lester, 1989:210). 한편 Dunn은 정책결과(policy outcomes)를 정책산출(policy outputs)과 정책영향(policy impacts)으로 구별하고, 정책산출(policy outputs)은 정책대상집단이나 수혜자가 받는 상품, 서비스, 자원을 의미한다고 하며, 정책영향(policy impacts)은 정책산출의 결과 발생하는 형태 및 태도의 실제적 변화라고 규정하였다(W.N. Dunn, 1981:280-1).

일한 의미로 사용되고 있다.[11]

Alexander는 프로그램을 규제(regulations), 기획(plans), 프로젝트(projects) 및 정책의 구체화 등을 포함하는 개념으로 규정하고, 프로그램 설계는 정해진 목표를 성취하기 위한 특별한 개입의 처방, 자원의 식별, 행동경로 및 수혜자의 선정 등을 의미한다고 하였다(E.R. Alexander, 1980). Hansenfeld 등도 프로그램 설계가 대상집단, 전달되어질 욕구, 제공될 서비스 등에 관한 정책의 구체화를 의미하며, 결국 프로그램 설계는 정책목표의 명확성과 일관성의 정도를 반영한다고 하여(Y. Hansenfeld and T. Brock, 1991:467), 이들도 Alexander와 거의 같은 의미로 사용하고 있음을 알 수 있다.

한편 노화준은 정책설계의 개념은 정책의 개념정의와 관료조직에서 정책결정이 이루어지는 과정을 통하여 분명하게 이해될 수 있다고 하면서, 정책설계란 정부가 만들고자 하는 사회와 이러한 사회를 만들기 위하여 동원하는 방법과 수단들을 어떤 일정한 논리에 따라 배열해 놓은 것이라고 정의하고, 정책설계활동을 정책과정에서 수행되는 정책분석, 정책집행, 정책평가 등의 일종의 통합활동이라고 하여 정책과정에서 정책설계의 중요성을 강조하였다(노화준, 1992:8).

Robertson은 그의 논문 '프로그램 집행 대 프로그램 설계'에서 오늘날 법령의 애매함이 예외적인 사건이 아니고 일반화 되었다는 Lowi의 말을 인용하면서 정책설계의 중요성을 강조하고, 프로그램 설계자(program architects)가 프로그램 설계과정에서 선택해야 할 중요한 과제로 다음의 다섯 가지를 제시하였다.[12] 그가 제시한 프로그램 설계자가 수행해야 할 다섯 가지의 과제는, ① 설계자는 그들이 야기시키려는 변동의 성격과 방향을 결정할 것, ② 프로그램에 투입될 자원의 선택, ③ 프로그램으로부터 혜택을 받을 수혜집단과 받지 않을 대상집단의 구별, ④ 프로그램을 지도할 정부조직과 지도기관의 운영상 책임의 정도를 규정, ⑤ 프로그램의 운영상의 책임을 프로그램을 주도하는 정부 밖의 대리

12) Robertson은 프로그램 설계와 프로그램의 집행을 구분하는 Mazmanian과 Sabatier의 견해에 동조하면서, '프로그램 설계의 시기(timing), 참여자, 내용에 대한 명백하고 자세하 개념화가 요구된다'는 Salamon의 충고를 인용하여 프로그램 설계의 중요성을 강조하였다(D.B. Robertson, 1984: 393-5).

인(공공기관 혹은 민간기관)에게 위임해야 될 것인지를 결정하는 일이다.

그는 프로그램의 설계가 의회에서 법안(정책)이 통과되기 이전부터 이미 이루어지고 있으며 그 장소는 사무실(office), 회합장소(meeting rooms), 레스토랑 등이며, 이 과정에 참여하는 집단으로는 행정관료들(administrators), 입법부의 스태프(legislative staff) 및 이익집단 대표들(interest groups representatives) 등이라고 하였다.

여기에서는 정책집행의 성패에 영향을 미치는 요인으로서 프로그램 설계의 특성을 단순한 설계, 적절한 인과이론, 정책내용의 명확성 등의 하위변수로 구분하여 살펴보기로 한다.

(2) 단순한 설계

정책을 성공적으로 집행하기 위해서 프로그램의 설계는 단순해야 한다. Levin과 Ferman은 미국의 YEDPA(youth employment demonstration project act) 프로그램의 집행성공 사례를 연구하여 정책집행의 성공적 조건을 제시하였는 데, 그들은 YEDPA 프로그램의 집행이 성공할 수 있었던 것은 이 프로그램의 설계가 단순하고 적절하며, 올바른 설계였기 때문이라고 주장하였다(M.A. Levin and B. Ferman, 1986:151).

Levin과 Ferman은 프로그램 설계의 복잡성은 집행을 좌절시킬 수도 있음을 지적하였는 데, 그들에 따르면 집행과정에서 유능한 집행관료를 확보하고도 복잡한 프로그램의 설계 때문에 정책집행이 실패할 수도 있다고 하였다.[13] 즉 그들은 YEDPA 프로그램이 1960년대 중반 이래 집행된 미국의 다른 사회 프로그램들이 경험하였던 집행의 함정을 피할 수 있었던 것은 적당한 프로그램의 목표와 알맞은 프로그램의 설계 때문이었다고 주장하였다.[14]

이들은 적절하지 못한 프로그램 설계 때문에 정책집행이 실패로 끝난 사례로서 Pressman과 Wildavsky가 「집행론(Implementation)」에서 분석한 Oakland 사업을 들었다.[15]

---

13) Levin 등은 프로그램 설계의 복잡성과 집행의 효과성간의 관계를 비유적으로 설명하였는데, 그에 의하면 프로그램 설계의 복잡성이 1% 증가하면 집행의 효과성의 최소한 5%가 감소한다고 한다 (M.A. Levin and B. Ferman, 1986:151-62).

Hogwood 등은 정책의 바탕을 이루는 인과관계의 연결고리가 길면 길수록 연결관계 사이에 상호관계의 수는 더욱 증가하게 되고, 이에 따라 정책집행은 더욱 복잡하게 되어 결국 정책집행은 실패할 가능성이 높다고 하였다(W. Hogwood and L.A. Gunn, 1984:202). 즉, 그는 인과관계의 연결고리가 길면 길수록 그들 연결고리 중의 어떤 것은 잘못 인지되거나 또는 잘못 실행될 위험성은 그 만큼 증가하게 되어, 결국 정책은 실패할 것이라고 하여 복잡한 프로그램의 설계가 정책집행에 악영향을 미칠 것이라는 사실을 인정하였다.

(3) 적절한 인과이론

Pressman과 Wildavsky가 지적하였듯이 모든 사회정책은 처음의 조건과 미래의 결과 사이에 인과적 관계를 시사한다(Y. Hansenfeld and T. Brock, 1991:469). 즉, 정책결정자의 전형적 추론은 '만약 $t(1)$에 x가 행해진다면, 그 후 $t(2)$에 y의 결과가 나타날 것이다' 의 형식을 띠게 된다(W. Hodwood and L.A. Gunn, 1984:202). 그래서 모든 정책은 인과이론을 내포하고 있으며(실제, 보통은 언급되지 않음), 만약 정책이 실패하면 그것은 정책이 잘못되었기보다는 정책의 바탕을 이루는 이론의 모순 때문일 수도 있다. 따라서 모든 정책의 집행은 정책에 의해서 가정되거나 해설되는 인과이론의 기술적 조작을 내포하며, 이론의 기술적 합리성과 일관성이 크면 클수록, 설계에러(design error)의 잠재력은 그만큼 낮아질 것이다.[16)]

Bardach는 '만약 이론이 근본적으로 잘못되어 있다면, 정책은 아무리 잘 집행되어도 실패할 것이다' 라고 하여, 인과이론에 근거한 정책설계가 정책집행의

---

14) Levin 등은 알맞고 적절한 프로그램 설계는 특히 재능있는 집행관료가 부족할 때 더욱 중요하다고 주장한다. 왜냐하면 적절한 프로그램 설계가 평범한 집행관료라 할지라도 프로그램의 집행을 무난하게 수행할 수 있도록 해 주기 때문이라는 것이다(M.A. Levin and B. Ferman, 1986:162-3).

15) Levin과 Ferman은 Oakland 사업이 실패한 이유는 직접적인 프로그램 설계 대신에, 간접적이고 복잡한 프로그램 설계 때문이었다고 주장한다. 즉, Oakland 사업의 경우 실업자의 구제를 위하여(즉 실업자에게 취직자리를 마련하기 위하여) 조성된 자금으로 새로 취업하는 흑인에게 임금을 지급하는 직접적이고 단순한 프로그램 설계를 채택하는 대신에, 비행기 격납고나 부두항만 시설을 건설하는 기업에게 후에 흑인들을 고용하기 위한 일자리를 마련해 주는 조건으로 융자해 주는 간접적 프로그램 설계방식을 채택하여, 결국 이 사업의 집행이 실패로 끝나게 되었다는 것이 이들의 주장이다.

16) Hansenfeld는 실제 몇 개의 연구에서 프로그램의 기술적 합리성과 일관성이 높으면 높을수록, 프로그램의 부합 정도는 높을 것이라는 그의 가설이 사실임이 확인되었다고 주장하였다(Y. Hansenfeld and T. Brock, 1991:469).

성공에 중요한 영향을 미치는 요인임을 지적하였다(E. Bardach, 1977:251-2). 그러나 이러한 인과이론은 정책의 목표가 구체적으로 상술되지 않거나, 정책대상집단의 범위가 넓거나 또는 욕구가 다양하거나, 제공되는 서비스의 양이 많은 정책을 대상으로 하는 경우 일관성 있고 타당한 인과이론을 구성하기가 어려운 데, Hansenfeld 등은 인과관계가 불확실하고 예측할 수 없을 경우 정책은 시행착오의 전략에 빠질 수밖에 없다고 하였다(Y. Hansenfeld and T. Brock, 1991:467).

한편 정책설계에서 인과이론의 중요성을 강조하는 이들과는 달리, 인과이론의 중요성을 부정하는 학자들도 있다. 이들은 주로 상향식 접근방법론자들로 두 변수간에 존재한다고 보는 인과관계는 언제나 뒤바뀔 수 있다고 본다. 이들은 Elmore의 '뒤바뀔 수 있는 논리(reversible logic)' 에 그 근거를 두고 있다(P. Elmore, 1985). 즉, 그에 따르면 정책의 목표와 수단간의 인과관계가 성립하지 않는 경우가 많으며, 일방적인 인과관계보다는 정책수단과 효과간에 쌍방으로 통하는 관계가 있다고 주장한다.

한편 상황적응적 집행전략을 추구하는 Berman은 이들과 입장을 달리한다. 그는 Pressman과 Wildavsky가 시사하듯이 정책은 정책대안의 선택과 정책의 결과를 연결시키는 이론을 가정한다고 하면서, 정책이 근거하는 이론 혹은 기술의 불확실성의 정도에 따라서 집행전략은 달라져야 한다고 주장한다(P. Berman, 1980:216-7). 그에 따르면 정책의 결과는 정책의 기술적(혹은 이론적) 타당성과 정책의 집행에 의해서 좌우된다. 즉, 빈약한 정책결과는 정책의 이론적 타당성은 있으나 정책이 잘못 집행된 경우에도 발생할 수 있고, 또는 정책은 잘 집행되었으나 정책의 이론적 타당성이 낮은 경우에도 발생할 수 있다. 정책은 불확실한 기술에 근거하여 수립될 수도 있지만, 또한 확실한 기술에 근거하여 수립될 가능성도 있다. 따라서 기술적 불확실성이 낮은 상태에서는 정형적 집행전략을 채택하는 것이 효과적 집행전략이 될 것이다.

그러나 집행이론의 타당성이 불확실할 때에 정형적 집행전략을 사용하게 되면, 그 전략 자체에 의하여 심각한 문제가 발생할 수도 있다. 따라서 이렇게 집행도중에 직면하게 될지도 모르는 예기치 못한 상황에 대처하기 위해서 재량과 필요한 관료적 지지가 더 많이 주어지는 적응적 집행전략이 더 효과적일 것이

두 번째의 방법은 기존의 조직에 정책의 집행책임을 위임하는 방법이다. 새로운 정책의 실행을 기존의 관료조직에 위임하는 방법을 Downs는 세 가지로 요약하여 제시하였다(A. Downs, 1967:220-1). 그가 제시한 정책위임방법으로는, ① 기존의 부서에 새로운 정책으로 인한 인력이나 자원을 배정하지 않고 집행책임만을 위임하는 방법, ② 만약 새로운 정책으로 인하여 추가적인 기능이 그 부서가 이전부터 수행해 오던 기능보다 비교적 작을 경우, 새로운 정책집행의 기능을 기존 행정구조내의 추가된 부서에 위임하는 방법, ③ 새로운 정책의 집행으로 인한 기능이 그 부서가 해오던 기존의 기능을 방해하는 경우, 관료조직을 완전히 재조직화하고 새로운 구조를 설계하여 정책집행을 위임하는 방법 등이다.

새로운 정책의 집행책임을 기존의 관료조직에 위임하는 경우 집행문제가 발생하기 쉽다. 다수의 집행론자들은 프로그램의 목표와 프로그램의 집행을 담당한 조직의 목표 사이에 괴리가 있을 때, 집행이 실패하기 쉽다고 경고한다.

Laeson은 프로그램의 목표는 반드시 프로그램의 집행책임이 있는 조직의 목표와 일치해야 한다고 주장한다. 즉, 그에 의하면 만약 프로그램이 집행조직의 장기적 목표나 혹은 복지를 위협하게 된다면 그 프로그램은 아마도 조용히 사라질 것이라고 경고하면서, 프로그램의 성공적 집행을 위해서는 프로그램의 목표와 조직의 목표가 일치되어야 할 필요성을 강조하였다(J.S. Larson, 1980:6).

조직은 조직 나름대로의 문화와 가치체계가 있다(S.H. Linder and B.G. Peters, 1989:50). 또한 조직에는 조직의 존립근거가 되는 고객집단이 있다. 따라서 조직이 갖는 이러한 특성들은 조직의 행태를 구속하게 된다. 또한 조직은 인력을 선발하고 훈련하는 과정에서 조직의 목표와 세계관을 공유하거나 최소한 받아들이는 인력을 확보한다. 게다가 조직은 조직구성원의 문제를 해결하는데 지침이 되는 루틴(routine)과 표준운영절차(SOP)를 개발한다. 이러한 요인들은 조직이 조직자신의 세계관과 목적을 지향하도록 한다.

결국 조직이 안고 있는 이러한 특성들은 조직이 외부의 새로운 정책집행 책임의 위임에 반응하는 능력을 결정한다. 따라서 조직의 목표와 프로그램의 목표가 일치하지 않을 때 정책의 집행은 실패할 가능성이 크다고 하겠다. 특히 이러한 현상은 프로그램의 집행조직이 정책집행주체로부터의 독자적 자율성이 강한 조직의 경우 흔히 일어나는 현상이다.

Goggin 등은 집행조직의 목표와 집행될 프로그램의 목표가 일치하지 않을 때, 조직간에 커뮤니케이션 및 조정문제가 발생할 가능성이 크다고 하면서, 집행기관의 목표와 프로그램 목표의 양립가능성이 클 때, 프로그램의 성공 가능성은 그만큼 높아진다고 하였다(M.L. Goggin, 1990:127). 따라서 프로그램은 개인이건, 기관이건 그들 자신의 이익을 추구하면서 동시에 공공의 목표를 성취하도록 설계되어야 한다. 그러나 만약 프로그램의 목표와 조직목표가 일치하지 않는 조직에 프로그램의 집행책임을 위임하게 될 경우, 집행을 담당하는 조직에게 동기를 부여해 줄 수 있는 요인(incentives)제도의 확립이 정책의 성공적 집행에 중요한 영향을 미칠 것이다.

Brewer와 Delon은 프로그램 집행의 위임을 받은 기관이 프로그램의 집행이 조직의 제일의 역할, 즉 조직적 본질(organizational essence)의 밖에 있다고 생각하거나 또는 정치적으로 하기 싫은 일이거나, 관료들에게 인기없는 일로 생각할 경우 인센티브의 문제는 상당히 민감한 문제가 된다고 하였다(G.D. Brewer and P. Delon, 1983:272-3). 그는 또한 정책집행을 고무시키기 위한 조직적 인센티브를 제공해야 할 필요성의 문제가 최근에야 비로소 많은 관심을 끌고 있다고 지적하였다.

지금까지 살펴본 정책의 성공적 집행을 위해 조직구조가 어떠해야 바람직한가에 대한 집행론자들의 논쟁과는 달리, 실제 하나의 특정한 정책을 집행하기 위해서는 다양한 기관이나 조직들이 참여하는 것이 일반적인 현상이다.

하나의 정책목표를 달성하기 위해 여러 조직들이 참여하게 될 경우 여기에 부성할거주의가 작용하게 된다. 부성할거주의는 특히 동일한 지위에 있는 정부조직들간에 발생하기 쉬운데, 그 이유는 정부부처들은 그들의 목표와 이해관계 및 고객 등이 서로 다르고, 또한 똑같은 문제일지라도 이들의 문제를 보는 시각은 각각 서로 다를 수 있기 때문이다. 따라서 하나의 정책을 집행하기 위해서 다양한 부처 또는 기관이 개입하여 이들의 공동활동(joint action)이 요구되는 경우, 정책이 성공적으로 집행되기 위해서는 관련 부처들 또는 기관들간의 활동을 조정(coordination)할 필요성이 생긴다.

그러나 조정은 그렇게 쉬운 문제가 아니다. Pressman과 Wildavsky가 지적하였듯이 모든 사람들은 조정을 자기가 원하는 방식으로 하고 싶어 하기 때문이다(J.L. Pressman and A. Wildasky, 1973:134-5).

Wolman은 성공적인 정책조정제도로서 하나의 고위부처(미국의 백악관 등)에 다른 기관에 강제적으로 영향력을 발휘할 수 있는 권한을 주는 방법을 들었으나, 이 전략이 항상 성공을 보장하는 것은 아니라고 하였다(H. Wolman, 1981: 48), 한편 Peirce도 정부조직간 조정제도로서 가장 전통적인 방법은 하나의 기관에 관련기능에 대한 독점권을 부여하는 방법이라고 하였다(W.S. Peirce, 1981: 44). 그러나 그는 이 방법이 관련학자들간에 논란이 많은 방법이라는 말도 잊지 않고 덧붙였다.

(3) 인적 자원(human resources)

정책의 성공적 집행을 위해 인적 자원의 중요성은 상향식 · 하향식 접근방법론자들 모두의 공통된 관심사항이었다. 아무리 정책 메시지가 명료하고, 이를 담당하는 기관의 조직구조가 적절하다 할지라도 적당한 양의 집행담당요원을 확보하지 못하거나, 확보해도 그들의 능력이 정책집행을 감당하는 데 부족함이 있으면 정책의 성공적 집행은 어렵다.

그러나 유능한 인적 자원의 충분한 양의 확보가 성공적 정책집행의 충분조건은 아니다. 즉, 정책이 바람직한 방향으로 집행되기 위해서는 이들이 전념하여 집행업무를 수행할 필요가 있는데, 실제의 집행활동에서는 유능한 인력이 프로그램에 적극적으로 참여하기 위한 인센티브가 부족하여 정책의 집행이 잘못된 방향으로 흐르기도 하기 때문이다. 따라서 충분한 양의 인적 자원의 확보, 유능하고 재능 있는 인력의 확보 또는 이들의 적절한 관리 등의 문제는 모두 정책의 성공적 집행을 위해서는 매우 중요한 필요조건들이다. 이러한 내용들에 대해 좀더 자세히 살펴보기로 한다.

1) 인적 자원의 양(量)

Edwards 3세는 교육정책, 환경보호정책, 에너지정책 등의 사례를 연구하면서 충분한 양의 인력을 확보하지 못한 경우 이것이 정책실패의 중요한 원인이 되고 있다는 사실은 놀랍다고 하며, 적정한 규모의 인적 자원을 확보하지 못한 경우 정책의 집행이 어떻게 악영향을 받는가를 경험적으로 논증하였다(G.C. Edwards Ⅲ, 1978:61).

Wolman은 미국의 연방주택관리(federal housing administration)프로그램이 많은 비판을 받게 된 이유 중의 하나가 이 사업을 수행할 인적자원의 부족에 있었다고 주장하면서, 작업부담에 비교하여 적절하지 못한 수의 인력은 프로그램의 집행에 어려움을 가중시킨다고 한다.[20)]

Goggin 등은 조직능력의 중요한 구성요소가 인적 자원 혹은 인력이라고 하였다. 특히 그들은 프로그램의 집행에 투입되는 1인당 인력의 비중이 높을수록 정책산출 및 정책결과가 더욱 효과적일 것이라고 주장하면서, 프로그램의 집행을 성공적으로 수행하기 위해서 적정한 수준의 인적자원 확보의 중요성을 강조하였다.[21)]

2) 인적 자원의 질(質)

정책의 성공적 집행을 위해서는 적정한 양의 인적 자원의 확보도 중요하지만, 그들이 맡은 프로그램을 감당해 낼 수 있는 지적 및 관리적 능력을 갖춘 인력의 확보가 더욱 중요하다.

집행담당자들은 그들의 맡은 업무를 수행하는 데 필요한 기술을 보유해야 한다. 정정길은 집행자가 성공적 집행을 위해서 갖추어야 할 능력은 집행자가 차지하는 집행상의 지위 또는 집행에서 담당하는 역할에 따라 약간씩 달라진다고 하면서, 집행담당자가 갖추어야 할 능력을 다음과 같이 제시하고 있다(정정길, 1989:550-3).

첫째, 정책집행자는 지적 능력을 지녀야 한다. 만일 정책집행담당자가 지적 능력이 부족하여 집행내용을 이해할 수 없거나 정보를 획득하지 못하여 정책내용을 모르는 경우, 또는 정책목표 달성의 수단 및 방법에 관하여 잘 알고 있지 못하면 정책에 순응할 수 없게 되기 때문이다. 따라서 이것은 집행상의 지위가

20) Wolman은 FHA 프로그램의 집행을 담당할 인력의 부족현상을 설명하면서, 1967년-1971년의 기간 동안 FHA 신청자가 약 40만명(즉, 98만명에서 약 136만명으로)이 증가하였음에도 불구하고, FHA 프로그램 집행인력은 약 700명 감소하였다고 한다(H. Wolman, 1981:451).

21) Goggin 등은 그들의 Communications Model에서 인적 자원의 양을 1인당 프로그램에 투입된 전일 근무자의 수로 지표화 하였다(M.L. Goggin, 1990:128, 183).

무엇이든 관계없이 모든 집행자에게 공통적으로 적용되는 것이다.

둘째, 정책집행자는 관리자로서의 능력을 갖추어야 한다. 이것은 특히 집행조직의 중간관리층에 필요한 능력으로서, 리더십(leadership)도 포함하는 개념이며 이보다 훨씬 넓은 의미를 지니고 있다.

셋째, 정책집행자는 정치적 능력을 지녀야 한다. 이것은 상급 관리층 특히 집행책임자의 수준에서 필요한 능력이다.

Edwards 3세는 정책집행에서 집행담당자가 소유한 기술의 중요성을 강조하면서, 적절한 기술을 소유한 인력의 결여는 정책의 집행을 방해한다고 하였다. 특히 그는 환경분야에서 대부분의 주(州)정부가 오염의 잠재적 근원지를 검사하고, 그에 관한 정보를 평가할 자격있는 인력이 부족하다고 지적하며, 이처럼 능력있는 인력의 결여는 위험을 초래할 수 있다고 경고하였다(G.C. Edwards Ⅲ, 1984). 집행담당자들의 능력 중 집행관료의 능력을 특히 중요시하는 Goggin 등은 1인당 전문인력의 수가 증가할수록 집행은 더욱더 단순하고, 더욱더 생산적일 것이라는 잠재적 가설을 제시하였다.[22)]

특히 그는 집행을 담당하는 관료들이 재능 및 능력이 정책 메시지의 명확성이나 적절한 조직의 구조 등보다 정책의 성공적 집행을 위해서 더욱 중요하다고 주장하였는 데, 그는 이러한 그의 주장에 대한 논리적 근거로 정책집행문제가 광범위한 연구계층의 관심을 끌기 이전 수 년 전부터 이러한 주제가 행정학 문헌의 주요 연구주제였다고 주장하였다.

한편 정책집행 과정에서 재능있는 집행관료의 중요성은 경험적 연구에서도 입증되고 있는데, Levin은 성공적으로 집행된 미국의 아홉 개 프로그램의 집행사례를 분석한 결과 이 프로그램 집행의 중요한 성공요인은 유능한 집행요원이었다고 주장하였다.[23)]

---

22) Goggin 등은 프로그램에 투입된 인적 자원의 질을 1인당 프로그램에 투입된 전문인력(professional staff)의 전일 근무자의 수로 지표화 하였다(M.L. Goggin, 1990:128, 183).

23) Levin은 유능한 집행담당자 중에서 특히 'fixers'로 활동하는 집행요원의 중요성을 강조하였다(M.A. Levin and B. Ferman, 1986:160).

3) 인적 자원의 관리

성공적인 집행을 위해서는 충분한 양의, 유능한 집행요원의 확보 못지 않게 중요한 요인이 이들 집행요원의 태도 및 능력관리 문제이다. 특히 일선관료들의 집행에 대한 긍정적 태도 및 강한 의욕은 정책의 성공적 집행 가능성을 크게 높여줄 수 있다는 점에서 중요하다.

그러나 많은 집행론자 및 조직론자들은 집행관료들의 정책에 대한 태도에 사뭇 부정적이다. 따라서 이들은 집행관료들의 정책에 대한 태도를 긍정적으로 전환시키기 위해서는, 이들의 업적을 평가하여 이들에게 보상이나 제재조치를 취해야 한다고 주장하였다.

Stone은 '사회프로그램의 집행 ; 두 가지의 시각' 이라는 논문에서 공공관료제는 사적 동기의 계율이 결여되어 있기 때문에, 이 관료제는 공공목표에 대한 무관심 및 비협조 등과 같은 다양한 형태의 역기능적인 '내재성(internalities)'을 발전시킨다고 규정하였다(C.N. Stone, 1980:18). 따라서 관료적 행태는 행위를 지연시키거나, 비용을 증가시키거나 또는 시민의 선호를 무시하는 경향이 있다는 것이다.

Downs도 관료들을 효용의 극대화를 추구하는 집단들로 규정하고, 그렇다고 하여 이러한 가정이 관료의 행태가 합리적어어서 이들의 미래 행태를 정확히 예측할 수 있는 것을 의미하지는 않는다고 주장하면서, 그러나 모든 관료는 최소한 부분적으로는 그들 자신의 이익에 따라 행동한다는 것을 가정할 수 있다고 하였다(A. Downs, 1967:81-4).

한편 Wolman은 관료적 구조와 통제가 프로그램 산출의 중요한 결정요인으로서 그 동안 간과되어 온 감이 있다고 하여, 그간의 연구에 자성을 촉구하면서 고전적 조직이론에서는 하급관료들이 그들의 지도자의 명령에 따르도록 하는데, 이처럼 계층제적 명령계통을 따르도록 하는 공식적 명령은 반드시 하급자가 지도자의 의도에 부합하는 반응을 보일 것이라는 것을 보장할 수 없다고 주장하였다(W. Wolman, 1981:451-2). 그에 의하면, '권위의 누수(authority leakage)' 현상이 일어나는 원인은 Downs가 지적한 것처럼 관료들이 그들의 상관이 원하는 것을 원하지 않기 때문이기도 하지만, 이러한 원인 이외에도 관료들이 그들의 상관이 원하는 것을 알지 못하거나 이해하지 못하는 데에도 그

원인이 있다고 하였다.[24]

그는 이러한 요인들 때문에 발생하는 권위의 누수를 제거하여 관료적 통제를 보장하기 위해서, 공식적 조직이 사용하는 가장 공통적인 기법은 요인(incentives)제도의 선택적 적용이라고 하였다. 그는 Etzioni가 조직이 통제기능을 수행하기 위하여 업적에 따라 보상과 제재(sanctions)를 이용하여 업적이 조직규범과 일치할 때 보상이 주어져야 되고, 업적이 조직규범에서 빗나갈 때 처벌이 주어져야 한다고 주장하였지만, 그러나 공무원 제도는 화폐적 유인제도나 강등 · 해고와 같은 위협의 이용을 심하게 제약하기 때문에 이에 대한 대안으로 심리적 보상(psychic rewards)제도의 활용을 권고하였다.

이처럼 집행관료의 정책에 대한 태도를 긍정적으로 전환시키기 위한 제도로서 유인제도에 대해 앞에서 살펴본 학자들 외에도 많은 집행론자들이 이들과 의견을 같이하고 있다. 가령 Mclaughlin은 ESEA Title 1에 대한 연구에서, 부정적 유인제도는 정책을 신봉하게 할 만큼 충분한 동기를 부여할 수 있을 것이라는 기대를 할 수 없다고 하면서 긍정적 유인제도의 중요성을 강조하였고, Levin과 Ferman도 그의 사례연구에서 집행관료의 집행에 대한 태도를 능동적으로 전환시키기 위한 유인제도의 필요성을 역설하였다.

한편 이들과는 달리 Edwards 3세는 집행담당자의 집행능력을 개발하기 위한 방법으로 집행담당자의 훈련(training)을 강조하였다. 즉, 그는 CETA(comprehensive employment and training act) 프로그램이 집행을 위해 고용된 일선집행관료(field staff)들이 전혀 인력훈련 경험을 하지 않았었다고 지적하면서 훈련의 중요성을 강조하였다(G.C. Edwards Ⅲ, 1984).

---

24) Wolman은 하급자가 상급자의 의도를 이해하지 못하는 이유로, ① 지시가 애매하거나, 다양한 해석이 가능하기 때문, ② 그들의 상관으로부터 모순되는 지시를 받을 때, ③ 지시가 매우 복잡하고 많아 그들간에 모순이 생기거나, 너무 단순하고 협소하여 그 지시를 매일매일의 결정에 이용할 수 없을 때, ④ 행정기관의 의사전달체계의 모순에 의해서 또는 제대로 기능하지 않기 때문에, 하급자가 상급자의 지시를 받지 못하거나 또는 지시를 받더라도 적시에 받지 못하기 때문이라고 설명하였다. 또한 하급자가 상급자의 명령에 따르기를 원치 않기 때문에 발생하는 '권위의 누수'의 원인을, ① 하급자가 상급자와 다른 가치나 목표를 가졌기 때문, ② 하급자가 지역집단과 친밀하여 이들 집단과 자주 밀접한 접촉을 통하여, 그들의 본래의 상급자 지시보다 지역집단의 관심(목표)을 추종할 때, ③ 프로그램에 언명된 목표를 추구하는 하급자가 그들의 상관이 이 목표를 진심으로 추구하지 않고 있다고 믿거나, 또는 그들의 상관이 이 목표에 전념하지 않는다고 믿어 그들의 지시를 무시하거나 재해석할 때라고 하였다.

(4) 물적 자원

예산, 시간, 정보 등의 물적 자원도 정책의 집행에 커다란 영향을 미친다. 정책을 집행하기 위한 예산의 부족은 집행실패의 원인으로 가장 잘 인용되는 이유 중의 하나이다. 예산이 부족한 프로그램을 바람직한 방향으로 집행하기는 어려운 일이다. 그러나 예산의 확보가 곧 실질적 자원(real resources)을 의미하는 것은 아니다. 즉, 예산 그 자체는 실질적 자원을 구입할 수 있는 티켓에 지나지 않기 때문에, 예산의 확보가 곧 정책의 성공적 집행으로 연결되는 것은 아니다. 왜냐하면 예산이 실질적 자원으로 전환되는 과정에서 지연(delay)이 일어날 수도 있기 때문이다.

Goggin 등은 다른 사정이 같다면 1인당 프로그램의 예산이 클수록 집행은 단순하게 될 가능성이 크고, 프로그램의 집행은 결과와 산출의 측면에서 더욱더 성공할 가능성이 크다는 가설을 제시하였다(M.L. Goggin et al., 1990:131-2).

이러한 경제적 자원 이외에도 시간, 정보, 건물, 시설 등의 요인도 정책집행에 영향을 미치는 중요한 요인이다. 특히 정책대상집단의 태도 또는 행태의 변화가 요구되는 정책의 경우, 집행이 발생할 충분한 시간의 확보는 정책의 성공적 집행에 영향을 미치는 중요한 요인이다.

(5) 자원의 배합(combination of resources)

이상에서 알아본 인적 및 물적 자원의 확보 못지 않게 중요한 요인이 필요한 자원의 적절한 배합이다. 실질적으로 집행과정의 각 단계에서 집행이 원활하게 이루어지기 위해서는 적절한 자원의 조합이 이루어져야 하며, 이러한 자원의 배합이 순조롭게 이루어지지 않을 경우 프로그램의 집행은 지연이 일어나기 쉽다.

Hogwood 등은 RAF를 위한 비상가설활주로를 건설하기 위해서는 자금, 인력, 토지, 시설 및 건축자재 등의 배합이 필요한 데, 이들 자원 중 한두 가지가 결여되어 있을 경우 이 프로그램의 집행은 상당 기간 동안 지연될 수밖에 없다고 하며, 따라서 순조로운 정책집행을 위해 자원의 확보도 중요하지만 필요한 자원의 적절한 배합 역시 중요한 일임을 강조하였다(B.W. Hogwood and L.A, Gunn, 1984:198).

하지만 목표달성을 위해 채택된 수단이 그와 같은 목표를 달성하리라고 생각하지 않는 경우에 발생한다.

위의 두 경우는 불응이 모두 정책자체에 기인한다는 공통점이 있지만 그 대책은 전혀 다르다. 우선 첫 번째 경우처럼 목표로 인한 불응은 새로운 정책이 전통적인 가치나 규범에 위배될 때 발생하는 것이므로 단기적으로 순응을 확보하기는 매우 어렵다. 즉, 이 경우에는 단기적으로 대상집단의 행태를 변화시키기가 매우 어렵기 때문에 정책목표의 타당성을 재검토해야 할 것이며, 장기적으로 국민들의 가치관의 변화를 유도하여 정부에 대한 신뢰를 높임으로써 정부가 하고자 하는 일이 옳고 정당하다는 확신을 가지도록 홍보를 강화함으로써, 정책목표에 대한 긍정적 가치를 부여하도록 하여야 할 것이다(노화준, 1995:422).

두 번째 경우처럼 정책목표 자체에는 동의하지만 이를 달성하기 위해 채택된 수단 때문에 야기된 불응을 해결하기 위해서는, 정책수단이 목표달성을 위하여 효과적이라는 증거를 제시하거나 또는 전문가를 동원하여 대상집단을 설득하여 순응을 확보할 수 있다.

4) 순응에 수반되는 부담에 기인한 불응(action-based noncompliance)

대상집단이 정책목표에 찬동할 뿐만 아니라 정책수단에 대해서도 찬성하지만, 단지 정책이 요구하는 행동이 부담이 되어 불응이 발생한다. 즉, 대부분의 정책에 순응하기 위해서는 경제적 비용 또는 심리적 부담이 뒤따르게 되는데, 이 같은 부담 때문에 정책지침에 따르지 않는 경우가 이에 해당한다.

이와 같은 유형의 불응에 대한 대책으로는 순응에 대한 유인(incentives)이 필요하다. 즉, 순응할 경우 조세상이나 금융상의 혜택과 같은 지원을 약속하거나, 불응의 경우 벌금을 부과하거나 신체적 제재조치를 가하겠다는 등의 위협을 통해 순응을 확보하는 것이다.

5) 권위에 대한 불신에 기인한 불응(authority-based noncompliance)

정책을 결정하거나 집행하는 기관이 정통성을 결여하거나 또는 정책으로부터 부당한 이득을 취하고 있다고 대상집단이 생각하는 경우에도 불응이 발생한다. 대개의 경우 정책결정 및 집행기관의 정통성이 약하거나 또는 정책대상집단이 불이익을 받고 있다고 생각하는 정책에 불응이 발생하는 경향이 크다. 이와 같은 유형의 불응에 대한 대책으로는 국민들로 하여금 권위에 대한 존중의식과 정부정책의 정당성에 대한 믿음을 가질 수 있도록 하고, 권위의 소재(locus)와 범위에 관하여 국민적 합의(consensus)를 도출해야 한다. 단기적으로는 강제적인 권력을 동원하여 위에서 말한 합의를 대신할 수도 있다. 그러나 장기적으로는 시민과 공직자 모두가 정책이 정당하기 때문에 복종한다는 믿음을 가질 수 있도록 할 수 있는 정교하고도 효율적인 사회화의 과정을 개발해야 한다(남궁근, 1991:92).

위에서 Coombs가 주장하는 불응의 발생원인에 따른 순응확보전략을 개략적으로 살펴보았다. 그러나 정책대상집단의 불응을 감소시키고, 정책이 성공적으로 집행되기 위해서는 적극적인 순응확보전략이 필요하다. 여기에서는 불응을 감소시키고 순응을 확보하기 위해 흔히 사용되는 몇 가지의 전략을 살펴보기로 한다.

① **도덕적 설득** : 순응주체에게 특정한 정책에 순응하는 것이 국가 · 사회적으로, 또는 윤리 · 도덕적으로 보아 올바른 것이라는 설득하는 방법이다. 가령, 정부가 국민들을 대상으로 텔레비전을 통해 쓰레기분리수거가 애국하는 길이라는 것을 PR하거나, 또는 국민연금 가입대상자에게 국민연금에 가입하도록 권유하는 광고활동은 이러한 전략에 해당한다. 그러나 이러한 전략은 정책에 의해 피해를 입지 않는 대상집단에게는 효과가 있을 수 있으나, 정책의 내용에 의해서 피해를 입는 대상집단에게는 별다른 효과를 기대하기 어렵다.

② **정보전략** : 순응주체에게 필요한 정보를 제공함으로써 불응을 감소시키고 순응을 확보하는 전략이다. 가령, 기업주에게 산업안전교육에 대한 정보를 제공하여 산업재해를 예방하는 전략이 이에 해당하는 사례이다.

③ **촉진전략** : 순응주체에게 순응에 필요한 비용 · 시간 · 기술 등에 대한 부담을 감소시켜주어 불응을 감소시키는 전략이다. 가령, 당뇨병예방을 위해서 구청의 보건소에서 무료로 혈당을 측정해주는 사례는 이에 해당한다.

④ **규제전략** : 순응하지 않을 경우 처벌하거나, 또는 처벌하겠다고 위협하여 순응을 확보하는 전략이다. 이 경우 처벌의 내용은 벌금이나 과태료 등과 같은

정책사례 및 토의과제

사례 11-1

우리 나라에서는 중소기업을 지원하기 위한 제도가 매우 많다. 가령 정부의 중소기업을 위한 금융지원제도를 보면 시중은행 의무대출, 상호보험재할인, 유망업종에 대한 우대금리, 설비자금의 우대, 구조조정기금, 공업발전기금, 제품수요자금융 등 크고 작은 것들이 30여 가지가 넘는다. 이처럼 우리 나라의 정부가 중소기업을 지원하기 위한 제도들은 중소기업이 발달한 일본, 대만 등 외국에 비해 그 유래를 찾아볼 수 없을 만큼 많지만 정작 효과는 거의 없다는 분석이다. 즉, 이처럼 많은 지원제도가 있음에도 불구하고 이러한 지원제도들을 활용하는 중소기업은 극히 적으며, 1년에 수천 또는 수만 개의 중소기업들이 도산하고 있는 실정이다.

<자료 : 동아일보, 1998. 4. 3>

토의과제

1. 사례 11-1은 우리 나라 정부가 그 동안 시행하여 왔던 중소기업 지원정책의 집행실패에 관한 사례이다. 위의 사례에 근거하여 정책의 집행실패가 무엇을 의미하는지를 설명하고, 정책이 성공적으로 집행되기 위한 조건을 논하시오.

사례 11-2

1993년 3월 17일 본격적인 공사에 들어간 C시 광역쓰레기 매립장 조성사업은 매립장이 건설된 후보지의 윤곽이 거의 드러난 1990년 3월 경부터 1993년 3월 착공에 이르기까지 거의 3년이 넘는 기간 동안 해당 지역주민과의 갈등을 겪어 온 사업이었다. 그러나 이 사업은 환경부가 지난 1989년 최초로 입안하여, 1991년 본격적으로 추진한 전국 34개 광역쓰레기 위생매립장 사업 중 1차 대상지역으로 선정된 8개 지역 가운데서 지역주민들과의 갈등을 해소하면서 모범적인 선례를 남긴 사례로 평가되고 있다. 1990년 6월 C시 광역쓰레기 매립장의 입지가 선정된 이후 해당지역 주민들의 집단적인 농성과 시위로 주민들과의 협상은 난망한 상태였다. C시의 관련 담당국장이 주민들에게 폭행을 당하는 사태가 일어나기도 하였다. 그러나 1991년 1월 C시의 시장으로 부임한 신임 S시장은 광역쓰레기 매립장 조성을 C시가 추진해야 할 최우선 과제로 삼았다. 그리하여 2월에는 부시장을 단장으로 한 C시 광역쓰레기 매립장 조성기획단을 구성하여 운영에 들어갔다. 한편 30여년 만에 지방자치단체의 의회가 1991년 4월 구성되어 개원하였다. 시의회 의장으로 선출된 K의장도 의회의 차원에서 관심을 가져야 할 최우선 현안 과제를 광역쓰레기 매립장 조성사업으로 설정하였다. 그리하여 시장은 보상비 등 행정적인 측면에서 적극 지원하는 역할을 그리고 시의회 의장은 해당 지역의 유지들과 주민들을 설득하면서 협상을 담당하는 역할을 수행하게 되었다. 그리하여 C시 의회 의장을 중심으로 C시 당국과 인근 지방자치 단체인 J군과 S군은 해당 지역 주민들과 352회에 걸친 끈질긴 협상을 벌였다. 이러한 과정에서 C시 당국은 다소의 부담을 무릅쓰고 직접 피해 주민들과 협상을 위해 많은 보상비를 확보하였고, 또 인근 지역의 지역개발을 위한 예산도 확보하는 데 힘을 쏟았다.

한편 간접 피해 지역의 주민들은 쓰레기 매립장 건립으로 인한 침출수 등의 피해를 주장하면서 반대의 고삐를 늦추지 않았다. 이러한 반대를 설득하기 위하여 1992년 10월에는 간접 피해 주민 대표 15명을 포함한 24명의 시찰단이 3박 4일 동안 일본의 야마구치시 일원의 쓰레기 매립장, 소각장, 하수종말처리장 등 일본의 환경시설을 견학하기도 하였다. 이러한 시찰은 침출수의 피해를 우려했던 쓰레기 매립장 후보지 인근 지역주민들을 설득하는 계기를 마련하는 데 중요한 역할을 하였다.

이와 같이 C시 광역쓰레기 매립장 건설은 직접 피해 주민들과의 보상 문제, 그리고 간접 피해 주민들의 침출수 유출 환경오염에 대한 우려의 문제 등에 부닥치면서 많은 어려움을 겪었으나, 끝내는 지역주민의 동의를 받아 1993년 3월에 공사를 착수할 수 있었던 것이다. C시는 1993년 6월 5일 거행된 제21회 세계환경의 날 행사에서 C시 광역쓰레기 매립장 설치 사업을 해당 지역 주민들과의 마찰 등 어려운 여건 속에서도 성공적인 착공에 이르게 된 공로를 인정받아 대통령 표창을 받기도 하였다.

<자료 : 강인재 외 「행정사례문제」, 1998, p.112.>

토의과제

1. 사례 11-2는 C시의 광역쓰레기 매립장 건설이라는 정책집행과정을 기술한 내용이다. 이 사례를 활용하여 왜 정책대상집단이 정책집행에 불응하게 되는지 그 원인을 설명하고, 대상집단의 순응을 확보하기 위한 전략을 논하시오.

사례 11-3

월평균소득이 197만원인 직장생활초년병 김모(30)씨. 그가 매달내는 국민연금보험료는 회사가 절반을 보조해 주는 것까지 합쳐 17만 7천 3백원이다. 그러나 그가 65세부터 사망할 때까지 현재의 돈가치로 따져 월 62만원의 연금을 타게 된다. 반면 김씨가 매달 같은 돈을 은행의 개인연금에 가입할 경우 현재가치로 월평균 23만원을 받게 된다. 낸 돈에 비해 나중에 얼마나 많은 돈을 받게 되는지를 계산해 보면 국민연금은 2.8배인 반면 개인연금은 원금에 이자를 얹은 정도이다. 국민연금공단이 돈을 잘 굴려서일까. 천만의 말씀이다. 다음 세대로부터 받을 보험료를 미리 끌어 얹어주는 것이다. 김씨에게 약속된 연금을 주려면 40년뒤 후손들은 소득의 약 40%를 보험료로 내야 할 것으로 추산된다. 이쯤되면, 후손들은 보험료 부담으로 허리가 휘게된다. 자칫하면 소비가 줄어들고 경제가 위축되는 재앙이 닥칠 수도 있다.

<중앙일보, 2003. 3. 5>

토의과제

1. 사례 11-3은 대표적인 정책실패사례인 국민연금제도의 문제점을 간략하게 기술한 내용이다. 이 사례를 활용하여 정책설계가 정책의 성패에 미치는 영향을 설명하고, 정책이 성공적으로 집행되기 위해서 갖추어야 될 정책설계의 조건을 논하시오.

12 정책평가의 의의

이 장의 개요

이 장에서는 정책평가에 관한 기본적인 사항들을 다룬다. **제1절**에서는 정책평가에 관한 개념정의를 다루고, **제2절**에서는 정책평가의 기원과 정책평가의 필요성을 다룬다. **제3절**에서는 정책평가의 목적과 유형, 우리 나라의 정책평가제도를 설명한다. 그리고 **제4절**에서는 정책평가의 절차와 평가설계, 평가시 고려해야 할 준수사항을 설명한다.

12.1 정책평가의 정의

정책이란 공공문제를 해결하기 위한 정부의 중요한 활동이다. 정책, 즉 정부의 활동은 공공문제를 해결한다는 목표지향적인 성격을 지니고 있다. 그런데 정부의 활동은 국민의 세금으로 이루어지고 정책비용이 수반된다. 따라서 정부의 활동인 정책이 정당성을 지니기 위해서는 과연 정책이 당초 기대한 성과를 제대로 달성하였는지의 여부를 확인해 보아야 한다. 정책이 좋은지 나쁜지를 비판적으로 검토하는 활동이 바로 정책평가이다.

예를 들어 보자. 1997년 말에 저성장, 고실업으로 특징되는 IMF 경제위기 상황이 심화되면서, 정부는 범정부적인 실업대책을 추진하였다. 1998년 집행예정액 10조 707억원을 들여 공공근로사업, 실업자 직업훈련, 실업자 대부 등을 실시한 정부의 실업대책이 과연 기대했던 대로 고용창출효과를 가져왔는지, 실업대책을 위한 예산집행은 실효성이 있었는지 등 정부의 실업대책사업의 운용이 제대로 되고 있는가를 따져 보는 것이 바로 정책평가이다.

정책평가(policy evaluation)의 개념에 대해서는 학자들의 관점에 따라 매우 다양한 견해가 제시되고 있다. 학자들의 견해를 유사개념과 관련하여 살펴 보면 정책평가의 개념을 이해하는 데 커다란 도움이 될 것이다.

(1) 사업평가와의 관계

Dye는 정책평가의 개념을 포괄적으로 보아, 정책평가란 정책의 결과에 관하여 알게 하는 것이라고 정의하였다(T. Dye, 1981:366). Hatry 등은 정책과 사업(program)을 같은 차원에서 파악하여, 정책평가 내지 사업평가란 특정한 정부사업이 국민에게 미친 모든 장·단기적 효과에 관한 정보를 제공하기 위하여 특정한 정부사업을 체계적으로 검토하는 것이라고 보았다(H. Hatry et al., 1973:8). Wholey는 사업을 정책의 하위개념으로 파악하였는 데, 그는 사업평가는 사업활동의 결과로 무엇이 발생하였는가를 파악하기 위하여 과학적 방법을 적용하는 것이라고 정의하였다(J. Wholey, 1976:23-5).

정책평가의 대상은 정책이지만 정책의 구체적인 내용은 결국 사업(프로그램)인 경우가 대부분이고, 실제로 정책의 집행을 위하여 구체화된 정책수단은 사업인 경우가 많으므로, 정책을 사업과 동일한 경우로 볼 수 있다. 따라서 정책과 사업의 차이를 구분하지 않는 입장을 취한다면, 정책평가와 사업평가는 동일한 것이라고 볼 수 있을 것이다.

(2) 정책평가연구와의 관계

Nachmias는 정책평가란 진행 중인 정책 또는 사업이 달성하고자 하는 목표와 관련하여 그것이 대상집단에 미친 효과를 객관적 · 체계적 · 경험적으로 검토하는 것이라고 규정하였다(Nachmias, 1979:4). 그리고 Rossi와 Freeman은 정책평가연구란 사회적인 정부간여 프로그램(intervention programs)의 개념화와 설계, 집행 및 효용을 측정하기 위하여 사회과학적 연구절차를 체계적으로 적용하는 것이라고 규정하였다(P. Rossi and H. Freeman, 1993:5-6).

일반적으로 정책평가는 체계적 절차를 반드시 필요로 하는 것은 아니다. 그러나 정책평가연구는 과학적인 연구의 방법을 정책의 평가과정에 도입하여 응용하는 과정을 말한다. 즉, 정책평가연구는 과학적 연구의 방법이나 기법을 평가를 위한 목적으로 활용하는 것에 관심이 집중된다고 볼 수 있다. 따라서 정책평가가 정책평가연구를 포함하는 것으로 볼 수 있고, 정책평가연구는 정책평가의 한정적인 영역으로 파악할 수 있을 것이다.

(3) 정책분석과의 관계

Anderson은 어떤 문제를 해결하기 위한 여러 정책대안 중에서 각 대안이 미래에 달성할 결과를 미리 예측하는 과정을 정책평가의 개념과 동일시하였다(J. Anderson, 1975:132). 즉, Anderson은 정책대안의 결과를 미리 예측하는 사전적인 분석활동도 정책평가에 포함시키고 있는데, 이처럼 정책평가를 광의로 이해하면 정책평가와 정책분석은 다소 중첩된다.

그러나 일반적으로 학자들은 정책평가와 정책분석을 다음과 같이 구분하고 있다. 즉, 정책평가는 주로 정책이 결정되고 집행된 이후에 집행과정이나 정책결과를 대상으로 사후적으로 이루어지는 활동이고, 정책분석은 사전적으로 정책대안의 결과를 예측하고 이에 근거하여 정책대안을 비교 · 평가하는 활동으로 볼 수 있다. 이 책에서는 정책평가를 사후적인 개념으로 한정시키고자 한다. 즉, 정책분석은 미래의 정책을 계획하고 제안된 행동방안을 심사하는 데 초점을 두는 것으로 미래를 향한 조망적 과정(prospective process)인데 반하여, 정책평가는 현재 추진 중에 있는 또는 이미 종결된 사업이 어떤 성과를 이룩하였느냐 하는데 초점을 두는 것으로 회고적 과정(retrospective process)이라고 할 수 있을 것이다. 대부분의 학자들은 정책평가의 개념을 사후적인 활동으로 한정시키고 있으며, 정책형성과정에서 이루어지는 각 대안의 미래결과에 대한 평가는 정책분석(policy analysis)의 영역에 포함시키고 있다.

(4) 종합

정책평가란 정책 또는 사업이 결정 · 집행된 이후에 어떤 결과를 초래하였는가를 일정한 시점에서 사후적으로 질적 · 양적으로 심사하는 과정이다. 정책을 평가한다는 것은 단순히 정책이 집행된 후에 나타난 정책효과의 크기나 집행과정의 합리성을 판단하는 것뿐만 아니라, 정책의 목표가 바람직스러운 것인지 혹은 정책수단은 최선의 것이 선택되었는지 등에 대해서도 비판적으로 평가한다. 따라서 정책평가는 정책과정상의 모든 활동이나 모든 산물을 대상으로 수행될 수 있다.

12.2 정책평가의 기원과 필요성

정책평가를 상식적인 의미로 본다면, 정부가 결정하여 추진하는 정책의 좋고 나쁨에 대하여 비판하는 행위로 볼 수 있다. 이런 의미의 정책평가는 정부가 정책을 형성하고 집행하기 시작한 이후부터 지금까지 계속 행해져 왔다고 볼 수 있다.

그러나 우리가 관심을 갖는 것은 주로 1960년대 이후에 등장한 체계적이고 과학적인 방법에 의한 정책평가이다(노화준, 2001:38; 정정길, 1997:691-3). 1960년대 중반경부터 미국의 존슨(Johnson) 대통령은 '위대한 사회(the Great Society)'의 건설이라는 슬로건을 내걸고 수많은 사회정책적 사업들을 의욕적으로 추진하였다. 이는 흑인폭동에 충격을 받은 미국 민주당 정부가 취약계층의 인간다운 생활의 보장과 평등한 사회적 대우를 위한 목적으로 엄청난 자금을 들여 추진한 것이다. 이에는 극빈자의 식료품구입을 위한 재정자금의 지출, 실업자를 위한 실업수당과 직업재훈련사업이나 고용증대사업, 취약계층 자녀를 위한 특별장학금, 취약계층의 주거환경개선사업 등이 포함되었다.

이러한 진보주의적 · 인도주의적 분위기 가운데 추진된 사업들은 불행하게도 충분한 준비와 사전계획이 없는 상태에서 무모하게 진행되어 집행과정에서 커다란 시련에 봉착하게 되었다. 이에 따라 엄청난 규모로 투입되는 재정자금을 못마땅하게 생각한 보수주의자들이 사회정책적 사업에 대한 비판을 하기 시작하였다. 이런 가운데 충격적인 사업평가 보고서가 발표되었는 데, 미국 연방정부가 엄청난 돈을 들여 추진한 국립무료유아원사업(Head Start Program)이 처음에 의도했던 효과를 내지 못하고 있다는 내용이었다. 이 사업의 목적 중의 하나는 어린이들의 지능개발이었는 데 몇 년이 지나면서 이 사업이 어린이들의 지능개발에 별로 도움을 주지 못했다는 것이 보고서의 결론이었다.

이러한 평가결과는 보수주의자들로 하여금 사회정책적 사업들에 대한 공격을 강화시키는 구실을 주게 되었다. 그 결과 사회적 약자를 위하여 정부의 주도하에 보다 평등한 사회를 이룩하자는 1960년대 중반까지 고조되었던 진보주의적 사조는 후퇴되었고, 정부사업을 축소하고 조세를 감축하고자 하는 보수주의적 사조를 강화시키는 역할을 하였다.

위의 내용을 종합하면, 1960년대 후반 '위대한 사회'의 건설을 위하여 의욕적으로 추진된 미국의 사회정책적 사업들이 의도했던 효과를 거두지 못하고 있다는 지적이 빈번해지면서 정책평가의 필요성이 대두되었다. 공공부문의 효과성 향상에 대한 국민과 정부의 관심이 높아짐에 따라 정부활동의 생산성을 높이기 위한 정부의 연구활동으로 정책평가연구가 활용된 것이다. 1970년대부터는 사회과학분야에 발전된 분석기법과 컴퓨터의 활용이 극대화되면서, 과학적인 정책평가가 활발해지고 평가에 대한 연구도 다양해지게 되었다.

1980년대에 접어들면서 정부실패론 및 정부혁신론을 기조로 한 선진국의 정책평가가 활발히 진행되었다. 21세기 지구촌 환경변화 속에서 OECD 국가를 중심으로 한 선진 각국은 지속적으로 국제사회를 선도하기 위하여 과감한 정부혁신을 통해 자국의 경쟁력 증대를 추구하고자 하였는데, 정부혁신을 하는 궁극적 목표가 바로 정부 전체의 생산성 향상인 것이다. 그리고 정부 전체의 생산성 향상에 정책평가가 중요한 수단으로서의 역할을 할 것으로 기대되었던 것이다. 이러한 선진 국가들의 평가접근 노력은 우리 나라의 정책평가 제도운영에도 커다란 영향을 미치게 되었고, 정책평가에 대한 연구가 학계를 중심으로 활성화되는 계기가 되었다.

과거에는 정부가 무슨 일을 하겠다고 마음을 먹고 이를 위해 충분한 예산만 할당해 주면 의도한 대로 목표가 잘 달성되리라고 믿었다. 그러나 이러한 안일한 신화는 점차 사라지고 정부가 의도한 목표가 실제로 적절히 달성되었는지의 여부에 대한 관심이 고조되어 가고 있다. 정책평가의 중요성은 납세자로서의 국민의 입장에서 볼 때, 정부가 좀더 바람직스러운 정책결과를 산출하는 것에 대한 높은 관심이다. 또한 정책결정자의 입장에서 볼 때는 자신의 업무수행에 따른 영향과 관련하여 정부의 정책과정에 대한 관심이 높아져 가고 있다. 특히 실업대책사업, 전자정부사업 등 방대한 공공서비스분야에 대하여 광범위한 유형의 사업평가가 요구되고 있는 실정이다.[1)]

12.3 정책평가의 목적과 유형

1. 정책평가의 목적

정책평가는 분명한 목적을 가지고 시작한다. 정책평가의 목적에는 단순히 앞으로 사업을 개선하기 위한 수단으로서 뿐만 아니라, 진행 중인 사업을 정당화하거나 통제 및 감사를 하는 등 여러 가지가 있을 수 있다.[2)] Rossi 등은 정책평가의 주요 목적으로 ① 프로그램의 개선(improvement), ② 책임성(accountability), ③ 지식 창출(knowledge generation), 그리고 ④ 숨겨진 동기(hidden agendas)의 네 가지를 들고 있다(H. Rossi et. al., 2004).

정책평가의 목적은 정책평가가 당면하고 있는 구체적인 상황, 즉 정책평가의 주체, 평가대상 정책의 내용, 집행의 단계 등에 따라 달라 질수 있기 때문에 일률적으로 말하기는 어렵다. 그러나 일반적으로 정책평가의 목적에는 ① 관리자들이 정부사업이나 행정관리의 도구인 정부사업의 운영에 관한 효율성이나

---

1) Grinnell은 사업평가가 실시되는 이유를 다음과 같이 여섯 가지로 설명하였다(Grinnell, 1981). ① 사업의 목표가 얼마나 달성되었는지의 여부를 확인하기 위하여, ② 사업의 성공과 실패에 기여한 독특한 요인을 규명하기 위하여, ③ 사업의 성공을 설명할 수 있는 원리를 규명하기 위하여, ④ 효과 향상을 위한 방법을 실험적으로 테스트하기 위하여, ⑤ 앞으로의 연구를 위한 기초를 제공하거나 대안적인 방법의 상대적인 장점의 이유를 설명하기 위하여, ⑥ 목표달성을 위한 수단을 재정의하거나 목표 그 자체의 수정을 가하기 위하여.

2) 성규탁은 사업평가의 목적으로 다음의 세 가지를 제시하고 있다(성규탁, 1994:187). ① 사업 운영계획이나 운영과정에 필요한 정보를 확보하여 이 과정이 바람직하게 추진되도록 노력하는 것으로서, 사업과정상의 환류기능이라고 볼 수 있다. ② 사업담당자가 사업과정에서 행하는 활동에 대하여 사회적 책임을 지도록 하는 것으로서, 책임성 이행기능으로 볼 수 있다. ③ 보조적인 목적으로서 사업 속에 내재된 변수들간의 인과관계를 검증하여 이론형성에 기여하는 기능이 있다. 한편 김형식은 사업평가의 궁극적 목표를 위의 세 가지 이외에 ① 사업의 지속 또는 중단을 결정하기 위하여, ② 사업의 실무와 절차를 개선하기 위하여, ③ 특수한 사업전략 또는 기술을 삭제하거나 보완하기 위하여, ④ 비슷한 사업을 다른 지역에서 시행하기 위하여, ⑤ 특수한 개입의 효과에 대한 분석을 위하여 등의 다섯 가지를 사업평가의 궁극적 목표로 제시하고 있다(김형식, 1997:45).

효과성을 증진시키거나 평가하는 것을 돕기 위한 관리의 관점, ② 사업관리자에게 사업의 질이나 효과성에 책임을 지우는 책임성의 관점, 그리고 ③ 공공문제나 이의 해결과 관련하여 정부사업 또는 전략의 효과성에 대한 증거를 확립하는 것과 관련된 지식의 관점 등 다양한 측면이 있을 수 있다. 이를 좀더 구체적으로 설명하면 다음과 같다(Chemlsky, 1977:6; 노화준, 2001:45).

(1) 관리의 관점

정책평가의 목적은 정책과 행정관리의 도구, 즉 정부가 수행하는 사업의 효과성과 능률성을 평가하고 대안의 선택과 개선, 운영상의 능률성을 증가시키기 위한 지원시스템으로서 봉사하는 데에 있다.

이는 정책평가결과의 활용자가 행정과정에서 어느 곳에 위치하느냐에 따라 달라질 수 있다. 정책결정자인 경우는 사업의 계속성 여부 및 사업의 수정과 중단, 또는 종결을 포함해 사업의 전체적인 효과성에 관한 정보를 얻기를 기대한다. 따라서 정책평가는 사업의 수정, 보완, 종결 등에 대한 합리적인 결정을 내리는 데 도움이 될 객관적인 판단의 정보를 정책결정자에게 제공해 주는데 목적이 있다. 정책평가의 활용자가 사업의 관리자인 경우는 사업의 목표달성 정도, 사업전략의 성공 여부 등 관리의 효율성을 제고하는 데 필요한 정보를 기대한다. 실무자인 경우는 사업을 운용하면서 부딪히게 되는 애로사항을 타개해 주고 사업수행상의 경험을 잘 활용하는 데 도움이 되기를 기대할 것이다.

예를 들어 보자. IMF 경제위기 상황을 타개하기 위한 일환으로 정부는 1998년 초 공공근로사업의 추진을 위하여 1차로 20개 사업을 선정하고, 1단계로 1,380억원의 사업비를 각 사업시행부처에 배분하였다. 이렇게 투입된 막대한 실업예산이 과연 적절한 곳에 쓰여지고 제대로 관리되었는가를 파악할 필요가 있다. 이에 대한 평가를 통하여 1차 사업 중 효과가 미흡한 사업은 규모를 축소하고 남는 사업비는 효과가 큰 사업이나 다른 신규사업에 투입할 수 있을 것이다.

(2) 책임성의 관점

정책평가의 목적은 정책결정자나 사업관리자들로 하여금 그들의 관할하에 있는 사업의 가치에 대한 책임을 갖도록 함으로써, 국민의 세금으로 이루어진

정부자원을 최선의 방법으로 활용하도록 하는데에 있다. 이는 국가예산이 딴곳으로 누출되지 않고 원래의 목적대로 활용될 뿐만 아니라, 당초 설정한 목표를 효과적으로 달성할 수 있도록 적극적인 책임을 지움을 뜻한다.

예를 들어 보자. 정부는 실업대책으로 갖가지 공공사업을 벌이고 있고 직업안전망을 확충하고 있다. 또한 직업훈련을 활성화하고 실업급여를 확대하고 있다. 정책평가를 통하여 이러한 정부의 노력이 당초 기대하였던 고용창출효과를 가져왔는가를 판단하고 추후 계속사업에 환류정보로 투입하게 될 것이다. 그런데도 실업자가 줄지 않는다면 어떤 형태로든 책임추궁이 있어야 할 것이고 또 다른 해결방법을 강구해야 국민의 지지를 얻을 수 있을 것이다.

(3) 지식의 관점

정책평가의 목적은 정부가 직면하고 있는 문제들과 이러한 문제들을 처리하기 위한 정부전략의 효과성들에 관한 새로운 지식획득에 필요한 증거 자료들을 얻는데에 있다. 이는 현재 관심의 대상이 되고 있는 정책 또는 사업의 평가를 통하여 사회현상에 대한 새로운 지식을 발전시키고, 장기적으로는 이를 정책의 개발과 사회문제의 해결에 응용하고자 하는 것이다. 또한 정책평가를 함으로써 정부의 문제해결의 잠재적 능력을 높일 뿐만 아니라, 학문적 발전에도 기여할 수 있다.

예를 들어 보자. 정부는 공공근로사업이 실업자 해소와 생계지원에 효과가 있을 것으로 기대를 하였다. 과연 현실의 고실업과 저성장이라는 사회문제의 해결에 공공근로사업이 도움이 될 것인지, 사업과 사업효과간의 인과관계를 알기 위해서는 평가를 해야 한다.

정책평가의 목적은 위에서 살펴본 바와 같이 여러 가지로 세분될 수 있으나, 한마디로 말해 주된 목적은 전반적인 정책과정에 도움이 되는 환류(feedback)정보를 사후적으로 얻는데에 있다고 볼 수 있다. 인간의 행동은 인간이 환경으로부터의 환류정보를 얻을 수 있을 때에야 비로소 환경에 적응할 수 있다. 정부의 활동도 마찬가지이다. 정책의 결과가 어떤 효과를 가져오는가에 대한 정보를 알 수 있어야 비로소 정부의 활동이 정당성을 인정받을 수 있을 것이다. 정책평가는 환류정보를 획득하게 함으로써, 정부의 효과성을 향상시킬 수 있는 강력한 도구가 될 수 있다.

종합하면, 정책평가는 정책과정에 필요한 환류정보를 제공함으로써, 정책결정과 집행이 효율적으로 이루어지도록 하는데 그 목적이 있다. 또한 정책과정에 참여하는 사람들의 책임을 규명하고 체제의 문제해결능력을 향상시키며 국민의 지지를 획득하게 하는데 그 목적이 있다.

그러나 정책평가 또는 사업평가가 언제나 위와 같은 바람직한 방향으로만 이루어지는 것은 아니고, 정당하지 못한 목적을 위해 사용되기도 한다(Weiss, 1972:11-2). 즉, ① 결정의 연기를 위해서 정책평가를 이용하기도 하고, ② 서로 의견을 달리 하는 두 집단 사이에서 책임을 회피하기 위해서 정책평가를 이용하기도 하며, ③ 정책의 성공을 대외적으로 알리고 지지를 받기 위해서, 그리고 자신의 명성과 위신을 높이기 위한 목적으로 이용되기도 한다. 이처럼 정책평가가 오용되는 경우도 있기 때문에, 정책평가자로서의 철저한 직업윤리가 요구된다 할 것이다.

2. 정책평가의 유형

정책결정자와 집행자들은 그들이 처해 있는 상황에서 문제를 해결하는 데 도움이 될 환류정보를 획득하기 위하여 과연 어떤 유형의 정책평가를 의뢰할 것인가를 판단해야 한다. 정책평가는 그 분류기준에 따라 다음과 같이 여러 가지로 유형화될 수 있다.

(1) 평가자의 소속에 따른 분류

평가를 누가 할 것인가? 기관내에서 평가를 수행할 수 있는 직원을 평가자로 의뢰할 것인가 아니면 외부로부터 초청해 올 것인가 하는 것은 평가의 정치성과 민감성을 동시에 시사하고 있다. 내부직원을 평가자로 선정한 경우에는 기관 전반에 관한 내용을 소상히 알고 있기 때문에, 자료의 접근이 용이하고 시간의 절약과 아울러 평가를 계속할 수 있는 위치에 있으며 직원들과의 문제도 크게 부각되지 않을 것이다. 반면에 외부평가자를 유입할 경우에는 보다 객관성

있는 평가를 수행할 수 있는 장점이 있으나, 직원들이 위협을 느낀 나머지 협조를 거부한다거나 하는 문제에 봉착할 수 있다. 정책평가는 평가자의 소속에 따라 다음과 같이 자체평가와 내부평가, 그리고 외부평가로 구분된다.

1) 자체평가

자체평가(self-evaluation)는 정책 또는 사업의 진행을 담당하고 있는 사람들 자신이 수행하는 평가이다. 이는 일반적으로 기관에서 운영하는 사업의 개선을 위해 사용되고, 평가의 신뢰성과 타당도를 보장해 줄 수 있는 능력있는 평가자를 기관내에서 확보할 수 있는 것을 전제로 한다.

2) 내부평가

내부평가(inside evaluation)는 정책의 결정과 집행을 담당하는 사람들은 아니지만, 정책 또는 사업의 수행에 책임을 지고 있는 기관의 다른 구성원이 행하는 평가이다. 이는 사업운영비를 국가기관이나 공공단체로부터 수탁받은 경우에 사업의 성과 또는 책무성을 제시하기 위한 목적으로 수행된다.

3) 외부평가

외부평가(outside evaluation)는 정책의 결정 및 집행의 담당기관이 아닌 제삼자, 예를 들어 외부전문가가 수행하는 평가이다. 이는 책무성을 강조하는 평가로서 사업운영상의 전문성에 대한 성과가 제시되도록 외부로부터 요청받은 경우에 수행된다.

내부 또는 외부의 평가자가 선정된다고 해서 평가의 방법이 달라지는 것은 아니며 비슷비슷한 문제에 봉착하게 된다. 단 평가는 객관성이 보장되어야 하며, 평가의 결과를 기관 내부보다는 외부에 제시해야 할 경우가 많고, 책무성의 이유 때문에 평가의 신뢰를 높이기 위해 외부평가자를 사용해야 할 경우가 많다. 결론적으로 객관성과 공신력이 외부평가와 내부평가를 결정짓는 요소일 것이다. 평가의 활용도를 높인다는 차원에서 볼 때 향후의 평가는 기관내의 자체평가가 바람직하다고 볼 수 있다.

(2) 효과의 구분에 따른 분류

정부사업의 효과는 산출(outputs)과 결과(outcomes), 그리고 영향(impacts)으로 나눌 수 있다(Levy et al., 1974:4-8). 정부사업의 효과를 어디에 초점을 두고 측정하느냐에 따라, 정책평가는 다음과 같이 산출평가와 결과평가, 그리고 영향평가로 구분된다.

1) 산출평가

정책산출(policy outputs)은 가장 단기간에 나타나고 계량적으로 측정하기가 다소 용이하다. 공공근로사업의 예를 들면, 산출이란 공공근로사업의 수혜를 받은 인원수와 같은 것을 말한다.

2) 결과평가

정책결과(policy outcomes)는 정책산출을 통해 얻는 효과를 의미한다. 공공근로사업의 예를 들면, 결과는 실업인구의 흡수와 소득지원 등을 말한다.

3) 영향평가

정책영향(policy impacts)은 그 사업이 다른 부문에 미치는 영향까지를 고려한 효과를 의미한다. 정책영향은 정책산출이나 정책결과보다도 더 장기간 후에 나타나는 것이 보통이다. 공공근로사업의 예를 들면, 정책영향은 고용창출효과와 고실업의 극복 등을 통한 경제회복과 국민생산성의 증대 등을 들 수 있다.

(3) 평가대상에 따른 분류

정책평가는 평가대상에 따라 분류하면, 크게 과정평가와 총괄평가의 두 가지 종류로 나누어진다.

1) 과정평가

과정평가(process evaluation)는 집행이 이루어지는 과정을 평가대상으로 하며, 형성평가(formative evaluation) 또는 진행평가라고도 불리운다. 이는 정책집행이 끝난 후에 정책집행과정상에서 나타난 집행계획, 집행절차, 투입자원,

집행활동 등을 검토하여, 여러 가지 문제점을 해결하고 바람직한 집행전략을 수립하는 데 도움을 주고자 하는 활동이다. 주된 관심은 어떤 정책이나 사업이 처음에 언명된 지침에 따라서 제대로 집행이 이루어지고 있느냐 하는 것이다.

정책의 내용이나 원래 정책이 의도한 대상집단에 대한 효과는 집행과정에서 상당히 수정되거나 왜곡될 수 있다. 따라서 어떤 정책이 원래 의도했던 대로 집행이 되지 않았다면, 그 정책의 영향을 평가한다는 것은 무의미하다. 과정평가는 정책이 의도했던 대로 잘 집행되었는가를 확인하는 것이다. 이는 정책의 집행이나 사업의 운영(operation)이 원래의 집행계획(plan)이나 집행설계(design)에 따라 이루어졌는가를 확인하여 이에서 벗어난 부분을 파악하고, 집행의 관리와 전략의 수정 및 보충을 하기 위한 것이다.

예를 들어 보자. 행정자치부가 중심이 되어 추진되고 있는 공공근로사업에 대한 사업평가를 과정평가를 중심으로 설명하면 다음과 같다. 첫째, 계획된 인적 · 물적 자원이 계획된 시간에 투입되었는가를 따져 본다. 즉, 읍 · 면 · 동사무소의 취업알선창구에 적절한 담당인원이 배치되어 적격한 대상자를 제대로 접수하였는지, 임금은 제때에 지급되었는가 등을 평가한다. 둘째, 원래 집행계획에서의 활동들이 실제로 이루어졌는가를 살펴본다. 즉, 공공근로사업으로 선정된 사업들이 소기의 효과를 낼 수 있도록 사업활동이 실제로 이루어졌는가를 평가한다. 셋째, 공공근로사업이 원래 의도한 정책대상자집단에게 실시되었는가를 살펴본다. 도시지역뿐만 아니라 농촌지역의 실업자들이 공공근로사업의 실시내용을 충분히 알고 자신들이 수혜인원이 될 수 있음을 충분히 인지하여 지원을 받고 있는가를 평가한다. 넷째 이상의 것들을 파악 · 평가하여 다음 단계의 사업실시때에 개선 또는 보충의 정보로 환류될 수 있다.

과정평가는 정책수단이 구체적으로 어떤 경로를 거쳐서 효과를 발생시켰는지를 파악하려는 것이다. 즉, 정책수단을 원인으로 하고, 정책효과를 결과로 하며, 도중에 개입되는 매개변수를 확인하여, 정책수단의 실시에서 최종 집행결과까지의 과정(process)을 인과관계의 측면에서 확인하는 것이다. 정책이 집행되었음에도 불구하고 정책의 효과가 나타나지 않는다면, 이는 정책수단에서 정책집행결과에 이르는 인과관계에 문제가 있을 수 있기 때문이다. 이런 경우에는 정책의 효과발생여부만이 아니라, 인과관계의 경로에서 어디에서 잘못되었는가를 판단하는 것이 중요하다. 정책의 효과가 있더라도 이러한 과정평가는 중요하다. 특정한 상황뿐만 아니라 좀더 광범위한 일반적인 상황에서도 효과가 나올 것인가를 알 수 있기 때문이다.

2) 총괄평가

총괄평가(summative evaluation)는 정책결과를 평가대상으로 하며, 정책결과평가, 효과평가 또는 정책영향평가라고도 불리운다. 이는 정책집행이 이루어진 후에 과연 의도했던 정책효과를 발생하였는지를 확인 · 검토하는 활동이다. 총괄평가는 정책이 사회에 끼친 영향이나 충격을 확인하려는 사실판단적 활동이라고 볼 수 있다.

정책이 집행되면 정책효과가 발생하고 정책목표가 달성될 것이라고 생각하기 쉽다. 그러나 반드시 정책효과가 발생되어 정책목표가 달성되는 것만은 아니다. 뿐만 아니라 정책효과가 발생되었는지의 여부를 판단하는 것이 어려운 경우가 많다. 정책이 아닌 다른 요인 때문에 일어난 변화를 정책효과로 판단하는 경우가 많기 때문이다. 따라서 총괄평가에서는 정책이 가져온 영향과 정책이 아닌 다른 요인에 의한 영향을 분리해내는 방법이 중요하다. 총괄평가를 위해서는 정책목표를 조작적으로 정의해야 되고, 성공의 판단기준을 구체화해야 되며, 실제 결과가 의도한 정책목표를 얼마나 달성하였는지를 측정해야 한다. 정책결과에는 당초 의도했던 것뿐만 아니라, 부수효과나 부작용까지 포함될 수 있다.

정책평가의 방법으로 가장 널리 활용되고 있는 총괄평가 또는 정책영향평가의 종류에는 진실험적 설계에 의한 평가, 준실험적 설계에 의한 평가, 그리고 비실험적 방법에 의한 평가가 있을 수 있다. 진실험적 설계에 의한 평가는 정책의 영향평가를 위하여 과학적인 실험조사설계의 원리를 도입하는 것이고, 준실험적 설계에 의한 평가는 어떠한 이유로 진실험적 설계에 필요한 조건들을 만족시킬 수 없는 경우에 불가피하게 쓰이는 절충 방법이다. 비실험적 방법에 의한 평가는 실험설계의 원리에 의하여 정책의 효과를 식별하고 분리해 내는 것이 아니라, 통계적인 상관관계분석의 원리에 의하여 독립변수로서의 정책과 종속변수로서의 정책효과간의 관계를 분석해 내고 이를 해석함으로써 정책의 효과를 평가하는 방법이다. 이에 관한 자세한 설명은 제15장에서 다루어진다.

지금까지의 내용을 종합하면, 총괄평가는 근본적으로 연역적인 논리에 바탕을 둔 것으로서, 정책 또는 사업이 달성하고자 하였던 목표를 얼마나 잘 성취하였는가의 여부를 평가한다. 이에 반해 과정평가는 귀납법에 의한 것이며, 평가의 초점은 '앞으로의 결정을 위하여 알아야만 될 것이 무엇인가' 라는 질문에 있다. 사업시행의 초기단계에서는 신속한 환류를 제공할 수 있는 과정평가가 필요하고, 사업종결 이후에는 사업성공의 여부에 관심을 가지고 있는 여러 계층을 위한 과학적이고 객관적인 자료를 제시할 수 있도록 총괄평가의 방법이 필요할 것이다. 이상적인 정책평가는 과정평가와 총괄평가 양자를 모두 포함해야 하며, 이런 경우를 종합적 평가라고 부른다. 실제 종합적 평가가 정책결정자에게 가장 선호되는 것이지만 오늘날 정책평가연구에서 초점을 두는 것은 총괄평가라고 볼 수 있다.

3. 우리 나라의 정책평가제도

(1) 기관평가의 개념

우리 나라에서 현재 운영되고 있는 정책평가제도는 크게 국무총리실에서 실시하는 기관평가, 감사원에서 실시하고 있는 성과감사, 그리고 국회에서 주관하고 있는 국정감사로 나누어진다. 이 가운데 정책평가제도의 본류는 1961년부터 심사분석제도로 출발되어 국무총리실에서 실시하고 있는 정부업무심사평가(기관평가) 제도에 있다고 할 수 있다. 기관평가는 정책평가에서 응용된 하나의 실천적 평가유형이라고 볼 수 있는데, 평가대상기관(공공기관)의 개별 정책을 포함하여 정책을 추진하는 체제까지를 포함한 총체적인 행정역량과 행정을 위한 역할구조의 타당성 · 적합성 등을 포괄하여 종합적으로 평가하는 것을 말한다.

기관평가는 1980년대 들어 국가간 경쟁이 심화되면서 국가경쟁력 강화의 필요성, 이를 위한 정부개혁의 요구, 이러한 정부개혁요구를 적극 유인하고 그 추진상황을 체계적이고 종합적으로 점검 · 관리하기 위하여 활발히 진행되어지고 있다.

1998년 2월 국민의 정부출범을 계기로 '공공부문의 공익 · 공평성을 견지하는 가운데 행정의 효과성과 능률성을 한층 높이고 책무성이 확보될 수 있도록 하기 위한 부처 유인체제가 강화되어야 한다'는 사회적 요구가 제기되었고, 이를 수용하기 위한 수단으로서 체계적이고 종합적인 정책평가제도가 절실하였다. 이에 따라 국무총리실은 2월 28일 정부조직 및 기능 개편시 종래 정책중심의 심사평가제도를 기관평가제도로 전환하여 현재까지 운영하고 있다.

국무총리실의 정부업무 심사평가 지침에 의하면, 평가대상 영역을 주요정책과제평가, 정책추진역량평가, 그리고 국민만족도 조사 등 세 개 분야로 구분하고 있다.

(2) 정부업무 평가제도의 연혁

1961년 당시 국무총리 기획조정실에서 심사분석제도를 처음으로 시행한 후, 현행 국무총리실 국무조정실의 기관평가제도에 이르기까지 많은 평가실적과 제도적 변화 · 발전을 이루어왔다. 이를 간단히 표로 제시하면, 다음 〈표 12-1〉과 같다.

역사적인 측면에서 볼 때 우리 나라의 정책평가기관 중 가장 핵심적인 위치를 차지하고 있는 기관은 국무총리실이라고 볼 수 있는데, 국무총리실은 1962년부터 정부정책 전반에 대한 기본운영계획제도를 도입 · 실시하고, 기본운영계획의 집행결과를 점검하기 위하여 심사분석제도를 수립 · 운영하여 왔다.

1981년 11월 정부의 대폭적인 기구개편과정에서 국무총리 기획조정실이 폐지됨과 동시에, 심사분석제도는 그 당시의 경제기획원으로 이관되어 신설된 심사분석국에서 주관하게 되었다. 정부는 1990년 4월에 경제기획원의 심사분석업무와는 별도로 총리실에 정부주요업무에 대한 정책평가제도를 도입하고, 그 분석결과를 연 1-2회 개최되는 보고회에서 대통령에게 보고하도록 하였다. 이 제도는 급변하는 국제정세와 국내의 사회 · 정치적 여건변화에 효율적으로 대처하기 위하여 둘 이상의 행정기관과 관련된 주요 정책에 대하여 전 정부적 차원에서 이를 종합적으로 평가 · 조정함으로써, 효율적인 국정운영을 도모하기 위하여 도입되었다.

1994년 12월 다시 정부조직 개편작업을 통해 경제기획원과 재무부를 통합하

표 12-1 정부업무 평가제도 연혁

단계 / 내용	도입단계	과도적 단계		재정비 단계	발전단계
담당기관	기획조정실	경제기획원	행정조정실	행정조정실	국무조정실
시기	1961. 9-1981. 10	1981. 11-1994. 12	1990. 4-1994. 12	1994. 12-1998. 2	1998. 3-현재
내용	1961년 정부부문에 최초로 심사분석제도를 도입하여 기획조정실에서 정부정책의 평가기능을 수행	1981년에 심사분석업무를 경제기획원 심사평가국으로 이관	행정조정실에 정책평가기능 신설	정부조직개편에 따라 경제기획의 심사분석업무와 행정조정실의 정책평가업무를 통합하여 심사평가기능수행	1998년 국민의 정부출범과 함께 심사평가제도를 대폭 개편하여 '기관평가제도' 도입
근거	정부의기획 및 심사분석에관한 규정(대통령령 제6143호 1972. 4)	정부기획 및 심사분석에관한규정(대통령령 제10821호 1982. 5)	정부주요정책평가 및 조정에관한규정(총리령 제364호 1990. 4)	정부업무의심사평가 및 조정에 관한규정(대통령령 제14531호 1995. 2)	정부업무등의평가에관한기본법(법률 제6347호 2001. 1. 8)

자료 : 국무조정실 정책평가위원회(2002)에서 재인용.

여 재정경제원을 발족시키는 동시에, 종래 경제기획원에 속해 있던 심사분석기능을 국무총리 행정조정실로 통합함으로써 국무총리실의 정책조정기능을 강화하였다. 이로써, 종래 이원적으로 시행되어 오던 경제기획원 심사분석제도와 총리실 정책평가제도를 통합 · 운영하여 정부내의 정책평가기능을 더욱 활성화시키는 계기가 되었다.

(3) 지방자치단체의 평가

현재 지방자치단체를 대상으로 실시되고 있는 평가는 중앙정부의 합동평가와 지방자치단체 스스로가 수행하는 자체평가 두 가지가 존재하고 있다. 합동평가는 1999년에서 현재에 이르기까지 16개 광역시도를 대상으로 국가주요시책, 행정내부의 추진역량, 주민만족도 등 10개 부처 50개 시책에 대하여 행정자치부 주관으로 합동평가단을 구성하여, 각 시도가 제출한 자료에 대해 서면평가와 함께 합동평가단의 현장평가를 병행 실시하였다. 또한 자체평가는 현재 각 지방자치단체에서 사업심사분석평가라는 이름으로 시행되고 있는 제도로서 심사평가가 해체되고 자체평가로 전환하게 된 것이다. 2001년 '정부업무 등의 평가에 관한 기본법' 의 제정과 함께, 지방자치단체의 자체평가가 법적으로 의무화되었다. 이에 따라 지방자치단체가 스스로 자기반성을 통하여 혁신을 추진할 수 있도록 표준화된 자체평가 모델을 제시하는 등에 대한 지속적인 노력이 강하게 요구되고 있다.

(4) 성과평가

1980년대 이래 선진국을 위시한 세계 각국에서 추구하는 행정개혁의 주된 요점은 성과(performance)의 추구이다. 정부의 다양한 활동을 성과측정을 통해 평가하고, 이를 통하여 공공부문이 가지고 있는 제한된 물적 · 인적 자원의 효율성을 극대화하려는 추세는 점점 심화되고 있다. 미국은 1993년 '정부성과 및 결과에 관한 법' (GPRA : Government Performance and Results Act)을 도입하여 시행하고 있다.[3] 이 법의 기본 목적은 프로그램의 성과목표를 정하고 그 결과를 측정하는 체제를 구축하여, 프로그램의 효율성(efficiency)과 효과성(effectiveness)을 제고하자는 것이다.

우리 나라도 투입위주의 행정이 아닌 결과위주의 행정을 추구하기 위하여 다양한 노력을 전개하고 있다. 1999년 기획예산위원회의 주도로 성과주의 예산제도의 도입을 추진하기 위한 계획을 GPRA를 벤치마칭하여 마련하였다. 기획예산처는 2004년에는 새로운 제도시행에 따른 부담을 완화하고 여타 부처도 제도시행에 대비할 수 있는 기간을 부여하기 위하여 시범실시 경험이 있는 26개 부처를 선시행기관으로 선정한 바 있다.

성과관리제도는 재정사업의 성과목표와 성과지표를 설정하고 지표에 의한

3) 미국 연방정부가 GPRA를 시행한 목적은 연방정부 각 기관들이 그들의 임무를 명확히 하고, 현실적으로 실현가능한 목표를 세운 다음, 이러한 목표의 달성여부를 성과측정을 통해 확인하여 보고하게 함으로써, 일하는 방식을 근본적으로 변화시키고자 하는데 있다. 이러한 목적은 미국뿐만 아니라 정부의 효율적인 관리를 추구하는 모든 선진 OECD 국가들이 기본적으로 지향하는 방향이다.

표 12-2 성과평가의 모형

성과 performance	투입 input	과정 process	산출 output	결과 outcome	영향 impact
성과목표	효율성		효과성		
평가유형		과정평가	결과평가		영향평가

성과평가 결과를 재정운용에 반영하는 제도이다. 이는 일정 재정사업을 통해 달성하고자 하는 성과목표를 설정하고, 성과목표의 달성여부를 측정할 수 있는 계량화된 성과지표를 개발하여 성과목표와 사업시행결과를 지표에 의해 비교 · 평가하여 그 결과를 재정운용에 환류하며, 이러한 선순환 과정을 통해 재정의 효과성과 투명성을 제고하여 투입위주에서 성과중심으로 재정운용방식을 전환시키는 제도이다(박경귀, 2005).

성과관리제도의 핵심인 성과평가(performance evaluation)는 조직단위 또는 사업활동별로 달성한 성과가 전체 또는 단위조직별로 부여된 미션 및 목표와 비교하여 조직 및 사업활동의 효과성, 능률성, 대응성, 적시성 등이 어떠하였는가를 평가하는 과정이며, 계량적인 요소와 질적인 요소에 의해 평가되어진다.

성과평가를 위한 모형은 크게 과정평가, 결과평가, 영향평가 등으로 구분되어진다(〈표 12-2〉). 성과평가에서 가장 핵심요소는 성과지표이며, 따라서 성공적인 성과평가를 위해서는 성과지표개발에 주력해야 하는데, 성과지표에 대한 자세한 설명은 제13장에서 다루어진다.

12.4 정책평가의 절차와 평가설계

1. 정책평가의 절차

정책평가는 평가의 유형과 평가결과의 활용목적, 그리고 사용되는 평가방법 등에 따라 평가절차가 각각 달라질 수 있다. 정책평가의 표준적 절차는 ① 형성과 협상, ② 구조화와 설계, ③ 자료의 수집과 준비, ④ 자료의 분석과 해석, ⑤ 의사전달과 발표, ⑥ 결과의 활용 등 여섯 단계로 조직화되어 있다고 볼 수 있다(노화준, 2001: 76-80).

(1) 형성과 협상

정책평가나 사업평가를 시작하기 전에 평가를 담당할 평가자와 평가결과를 활용할 의뢰인들은 이 평가연구를 통하여 무엇을, 어떻게, 그리고 왜 해야 하며, 장애 또는 제약요인들은 무엇인가에 대하여 상호간에 충분히 논의하고 이해해야 한다.

정책평가 또는 사업평가는 반드시 객관적이고 과학적이며 합리적인 것만이 아니라 정치적 의도를 강하게 내포할 수도 있다. 평가대상이 되는 사업들은 반드시 중립적이고 냉정하며 객관적이거나 실험실 연구와 같은 성질을 가지고 있는 것은 아니다. 예를 들어 사회복지 프로그램은 입법적 및 관료적 정책과정의 한 산물일 수 있고, 평가자들이 구상하는 이상적인 요소와는 상당히 다를 수도 있다. 목적을 달성하지 못한 프로그램도 얼마든지 살아남을 수 있다. 그렇다고 하여 복지프로그램의 기관장들을 비합리적이라고 비난할 수만은 없다. 평가를 담당한 당사자와 기관장이 평가에 대하여 서로 상충된 견해를 가지고 있다면, 평가작업이 계속되는 중에도 정치적 압력이 평가의 방향을 완전히 바꾸어 놓거나 또는 망쳐 놓을 수 있다.

평가에서는 정치적 요소가 내포될 수 있다는 점을 감안하여 실용가능한 평가를 시도해야 한다. 따라서 평가대상이 되는 조직성원들의 관심과 동기, 평가자의 역할, 평가과정에서 나타날 수도 있는 장애요인과 기회, 평가의 결과를 사용할 때 발생할 수도 있는 한계성과 가능성 등을 미리 따져 보아야 한다.

이 때 주로 고려되어야 할 사항들은 사업활동의 목적과 성격, 평가결과를 활용할 것으로 예상되는 자, 평가의 유형, 평가를 수행하는 데 소요되는 비용, 평가의 실행가능성, 투입된 비용에 상응하는 유용한 정보의 산출, 평가과정에서의 자료나 평가결과 등의 접근에 대한 제약 등이 있을 수 있다.

(2) 구조화와 설계

평가설계에서는 논리적 · 윤리적 · 정치적 및 재정적 요인들과 아울러 방법론적 요구사항 등에 대해서도 충분히 고려되어야 한다. 설계단계에서는 조사내용을 논리적으로 배열하는 방법과 자료를 수집하는 방법 등 평가를 계획하는 과정에서 필요한 모든 결정을 하게 된다.

연구설계는 일반화의 정도와 인과관계의 타당성 정도와 관련하여 진실험설계, 준실험설계 그리고 비실험설계 등으로 구분할 수 있다. 평가자는 연구설계를 할 때 내적 타당도와 외적 타당도를 최대한 높이고자 할 것이다. 내적 타당도는 평가를 통해 한 변수가 다른 변수의 원인인지의 여부를 정확하게 서술하는 정도를 의미한다. 외적 타당도는 평가에서 발견한 인과관계를 평가의 대상을 넘어서 전체 집단에까지 일반화할 수 있는 정도를 뜻한다.

이 때 주로 고려되어야 할 사항들은 접근방법의 명료화, 영향평가의 경우 비처리집단에 대한 효과의 추정문제와 그 방법, 표본조사를 사용하고자 할 경우 표본추출의 방법, 측정방법과 측정도구, 측정절차와 방법에 대한 정당화, 평가에 대한 이해관계 당사자들간의 상호협조관계 등을 들 수 있다.

(3) 자료의 수집과 준비

자료는 일정한 계획을 세우고 이에 따라 수집되어야 하며, 상황과 정보수요의 변화에 따라 융통성있게 수정될 수 있어야 한다. 평가자는 사업을 관찰하고 자료를 수집하여 측정한다. 측정은 세심하고 의도적인 관측이며, 변수 및 변수를 구성하는 속성을 숫자나 기호로 구체화하는 과정을 말한다. 측정의 신뢰도와 타당도를 높이기 위하여 척도를 사용하며, 척도에는 명목척도, 서열척도, 등간척도, 비율척도가 있다. 정책평가를 위한 자료는 여러 소스(source)와 여러 가지 방법을 통하여 수집할 수 있다. 일반적인 자료의 원천으로서 면접, 설문지, 관찰, 2차 자료조사 등이 있다.

(4) 자료의 분석과 해석

일단 자료가 수집되면 이를 부호화하여 체계적으로 분석하고 그 결과를 해석해야 한다. 부호화된 자료는 일반적으로 컴퓨터로 분석할 수 있도록 처리된 자료를 조작한다. 정책평가에서 주로 이용되는 자료의 분석방법에는 정규분포나 t-분포를 이용한 검증방법, 분산분석법, 회귀분석법, 상관관계분석법 등 여러 가지가 있다. 여러 가지 자료분석방법들 중에서 어떤 분석방법을 채택할 것인가 하는 것은 평가문제의 성격, 연구설계, 이용가능한 자료 등을 종합적으로 고려하여 결정해야 한다. 각종의 통계적인 방법이나 모델링 방법들을 이용하여 평가목적에 따른 정보를 산출하게 되며 평가자들의 창의적인 자료처리능력이 크게 요구되는 단계이다. 결과의 해석단계에서는 분석결과를 설명하고 결과의 일반화 가능성 여부 등을 검토한다.

(5) 의사전달과 발표

원활한 의사전달의 필요성은 다음과 같다.

① 사업의 성격, 평가에 대한 기대, 요구되는 평가의 유형 등을 분명히 하기 위해서,

② 평가를 위한 노력에 대한 책임을 분명히 하기 위해서,

③ 평가와 관련된 당사자들간의 협조를 확보하기 위해서,

④ 자의적인 해석이나 개인적 의견으로부터 객관적으로 발견된 사실들을 구분하기 위해서,

평가자는 정책평가결과에 대한 보고서를 작성하여 발표한다. 보고서는 평가결과의 이용자와 효과적인 의사전달을 할 수 있도록 작성되어야 한다.

(6) 결과의 활용

평가결과는 이를 필요로 하는 사람들에 의하여 사용되어져야 한다. 즉, '활용중심적 평가'가 되어야 한다. 이를 위해 평가결과는 정책결정자가 의사결정을 내리기 전에 항상 이용가능하도록 준비되어야 한다. 평가는 결정과정에 필요한 정보를 제공하기 위하여 수행되기 때문에 평가보고서가 내포하게 될 정보나 자료들은 필연적으로 다른 정치적 요인들과 경쟁 내지는 대립을 하게 될 수도 있다. 따라서 평가자는 평가결과에 대한 잘못된 해석과 악용의 가능성을 예견하고 이를 방지하도록 노력해야 할 것이다.

2. 평가설계

(1) 평가설계의 의미

평가설계의 기본적인 요소들은 ① 획득되어야 할 정보의 종류, ② 응답자의 유형 등과 같은 정보의 소스, ③ 표본추출을 위하여 사용될 방법, ④ 정보수집의 방법, ⑤ 정보수집의 시기와 횟수, ⑥ 정책산출을 비교할 기초, ⑦ 분석계획 등이다(노화준, 2001:80).

평가설계의 의미는 평가설계요소들과 밀접하게 관련되어 있다. 즉, 평가설계는 ① 평가설계에서 탐구할 질문들을 정의하고 제시하며, ② 질문들에 대답할 방법론적 전략을 발전시키고, ③ 자료수집과정에서 직면하게 될지도 모르는 문제들과 장애요인들을 예견하고 기술하는 자료수집계획을 작성하여, ④ 평가연구에서 제기하는 질문들에 대하여 수집된 자료들을 가지고 답변할 수 있는 가장 바람직한 정보를 산출할 수 있도록 구체적인 자료분석계획을 작성하는 활동이라고 할 수 있다.

평가설계는 올바른 질문의 선택, 평가에 대한 제약요인들의 검토, 평가설계안들에 대한 사정(assessment) 등의 절차에 따라 이루어진다. 평가연구에 있어서 올바른 질문들을 선택해야 유용한 평가를 수행할 가능성이 높으며, 만일 선택한 질문이 올바르지 못하면 수행된 결과도 도움이 안되거나 오히려 정책에 대한 판단을 그르칠 가능성조차 높다. 따라서 올바른 질문 선택의 중요성은 아무리 강조해도 지나치지 않을 것이다.

(2) 평가전략과 평가설계의 유형

평가전략(evaluation strategy)은 평가를 위하여 제시된 질문들에 대한 대답을 찾는데 적용되는 일반적인 접근방법을 의미한다. 하나의 평가전략은 여러 가지 유형의 평가설계를 포함한다. 평가의 전략과 평가설계의 유형을 비교하여 요약하면 다음과 같다.

① 표본조사는 관심의 대상이 되는 모집단을 구성하는 단위 가운데 실제로 조사대상으로 추출된 표본에 대하여 조사하는 것이다. 이는 횡단면적 연구, 패널연구, 평가기준에 토대를 둔 연구 등의 평가설계와 연관된다. 횡단면적 연구는 일정 시점을 기준으로 모든 관련변수들에 대한 자료를 수집하여 설계하는 방법이다.

횡단면적 연구의 목적은 상이한 특성을 지니고 있는 집단들 사이의 측정치를 비교함으로써 의미를 찾는 것이다. 패널연구는 유권자패널과 같은 패널(panel)이라고 불리우는 평가대상자집단을 정해 놓고, 이들로부터 상당히 긴 시간을 두고 지속적으로 필요로 하는 정보를 얻어내는 방법이다.

② 사례연구는 어떤 현상이 매우 복잡하여 단순히 표본조사를 하는 것만으로는 파악하기 어려운 경우에 적용되는 방법이다. 이는 단일사례연구, 다중사례연구, 평가기준에 토대를 둔 사례연구 등의 평가설계와 연관된다.

③ 현장실험은 우리가 생활을 영위하고 있는 자연적인 상황하에서 평가자가 독립변수를 조작하여 실시하는 실험조사이다. 현장실험은 진실험적 방법에 의한 연구, 비동질적 비교집단설계에 의한 연구, 사전사후 비교연구 등의 평가설계와 연관된다. 이에 관한 자세한 내용은 15장에서 설명한다.

④ 사용가능한 기존 자료조사는 2차적 자료분석, 평가종합 등의 평가설계와 관련된다. 2차적 자료분석은 평가 수행자가 아닌 다른 주체에 의해 이미 수집된 자료를 손쉽고 저렴하고 효과적으로 획득하여 평가에 활용하는 것이다. 평가종합은 기존의 정책이나 프로그램들에 대한 평가연구들을 종합하여 정책결정과정에서 평가정보가 필요한 때에 적시에 활용될 수 있도록 종합화된 정보를 창출해 내는 일련의 기법이다.

표 12-3 평가전략과 평가설계의 유형

평 가 전 략	평 가 설 계
표 본 조 사	횡단면적(cross-sectional) 연구 패널(panel) 연구 평가기준에 토대를 둔 연구
사 례 연 구	단일사례(single case) 연구 다중사례(multiple case) 연구 평가기준에 토대를 둔(criteria-referenced) 사례연구
현 장 실 험	진실험적 방법에 의한 연구 비동질적 비교집단설계에 의한 연구 사전사후 비교연구
이용가능한 기존 자료 조사	2차적 자료분석 평가종합

3. 평가시 준수사항

평가는 아무리 훌륭히 수행해도 비난의 대상이 될 수 있고, 아무리 조잡한 평가라도 훌륭한 역할을 수행할 수 있다. 평가의 후면에는 언제나 패자와 승자가 있게 마련이기 때문에 논란의 여지가 많다. 아무리 객관성을 강조해도 정치적 목적으로 객관성이 희생되는 경우도 많이 있을 수 있다. 이러한 문제들을 극복하기 위하여 1981년 미국 교육평가기준공동협의회에서는 교육프로그램, 프로젝트 및 자료들에 대한 네 가지 항목에 대한 평가표준을 책정하였다. 이는 평가의 질을 보호하여 평가결과의 활용성을 높이기 위한 것이다. 네 가지 항목은 유용성, 타당성, 윤리성 및 정확성이다. 자세한 내용은 〈표 12-4〉와 같다.

유용성 표준은 평가보고서가 제시하고 있는 자료들이 보고서의 독자, 사용자들에게 유용한 정보를 제공하고 있는가를 판단하기 위한 기준이고, 타당성 표준은 평가자들로 하여금 보다 현실적이고, 외교적이며, 예산집행도 잘 해야 된다는 점을 강조한다. 평가는 자연적인 또는 비인위적인 상황에서 수행하는 것이 바람직하다. 타당성이라는 것은 평가의 비용, 평가에 필요한 자료의 존재여

표 12-4 평가시 준수사항

표 준	준 수 사 항	내 용
유용성 표준	평가대상 확인	평가에 직접 참여하거나 또는 평가에 의하여 영향을 받게 된 대상을 확인함으로써, 그들의 요구가 평가에 반영되도록 한다.
	평가의 신용도	평가수행자는 평가수행의 능력과 윤리성을 겸비한 평판을 가지고 있어야 평가보고서가 용납되고 사용될 수 있다.
	정보의 범위와 선택	수집된 정보의 범위와 방법을 평가가 의도하는 문제에 대한 해답을 제시할 수 있어야 하며, 구체적인 평가수혜자들의 욕구와 관심을 반영시켜야 한다.
	자료해석 가치화	평가자료의 해석에 사용된 관점, 절차, 원리들을 명기함으로써 가치판단의 근거를 제시한다.
	보고서의 명확성	평가보고서는 평가의 대상과 맥락적 상황, 의도, 절차 및 평가 자료를 명기함으로써, 평가수혜자들이 평가의 목적, 평가의 방법, 수집된 정보, 얻어진 결론, 그리고 추천사항이 무엇인가 하는 것을 알 수 있도록 해 주어야 한다.
	보고서의 배포	보고서는 해당 수혜자에게 배포되게 함으로써, 평가자료를 사정하고 사용할 수 있게 해 주어야 한다.
	보고서의 제출시기	평가보고서의 배포 또는 제출은 치명적인 파급효과를 얻을 수 있도록 적절한 시기를 택한다.
	평가의 파급효과	평가는 평가의 수혜자들이 결과에 대해 계속 관심을 가질 수 있도록 계획되고 수행되어야 한다.
타당성 표준	실제적 절차	가능한 한 평가의 과정을 실제적으로 하여 최소의 업무방해로 평가를 수행할 뿐만 아니라 필요한 정보를 얻도록 한다.
	정치적 가능성	평가를 기획하고 수행할 때에는 각계 각층에서 그들의 독특한 입장과 입지에 따라 반응을 하게 될 것이라는 것을 염두에 둠으로써, 필요할 때에는 그들의 협조를 얻을 수 있어야 한다. 이러한 전략은 평가작업을 방해하려는 의도나 평가의 자료를 부정적으로 활용하고자 하는 세력에 대비할 수 있다.
	비용의 효과성	평가는 비싼 작업이다. 따라서 소요된 비용을 정당화할 수 있는 가치가 충분한 정보를 제공해야 한다.
윤리성 표준	공식적 책임	평가참여자들은 평가의 목적, 방법, 평가자 선정, 평가의 시기 등에 대한 책임을 서면으로 확인함으로써, 합의된 모든 조건을 따르도록 한다.
	이해관계	평가에 관련된 모든 이해관계는 공개적으로 숨김없이 다루어지게 함으로써, 평가과정과 평가의 결과에 타협이 없도록 한다.
	정직성	구두 또는 성문화된 모든 보고서는 공개되어야 하며 관련정보의 제시는 직접적이고 정직해야 되는데, 평가의 한계점도 명백히 시인되어야 한다.

표 준	준수사항	내 용
윤리성 표준	알 권리의 인정	평가수행자들은 평가수혜자는 물론 관심있는 기타의 청중들이 평가의 결과에 대해서 알 권리가 있음을 인정해야 한다.
	개인의 권리보호	평가의 대상이 되는 개인의 권리와 복지가 침해받지 않도록 평가가 설계되고 수행되어야 한다.
	인간상호작용	평가과정에서 발생하는 인간상호작용에 있어서 참여자들의 기본적인 인간의 존엄성과 가치가 침해되지 않도록 한다.
	균형있는 보고서	평가자료의 해석에 있어서 강점과 약점이 균형있게 보고되도록 하여, 강점을 살리고 약점은 보완될 수 있도록 한다.
	예산집행	평가책임자는 평가수행에 소요된 경비를 책임있게, 효율적으로 그리고 윤리적으로 집행해야 한다.
정확성 표준	평가의 대상	평가의 대상 또는 초점이 무엇이었는지 명확히 설명되어야 한다.
	맥락분석	평가의 대상이 되는 사업이 존재하는 맥락이 구체적으로 검토되어야만 맥락적 상황이 평가의 초점에 끼치게 되는 영향에 대해서 알게 된다.
	목적과 절차의 기술	평가의 목적과 절차의 수행과정을 세세히 기술함으로써, 평가의 사정에 포함되도록 한다.
	측정의 타당도	수집된 평가자료 해석상의 타당도를 보장할 수 있도록 자료수집의 기재와 절차선정과 시행은 타당성을 유지하도록 시행되어야 한다.
	측정의 신빙도	수집된 평가자료의 해석을 실제로 사용하고자 할 때에 무리가 없도록 자료수집상의 기재와 절차는 신빙도가 있도록 수행되어야 한다.
	체계적 자료처리	평가에서 수집, 처리 및 보고된 자료는 검토하고 필요하다면 수정함으로써, 평가의 결과에 오차가 생기지 않도록 한다.
	정량분석	양적, 통계적인 수치의 자료는 해석상 무리가 일어나지 않도록 체계적으로 분석되어야 한다.
	정성분석	수치로 되지 않은 언어, 문자 등의 질적인 자료는 해석상의 무리가 일어나지 않도록 체계적으로 분석되어야 한다.
	정당화된 결론	평가의 모든 결론은 분명하게 표기되어, 그 정당성을 수혜자들로부터 사정받도록 해야 한다.
	객관적 기술	평가의 모든 절차는 평가에서 취급하는 자료들이 사적인 감정이나 편견 등에 의해서 영향을 받지 않도록 보호해야 한다.

부와 같은 실질적인 문제, 평가가 야기할 궁극적인 정치적 파급현상 등에 관한 문제들을 총칭한다.

윤리성 표준은 평가자로 하여금 법적, 윤리적 또는 평가결과로 인하여 영향을 받게 될 참여자들이 불이익을 당하지 않도록 보호해야 될 의무에 대해서 민감하도록 한다. 평가는 윤리적인 작업이기 때문이다. 정확성 표준은 평가결과의 진실성에 관한 것으로서, 자료수집, 분석 등의 자료관리가 중요한 만큼 기술적으로 잘 처리되어야 결과와 추천 등이 신빙성을 얻게 된다. 즉, 평가된 사업에 관련된 자료가 신빙성과 타당성을 모두 갖추었느냐 하는 점이다.

연습문제

1. 정책평가의 개념과 필요성을 설명하시오.

2. 정책평가의 목적을 구체적인 사업을 예로 들어 설명하시오.

3. 내부평가와 외부평가의 장 · 단점을 논하시오.

4. 과정평가와 총괄평가를 비교 · 설명하시오.

5. 기관평가제도를 설명하시오.

6. 정책평가의 절차를 설명하시오.

각종 기출 시험문제

1. 정책평가의 의의와 문제점 ('86 행정고시)

2. 총괄평가(종말평가)와 형성평가(과정평가)의 비교 ('91 행정고시)

3. 정책평가적 시각으로 현행 심사분석을 논하라. ('92 행정고시)

4. 정책분석과 정책평가의 유기적 관계를 논하시오. ('94 행정고시)

5. 정책평가의 목표 ('97 행정고시)

6. 정책집행이 완료된 새마을 사업의 효과에 관하여 논란이 제기되고 있다. 이 사업의 본격적 평가에 앞서 예비적인 평가를 실시하고자 한다. 그 필요성과 절차를 기술하시오. ('98 행정고시)

7. 관청의 관점에서 본 정책효과와 국민의 관점에서 본 정책효과
('95 입법고시)

8. 정책평가의 타당도 ('95 지방고시)

9. 정책평가에 있어서 평가성사정을 약술하시오. ('97 지방고시)

10. 우리 나라 정부에서는 지난 1960년대 초부터 심사평가제도를 운영하여 왔다. 이 제도는 여러 차례 변천되어 오다가 기관평가제도로 발전되었다.
    1) 심사평가제도와 기관평가제도의 목적과 운영방법의 차이에 대해 설명하라.
    2) 우리 나라 정부에서 시행하는 기관평가제도는 미국 등에서 시행하고 있는 조직의 성과평가제도와 어떻게 다른가?
    3) 우리 나라 정책평가제도의 변천과정을 역사적 제도주의 관점에서 논하라.
(2002 서울대 행정대학원 석사과정 입학시험문제)

11. 1980년대 말 이후 한국사회에서 정부 정책이나 사업에 대한 평가수요가 꾸준히 증가하고 있고, 정책평가업무를 총괄하는 국무총리실의 정책평가위

원회의 기능도 강화되고 있는 추세이다. 정부정책 평가수요를 증대시키는 정부 내외의 요인을 설명하시오.

(2003학년도 서울대 행정대학원 석사과정 입학시험문제)

12. 정책평가 결과가 제대로 활용되지 못하고 있다는 지적이 있다. 정책평가 활용의 유형, 영향요인 그리고 활용제고방안을 설명하시오.

(2004 행정고시)

정책사례 및 토의과제

사례 12-1

국제통화기금(IMF)시대 서민층의 취업 및 생계난을 덜어 주기 위한 공공근로사업이 11일부터 도내 전역에서 일제히 시작된다. 올해 1단계 공공근로사업은 오는 3월 31일까지 계속되며, 국비 등 총 1백 59억원의 사업비와 모두 1만여명의 인력이 투입된다. 특히 IMF사태 이후 처음으로 전문대졸 이상 고학력 실업자 2백 9명도 공공근로사업에 참여하게 된다. 고학력 공공근로사업 취업자들은 일선 읍 · 면 · 동사무소 배치돼 영세민 생활실태조사 등 복지업무 전산화와 관련한 기초자료 준비작업을 돕게 된다. 또 도내 22개 시 · 군 3백여 곳에서 벌어질 일반 공공근로사업에는 이번 1단계 사업에 한해 0.5ha 미만의 농지를 경작하는 농민들도 참여할 수 있어 농한기 농가에 큰 도움을 줄 것으로 기대된다는 것.

공공근로사업 취업자들에게는 평균 1일 2만 2천원씩의 급여와 교통비 등으로 3천원씩이 지급된다. 올해 1단계 공공근로사업에는 모두 6만 3백 38명이 취업을 신청, 지난 해 2단계 2만 8천 9백 33명에 비해 2배 이상 급증했다는 것. 한편 도는 건설공사 침체로 어려움을 겪고 있는 목포 등 도내 5개 시 지역 일용근로자들을 위해 25억원의 사업비를 특별배정, 이달부터 2개월간 1천 9백여명에게 일자리를 주기로 했다. 이들 일용 근로자들은 1일 2만 2천~2만 7천원씩의 임금과 간식비 및 교통비로 2천~3천원씩을 받고 사회복지시설 환경개선사업 등의 일을 하게 된다.

도 관계자는 “고학력 대상 공공근로사업의 경우 오는 2월 졸업할 사회복지사 자격증 소지자를 우선 취업시키기로 했다.”면서 “도시 실업자 등을 위한 공공근로사업은 연령을 기준으로 A, B 두 집단으로 나눠 30~55세 여성 세대주를 1순위로 선정하고, 일자리를 얻지 못한 신청자는 대기자로 관리할 방침”이라고 말했다.

<자료 : 전남소식 제48호, 1999. 1. 5>

토의과제

1. 사례12-1은 공공근로사업에 관한 내용이다. 이를 과정평가의 의의와 중요성에 비추어, 평가시에 중점적으로 다루어져야 할 내용을 구체적으로 설명하시오.
2. 과정평가의 결과를 중심으로 공공근로사업의 개선방안을 논의하시오.

13.1 정책평가의 전제조건

13.2 정책평가의 기준

13.3 정책평가를 위한 지표

13.4 전자정부사업의 평가사례

13 정책평가의 기준

이 장의 개요

이 장에서는 정책평가를 위해 우선적으로 설정되어야 하는 평가기준과 지표를 다룬다. 먼저 **제1절**에서는 정책평가를 하기 위한 전제조건을 살펴본다. **제2절**에서는 정책평가 기준의 종류를 설명하고, **제3절**에서는 구체적인 정책의 내용과 대상에 따라 객관적으로 측정할 수 있도록 도와주는 평가지표를 설명한다. 그리고 **제4절**에서는 전자정부사업을 사례로 들어 평가를 위한 지표체계를 살펴본다.

13.1 정책평가의 전제조건

정부가 정책을 결정하고 이를 효율적으로 집행하는 것은 매우 복잡하고 어려운 과정을 거쳐서 이루어진다. 따라서 복잡하고 어려운 과정을 거쳐 결정되고 집행되는 정책을 종합적으로 평가한다는 것이 결코 쉬운 일은 아닐 것이다.

Palumbo와 Nachmias는 이상적인 정책평가를 위한 전제조건을 다음과 같이 지적하였다(Palumbo and Nachmias, 1983:67–79).

① 평가대상사업에 대해 모든 참여자가 동의하는 명백하고 조작적 정의가 가능한 목표가 있어야 한다.

② 사업목표를 달성할 수 있는 기술이 존재하고 집행될 수 있어야 한다.

③ 사업결과의 영향 범위를 확정하고 외생변수를 통제할 수 있는 방법이 확보되어 있어야 한다.

④ 평가대상사업의 집행책임자가 사업목표달성에 대한 강한 의지를 소유하고 있어야 한다.

⑤ 정책결정자의 평가결과에 대한 활용의지가 있어야 한다.

그러나 실제로 이러한 조건이 갖추어지기는 어렵다. 그 이유는 첫째, 사업목표는 흔히 불확정적이고 다양할 뿐만 아니라 상호충돌하기 쉬우며, 둘째, 사업목표달성을 위한 기술이 존재하지 않는 경우가 적지 않고, 셋째, 외부효과 또는 외생변수의 통제는 완벽하게 이루어지기 어려우며, 넷째, 불성실한 집행인도 다수 존재하며, 다섯째, 정책결정자의 평가결과 활용에 대한 의지의 확보가 쉽지 않기 때문이다.

정책평가의 의의와 중요성에 비추어 볼 때, 일반적으로 정책평가는 다음의 전제조건을 충족시켜야 한다. 첫째, 정책평가는 정확하게 이루어져야 한다. 정책평가는 정책의 합리성, 정책목표의 달성도, 국민의 만족도 등을 정확하게 평가할 수 있어야 한다. 이를 위해 정책평가의 기준과 방법을 명백하게 설정해야 한다.

이 때 측정하고자 하는 주요 관심영역에 대한 조작적 개념화는 필수적이다.

둘째, 정책평가는 객관적으로 이루어져야 한다. 이를 위해 정책평가는 과학적이고 체계적으로 이루어져야 한다. 자칫 잘못하면 평가자의 의도에 따라 서로 다른 결과를 낳을 수도 있고, 정치적 판단과 결부될 때는 그 결과가 자칫 정치적 평가로 흐르게 될 가능성이 많다. 정책과 직접 관계있는 사람들은 정책결과를 후하게 평가하려는 경향이 있고, 반면에 정책과 직접 관련이 없는 사람들은 객관적이되 냉정하게 평가하려는 경향이 있다.

셋째, 정책평가는 연속적으로 이루어져야 한다. 정책평가의 주된 목적은 환류정보를 얻기 위한 것이다. 즉, 정책평가를 통해 얻은 정보를 토대로 보다 나은 정책결정과 집행에 도움을 주고자 하는 것이다. 따라서 정책평가는 일회성으로 끝나서는 안되고, 다음의 정책과 관련하여 연속성이 있어야 한다.

13.2 정책평가의 기준

1. 평가기준의 의의

정책의 평가기준은 정책의 좋고 나쁨을 판단하는 기준을 의미한다. 일정한 기준에 따라 정책의 잘잘못을 가리게 될 때 바로 그 기준이 정책의 평가기준이다. 정책평가의 기준은 국가사회 전체의 입장에서 정책을 평가할 수 있게 해주는 기준이 되어야 한다. 평가의 기준이란 평가를 위한 척도이다. 정책 또는 사업의 성패를 판단하기 위해서는 사업의 어느 측면을 평가의 초점 내지는 대상으로 삼아야 할 것인가에 대한 기준이 있어야 한다. 평가의 목적이 다양한 만큼 평가의 기준도 여러 형태로 제시될 수 있다. Nakamura와 Smallwood는 정책평가의 기준으로 목표달성, 능률성, 주민의 만족, 수혜자의 요구에 대한 대응성, 체제유지 등을 들고 있다. Dunn은 효과성, 능률성, 적절성, 형평성, 대응성, 필요성 등을 들고 있다.

평가의 기준을 설정하는 문제는 평가의 실제에서 가장 논란의 여지가 많은 부분이다. 평가의 기준은 대체로 목표달성수준, 기대하는 변화의 정도, 변화 또는 성과를 나타내는 정도, 의도한 서비스 효과가 표현되는 맥락이나 상황의 수준, 원하는 가치가 산출되는 정도나 범위, 소비자의 만족도를 나타내는 특정지표, 특정행동 또는 태도의 변화 등으로 표현될 수 있을 것이다.

보다 구체적으로 장애인 고용의 성과여부에 대한 기준을 예로 든다면, 이상적인 프로그램 효과는 경쟁고용을 통한 취업뿐만 아니라 임금에 있어서도 근로자들의 평균수준에 도달해야 할 것이다. 그러나 현실적으로는 장애인 가운데 소수만이 경쟁고용에 의한 취업을 할 수 있으며 임금수준도 현실적으로 정상인들과 대등한 수준을 기대하기는 어려울 것이다.

사회프로그램은 사회 전체의 복지를 향상시킴과 동시에 사회 구성원의 개인적 요구를 충족시키려는 목표도 동시에 추구한다. 그러나 시회프로그램이라는 범주하에는 교육, 소득보장, 정신건강, 주택, 범죄, 법률 서비스, 아동 및 가족복지, 장애인 재활, 의료 등이 총망라되기 때문에 다양한 여러 프로그램에 적용될 수 있는 평가의 기준을 제시하기가 어렵다.

따라서 어떤 기준을 어떻게 설정하느냐에 따라서 프로그램의 효과나 가치에 관한 판단과 결과가 크게 좌우될 수밖에 없다. Tripodi는 노력성, 효과성, 효율성, 예상치 못했던 프로그램 효과를 평가의 기준으로 제시하였다(Tripodi, 1983:33). 반면에 Bennett and Weisinger는 프로그램의 노력성, 효과성, 효율성, 서비스 질 등 네 가지 평가의 척도들이 전체 프로그램, 프로그램 관리 그리고 서비스 전달의 세 가지 차원에서 별도로 측정되어야 보다 정확하고 총체적인 프로그램평가가 이루어질 수 있다고 주장하였다(Bennett and Weisinger, 1977:361-79). 그리고 York는 노력, 효율성, 효과성, 충격, 질, 과정 및 형평성 등 일곱 가지 기준을 제시하였다(York, 1892). 기준들을 설정할 때에는 다음과 같은 두 가지 과제를 염두에 두어야 한다. 첫째로 프로그램 운영에 도움이 될 수 있는 보다 창의성있고 다양한 기준의 개발이 필요하다. 둘째는 이러한 기준들을 어떻게 실용화시킬 것인가 하는 것이 과제이다.

기준이 중요한 이유는 반드시 평가작업을 위해서 뿐만 아니라, 정책 또는 사업의 일반적 운영을 위해서도 기준이 필수불가결하기 때문이다. 기준이 정해져 있어야 이를 이론적 근거로 해서 일상적인 사업운영에 관련된 결정을 내릴 수 있을 것이다.

2. 정책평가기준의 종류

정책평가가 제대로 이루어지기 위해 평가기준을 명확하게 설정할 필요가 있다. 정책을 평가하는 데 사용되는 기준은 평가자에 따라 그리고 강조하는 바가 무엇이냐에 따라 다양할 수 있다. 이러한 정책평가의 일반적인 기준들은 대체로 다음과 같다.

(1) 효과성(effectiveness)

효과성은 가치있는 성과를 얼마나 달성했느냐 하는 것이다. 이는 노력 그 자체보다 노력의 결과를 중요시한다. 효과성의 측정단위는 정책이 산출한 단위 서비스의 양이다. 효과성을 측정하기 위해서는 정책 또는 사업의 목표가 어떤 것인지 명확하게 파악되어야 한다. 그러나 실제의 정책목표들은 명확하게 규정할 수 없는 성질의 것이거나 또는 여러 개의 상호충돌하는 목표가 서로 중복되어 있는 경우가 많다. 그래서 실제의 정책평가에 있어서 효과성을 평가기준으로 하기는 어려운 경우가 많다.

(2) 능률성(efficiency)

능률성은 가치있는 성과를 달성하기 위해 어느 정도의 노력이 필요했는가를 측정하는 것이다. 능률성은 비용과 관련시켜 본 평가로서 투입에 대한 산출의 비율을 의미한다. 능률성을 기준으로 정책을 평가하는 예로는 비용편익분석방법이 있다. 구체적으로는 ① 편익의 현재가치에서 비용의 현재가치를 뺀 순현재가치(NPV : net present value), ② 편익의 현재가치의 단위 증가분에서 비용의 현재가치분을 뺀 한계순현재 가치(MNPV : marginal net persent value)개념, ③ NPV=0을 만족시키는 할인율을 의미하는 내부수익률(IRR: internal rate of return)개념, ④ MNPV=0을 만족시키는 한계내부수익률(MIRR : marginal internal rate of return)개념, ⑤ 편익의 현재가치/비용의 현재가치를 의미하는 편익비용비(B/C Ratio)개념 등이 정책의 능률성 평가기준이 될 수 있다. 공공정책의 경우 상당 수의 정책이 비용을 계량화하기가 매우 어렵고, 대부분의 산출이 뚜렷하게 책정지워지지 않기 때문에 능률성을 평가하기에는 많은 어려움이 따르며, 이를 극복하기 위한 한 방법으로서 지표를 사용하기도 한다.

(3) 형평성(equity)

형평성은 특정한 정책의 비용과 편익이 여러 집단에 공평하게 배분되었느냐 하는 것이다. 형평성은 사회복지정책에 대한 평가에서 매우 중요시되는 개념이다. 형평성의 개념은 수평적 형평성과 수직적 형평성으로 구분된다(MacRae and Wilde, 1979:64-8). 수평적 형평성은 '동등한 자에 대한 동등한 처우' 로 정의된다. 수평적 형평성의 예를 들면, 동일한 일에 대한 동일한 임금을 지불한다거나 일정한 연령에 도달한 모든 어린이에게 동일한 교육을 시키는 것이 해당된다. 수직적 형평성은 '동등하지 않은 상황에 있는 자에 대한 동등하지 않은 처우' 로 정의된다. 수직성 형평성은 서로 다른 소득수준에 있는 사람들에게 상이한 세율을 적용하는 누진세와 같이, 서로 다른 상황에 있는 사람들을 동등하게 만들기 위한 정책에서 흔히 채택되는 기준이다. 형평성에 따른 정책평가기준의 실례로는 파레토 기준(Pareto criterion), 칼도-힉스 기준(Kaldor-Hicks criterion), 존 롤스의 기준(Rawls criterion) 등이 있다.

① **파레토 최적의 원칙** : 파레토 최적은 이탈리아의 경제학자 Vilfredo Pareto(1848-1923)에 의해서 최초로 언급된 것으로 자원배분이 가장 효율적으로 이루어진 상태를 말한다. 파레토는 손해를 보는 사람은 하나도 없고 이익을 보는 사람만 있는 경우를 '사회적 개선' 이라 인정했으며, 이를 '파레토 개선' 이라고 한다. 모든 사람이 타인의 불만을 사는 일 없이는 자기만족을 더 이상 증가시킬 수 없는 상태가 바로 '파레토 최적' 인데, 이는 파레토 개선이 더 이상 불가능할 정도로 개선된 상태인 것이다. 즉, 파레토 최적은 다른 사람에게 손해

를 끼치지 아니하고는 누구도 추가적인 이익을 기대할 수 없는 상태를 의미하는 것으로, 이는 낭비를 허용하지 않는 효율성을 의미한다.

그러나 파레토 최적은 효율성만을 의미할 뿐만 아니라 또 하나의 중요한 사회후생의 판단기준이 되는 공평성을 의미하는 것은 아니다. 즉, 파레토 최적은 주로 국가 전체적, 총체적 입장에서 자원배분의 효율성을 따질 뿐이고, 그 혜택을 누가 입고, 그 피해는 누가 입는가에 대한 고려는 상당히 약하다고 할 수 있다. 따라서 이러한 총체적 효율성 개념은 공평성이나 민주성 등에 의해 보완되어야 한다.

② **칼도-힉스의 보상의 원칙** : 칼도-힉스의 보상의 원칙은 영국의 경제학자인 Hicks(1904-1989)와 Kaldor(1908-1986)에 의해 주장된 것으로, Pareto 평가기준의 약점을 보완하기 위한 것이다. 즉, 어떤 정책의 집행결과, 혜택을 받은 사람들의 혜택의 합이 피해를 입은 사람들의 피해들을 보상하고도 남을 때, 그러한 정책은 상황의 개선을 가져온 것이라 할 수 있는데, 이러한 판단의 기준이 바로 보상의 원칙이다(노화준, 2003:148).

③ **존 롤스의 정의의 원칙** : 미국의 철학자 John Rawls(1921-)는 사회계약설의 전통을 현대에서 부활시키고, 그 관점에서 공리주의에 대신할 수 있는 새로운 정의론의 체계구축을 시도하였다. 롤스는 '원초적 상황'(original conditions)이라는 가설적 상황을 구성하고, 거기에서 자유로우면서 합리적인 여러 주체가 전원 일치하여 선택하려는 사회구성원리로, 두 가지의 정의의 원리를 도출하였다. 두 가지의 정의의 원리는 가능한 한 폭넓은 기본적 자유를 각 사람에게 평등하게 배분하는 제1원리와, 기회의 공정성이 보장되는 '가장 혜택받지 못한 사람들'에게 유리하게 작용하는 범위에서만 사회적 · 경제적 불평등을 허용한다는 제2원리로 구성된다.

(4) 대응성(responsiveness)

대응성은 정책의 성과가 특정한 집단의 필요와 요청에 적시성있게 반응을 보였느냐 하는 것이다. 대응성은 수혜자라는 특정집단의 만족도를 알고자 할 때 채택되는 평가기준으로, 정책이 수혜자에게 실제로 얼마나 대응했느냐 하는 것이 초점이다. 이를 평가하는 방법으로는 정책의 실시 이전 시민의 여론과 요구를 조사해서 그 결과에 따라 일관성있게 측정할 수 있다. 대응성은 병원, 학교, 사회사업 등 시민에게 서비스를 제공하는 조직에서 평가기준으로 많이 쓰인다.

(5) 적절성(appropriateness)

적절성은 정책의 목표가 과연 바람직한 것이며 가치있는 것이냐 하는 것이다. 적절성은 어떤 정책이 지니고 있는 목표나 정책의 결과가 과연 어느 정도 가치가 있느냐를 평가하는 기준이다. 이는 당위론적인 가치판단을 요구하는 평가기준으로서 평가의 객관성이 결여되기 쉬운 평가기준이다. 그러나 지지자의 만족도와 관련하여 적절성을 판단하는 것은 중요하다.

(6) 충분성(adequacy)

충분성은 문제의 해결정도를 의미하는 데, 가치있는 성과의 달성이 문제해결에 얼마나 이바지했는가를 측정하는 기준이다. 충분성은 정책의 실시결과, 초기의 문제가 어느 정도 해결되었느냐를 뜻한다. 그러나 현실적으로 특정의 정책이 해결하고자 했던 문제가 명확하게 정의되지 않은 경우가 많고, 정책결정자의 문제정의 내용과 정책집행자 또는 정책평가자의 문제정의 내용이 모두 다를 수 있기 때문에, 충분성에 대한 평가는 여러 가지 현실적 제약이 있을 수 있다.

표 13-1 2005년 한국의 사회지표

부 문	지 표
인 구	총인구, 출산율, 조출생률, 조사망률, 인구 구조, 출생 성비, 출국자수, 입국자수, 해외이주 신고자수 등
가 구 · 가 족	혼인건수, 이혼건수, 재혼건수, 평균 초혼연령, 평균 이혼연령, 첫 자녀 출산연령 등
소 득 · 소 비	국민총소득(GNI), 국내총생산(GDP), 국민처분가능소득, 민간최종소비지출, 정부최종소비지출, 국내소비지출, 도시근로자 가계수지, 도시가구의 월평균 소비지출 구성 등
노 동	노동력 공급 구조 추이, 종사상 지위별 취업자 구성비, 산업별 취업자 구성비, 55세 이상 인구 경제활동상태, 주당 평균근로시간 및 월평균 근로일수, 임금격차, 노동생산성 지수 추이 등
교 육	취학률, 진학률, 학교급별 학생수, 교육환경, 졸업생 취업률 등
보 건	1인당 하루의 식품 및 영양공급량, 사망원인 순위 및 사망률 변화, 주류 출고량과 담배소비 등
주 거 · 교 통	주택수, 주택가격지수, 자동차등록대수, 철도차량 보유대수, 여객수송 분담률, 해운 여객수송 인원, 항공 여객수송 인원 등
정 보 · 통 신	정보통신 연구개발비, 일반전화 · 이동통신 및 초고속 인터넷 가입자수, 전자상거래 규모, 인터넷 뱅킹서비스 등록 고객수 등
에너지 및 환경	최종에너지 및 전력소비량, 주요 도시의 대기 오염도, 상수도 보급률 등
복 지	공적연금 가입자, 건강보험 적용인구, 기초생활보장 수급자 및 의료급여 수급자 비율, 보육시설 및 보육아동수 등
문 화 · 여 가	신간 도서발행총수, 도서관수, 영화 상영편수 및 관객수 등
안 전	교통사고 발생건수, 유형별 범죄발생건수, 형법범 중 주요범죄 발생건수, 소년범죄자 및 여성범죄자 비율, 경찰관 및 소방관 1인당 인구 등
정부와 사회참여	투표율, 단체참여율, 중앙정부 기능별 세출 등
합 계	13개 부문 499개 지표

자료 : 통계청(2006).

준으로 적합한 지표(MacRae, 1985)이며, 동시에 정책목표를 실현하기 위한 정책의 평가척도라고 볼 수 있다(노화준, 2003). 정책지표는 사회지표를 포함한 영역별 지표와 별개로 존재하는 것은 아니며, 그 강조점이 다를 뿐이다. 정책지표들은 평가대상의 성격과 활용방법에 따라 상이하다고 볼 수 있는데, 실적이나 성과에 대한 명확한 정보를 제공할 수 있는 신뢰성있고 타당한 정책지표를 구성하는 작업이 매우 중요하다.

정책지표의 선정 또는 구성은 타당성과 효율성 그리고 활용도를 감안해서 신중을 기해야 한다. 이상적인 정책지표의 요건으로는 상호연결성을 가질 것, 중요한 의의를 지닐 것, 시계열별 측정이 가능할 것, 적절한 기준에 의해서 분화될 것 등을 들 수 있다.

개발된 지표체계를 가지고 실제로 각 정책들의 수준을 측정하고 평가하기 위해서는 선택된 개별지표들 사이에 논리적인 인과성과 맥락성이 전제되어야 한다. 즉, 개별지표들을 측정한 결과들이 포괄적으로 정책을 평가할 수 있도록 하기 위해서는 측정지표들의 체계적 종합화가 필수적이다. 이는 지표체계의 적용에 있어서 어떤 가중치를 적용하느냐 하는 것을 의미한다. 지표가 단순히 좋은 통계 이상의 의미를 갖도록 하기 위해서 적합한 지표설정이 핵심이다.

2. 정책지표의 활용과 개발

(1) 정책지표의 활용

정책지표가 정책과정에서 활용되는 경우를 살펴보면 다음과 같다. 즉, 정책문제들은 관련된 분야의 공공통계의 변화를 시계열적으로 검토하거나, 사전에 설정된 기준 혹은 계획목표, 유사한 조건의 다른 모집단의 관련된 공공통계량 등과 비교함으로써 인지될 수 있다. 정책목표는 문제가 되고 있는 지표통계량들을 어느 정도나 변화시키는 것이 바람직한가 하는데 대한 최종 결정이 이루어짐으로써 설정된다. 정책문제정의와 정책목표의 설정 후에, 대안의 분석과정에서 독립변수는 행동대안(정책수단)으로 표현되고, 종속변수는 정책지표통계량으로 측정되는 정책목표가 될 것이다. 정책지표는 정책집행의 모니터링 과정에서도 활용될 수 있고, 정책집행 후 정책문제해결과 정책목표달성의 정도에 대한 종합적인 평가는 정책지표에 나타난 변화를 검토함으로써 가능하다.

(2) 정책평가지표의 개발

정책의 평가과정은 반드시 객관적이고 체계적인 방법을 통해 이루어져야 하는데, 객관적인 평가를 위한 핵심적인 절차는 바로 평가지표의 개발이라고 볼 수 있다. 평가지표를 개발하는 것은 다양한 정보와 논의를 통해 실무자들과 평가자, 그리고 전문가들의 합의를 바탕으로 이루어지는 매우 복잡하고 어려운 과정이라고 볼 수 있다.

정책유형에 따라 다양한 평가지표가 개발되어야 하지만, 분야별 · 유형별 평가의 척도가 다양하다 보면 정책평가의 본래 목적을 벗어나 오히려 혼란을 가져올 수도 있다. 공공부문의 정책을 평가하는 경우에는, 평가의 이유와 목적이 불명확해서 평가의 효율성을 도모하기가 어렵다. 또한 정부정책의 체계와 프로그램이 다양하고 상호 모순되는 경우도 있기 때문에 통일된 지표로 평가한다는 것이 쉽지만은 않다.

정책평가지표의 개발은 다음과 같이 정책변수의 선택, 정책변수의 조작화, 정책지표의 타당화의 세 가지 단계를 거친다(노화준, 2003:401-4).

① **정책변수의 선택** : 대부분의 정책은 그 사회가 추구하는 어떤 궁극적인 가치와 관련된다. 따라서 정책의 궁극적인 가치를 나타내는 변수들이 정책지표에 포함되도록 선택되어야 한다.

② **정책변수의 조작화** : 정책지표에 포함되어야 할 변수들이 선택된 다음에는, 정책변수들에 대한 조작적 정의를 하게 되는데, 이 때에는 정책변수가 왜곡되지 않도록 주의하여야 한다.

③ **정책지표의 타당화** : 일반적으로 타당성이란 측정하고자 한 것을 제대로 측정하였느냐와 관련된 것이므로, 정책지표의 타당화는 지표에 포함되어야 할 변수가 제대로 포함되었고, 조작적 정의를 통해 왜곡되지 않았다는 것을 의미한다. 정책지표의 타당화는 이론적 타당화와 경험적 타당화로 구분해 볼 수 있다. 이론적 타당화는 정책변수를 선택하는 데 이용하고 있는 이론모형이 타당한가 하는 것을 검증함으로써 이루어지고, 경험적 타당화는 정책지표가 원래의 정책변수개념을 측정하고 있다는 것을 경험에 비추어 입증하는 것이다.

3. 평가지표의 구체적인 예

(1) 성과지표

성과(performance)는 목적과 관련된 개념으로, 정부의 공공서비스 제공을 통해 목적달성의 성취로 나타난 결과(outcome)와 영향(impact)과 관련된 개념이다. 결과(outcome)는 일반적으로 국민에 대한 서비스의 제공과 서비스의 편익의 결과로서 실제로 일어난 것에 대한 진술이고, 영향(impact)은 의도하거나 의도하지 않은 정책의 궁극적 효과를 의미한다(Rogers, 1990:14). 성과평가(performance evaluation)는 정부의 실적을 판단하거나 또는 정부활동의 전반적인 효과 즉, 목표달성 정도를 심사하는 것으로, 평가기준은 평가의 목적, 대상 등에 따라 달라질 수 있다. 그러나 기관간의 성과비교가 가능하려면 평가대상기관에 공통적으로 적용할 수 있는 기준이 필요하고, 성과평가의 성공적인 실시를 위해서는 무엇보다도 성과지표의 개발이 핵심이라고 볼 수 있다.

성과지표(performance indicator)란 조직의 임무, 전략목표, 성과목표의 달성 여부를 측정하는 척도로서, 성과를 측정할 수 있도록 계량적 혹은 질적으로 나타낸 것을 말한다. 성과지표의 유형에는 지표의 속성을 기준으로 볼 때, 투입지표(input indicator), 과정지표(process indicator), 산출지표(output indicator) 그리고 결과지표(outcome indicator)로 나누어진다(박경귀, 2005).

① **투입지표** : 일반적으로 투입지표는 예산집행과 사업추진 과정상의 문제점을 발견하는 것이 목적이다. 필요한 재원 및 인력이 계획대로 집행되었는지 평가하는 지표로 예산집행율, 사업계획에 따른 인력, 재원 및 물자의 지원여부, 사업의 최종산출물을 위한 중간투입물의 목표달성에 대한 평가를 주로 하게 된다.

② **과정지표** : 일반적으로 과정지표는 사업추진의 중간점검이 목적이다. 사업추진을 단계적으로 나누어, 각 단계의 목표달성 여부를 평가하게 된다. 사업의 최종산출을 회계연도말까지 얻을 수 없는 경우, 그리고 사업의 최종완료까지 사업의 효과가 나타나지 않는 경우에 과정지표를 사용하게 된다.

③ **산출지표** : 일반적으로 산출지표는 예산 및 인력 등의 투입에 비례해서 목표한 최종산출이 이루어졌는가를 평가하는 것이 목적이다. 따라서 사업이 목

표 13-2 주요 정책과제 평가기준과 평가지표

구 분	평 가 기 준	평 가 지 표
정책형성	정책목표의 타당성	정책목표의 명확성 정책목표의 상위 국정지표와의 부합성
	계획내용의 충실성	정책목표달성을 위한 하위 정책수단(세부사업)의 충실성 계획수립을 위한 여론수렴여부 및 관련 절차의 이행여부
정책집행	시행과정의 효율성	일정계획에 따른 사업추진여부 자원의 효율적 집행여부
	시행과정의 적실성	행정여건과 상황변화의 포착 및 적절한 대응 국민 및 이해당사자에게 제대로 알리고 있는지 여부
정책성과	목표의 달성도	당초 설정한 계획목표의 달성여부
	정책효과성	해당 정책의 효과가 실질적으로 나타나고 있는지 여부

자료 : 국무조정실 정책평가위원회(2002).

표한 최종산출을 달성했는지를 평가하게 되며, 최종산출물은 사업의 궁극적인 목표를 달성하기 위한 수단이 된다.

④ **결과지표** : 일반적으로 결과지표는 사업의 시행을 통해 달성하고자 하는 최종효과를 측정하기 위한 지표로, 사업의 최종산출을 통해서 궁극적으로 얻으려는 성과의 달성여부에 대해 평가하게 된다. 물질적인 산출이 없는 사업의 경우에는, 사업의 결과와 산출이 동일한 경우가 많다.

(2) 기관평가의 지표

우리 나라 국무조정실에서는 중앙행정기관에 대하여 기관평가를 실시하고 있는데, 평가대상 분야로는 주요정책과제평가, 기관역량평가, 국민만족도 조사 등을 종합적으로 평가한다. 주요정책과제평가의 경우, 정책형성, 정책집행, 그리고 정책성과의 단계별로 과제를 평가할 수 있는 공통평가기준을 설정하고, 주요정책과제에 공통평가기준과 평가지표를 적용해 평가를 실시하고 있다(〈표 13-2〉 참조).

(3) 도정 평가체계

1990년대 초 지방자치가 본격적으로 실시되면서 지방자치단체의 주민복지 증진적 기능의 증대에 따라 각 지방 자치단체가 독자적으로 설치한 연구기관에 의해 당해 지역에 적용할 수 있는 지표를 개발하고 있는 경향이다(서울시정개발연구원, 1993; 충북개발연구원, 1995; 경기개발연구원, 1995).

경기도의 정책평가지표를 보면, 평가의 영역을 산업경제, 지역개발, 생활환경, 복지문화, 지역발전 체계로 6개의 서로 다른 부문으로 범주화하고, 각 부문 정책별 평가의 영역을 확정하였다. 부문별 구성요소에 의한 직접적 측정은 할 수 없고, 이를 위해서는 대리측정할 수 있도록 측정지표를 선택하고 있다. 실제로 지표를 개발하려고 할 경우는 지표를 구성하는 요소들을 어떻게 추출할 것인가와 추출된 지표들을 어떻게 체계화할 것인가가 중요하다고 볼 수 있는데, 선택된 지표의 체계화에 있어서 지표간 상대적 중요성을 반영하고 있다.

경기도의 최종 선정된 정책평가의 지표를 중심으로 살펴본다. 경기도는 1995년 말 '지방자치시대의 도정평가방안'을 마련하였다. 이 방안에서는 ① 추진체계(계획수립, 예산, 인력, 조례규칙), ② 집행과정(환류, 수행방법), ③ 민주성(주민참여, 조직구성원의 참여, 공개성), ④ 능률성(비용, 생산성, 인력, 소요시간, 서비스의 규모, 수요 대 서비스 제공), ⑤ 효과성(의도한 목표의 달성도, 서비스 수혜자의 만족도, 전반적인 행정능력 제고에 대한 기여도)의 5개 평가지표와 18개 평가항목을 설정하였다. 자세한 내용은 〈표 13-3〉과 같다.

정책평가가 효과적이기 위해서는 예산편성 및 자원배분, 공무원에 대한 동기부여, 서비스의 개선 등을 고려해 행정기능을 종합적으로 평가할 수 있는 평가의 지표가 요구된다. 지표의 개발은 여러 가지 측면을 고려해 작성되어야 한다. 평가결과 나타난 결과를 연도별 변화추이를 분석함으로써, 미래의 행정수요 및 예상성과를 예측할 수 있다.

(4) 정보화 지표

정보화 지표란 국가 전체 또는 어느 한 부문의 정보화 수준을 올바르게 측정하고 비교·분석하기 위한 도구이다. 세계 각국이 정보화를 국가 경쟁력 강화를 위한 핵심요소로 인식하고 있고, 국민의 삶의 질을 향상시키고 급변하는 환

표 13-3 도정 평가체계

평가부문	평가항목	평가지표
정책기조 논리구성	정책 구조	국가정책목표와의 부합성
		정책기조논리의 일관성, 일치성
		정책상황에 대한 대응성
		정치적 · 윤리적 타당성
추진체계	예 산	필요 예산의 자체재원 충당률
		분기별 균형적인 예산집행
		예산절감을 위한 서비스 전달방식의 개선
	인 력	전문 인력의 활용 정도
		인력의 적정배분 정도
	조례 · 규칙	관련조례 · 규칙 구비 정도
집행과정	환 류	집행상의 문제점 해결 정도
		대내외 여건 변화에 따른 적응성
	수행 방법	집행방법의 적정성
		월별 집행 진도율
민 주 성	주민 참여	계획수립과정의 참여 정도
		집행과정의 주민의견 반영 정도
	조직구성원 참여	계획수립과정의 조직구성원 참여 정도
	공 개 성	계획수립, 집행과정의 공개성
능 률 성	비 용	단위별 평균사업비
	생 산 성	서비스 제공 실정/총투입비용
	인 력	단위사업당 평균투입인력
	소요시간	사업완료까지 소요된 평균시간
	서비스규모	구체적인 업무실적
	수요 대 서비스	서비스 수요와 공급간 비율
효 과 성	목표달성도	사업완료 후 설정된 목표의 달성비율
	주민만족도	서비스수혜자인 주민의 만족 정도
	기 여 도	시(군)정 업무수행능력에의 기여 정도

자료 : 경기행정쇄신위원회(1995).

경의 주요 요인으로 인식되고 있다. 따라서 정보사회로 이행하는 현재의 환경 변화를 파악하고 올바른 국가사회 정보화를 추진하기 위해서는 정보화지표 개발이 필수적이다. 정보화지표를 이용한 계량분석을 통해 정보화수준을 올바르게 측정 · 분석하고, 이 결과를 합리적이고 효율적으로 정보화 정책수립에 활용할 수 있을 것이다.

정보화지표는 정보화와 관련된 사회구조의 특성을 간단 · 명료하게 나타내고, 그 변화를 총체적이고 함축적으로 나타내며, 활용이 매우 편리하기 때문에 널리 이용되는 분석방법이다. 정부는 1995년 8월 '정보화촉진기본법' 제정을 통하여 우리 나라 사회 각 분야의 정보화에 대한 지표를 조사하고 개발 · 보급하도록 법적 기반을 마련하였고, 이를 이용해서 우리 나라 정보화 수준을 측정 · 예측하고 국가사회 정보화를 위한 정책결정을 지원하도록 하였다. 정보화지표를 통해 적절한 정보화 정책수립과 효과적인 정책추진 및 정책의 사후평가 등에 도움을 줄 수 있을 것이다.

정보화지표의 기능을 구체적으로 살펴보면 다음과 같다. 첫째, 정보화지표는 우리 나라 상황에 맞는 바람직한 미래 정보사회의 구현을 위한 구체적이고도 체계적인 계량적 목표를 제시해 준다. 둘째, 한정된 자원을 가지고 많은 정보화 추진 과제들을 수행해야 하는 경우, 과제들간의 우선순위를 결정하는 근거로 사용할 수 있다. 셋째, 정보화와 그 목적인 국가 경쟁력 및 국민 삶의 질을 향상시키는 것과 상관관계를 분석하는 데 있어, 정보화의 직접적인 효과분석 외에 다른 지표들간의 관계분석 등을 통한 간접적인 효과분석도 가능하게 해준다.

정보화수준의 측정지표는 〈표 13-4〉에서 처럼 정보설비지표, 정보이용지표, 정보화지원지표로 구성된다(한국전산원, 1997:702). 정보화지수는 어떤 정보화 현상, 또는 다수의 현상들에 대해 시간의 변화에 따른 정보화의 변화를 측정하거나 비교하는 데 이용되는 통계인데, 통상 어느 현상의 기준이 되는 시점의 수치를 100으로 산출한다. 정보화지수는 정보화수준을 정량적으로 가장 간단하고 명확하게 파악할 수 있게 해줌으로써, 경제, 사회, 문화 등 전분야에 걸친 정보화 정책입안의 참고자료로, 또는 정책수행에 따른 중간 결과분석의 기초자료로 매우 광범위하게 사용되고 있다.

표 13-4 정보화지표의 구성

<table>
<tr><th colspan="3">정보화지표의 분류체계</th></tr>
<tr><td rowspan="6">정보설비지표</td><td rowspan="4">정보설비지표 Ⅰ</td><td>100인당 전화회선수</td></tr>
<tr><td>100인당 PSDN가입자수</td></tr>
<tr><td>100인당 ISDN가입자수</td></tr>
<tr><td>1인당 전용선 매출액</td></tr>
<tr><td rowspan="2">정보설비지표 Ⅱ</td><td>통신기기, 정보기기 및 부품의 1인당 내수액</td></tr>
<tr><td>100인당 TV보급 대수</td></tr>
<tr><td rowspan="9">정보이용지표</td><td rowspan="3">정보이용지표 Ⅰ
(기본정보통신서비스)</td><td>100인당 국제전화이용시간</td></tr>
<tr><td>100인당 텔렉스 가입자수</td></tr>
<tr><td>100인당 팩스 대수</td></tr>
<tr><td rowspan="6">정보이용지표 Ⅱ
(고도정보통신서비스)</td><td>10,000인당 인터넷 호스트수</td></tr>
<tr><td>100인당 셀룰러서비스 가입자수</td></tr>
<tr><td>100인당 Radio-paging서비스 가입자수</td></tr>
<tr><td>100인당 비디오텍스 가입자수</td></tr>
<tr><td>1인당 데이터전송 서비스 매출액</td></tr>
<tr><td>1인당 데이터베이스 매출액</td></tr>
<tr><td rowspan="4">정보화지원지표</td><td rowspan="2">정보화지원지표 Ⅰ
(정보통신관련 투자 및 결과)</td><td>1인당 통신관련 투자액</td></tr>
<tr><td>100인당 논문 발표수</td></tr>
<tr><td rowspan="2">정보화지원지표 Ⅱ
(정보통신관련 인력)</td><td>100인당 통신서비스관련 종사자수</td></tr>
<tr><td>100인당 연구원수</td></tr>
</table>

자료 : 한국전산원(1997).

(5) 지역정보화사업평가를 위한 지표

지역정보화사업이 본격적으로 시작되면서 각 부처와 지자체가 독자적으로 추진하고 있는 지역정보화사업의 추진과정과 성과에 대한 전반적인 평가작업이 필요하게 되었다. 지역정보화가 기존의 지역불균형을 해소하고 지역발전에 실질적으로 기여하고 있는지, 지역 주민들이 자신들이 필요로 하는 정보를 손쉽게 획득하여 잘 활용하고 있는지, 지역의 정보통신기반은 제대로 정비되어 있는지 등을 검토해 보아야 한다.

이와 같은 평가작업은 부처별, 지역별로 추진하고 있는 정보화사업의 중복투

표 13-5 지역정보화사업의 평가분야와 지표

평 가 분 야	평 가 지 표
기 본 계 획	• 계획수립에 투입된 예산 · 인력의 적정성 • 사업예산 및 일정의 적정성 • 세부 추진계획간의 일관성 • 국가 정보화계획과의 연동성 • 지역개발계획과의 연동성 • 계획 수립시 실수요자, 유관기관의 참여 · 협조여부 • 중복유사업무 및 정보공동활용에 대한 고려 • 주변 여건 변화에 대한 대응방안과 연동계획
추 진 체 계	• 전체 조직에서의 위치와 전담조직의 유무 • 자치단체(장)의 추진의지 • 추진체계에 대한 권한 위임 정도 • 추진체계 인력구성의 적절성 • 추진체계의 역할 분담 및 협조 정도 • 세부사업별, 단계별 재원 확보 여부
시스템 구축 및 운영	• 시스템 선정의 적정성 • 정보시스템의 관리 운영 능력 • 정보시스템의 안정성 • 관련기관간의 정보 · 네트워크 공동활용 정도 • 정보기술 활용에 대한 교육 노력 정도 • 정보기술 활용에 대한 홍보 노력 정도 • 사업추진에 따른 자료의 축적 및 관리 여부
기 대 효 과	• 기본계획의 목표달성도 • 비용 및 인력 절감 효과 • 정보시스템의 보급 및 이용 정도 • 업무생산성 향상 정도 • 대민서비스 개선 정도

자료 : 한국전산원(1997).

자 가능성을 찾아내어 사전에 방지해 주고 공동개발이 가능한 분야와 어플리케이션을 발굴함으로써, 국가적인 차원에서의 효율적인 자원 활용을 가능케 한다. 기존의 일반적인 평가방법으로 측정하기는 매우 어렵기 때문에 지역정보화사업에 대한 평가를 위해서는 새로운 기준이 필요하다.

지역정보화사업의 평가는 우선적으로 추진과정에 대한 종합적 · 객관적 평가를 실시해야 한다. 이 단계에서는 정보화계획의 적정성 및 지역개발계획과의 연계성을 검토하고, 정보화사업의 추진체계와 운영의 적정성에 대해 검토한다. 그 다음 민간부문과의 연계성이나 지자체간 연계성 유무를 검토한다. 마지막으로 지역간 또는 사업간 중복투자 여부 및 공동개발 가능성을 검토해 지역특성에 적합한 정보화 매체 및 어플리케이션을 발굴한다.

지역정보화사업에 대한 평가는 지역정보화 기본계획, 추진체계, 시스템 구축 및 운영, 활용효과 등 네 개 범주에 대하여 종합적인 평가를 실시하도록 되어 있다. 기본계획 수립단계에서부터 기대효과까지 전단계에 걸쳐 종합적인 평가가 이루어져야만 제대로 된 평가를 수행할 수 있을 것이다. 또한 정보화사업의 전반적인 추진현황을 점검하고, 향후 발전방향을 제시하기 위해 마련된 평가체계는 다음 〈표 13-5〉와 같다.

13.4 전자정부사업의 평가사례

(1) 전자정부사업의 추진배경

1990년대 이후 주요 국가들은 정보기술을 활용해 정부혁신을 추진하고 있다. 전자정부는 대민서비스의 양적 확대와 질적 고도화를 도모하고 행정내부의 효율성과 효과성을 향상시키는 데 기여할 수 있다. 또한 투명성과 책임성을 제고해 국민의 능동적 국정참여를 확대시키고, 정보통신산업을 진흥해서 경제발전에 기여한다.

우리 나라 역대 정부도 전자정부의 전략적 가치를 구현하기 위해서 노력해 왔다. 2001년부터 정부혁신에 대한 소프트웨어적 접근전략으로 11대 전자정부 사업을 추진하였고, 2003년 출범한 참여정부는 정부혁신과 전자정부를 강력히 연계하여 추진하는 의지를 표명하였다. 2003년 4월 대통령자문 정부혁신지방분권위원회 전자정부전문위원회가 설치되어 4대 분야, 10대 아젠다, 31대 과제로 구성되어 있는 전자정부 로드맵을 확정발표해서, 현재까지 31대 과제를 중심으로 전자정부사업을 진행하고 있다.

(2) 전자정부 비전과 목표

전자정부 로드맵은 정부의 국정 비전과 목표를 달성하기 위해 참여민주주의 실현, 균형발전사회 구축, 동북아시대 구현, 소득 2만 달러 시대 달성을 구현하는 원대한 목표를 제시하고, 이를 달성하기 위해 공무원의 일하는 방식혁신을 통한 투명한 행정, 정보자원관리 혁신을 통한 효율적 행정, 그리고 정보서비스 혁신을 통한 참여하는 행정을 통한 선진행정 구현에 초점을 맞추고 있다.

전자정부 목표는 대민 서비스, 행정효율성, 행정민주성 등 세가지로 구분된다. 이 중에서 계량화가 가능한 목표는 그 성과목표를 제시하였고, 그렇지 않은 목표는 개념적인 목표를 제시해서 전자정부사업에 반영하고 있다. 따라서 전자정부 목표는 성과지향적 사업관리모형에 따라 설정되어 있는 것으로 평가되는데, 전자정부의 목표와 주요 지표는 다음 〈표 13-6〉과 같다.

(3) 전자정부 로드맵 과제점검을 위한 지표

전자정부사업뿐만 아니라, 기획되고 추진되어 실행되어지고 있는 정부혁신지방분권 로드맵 과제 전체에 대한 깊이있는 점검을 통해서, 행정성과의 제고와 국가경쟁력 향상을 위해, 정부혁신지방분권위원회 혁신분권전문위원회에서는 객관적인 지표를 개발해 적용하였다(정부혁신지방분권위원회, 2005).

정부혁신 로드맵과제의 점검은 추진단계별(정책화기획, 정책화추진, 정책화실행)로 구분되고, 정량평가와 정성평가를 활용해서 점검이 이루어졌다. 점검

표 13-6 전자정부의 목표와 주요 지표

목표	목표의 설명	주요 지표 예시	2003년 현재수준	2008년 기대수준
대민 서비스	민원업무의 관청 무방문처리로 행정서비스 및 기업경쟁력 제고	민원 온라인화	15%	85%
		기업지원경쟁력	24위	10위
		관청방문회수	10회/연	3회 이내/연
		전자정부 활용율	23%	60%
행정 효율성	업무전자화와 정보공유, 정보자원 실시간 통합관리	기관 공통업무	부분 전자화, 미연계	전면적 전자화, 연계
		문서대장 전자화	종이/전자대장병존	전자대장 일원화
		행정정보공유	부처간 제한 공유	부처간 전면 공유
		정보자원관리	분산, 독립	통합, 연계
행정 민주성	능동적 정보제공으로 정책참여 및 개인정보자기통제	전자적 참여	여론조사 수준	정책참여 및 협의
		행정정보공개	수동적, 제한적 공개	능동적, 개방적 공개
		프라이버시 보호	개인정보침해우려	개인정보 자기통제권 강화

자료 : 정부혁신지방분권위원회(2003).

지표의 유형은 기본적으로 공통지표와 특성지표로 구성되고, 공통지표는 추진체계와 추진내용으로 대별된다(〈표 13-7〉 참조). 특성지표는 분야별 특성을 반영한 차별화된 지표를 의미하는 데, 공통지표에서 계량하기 어려운 부분을 반영하기 위한 정성평가이다. 국정과제 로드맵을 점검함에 있어 과제의 추진단계에 따라 점수의 비중을 달리하였는 데, 가중치를 부여하는 것은 동일한 점검지표라 하더라도 추진단계에 따라 그 중요도가 상이하기 때문이다.

표 13-7 로드맵 과제 점검의 공통지표

<table>
<tr><th>분 류</th><th>구 분</th><th>점검항목</th><th>측정지표</th></tr>
<tr><td rowspan="12">추진체계</td><td rowspan="7">추진체계 구성의 적절성</td><td rowspan="3">담당조직 인력구성의 적절성</td><td>담당인력 유무</td></tr>
<tr><td>담당인력 충분성</td></tr>
<tr><td>담당인력 전문성</td></tr>
<tr><td rowspan="2">담당조직 소요예산의 적절성</td><td>예산 배정 유무</td></tr>
<tr><td>예산 확보 적정수준</td></tr>
<tr><td rowspan="2">담당조직 외부 전문인력의 활용성</td><td>외부전문인력 활용 유무</td></tr>
<tr><td>외부전문인력 활용 정도</td></tr>
<tr><td rowspan="7">추진체계 운영의 적절성</td><td rowspan="2">담당조직의 추진력</td><td>책임자의 추진활동 정도</td></tr>
<tr><td>조직 구성원의 역할 수행정도</td></tr>
<tr><td rowspan="3">예산집행의 적절성</td><td>예산계획의 구체성</td></tr>
<tr><td>예산계획대비 집행실적</td></tr>
<tr><td>예산집행 적시성</td></tr>
<tr><td rowspan="2">관계부처와의 협의 · 조정체계 운영의 적절성</td><td>협의 · 조정체계의 유무</td></tr>
<tr><td>협의 · 조정체계의 활용정도</td></tr>
<tr><td rowspan="20">추진내용</td><td rowspan="6">정책화 기획 단계의 적절성</td><td>과제추진방향의 로드맵목표와의 부합성</td><td>과제추진방향의 로드맵상 목표와의 부합 정도</td></tr>
<tr><td rowspan="3">정책대안의 타당성</td><td>중요한 정책대안의 탐색정도</td></tr>
<tr><td>정책대안의 기대효과 고려여부</td></tr>
<tr><td>정책대안 실현가능성</td></tr>
<tr><td rowspan="2">이해관계의 의견수렴 및 협의정도</td><td>이해당사자 참여 유무</td></tr>
<tr><td>이해당사자 협의의 효과성</td></tr>
<tr><td rowspan="9">정책화 추진 단계의 적절성</td><td rowspan="2">과제내용의 목표와의 부합성</td><td>목표의 반영정도</td></tr>
<tr><td>내용의 연관정도</td></tr>
<tr><td rowspan="3">이해관계 및 갈등관리 정도</td><td>법제도화와 관련된 이해관계자 설득정도</td></tr>
<tr><td>이해관계자 요구사항에 대한 대응의 적절성</td></tr>
<tr><td>이해관계자와의 실질적 합의정도</td></tr>
<tr><td rowspan="2">모니터링 시스템 운영정도</td><td>모니터링 수행정도</td></tr>
<tr><td>언론보도의 대응정도</td></tr>
<tr><td rowspan="2">과제추진 확산노력</td><td>과제 홍보 노력정도</td></tr>
<tr><td>과제관련 교육실시 정도</td></tr>
<tr><td rowspan="4">정책화 실행 단계의 적절성</td><td>산업계획대비 실행의 적절성</td><td>사후처리(규정 및 지침, 시범사업 등) 계획실행정도</td></tr>
<tr><td>환경변화의 대응성</td><td>환경변화에 대한 대처정도</td></tr>
<tr><td rowspan="2">과제실행 결과에 대한 활용방안 마련의 적절성</td><td>활용방안의 유무</td></tr>
<tr><td>활용방안의 충실성 정도</td></tr>
</table>

자료 : 정부혁신지방분권위원회(2005).

연습문제

1. 사회지표와 정책지표의 차이를 논하시오.
2. 성과지표의 유형에는 어떠한 것이 있는지를 구체적인 사례를 예로 들어 설명하시오.
3. 정책평가기준으로서 능률성과 형평성의 관계에 대해서 설명하시오.
4. 관심을 가지고 있는 구체적인 정책을 사례로 들어, 이를 평가하기 위한 지표를 개발해 보시오.

각종 기출 시험문제

1. 최근 논란이 되고 있는 국민연금정책을 사례로 이용해서 정책의 평가기준과 평가결과 활용의 제약요인을 검토하고, 활용도 제고방안을 논하시오.
(2000 행정고시)

2. Kaldo-Hicks 준거와 파레토 최적 양자간의 관계를 규명하고, 이 준거에 바탕을 둔 정책결정기준에 대해 논하시오. (2000 행정고시)

3. 정책설계에 있어 정책지표(policy indicator)의 유용성과 한계를 논하시오.
(2001 행정고시)

정책사례 및 토의과제

사례 13-1

통계청이 발표한 '2005년 한국의 사회지표'에 따르면, 2005년 7월 1일 현재 우리 나라 총인구는 4,829만 4천명이며, 전년대비 인구성장률은 0.44%로 나타났다. 2004년 합계출산율은 1.16명으로 2003년 1.19명보다 0.03명 낮아졌고, 합계출산율은 1983년에 대체출산율(현재 인구가 유지될 수 있는 합계출산율로 2.1명) 수준까지 낮아진 이후에도 계속적으로 감소하고 있다. 2004년 인구 천명당 출생아수인 조출생률은 9.8명으로 2003년 10.2명에 비해 0.4명 감소하였고, 인구 천명당 사망자수를 나타내는 조사망률은 5.1명으로 전년과 동일하였다.

2005년 총인구를 연령에 따라 3계층으로 구분하면, 0-14세의 유년인구는 총인구의 19.1%, 15-64세 생산가능인구는 71.8%, 65세 이상 노령인구는 9.1%를 차지하였다. 14세 이하 유년인구 비중은 출산율 둔화 등으로 계속 낮아지고 있고, 65세 이상 인구비중은 계속 높아져 지난 2000년(7.2%)에 이미 '고령화 사회'에 진입하였다. 2005년 중위연령은 34.8세로 2004년 34.1세에 비해 0.7년 높아졌고, 1970년 18.5세에 비해서는 16.3년 높아졌다.

2005년 노령화 지수(0-14세 인구에 대한 65세 이상 인구의 비율)는 47.4로 1970년 7.2에 비해 약 6.6배 증가하였다. 노년부양비(생산가능연령층이 부양해야 하는 노년층의 인구비율)도 계속 증가해서 2005년에는 12.6%로 전년대비 0.5%p, 1970년에 비해서는 6.9%p 증가하였는 데, 이는 15-64세 인구 100명이 65세 이상 인구 12.6명을 부양해야 한다는 의미이다. 2003년 평균수명은 77.5세로 2002년에 비해 0.5세 길어졌고, 남자 73.9세, 여자 80.8세로 여자가 남자보다 6.9세 많다.

2004년 출생성비(2004년 출생아의 남녀성비)는 108.2명으로 전년도 108.7명에 비해 0.5명 감소하였고, 10년전인 1994년 115.2명에 비해서는 7.0명 감소하여 출생성비의 불균형은 점차 완화되고 있는 것으로 나타났다. 특히 전통적으로 남아선호가 강한 부산, 대구, 경북 및 경남지역의 경우 2004년 출생성비가 10년 전에 비해 각각 12.7명, 10.9명, 11.4명, 7.1명 감소하였다.

2005년 15세 이상 인구는 3,828만 1천명, 노동시장에 참여하고 있는 경제활동인구는 2,376만 3천명으로 모두 전년동기 대비 1.5% 증가하였다. 2005년 경제활동참가율은

62.1%로 전년동기 대비 같고, 성별로 보면 남자는 74.7%로 0.3% 하락, 여자는 50.2% 상승하였다. 2005년 취업자는 2,287만명으로 전년동기 대비 1.4% 증가, 실업자는 89만 2천명으로 3.8% 증가하였다. 2005년 실업률은 3.8%로 2004년에 비해 0.1%p 상승하였다. 2005년 55세 이상 인구의 경제활동참가율은 44.9%로 전년 동기 대비 동일하였다.

2004년 사망원인 1위는 암으로 인구 10만명당 133.5명이 사망하였으며, 다음은 뇌혈관질환(70.3명), 심장질환(36.9명), 자살(25.2명) 순이었다. 10대 사인 중 10년 전인 1994년에 비해 사망률이 가장 많이 증가한 사인은 암(20.8명)이며, 다음은 자살(14.7명), 당뇨병(7.3명) 순이었다.

공적연금 가입자(국민, 공무원, 사립교직원)는 2004년 1,826만 5천명으로 2003년 1,835만 5천명보다 9만명(-0.5%) 감소하였지만, 10년전인 1994년 가입자 수 656만 7천명과 비교하면 약 2.8배 증가하였다. 가입자 대비 수혜자 비율은 국민연금은 2003년 6.9%에서 2004년 9.0%로, 공무원연금은 19.2%에서 20.2%로, 사립교직원은 7.9%에서 8.7%로 높아졌다.

2004년 건강보험 적용인구는 4,737만 2천명으로 전년에 비해 1.5% 증가하였다. 연간 건강보험 총부담액은 15조 6,142억원으로 2003년 13조 7,409억원에 비해 13.6% 증가하였고, 1인당 연간부담액은 33만원으로 2003년 29만 4천원에 비해 12.2% 증가하였다. 연간 건강보험 총급여비는 16조 1,305억원으로 2003년 14조 7,552억원에 비해 9.3% 증가하였고, 1인당 연간급여비는 34만 1천원으로 전년대비 7.9% 증가하였다.

2004년 기초생활보장 수급자는 142만 4천명으로 총인구 대비 2.96%를 차지하고 있으며, 전년도에 비해 3.6% 증가하였다(총인구 대비 비율은 0.12% 증가). 기초생활보장 수급자 중 일반수급자는 133만 8천명, 시설수급자는 8만 6천명으로 전년에 비해 각각 3.5%, 5.7% 증가하였다. 2004년 의료급여 대상자는 152만 9천명이며, 전년도에 비해 5.2% 증가하였고, 총인구 대비 비율은 3.18%로 전년도에 비해 0.18% 증가하였다.

아동 보육시설 수는 매년 증가추세이며, 2004년에는 2만 6,903개소로 2003년에 비해 11.4% 증가하였다. 시설주체별로 보면, 가정 내 보육시설이 1만 583개소로 전년도에 비해 18.5% 증가로 가장 많이 증가하였고, 민간 보육시설이 7.9%, 직장은 3.0%, 국공립은 1.5% 증가하였다. 2004년 보육시설 아동 수는 93만명으로 2003년 86만명에 비해 8.4% 증가하였다.

<자료 : 통계청, 2006. 1. 16>

토의과제

1. 사례 13-1은 사회지표 중의 일부에 대한 설명이다. 위의 내용과 관련 있는 정책을 예로 들어, 정책평가시에 중점적으로 고려되어야 할 내용이 무엇인지 구체적으로 설명하시오.
2. 정책과정에서 사회지표의 역할을 구체적인 사례를 들어 설명하시오.

14
정책평가의 논리

14.5 정책평가결과의 활용

1. 평가결과의 활용

정책평가의 결과로 발견된 사실들은 정책의 기획, 예산의 편성, 프로그램의 집행과 수정 등의 과정에서 여러 가지 형태의 활용을 통해 정책과정에 영향을 미치게 된다(노화준, 2001:412). 뿐만 아니라 정책과정상의 책임확보나 정책학의 이론형성에 활용되기도 한다.

Rich에 의하면 정책평가를 활용하는 방식은 수단적 활용과 개념적 활용이라는 두 가지로 나눌 수 있다(Rich, 1977:220). 수단적 활용(instrumental use)이란 정책평가의 결과를 의사결정이나 문제해결을 위해서 이용하는 것을 말한다. 그리고 개념적 활용(conceptual use)이란 정책결정이나 집행에 직접 그 정책평가의 결과를 활용하는 것이 아니라, 어떤 문제에 대한 정책결정자의 사고방식이나 관념에 변화를 일으켜서 간접적으로 이들의 결정에 영향을 미치게 하는 것을 말한다.

2. 평가결과의 활용을 제약하는 요인

정책평가의 결과는 정책과정에 환류되어 앞으로의 정책결정과정을 개선하는 데에 활용되어야 한다. 그러나 현실적으로는 정책평가결과가 유용하게 활용되지 못하고 사장되어 버리는 경우가 많다. 이렇게 되면 정책평가활동에 동원된 자원, 노력, 시간은 낭비되게 되는데, 이처럼 정책평가결과가 제대로 활용되지 못하는 이유로는 다음과 같은 것이 있다(Leviton, 1981:525-48; Horst, 1974; 300-7; 노화준, 2001:413-6).

(1) 평가결과에 대한 신뢰성 결여

여기서 신뢰성이란 평가결과를 이용하는 사람이 그 정책평가가 타당성 있게 이루어졌다고 믿는 것을 말한다. 평가결과의 이용자가 평가결과에 대해서 신뢰하지 못하면 그 평가결과는 활용되지 못할 것이다. 평가결과에 대한 신뢰성의 확보 여부는 적합한 평가방법의 선택, 평가에 이용된 자료의 정확성, 충분성, 신뢰성 등에 달려 있다.

(2) 필요한 정보제공의 실패

정책평가가 평가결과를 이용하려는 사람이 필요로 하는 정보를 제공하지 못하는 경우에, 그 평가결과는 이용되지 못할 것이다. 정책평가 결과의 잠재적 이용자들은 다양하며 이들이 필요로 하는 정책평가 정보 역시 다양하다. 그러나 정책평가의 결과가 이용자의 필요를 충족시켜 주지 못하는 경우, 그 정책평가 정보는 쓸모없는 것이 되고 따라서 활용되지 못할 것이다.

(3) 평가결과의 전달방식 및 표현방식의 난해성

정책평가의 결과는 그것이 전달되는 과정에 어떠한 장애요소가 개재되었느냐 혹은 어떻게 표현되느냐에 따라서 그 활용정도가 달라진다. 즉, 전달방식과 표현방식과의 차이가 평가결과의 활용을 제약할 수 있다.

(4) 평가결과에 대한 이용자의 부정적 태도

정책평가결과는 주로 정책결정자나 정책집행자가 이용하게 되지만, 평가결과 속에는 간혹 이들 결정자나 집행자의 잘못을 지적하는 내용들이 있기 때문에, 평가자체를 기피하거나 그것이 불가능할 경우에는 평가결과를 고의적으로 외면하고, 평가결과에 대한 부정과 저항을 하게 된다.

(5) 평가결과의 악용

평가결과의 이용자는 평가내용의 일부만을 발췌하거나 몇몇 부분을 삭제하고 나머지만을 가지고 선전홍보용으로 악용하기도 하고, 최악의 경우 평가결과를 정반대로 해석해서 선전하는 경우도 발생할 수 있다.

3. 정책평가결과 활용의 증대방안

많은 시간과 비용을 들여 어렵게 수행한 정책평가의 결과는 가능한 한 그 목적달성을 위해 최대한 이용되고 다용도로 활용될 수 있어야 한다. 따라서 정책평가결과의 활용을 증대하기 위해서는, 앞에서 지적된 평가결과의 활용을 저해하는 문제들에 대한 적절한 통제가 필요하다.

(1) 평가방법의 질 향상

우선 정책평가 방법의 질을 향상시키는 것이 필요하다. 사용되는 정보의 신뢰성을 높이고 치밀한 연구설계에 의한 타당성 높은 방법을 사용해 평가방법의 적절성에 대한 논란의 여지를 줄이게 되면, 평가결과의 활용도를 높일 수 있을 것이다.

(2) 평가의 적실성 제고

정책평가의 이용자들의 요구와 필요를 정확히 파악하고 현실성 있는 정책정보를 산출한다면 정책평가결과의 활용도를 높일 수 있을 것이다. 이를 위해서는 정책의 목표와 정책평가결과 이용자의 목표를 구체적으로 파악해야 한다.

(3) 의사전달의 원활화

정책평가자와 평가결과 이용자 사이의 의사전달을 원활하게 함으로써 정책평가결과의 활용도를 높일 수 있을 것이다. 이를 위해 의사전달의 기회를 자주 갖고, 평가보고서는 가능한 한 평이한 용어를 사용해서 작성되는 것이 바람직할 것이다.

(4) 이용자의 저항을 줄이는 제도적 장치 마련

평가결과 이용자의 저항을 줄이기 위한 제도적 장치의 마련이 필요하다. 즉, 외부 전문기관에 의한 평가를 제도화하고, 평가의 결과를 반영시킬 수 있도록 필요한 조치를 취하는 것이 바람직할 것이다.

연습문제

1. 인과관계의 의미와 정책평가에서의 중요성을 설명하시오.
2. 허위변수와 혼란변수를 구체적인 예를 들어 설명하시오.
3. 내적 타당성을 저해하는 주요 요인들을 예를 들어 설명하시오.
4. 외적 타당성을 강화시킬 수 있는 방안을 구체적인 사례를 들어 설명하시오.
5. 신뢰성의 개념을 설명하시오.

각종 기출 시험문제

1. 정책평가의 경험적(외적) 타당성(타당도) ('90 행정고시)

2. 정책평가에 있어서 내적 타당성 ('90 입법고시)

3. 정책평가의 타당도 ('95 지방고시)

4. 정책평가에 있어서 타당성의 저해요인과 극복방안 (2002 행정고시)

5. 2002년 여름에 서울 강남지역을 중심으로 전세가격과 아파트 가격이 상승하자 정부는 서둘러 주택가격 안정대책을 발표하였다. 다음은 계속된 정부의 대책에 가상적 요소를 추가시키며 설명한 것이다. 이를 읽고, 문제에 대해 답하라.

   『정부가 처음 발표한 대책은 강남지역의 낡은 아파트의 재개발을 제한하는 것이었다. 재개발을 하게 되면, 층수를 높이면서 엄청난 premium이 추가되기 때문에 재개발 가능 아파트 주민들은 격렬하게 반대하였다. 어쨌든, 주택가격은 계속 상승되었고 정부는 다른 강력한 대책을 발표하였다. 즉, 시가 6억 이상의 아파트는 1가구 1주택에 해당되더라도 양도세를 부과한다는 것이었다. 이 대책도 처음에는 강남지역에만 적용하려 하였으나, 형평성의 문제가 제기되자 수도권 전체에 적용한다는 방침으로 선회하였다.』 이러한 사태를 두고, 다음의 질문에 답하되, 가급적 이론적으로 설명하라.

[문제] 최근에 아파트 가격은 더 이상 상승되지 않았을 뿐만 아니라, 다른 지역과 달리 서울 지역의 아파트 가격은 하락하기 시작하였다. 이 사태를 두고, 정책당국은 자신들의 대책이 효과를 거두었다고 자랑하고 있다. 이들의 자랑이 옳을 수 있음을 밝히고, 정책효과가 없을 가능성도 밝히시오. 어느 경우이거나 평가논리를 분명히 하시오.

(2003학년도 서울대 행정대학원 석사과정 입학시험문제)

정책사례 및 토의과제

사례 14-1

다음과 같은 가상적인 상황을 예로 들어 보자. 뇌경색성 실어증을 치료하는 프로그램을 개발하고, 이 프로그램이 실제로 효과가 있는지를 실험연구를 통해 알아 보고자 한다. 뇌경색성 실어증 환자를 무작위로 구성해서 6개월 동안 언어치료를 받게 하였다. 이 집단 구성원의 남자환자비율은 80%이다. 구성원들은 병원에 입원해 있다. 치료프로그램 시작 전에 언어기능을 평가하고, 치료프로그램이 종결된 뒤에 언어기능을 평가해서 비교한다. 만약 치료 후의 언어점수평균이 치료 전의 언어점수평균보다 통계적으로 높다면, 치료효과가 있다고 결론 내린다.

토의과제

1. 인과관계를 입증하기 위한 세 가지 전제조건을 설명하고, 사례 14-1을 중심으로 논의하시오.
2. 사례 14-1에서 내적 타당성을 저해하는 요인들을 밝혀내시오.

사례 14-2

도내 22개 시 · 군 공무원직장협의회가 도의 시 · 군에 대한 인센티브 평가(행정평가)를 거부하고 평가를 강행할 경우 이를 실력 저지하겠다고 선언해 파문이 일고 있다. 동협의회 연대회의는 첫째, 시 · 군 행정 인센티브 평가기준이 획일적이고 평가항목도 일관성과 현실성이 부족하다. 둘째, 각종 평가와 감사가 너무 많아 시 · 군 공무원의 업무량이 과중하다. 셋째, 시 · 군마다 좋은 성적을 거두기 위해 행정력을 낭비하고 평가의 객관성과 공정성이 결여되어 있다면서, 평가를 전면 거부하기로 결의한다고 밝혔다. 이에 대해 도는 그동안 시 · 군의 의견을 수렴해 평가항목을 최소화하고, 주민만족도 평가항목을 추가하는 등 공정성 확보를 위해 노력하고 있다며 현행대로 실시하되 문제점은 개선해 나가겠다는 입장을 밝혔다.

< 자료 : 정책사례연구(2002) ; 시민소리 >

토의과제

1. 사례 14-2를 중심으로 정책평가결과의 활용을 저해하는 요인들을 논의하시오.
2. 정책평가결과의 활용을 증대시키기 위한 방안을 논의하시오.

15 정책평가의 방법

이 장의 개요

이 장에서는 인과관계의 조건에 따라 원인과 결과의 관계를 입증하기 위한 정책평가의 방법을 살펴본다. **제 1절**에서는 정책평가에서의 실험의 기본논리를 설명한다. **제2절**과 **제 3절**, **제 4절**에서는 진실험적 방법의 논리와 약점, 준실험적 방법의 논리와 약점, 그리고 비실험적 방법의 논리와 약점을 각각 설명한다.

15.1 정책평가에서의 실험의 논리

1. 실험의 필요성

정책평가는 주관적 평가와 객관적 평가로 구분할 수 있다. 주관적 평가와 객관적 평가는 정책효과에 대한 판단을 할 때, 평가자의 주관적인 느낌에 많이 의존하느냐 그렇지 않느냐에 따라 구분한다. 주관적 평가는 사실에 입각하기보다는 주관적인 가치판단일 가능성이 크므로, 평가자의 개인적 이해관계에 따라 사실과는 다른 평가결과가 나올 수 있다. 평가는 주관적인 편견이나 이해관계를 떠나서 사실에 입각한 정확한 판단을 해야 하므로, 원칙적으로 평가는 객관적이어야 한다.

객관적 평가는 과학적 분석방법을 사용하는 것으로, 원인인 정책과 결과인 정책효과간의 인과관계를 입증하는 것이다. 인과적 추론의 조건, 즉 ① 원인의 선행성, ② 원인과 결과의 공동변화, ③ 제3의 변수의 통제라는 세 가지 조건을 모두 충족하고 있는지를 따져 보기 위해 실험을 한다. 실험은 보통 실험실에서 이루어지지만, 객관적인 정책평가를 위해서는 자연적인 상태, 즉 사회상황에서 실험을 한다.

사회실험을 통해 정책효과를 추정하는 가장 큰 이유는 인과관계의 세 가지 조건 가운데 세 번째인 제3의 변수의 통제를 통해, 대안적 설명요인들을 제거함으로써 정책평가의 타당성을 높이는 데 있다. 정책은 개방시스템하에서 실시되기 때문에 정책대상집단은 관심이 되고 있는 정책뿐만 아니라 다른 정책들, 그리고 여타 정치적 · 경제적 · 사회적 환경의 영향을 끊임없이 받고 있다. 따라서 정책이 실시되고 정책효과상에서 변화가 탐지되었다고 하더라도 이러한 변화가 오로지 관심이 되고 있는 정책만에 의해서 발생된 것인가를 밝혀 내기란 그렇게 쉬운 것만은 아니다. 그러나 사회실험을 통해 인과관계의 입증조건을 충족시키고, 정책의 효과판단의 타당성을 높일 수 있을 것이다.

정책평가에서 특별히 사회실험이 필요한 대표적인 경우를 살펴보면 다음과 같다.

첫째, 새로운 정책이나 사업을 추진할 때, 과연 이러한 정책이 소기의 성과를 가져왔는지 또는 예상과는 달리 별 효과가 없었는지 등을 파악할 필요가 있다. 또한 정책을 전국적으로 실시하기 전에 소규모로 시행한 다음 그 결과에 따라 확대여부를 결정한다면, 있을 수 있는 시행착오를 줄일 수 있을 것이다. 이런 경우에 타당성이 상대적으로 높은 사회실험을 통해 정책의 효과를 판단하게 된다.

둘째, 정책이나 사업의 비용이 매우 크거나 또는 정책으로부터 영향을 받을 이해관련자의 수가 많은 경우에는 사회실험이 더욱 요구된다. 사회문제를 해결하고자 하는 수많은 정책들은 각각 재원을 필요로 한다. 따라서 정책을 정당화하기 위해서 타당성면에서 문제가 적은 사회실험이 이용되기도 한다.

셋째, 정책의 효과에 대해서 다툼이 있는 경우 객관적이고 과학적인 방법에 의해 정책과 정책효과간의 인과관계를 따져보아야 한다. 따라서 이런 경우에는 사회실험이 적절히 이용될 수 있다.

2. 사회실험의 기본 논리

사회실험은 실험실이 아닌 사회라는 상황 속에서 행해지는 실험인데, 기본논리나 개념은 실험실에서의 실험(laboratory experiment)과 동일하다. 실험은 실험집단(experimental group)과 이와 비교되는 통제집단(control group) 또는 비교집단을 실험 실시 전에 미리 상정한다. 즉, 실험대상을 의도적으로 미리 두 집단으로 나누고, 처음부터 실험집단에는 일정한 조작 또는 처리를 가하고, 통제집단에는 처리를 가하지 않는다. 그리고 일정한 시간이 지난 이후에, 실험집단과 통제집단의 두 집단에 나타나는 결과변수상에서의 차이를 측정한 후, 이 차이를 조작 또는 처리의 효과라고 판단한다. 이것이 실험의 기본논리이다.

실험에서의 기본적인 개념을 설명하면 다음과 같다.

그림 15-1 **실험의 기본 개념**

처리

실험집단 : ▬▬▬▬▬▬ 80점

통제집단 : 70점

◇ 실험대상 : 전국의 초등학교 5학년 학생들

◇ 실험집단 : 멀티미디어를 이용한 새로운 교육방식을 적용받은 300명의 학생들

◇ 통제집단 : 기존의 교육방법을 적용받은 300명의 학생들

◇ 처리 : 멀티미디어를 이용한 교육방식

◇ 결과변수 : 시험성적

◇ 처리의 효과 : 80점 − 70점 = 10점, 대응적 사실 : 70점

① 실험대상(subjects)은 정책의 효과를 판단할 수 있도록 하는 대상 집단이다. 예를 들어 중소기업 육성정책을 평가한다면 실험대상은 국내의 중소기업이 된다.

② 실험집단(experimental group)과 통제집단(control group)이 있다. 실험집단은 실험적 처리를 받은 집단이고, 통제집단은 실험적 처리를 받지 않은 집단을 말한다.

③ 처리(treatment)인데, 이는 정책의 실시 또는 집행을 의미한다.

④ 결과변수(outcome variable)는 실험처리를 통해 나타나는 결과이다. 예를 들어 수질오염방지를 위한 폐수방지시설의 설치라는 정책에서 방지시설의 설치라는 실험처리 후에 수질오염도를 측정한다. 여기서 결과변수는 수질오염 정도이다.

⑤ 처리효과(treatment effect)는 정책집행을 함으로써 나타난 효과이다. 실험 전 측정치와 실험 후 측정치를 비교하면 실험처리의 효과를 알 수 있다. 사회실험을 통한 정책평가에서 중요한 개념은 대응적 사실(counterfactual)이다. 대응적 사실이란 특정 정책이 없었더라도 도달하게 되었을 실험집단의 실험 후 측

정치를 의미한다. 대응적 사실은 보통 비교가 가능한 대상으로 구성한 집단, 즉, 통제집단으로부터 알아낼 수 있다.

예를 들어 보자. 멀티미디어를 활용한 새로운 교육방식이 효과가 있는가를 알아보기 위해 A시의 한 초등학교 5학년 학생 600명을 무작위로 300명씩 선정하였다. 한 쪽의 300명에게는 기존의 교육방법을 적용하고, 다른 한 쪽의 300명에게는 멀티미디어를 이용한 새로운 교육방법을 추가로 적용해서 한 학기 동안 교육한 후, 해당과목의 시험을 보았더니, 새로운 교육방법을 적용받은 학생들의 평균 성적은 80점, 기존의 교육방법을 적용받은 학생들의 평균 성적은 70점이었다. 이를 그림으로 도식화하면 [그림 15-1]과 같다.

3. 사회실험의 종류

타당성있는 정책평가를 위한 방법에는 크게 실험적 방법과 비실험적 방법이 있다. 초점은 실험적 방법에 있는데, 실험적 방법도 진실험과 준실험으로 나눌 수 있다.

실험은 실험대상을 실험집단과 통제집단의 두 집단으로 분류한 후, 실험집단은 일정한 처리 또는 조작을 가하고, 통제집단은 일정한 처리 또는 조작을 가하지 않고, 일정시간이 흐른 후에 그 차이를 비교 · 분석한다. 이 때 실험집단과 통제집단의 동질성을 확보하고 실시하는 실험을 진실험(true experiment)이라 하고, 두 집단의 동질성을 확보하지 못하고 실시하는 실험을 준실험(quasi experiment)이라 한다.

실험집단과 통제집단의 동질성 여부는 양 집단을 구성하는 방법에 의하여 판단한다. 실험대상으로부터 두 집단에 포함될 구성원을 무작위(random)로 선정하면 두 집단은 동질성을 확보하는 것으로 볼 수 있고, 따라서 이는 진실험이 된다. 이에 반해 두 집단의 구성원을 무작위로 배정하지 않으면 두 집단은 비동질적이 되고 준실험이 된다. 원칙적으로 좁은 의미의 실험이라면 진실험을 의미하는 데, 진실험의 장점에도 불구하고 사회적 · 현실적 문제점 때문에 준실험도 많이 사용되고 있다. 넓은 의미의 사회실험은 양자를 모두 포함한다.

이에 반해 비실험적 방법은 전실험적 설계에 의해 자료를 수집하고 수집된 자료를 분석하기 위해서 중회귀분석, 인과관계분석, 시계열분석과 같은 고도의 통계분석방법을 사용하는 것이다.

15.2 진실험적 방법의 논리와 약점

1. 진실험의 논리

진실험적 방법은 실험집단과 통제집단의 동질성을 확보하도록 행하는 실험이다. 즉, 실험대상을 무작위로 실험집단과 통제집단에 배정하여 두 집단간에 동질성을 확보한다. 실험집단에게는 일정한 처리를 가하고 통제집단에는 처리를 가하지 않는다. 일정한 시간이 경과한 후에 실험집단과 통제집단의 두 집단간에 결과변수상에서 발견되는 차이를 처리의 효과로 추정하는 실험방법이다. 진실험의 핵심은 실험대상을 무작위로 실험집단과 통제집단에 배정함으로써, 양 집단의 동질성을 확보하는 것이다.

두 집단의 동질성은 구체적으로 다음과 같은 세 가지 조건을 충족시켜야 한다(노화준, 2001:239-40).

① **동일한 구성** : 실험집단과 통제집단은 유사한 대상이나 단위들로 구성되어야 한다.

② **동일한 경험** : 실험집단과 통제집단은 관찰기간 동안에 시간과 관련된 동일한 과정(성숙, 추세, 역사적 사건 등)을 경험해야 한다.

③ **동일한 성향** : 실험집단과 통제집단의 프로그램에 대한 태도가 동일해야 한다. 즉, 자기선택(self-selection)의 경향이 두 집단에 동일해야 한다.

그림 15-2 실험집단과 통제집단

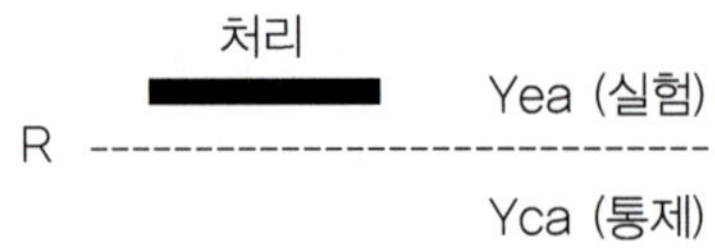

동질성이란 의미는 실험집단과 통제집단의 양 집단 전체 구성원들이 평균적인 의미에서 같다는 것이다. 즉, 집단을 구성하는 개개인들은 서로 이질적일 수 있으나, 전체적으로 보아 평균적인 측면에서 동질적이라는 의미이다. 이처럼 실험집단과 통제집단을 동질적으로 구성하는 것이 허위변수와 혼란변수 등의 제3의 변수를 통제하기 위한 실험설계의 기본 원리이다.

실험집단과 통제집단을 서로 동질적인 것으로 구성하기 위해서는 정책실험 대상들을 실험집단과 통제집단의 두 집단에 무작위적으로 배정해야 한다. 이는 어떤 한 대상이 실험집단이나 통제집단에 배정될 기회가 동일한 조건하에서 두 집단 가운데 어느 하나에 배정하는 것을 의미한다. 무작위 배정은 잠재적인 허위변수와 혼란변수들을 일종의 외재적 변수로 전환시킴으로써, 허위변수와 혼란변수의 영향을 통제할 수 있게 해준다.

2. 진실험의 설계방법

진실험적 방법은 실험집단과 통제집단에 무작위로 배정함으로써, 제3의 변수의 영향을 통제하려는 방법이다. 이에는 여러 가지 변형이 있는데, 대표적인 것을 소개하면 [그림 15-2]와 같다.

[그림 15-2]는 현실적으로 많이 사용되는 방법으로 무작위배정에 의해 동질적인 실험집단과 통제집단을 구성한 다음, 실험집단에 대해서는 처리를 하고, 통제집단에 대해서는 처리를 하지 않는다. 두 집단 모두 사후 측정을 하며, 실험의 효과는 실험집단의 사후 측정치와 통제집단의 사후 측정치의 차이(Yea-Yca)로 표현한다. 이러한 방법은 무작위 배정된 실험집단과 통제집단의 사전

그림 15-3 **사전 및 사후 측정**(고전적 설계)

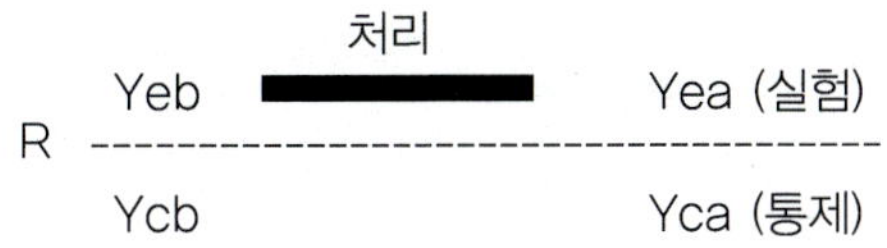

측정값이 동일하다는 가정을 전제로 하며, 역사적 요인, 성숙요인, 회귀요인 등의 내적 타당성의 위협요인이 제거된다.

그러나 사전검사를 하지 않기 때문에, 실험변수 처리 전의 실험집단과 통제집단의 사전 측정값이 동일한지의 여부를 점검할 수 없다는 약점이 있다.

[그림 15-3]은 [그림 15-2]와 유사하나 사전 검사를 설계에 포함시키고 있다는 점이 다르다. 즉, 실험집단과 통제집단의 처리 전의 상태가 동일한지의 여부를 점검해 볼 수 있다. 실험의 효과는 실험처리 후의 측정값의 차이(Yea−Yca)에서 실험처리 전의 측정값의 차이(Yeb−Ycb)를 뺀 값으로 측정한다. 이를 고전적 설계라고도 부르는 데, 역사적 요인, 성숙요인, 회귀요인 등의 영향을 배제할 수 있다.

이 방법은 사전 측정을 하기 때문에 실험집단과 통제집단에 속한 대상들이 사전 측정에 의해 정상과는 다른 민감한 반응을 보일 수도 있고, 연구자의 의도를 파악하거나 측정의 방식에 익숙해서 실제의 실험처리의 효과와는 다른 결과를 나타낼 수도 있다. 따라서 측정요인의 효과, 측정과 처리의 상호작용효과를 통제할 수 없는 것이 고전적 설계의 약점이다.

[그림 15-4]는 솔로몬에 의해 제안된 네 집단 설계로 가장 강력한 실험방법이다. 이는 [그림 15-2]와 [그림 15-3]의 방법을 결합한 것으로 두 가지 방법의 장점을 모두 지니고 있기 때문에 가장 이상적인 실험설계 방법이다.

실험효과의 측정은 다음과 같은 방식으로 한다.

① [실험집단 1]에서 사전 · 사후 측정값의 차이(Yea1 − Yeb) = 실험처리의 효과 + 사전 측정의 효과 + 측정과 처리의 상호작용효과 + 기타 외재적 변수의 효과(역사, 성숙 등)

② [통제집단 1]에서 사전 · 사후 측정값의 차이(Yca1 − Ycb) = 사전 측정의

그림 15-4 **네 집단 사전 및 사후 측정**(Solomon)

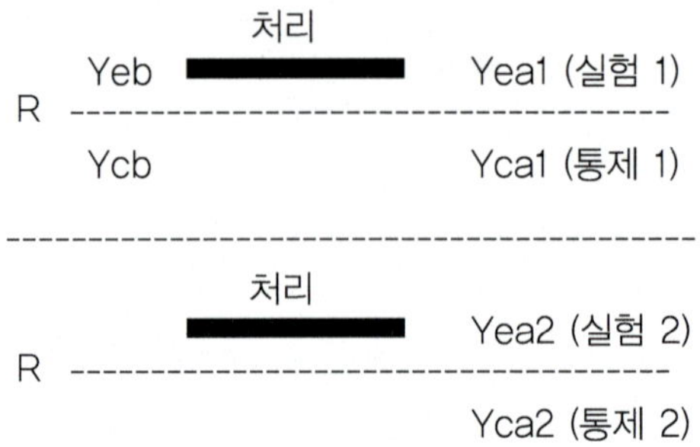

효과 + 기타 외재적 변수의 효과(역사, 성숙 등)

③ [실험집단 2]에서의 사전 · 사후 측정값의 차이[$Yea2-\frac{1}{2}(Yeb+Ycb)$] = 실험처리의 효과+기타 외재적 변수의 효과(역사, 성숙 등)

④ [통제집단 2]에서의 사전 · 사후 측정값의 차이[$Yca2-\frac{1}{2}(Yeb+Ycb)$] = 기타 외재적 변수의 효과(역사, 성숙 등)

솔로몬의 네 집단 설계는 사전 측정의 효과와 측정과 처리의 상호작용효과 등 내적 타당성의 저해요인에 관한 가장 강력한 통제수단을 제공한다. 그러나 현실적으로 비용면에서나 실험집단과 통제집단의 선정과 관리가 어렵기 때문에, 실제 사용하기에는 한계가 많다.

3. 진실험의 약점

진실험에 의한 정책평가의 핵심적인 이론적 전제는 무작위 배정에 의해 동질적인 실험집단과 통제집단을 구성하고, 이로 인해 허위변수와 혼란변수 등의 제3의 변수의 영향을 통제할 수 있다는 것이다. 따라서 진실험은 내적 타당성을 높일 수 있는 가장 강력한 평가설계이다. 그러나 진실험의 경우는 외적 타당성의 문제와 실행가능성의 문제가 심각하게 제기된다.

(1) 내적 타당성의 문제

실험집단과 통제집단은 정책실험을 시작하기 전부터 정책실험이 끝난 후까지 전기간에 걸쳐서 동질적이어야 한다. 그러나 정책을 집행하는 과정에서 정책실험대상이나 통제집단의 구성원 가운데 일부가 소속된 집단을 떠나게 되는 경우가 발생한다. 이는 정책실험이 개방체제하에서 이루어지기 때문에 발생하는 것인데, 이로 인해 진실험이 내적 타당성에 있어 우수하다고는 하지만, 여러 가지 문제점이 존재한다. 일반적인 약점으로는 ① 통제집단의 구성원이 실험집단의 구성원을 모방하는 효과, ② 실험집단에만 적용하기로 되어 있는 정책내용이 통제집단에게도 공급됨으로써 발생하는 문제, ③ 정책집행이 환경적 상황 자체를 교란함으로써 발생하는 문제, ④ 통제집단 구성원들이 평소와 다른 부자연스러운 반응을 보임으로써 발생하는 문제 등이 있다.

첫째, 모방효과(imitation effect)를 들 수 있다. 통제집단 구성원이 의식적으로나 무의식적으로 실험집단 구성원의 의견, 생각, 행동이나 태도를 모방함으로써 실험집단에 나타난 정책효과가 통제집단에도 나타나는 현상을 말하며, 확산효과 혹은 오염 등으로도 불리운다. 예를 들어보자. 청소년선도를 위한 상담의 효과를 측정하기 위해 실험을 하는 경우, 같이 어울려 노는 동네 아이들을 두 집단으로 나누었다고 하자. 상담으로 인해 실험집단의 태도가 변화하였다고 가정하였을 경우 통제집단의 소년들도 이를 모방할 가능성이 있다. 모방효과로 인한 오차를 좌우하는 요인에는 실험집단과 통제집단 구성원들의 상호작용의 강도, 정책이 성취하고자 하는 효과 자체의 성질 등이 있다.

둘째, 정책내용의 누출(leakage)을 들 수 있다. 진실험에서는 정책내용이 실험집단에만 공급되고 통제집단에는 제공되어서는 안된다. 그런데 정책내용이 통제집단에도 공급되는 현상을 정책내용의 누출이라 한다. 정책내용을 성질에 따라 구분하면, 재화(극빈자에 대한 구호사업의 효과를 알기 위한 실험에서 재화는 구호물), 서비스(청소년선도를 위한 상담이나 자녀를 위한 특수교육의 제공), 아이디어(실험집단에 제공되는 효과적인 치료약에 대한 아이디어가 통제집단에도 쉽게 전달될 수 있음), 공공재(공공재는 국민에게 일단 공급되면 일정 범위의 잠재적 소비자를 제외시키지 못하는 특성이 있음) 등으로 구분할 수 있는데, 이들은 통제집단에게도 영향을 미칠 가능성이 높다.

셋째, 체제의 변화를 들 수 있다. 체제요소는 한 체제내에 존재하는 대상들이 공유하고 있는 것으로서, 결과변수에 영향을 미치는 요소를 말한다. 예를 들어보자. 경찰의 순찰이 범죄예방에 어떤 영향을 주는가를 알기 위해 일정 구역을 집중순찰하고 다른 일정구역은 방치하였다고 하자. 이 경우는 잠재적인 범죄자가 한정적인 체제요소가 된다. 또한 자원 배분자는 통제집단에 속하는 사람들이 일정 정책내용을 요구할 경우 혜택을 주어야만 하는 정치적 윤리적 압력을 받는다. 이러한 보상적 균등화(compensatory equalization)가 일어나면 실험 후 측정치가 달라지게 된다.

넷째, 부자연스러운 반응(unnatural reaction)이 있다. 정책의 실시로 실험집단과 통제집단의 자연적 관계가 파괴되고 부자연스러운 반응이 생기는 것이다. 그 외 실험을 통해 불이익과 손실이 생기는 경우에 실험집단과 통제집단간의 동질성이 깨지고 일종의 준실험으로 전락할 위험이 생긴다.

진실험은 여러 가지 약점에도 불구하고 내적 타당성면에서는 매우 우수하다.

(2) 외적 타당성의 문제

외적 타당성은 특정한 상황 아래서 추진된 실험이 일정한 효과를 내었을 때, 이러한 실험효과가 다른 상황에서 실험을 추구하였을 때에도 그대로 나타나는 정도를 말한다. 그러나 호오손 효과 때문에 다르게 나타날 수 있다는 문제점을 갖는다. 호오손 효과(Hawthorne effect)란 실험대상자들이 자신들이 관찰되고 있음을 알게 됨으로써, 평소와는 다른 행동을 취하게 되어 발생하는 효과를 말한다. 이는 곧 일반화의 문제가 된다.

이를 극복하기 위해서는 사회실험을 가능한 한 조용하게 추진해서 실험대상자들이 실험을 진행하고 있다는 것과 자기들이 타인들로부터 주목의 초점이 되고 있다는 것을 모르게 해야 한다. 이를 위해서는 면접보다 관찰이 용이할 것이다.

(3) 실행가능성의 문제

실행가능성(feasibility)은 실험과는 판이하게 다른 사회라는 상황에서 실험적 처리가 과연 실행가능한가에 대한 문제이다. 정책실험 대상자들을 무작위로 실험집단과 통제집단의 두 집단으로 배정해서 실험집단에만 실험처리를 한다는 것이 정치적 · 도의적 이유에서 불가능한 경우가 있다. 정책의 내용이 실험대상자들에게 혜택을 주는 경우, 통제집단에 속한 구성원들이 자기들에게 혜택을 주어야 한다고 요구할 경우에 이를 외면하기가 어렵다. 예를 들어 보자. 암에 대한 특효약이 개발되었다. 이 약의 효능이 어느 정도인지를 알기 위해 실험집단에만 약을 투여하고 통제집단에는 약을 투여하지 않는 경우이다. 이 경우 통제집단은 실험을 하기 위해 특효약을 일정 기간 투여 받지 못하고 죽어가야 하는가? 이런 실험은 도의적인면에서 실시하기가 용이하지 않다.

4. 진실험의 보완책

(1) 내적 타당성의 보완책

정책이 통제집단에게도 노출되는 경우가 실제로 많이 발생하게 되는데, 이것이 진실험의 약점인 모방효과(imitation effect)이다. 이로 인해 실험집단과 통제집단간의 차이가 정확한 정책의 효과를 나타내지 못하게 된다. 실험집단과 통제집단의 동질성을 확보하기 위해 같은 지역 또는 생활환경 속에 있는 실험대상자들을 무작위로 실험집단과 통제집단에 배정하는 진실험의 기본 전제에서 바로 진실험의 제약점이 발생하는 근본 원인이 있다. 같은 지역 또는 생활환경을 지니고 있는 사람들은 상호접촉이 많으므로 무작위로 실험집단과 통제집단에 배정했다 하더라도 실험기간 동안에 계속 서로 접촉하게 되어 오염현상 등이 발생하게 된다.

따라서 이를 해결하기 위해서는 실험기간 동안 실험집단과 통제집단이 상호접촉하지 않게 해야 한다. 이를 위해 다음과 같은 방법을 생각해 볼 수 있다.

① **실험집단과 통제집단을 자연적 · 비자연적으로 봉쇄하는 방법**

② **집단수준에서 무작위로 추출하는 방법** : 자연집단에 속하는 가능한 대상자들을 실험집단에 포함시키고, 통제집단의 구성원은 이와 절연된 다른 자연집단에서 구한다면 여러 문제점들이 없어지게 된다. 그러나 많은 경비가 소요될 것이다.

③ **비동질적인 통제집단을 이용하는 방법** : 진실험설계의 범위를 넘어서서

두 개 또는 수개의 집단을 실험집단에 포함시키고, 다른 몇 개의 집단을 통제집단으로 이용하는 방법은 진실험이 갖고 있는 모든 문제들을 해결한다. 그러나 현실에서는 지극히 어려운 일이다.

(2) 외적 타당성의 보완책

어떤 상황에서 실시된 정책이 특정한 효과를 내었을 때, 다른 상황에서 똑같은 정책을 추진했을 때에도 똑같은 정책효과가 그대로 나타날 것인가 하는 것이 외적 타당성이다. 사회실험에서 문제가 되는 것이 호오손 효과(Hawthorne effect)이다. 이는 실험대상자들이 자신들이 실험의 대상으로 관찰되고 있다는 사실을 알게 되어 평소와는 다른 행동을 함으로써 발생되는 효과이다. 실험이라는 특수한 상황에서는 효과가 있다고 평가된 정책이 일상적인 상황하에서는 효과가 나타나지 않게 되는 것은 바로 호오손 효과 때문이다. 따라서 정책대상자들이 자신들이 실험대상이라는 사실을 실험기간 동안 알지 못하도록 해야 한다. 그러나 현실에서는 이것이 쉽지 않다.

(3) 실행가능성의 보완책

진실험이 지니는 최대의 약점은 이를 현실적인 상황에서 그대로 실현시키기가 어렵다는 것이다. 실험대상자들을 무작위로 실험집단과 통제집단으로 나누어 실험집단에게만 정책을 집행하고 통제집단에게는 정책을 집행하지 않는다는 것이 정치적 · 사회적 · 윤리적으로 불가능한 경우가 많다. 환자의 생명에 직결되는 암의 치료방법에 대한 실험을 하는 경우에, 과연 환자들을 무작위로 실험집단과 통제집단에 배정하는 것이 윤리적으로 가능할 것인가 하는 것이다.

이를 극복하기 위한 방안에는 실험대상자로 하여금 각자 원하는 대로 실험집단이나 통제집단 중 어느 것을 선택하도록 하는 방법이 있다. 또한 설득이나 호소를 통해 정치적 반대자들을 이해시키는 방법이 있을 수 있다(D.T. Campbell, 1973).

15.3 준실험적 방법의 논리와 약점

1. 준실험의 논리

진실험적 방법에서처럼 실험집단과 통제집단의 동질성을 확보하는 무작위 배정에 의한 통제를 하기 어려운 경우, 또는 비교 가능한 통제집단을 이용하기 어려운 경우에, 준실험적 방법에 의한 정책평가를 실시하게 된다. 준실험적 방법은 무작위 배정에 의한 방법을 사용하는 대신에 두 집단이 비동질적이라 하더라도, 모든 잠재적인 허위변수나 혼란변수의 측면에서 가능한 한 실험집단과 유사한 비교집단을 구성하려고 노력한다.

2. 준실험의 설계방법

준실험설계에는 여러 가지 유형이 있을 수 있는데, 이를 소개하면 다음과 같다.

[그림 15-5]의 단일집단 사후 측정은 1회의 사례연구(one-shot case study)라고도 부른다. 예를 들어 행정전산망이 완성된 후에 전자민원행정의 효과를 주민만족도를 통해 측정하는 것이다. 이는 인과적 추론의 타당성을 거의 보장할 수 없는 방법이다.

[그림 15-6]은 단일집단 사전 및 사후 측정이다. 예를 들어 보자. 광고 이전

그림 15-5 단일집단 사후 측정

그림 15-6 **단일집단 사전 및 사후 측정**

그림 15-7 **비동질적 집단 사후 측정**

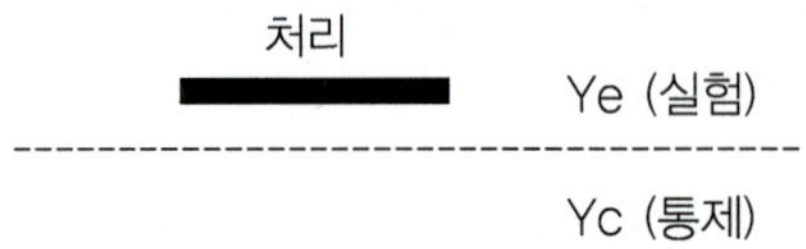

그림 15-8 **비동질적 집단 사전 및 사후 측정**

과 광고 이후의 인지도를 조사해, 그 차이(Ya−Yb)를 광고효과로 간주하는 것이다. 이는 역사적 요인, 성장요인, 측정요인 등의 영향을 배제하기 어렵다

[그림 15-7]은 비동질적 집단 사후 측정이다. 이는 무작위 배정이 안되었기 때문에, 실험집단의 사후 측정값을 동질성이 확보되지 못한 비교집단의 사후 측정치와 비교한다.

[그림 15-8]은 비동질적 집단 사전 및 사후 측정에 의한 방법이다. 집단을 두 개로 나누어 한 집단에는 실험을 처리하고, 다른 한 집단에는 실험을 처리하지 않은 다음 사전 측정과 사후 측정을 하는 것으로, 기본적으로 고전적 실험설계와 유사하다. 그러나 실험집단과 통제집단간에 무작위 배정을 통한 동질화가 이루어지지 않았기 때문에, 내적 타당성을 저해하는 외재적 변수의 영향을 통제하기가 매우 어렵다.

예를 들어 보자. 어떤 학교에서 영어특별강의를 6개월 동안 실시한 후 그 효과를 판별하고자 하였다. 실험집단은 영어특별강의를 받은 집단으로 강의를 받기 전 성적이 85점에서 영어특별강의를 받은 후 95점으로 높아졌다. 비교집단은 영어강의를 받지 않은 집단으로 80점에서 6개월 후 자연적으로 83점으로 높아졌다. 이 양자의 효과를 비교분석함으로써 정책효과를 추정할 수 있다. 이 때 정책효과는 (95 – 85) – (83 – 80) = 7(점)로 계산한다.

3. 진실험과의 비교

진실험에 의한 방법이 이상적이기는 하지만, 진실험이 지니고 있는 여러 가지 문제점, 특히 실행상의 어려움 때문에 현실적으로는 준실험이 많이 이용되고 있다. 준실험의 약점을 진실험과 비교하면 다음과 같다.

첫째, 실행가능성 측면에서 볼 때, 준실험이 우세하다. 진실험은 무작위로 실험집단과 통제집단을 구성하므로 대상자들이 각 집단에 소속당하기를 싫어하는 경우가 빈발하는 반면, 준실험은 대상자들이 실험집단과 통제집단에 선택적으로 소속될 수 있으므로 실제 실행에 용이하다.

둘째, 외적 타당성 측면에서는 비슷하나 준실험이 약간 우세하다. 외적 타당성이란 특정한 상황에서 추진한 정책이 효과를 나타내었을 경우 다른 일반상황에서도 동일한 효과가 나타나야 한다. 진실험은 인위적 · 무작위적으로 실험대상을 분류하므로 실험대상자들은 평소와는 다른 행동을 하게 되는 반면(호오손효과), 준실험은 자연스럽게 대상을 분류하므로 비교적 동일한 행태를 유발할 수 있다.

셋째, 내적 타당성 측면에서는 단연 진실험이 우세하다. 내적 타당성은 정책이 집행된 후에 결과가 정말 정책에 의한 것인지, 아니면 다른 요인에 의한 것인지를 명확히 하는 것이다. 준실험은 실험집단과 비교집단이 비동질적이므로 내적 타당성을 저해하는 요인들을 통제하기가 어렵다.

준실험이 지니고 있는 약점들은 근본적으로 실험집단과 비교집단이 비동질적이라는 사실에서 비롯된다. 준실험설계는 비교집단을 이용해 실험집단의 실험후 측정치와 실험 전 측정치의 차이에 포함된 성숙효과를 정책효과로부터 분리할 수 있다. 그러나 두 집단의 성숙효과가 동일하지 않거나, 어떤 한 집단에만 특유의 사건이 발생할 경우 타당성이 문제될 것이다.

4. 준실험의 보완책

준실험적 정책평가는 실행가능성이 높지만 몇 가지 약점을 가지고 있다. 이런 약점을 보완하기 위한 것으로 비교집단의 합리적 선택, 회귀불연속설계(regression discontinuity design), 단절적 시계열분석(Interrupted time-series analysis) 등이 있다.

(1) 비교집단의 합리적 선택

준실험의 약점을 보완하는 데 있어서 기본 원칙은 가급적 실험집단과 비교집단을 동질적으로 구성하는 것이다. 이는 진실험은 아니지만, 진실험에 가깝도록 두 집단을 구성하는 것이다. 실험집단과 통제집단을 동질적으로 구성하는 경우, 실험 전 측정치가 비슷하고, 성숙효과도 비슷하다. 성숙효과가 동일해야 실험효과를 정확히 추정할 수 있을 것이다. 동질적인 어느 한 지역이나 집단에서 두 집단을 구성한다면 특별한 사건의 영향이 비교적 동일하게 나타날 것이다.

그러나 동질성 확보를 위해 무리하게 인위적인 조작을 가하는 경우 실험결과를 왜곡시킬 수 있다. 실험집단과 통제집단을 지나치게 자연적 집단에서 동질적으로 뽑는 경우, 진실험의 약점이 생길 수 있고 회귀인공이 발생할 가능성이 높다

(2) 회귀불연속설계

회귀불연속설계는 무작위적 방법을 사용하는 진실험과는 다르다. 또한 개략적 조건이 비슷하다는 이유로 실험집단과 통제집단을 구성하는 준실험과도 다르다. 즉, 일정한 통계적 방법을 사용해 실험집단과 통제집단을 구분하는 정책평가설계이다. 실험 전 측정에서 일정한 값 이상을 얻은 자는 실험처리를 받고, 그 미만을 얻은 자는 실험처리를 받지 않도록 한다. 또한 반대로 일정 기준점 이하인 경우만 실험처리를 받게 할 수도 있다. 이러한 배정의 기준이 되는 점수

그림 15-9 **회귀불연속설계**

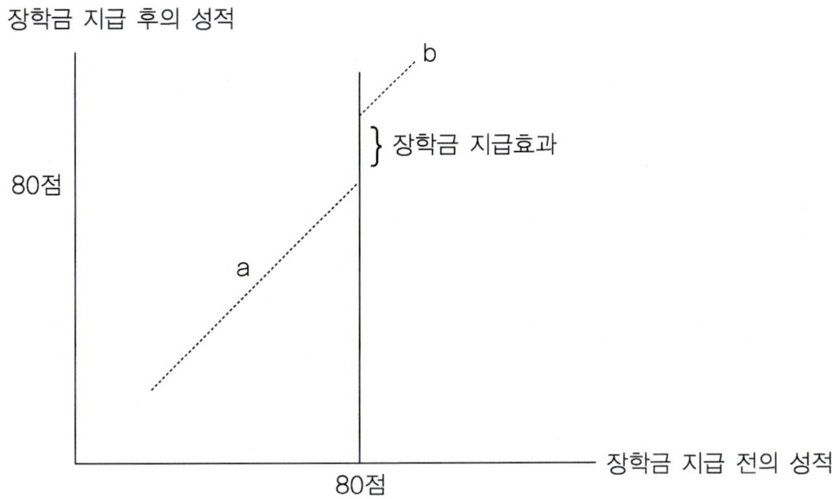

를 구분점(cutting point)이라 한다.

예를 들어 보자. 장학금이 학생들의 성적에 어떤 영향을 미치는가를 평가하고자 한다. 80점 이상의 학생들을 실험집단, 80점 미만의 학생들을 통제집단으로 구성하고 실험집단에게 장학금을 준 다음 1년 후에 이들의 성적을 비교한다. 이들의 성적에 대한 회귀분석의 결과가 [그림 15-9]에서처럼 장학금 지급을 받지 않은 학생의 성적은 a선 그대로 나타났는 데, 장학금 지급을 받은 학생들은 b선으로 향상되었다면, 회귀직선의 불연속의 크기를 실험처리의 효과로 볼 수 있다.

회귀불연속설계는 실험집단과 비교집단간의 구분이 계량적 · 통계적 기준에 의하거나, 비계량적이라 하더라도 확실한 기준에 의해 가능한 경우에 유용하게 사용할 수 있는 방법이다.

(3) 단절적 시계열분석

단절적 시계열분석은 정책실시로 야기된 정책결과변수의 시계열분석곡선의 단절을 이용해 정책효과를 추정하는 방법이다. 이는 단절이 일어난 시점을 기준으로 전후의 여러 시점에서 많은 시계열 측정치를 비교해 정책효과를 판단하

그림 15-10 **단절적 시계열설계**

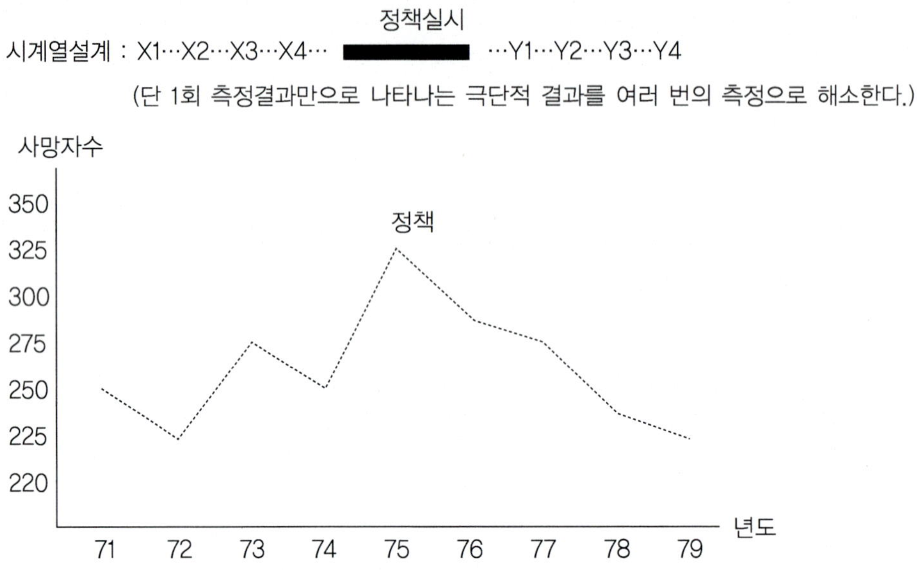

는 방법이다. 정책결과변수의 추세곡선이 정책실시로 의미있는 변화를 야기할 경우 추세선이 변화한다. 추세선이 변화하지 않으면 그 정책은 효과가 없는 것으로 판단한다.

예를 들어 보자. [그림 15-10]에서처럼 1976년 초 자동차속도에 대한 규제가 실시된 이후 교통사고에 의한 사망자수의 변화를 추정하고자 한다. 이 경우 1971년-1979년의 자료를 이용해, 단절적 시계열설계로 비교 · 분석한다. 1975년과 1976년을 비교할 때 현저하게 사망자의 수가 줄었다. 그러나 이 두 개 연도만 비교할 경우에는, 다른 영향에 의한 일시적 효과와 구분할 수 없을 것이다. 그래서 1971년-1979년의 전체 자료를 비교함으로써, 추세를 가지고 결과를 추론한다. 이 방법은 시계열상의 차이를 비교함으로써, 정책효과를 알아보는 것이다. 즉, 단절이 일어난 시점(1976년)을 기준으로 해서 그 전후의 많은 시계열 측정치를 비교해 정책의 효과를 판단하는 방법인데, 이는 정책의 효과가 보편적일 때 사용되며, 정책효과 추정의 정확성과 신뢰성을 확보할 수 있다는 장점이 있다.

15.4 비실험적 방법의 논리와 약점

1.비실험의 개관

비실험적 방법에 의한 정책효과의 평가는 진실험에 의한 정책효과의 평가와 준실험에 의한 정책효과의 평가를 제외한 모든 정책효과의 평가방법들을 포함한다. 비실험적 방법에 의한 정책효과의 평가는 정책의 효과를 평가하는 데 무작위 배정에 의해 실험집단과 통제집단을 구성할 수 없고, 다른 유사한 방법에 의해서도 실험집단과 통제집단을 구성하기 어려우며, 정책을 집행하기 전과 집행 후에 여러 차례에 걸쳐서 정책집행대상을 관찰해서 평가에 필요한 자료를 수집하기 어려운 경우에 이용한다. 비실험적 평가의 방법은 경비나 시간이 진실험에 의한 평가나 준실험에 의한 평가를 시행하기에 충분하지 못한 경우에도 실시하는 경우가 많다. 통계적 통제의 방법은 시간 · 비용면에서 매우 유리하고, 윤리적 · 사회적 · 정치적으로 실행가능성을 높일 수 있다.

비실험적 평가의 방법은 실행가능성이라는 면에서는 진실험이나 준실험적 평가방법에 비해서 매우 강한 평가방법이지만 내적 타당성이라는 점에서는 매우 약한 평가의 방법이다. 진실험과 준실험, 그리고 비실험적 평가의 방법을 비교하면 다음 [표 15-1]로 요약할 수 있다.

비실험적 방법에 의한 정책효과의 평가는 다시 통계적 통제에 의해 정책의

표 15-1 정책평가방법의 비교

구 분	진 실 험	준 실 험	비 실 험
내적 타당성	강	중	약
외적 타당성	약	중	강
실행가능성	약	중	강

효과를 평가하는 범주에 속하는 방법들과 통계적 통제 이외의 방법들에 의해 정책효과를 평가하는 범주에 속하는 방법들로 대별된다.

통계적 통제에 의한 정책효과의 평가방법은 다시 관찰된 자료들이 카테고리로만 분류된 자료들이냐 아니면 연속 또는 불연속 변수로 관찰된 자료들이냐에 따라 적용될 수 있는 통계적 통제의 방법들이 달라질 수 있다.

2. 비실험의 약점

정책평가의 목적은 정책 또는 사업이 정책의 효과에 순수하게 미친 영향을 파악하는 것이고, 이를 위해서는 허위변수와 혼란변수의 영향을 제거해야 한다. 실험적 방법은 실험설계에 의해 허위변수와 혼란변수의 영향을 제거하고자 하는 것이다. 이에 비해서 비실험적 통계적 방법은 실험설계없이 통계적 분석에 의해, 허위변수와 혼란변수와 같은 제3의 변수의 영향을 제거하고자 하는 것이다.

통계 분석적 관점에서 볼 때, 비실험설계는 본질적으로 허위변수와 혼란변수의 두 가지 변수를 조사설계에서 처리하지 못하기 때문에, 정책의 효과를 정확하게 측정해내기가 어렵다.

첫째, 허위(spurious)변수이다. 실제로는 관계가 없는데 겉으로는 관계가 있는 듯이 보이게 숨어서 작용하는 허위변수가 개입되면, 허위상관관계를 정책효과로 착각하기 쉽다.

둘째, 혼란(confounding)변수이다. 이는 정책효과의 추정을 부정확하게 하도록 유도한다. 이는 정책효과를 과대 또는 과소평가하게끔 한다.

허위변수와 혼란변수를 정확하게 측정해야 하지만, 현실적으로 이는 지극히 어려운 일이다. 뿐만 아니라 허위변수와 혼란변수가 어떤 것인지 모르는 경우가 대부분이기 때문에, 이를 정확하게 가려내기가 어렵다. 이러한 약점은 아무리 고도의 통계분석기법을 적용한다 하더라도 본질적으로 피할 수 없는 것이다. 단지 될 수 있는 한 허위변수와 혼란변수로 작용할 수 있는 성숙효과나 선정효과를 제거시키기 위해 최대한 노력하는 것뿐이다.

표 15-2 학교시설과 성적간의 관계

성적 \ 학교시설의 질	고		저		합 계
상 위 권	60개교	60%	40개교	40%	100개교
하 위 권	40개교	40%	60개교	60%	100개교
합 계	100개교	100%	100개교	100%	200개교

3. 통계적 통제에 의한 평가

(1) 카테고리형 자료의 평가와 해석

비실험적 방법에서 통계적 기법을 이용해서 정책효과를 평가하는 경우에는 통계적 방법으로 정책결과변수에 영향을 미치는 정책변수 이외의 제3의 인과변수, 즉 허위변수와 혼란변수를 통제하는 데 그 기초를 둔다. 이러한 통제는 카테고리형 자료의 경우에는 수집된 자료들을 제3의 변수들의 카테고리에 따라 분류함으로써 이루어지게 된다.

예를 들어 보자. A시 초등학교의 학교시설의 좋고 나쁨과 이 곳에서 공부하는 학생들의 성적간의 관계를 〈표 15-2〉와 같이 나타내었다. 이 결과에 의하면 시설이 좋은 학교가 시설이 나쁜 학교에 비해 학생들의 성적이 20% 우위가 있는 것으로 나타났다. 그러나, 이 경우 허위적 관계인지는 확실하지 않다. 좋은 학교시설이 그 곳에서 공부하는 학생들의 성적에 영향을 미치는 것인지, 아니면 좋은 시설에 다니는 학생들이 부유한 집안의 학생들이어서 부유한 가정환경이 학생들의 성적에 영향을 미치는 것인지 알 수 없다. 따라서 학생들의 경제적

표 15-3 경제적 환경을 고정

성적	경제적 환경(저)					경제적 환경(고)				
	학교시설(고)		학교시설(저)		총빈도	학교시설(고)		학교시설(저)		총빈도
상위권	6개교	15%	10개교	15%	16개교	54개교	92%	30개교	91%	84개교
하위권	35개교	85%	57개교	85%	92개교	5개교	8%	3개교	9%	8개교
합 계	41개교	100%	67개교	100%	108개교	59개교	100%	33개교	100%	92개교

가정환경에 따라 자료를 분류하였더니 〈표 15-3〉으로 나타났다.

〈표 15-3〉에서처럼 학생들의 경제적 환경을 통제하면, 학교시설의 질이 높고 낮음이 더 이상 학생들의 성적에 영향을 미치지 않는 것으로 나타난다. 즉, 〈표 15-2〉에서는 일단 학교시설의 질이 학생들의 성적에 영향을 미치는 것으로 보이지만, 〈표 15-3〉에서처럼 가정경제적 환경을 통제하고 보면, 학교시설의 질이 학생들의 성적에 영향을 미치지 않는 것으로 나타난다. 이 때 학교시설의 질과 학생의 성적간의 관계는 허위관계이며, 학생들의 가정경제적 환경은 허위변수이다.

(2) 연속형 자료의 평가와 해석

이는 비실험적 방법이나 진실험, 준실험에 널리 이용되며, 동시에 연속형의 자료를 분석하는 데 적합한 방법이다. 다중회귀모형과 인과모형, 경로모형 등이 있다.

첫째, 다중회귀모형은 프로그램(X_i), 혼란변수(X_1), 또는 다른 측정되지 않은 어떤 외부적 변수(X_2) 등이 정책효과 측정(Y)에 미치는 서로 분리된 영향을 추정하는 데 적합한 통계적 기법이다. 그러나 이것이 적절히 사용될 수 있느냐의 여부는 전적으로 인과적 추론에 대한 전제들의 타당성 여부에 달려 있다. 이들 전제들은 정책변수 X_i과 효과변수 Y가 공동변화를 해야 하며, X_i는 Y를 선행해야 하고, 허위변수들과 혼란변수들은 통계적 통제에 의해 제거되어야 한다는 것이다.

둘째, 인과모형은 프로그램이 효과를 미치는 경로에 대해서 관심이 있는 경우에 이용한다. 인과모형은 구조방정식 모형들 가운데 리커시브 모형의 일종이다. 인과모형은 한정된 수의 변수의 선정, 변수들간의 인과적 관계에 대한 가정의 설정, 모형의 적절성에 대한 검토 등의 절차에 따라 작성된다.

셋째, 경로분석은 인과모형에 포함된 변수들간의 연계관계의 크기를 추정하기 위한 통계적 방법이다. 경로분석은 회귀분석방법을 반복적으로 사용함으로써, 변수들간에 존재할 것으로 상정하고 있는 인과관계의 크기를 추정해 낸다.

비실험적 방법의 약점은 인과분석, 다중회귀분석 등의 복잡하고 정밀한 통계분석방법을 적용하면 어느 정도 감소시킬 수는 있지만, 준실험적 방법과 마찬가지로 가장 초보적인 통계분석방법에서 나타나는 약점은 아무리 고도의 통계분석방법을 적용한다 하더라도 완전히 극복할 수는 없을 것이다.

4. 포괄적 통제와 잠재적 통제에 의한 평가

포괄적 통제란 대상집단에 일어난 정책 또는 사업의 효과를 이미 사회적 표준으로 설정된 규범과 비교해 판단하는 것을 말한다. 예컨대, 사망률, 남녀성비, 직종별 학력비율, 표준학력검정 등과 같이 이미 확립된 전형적인 표준과 비교해 정책효과를 판단하는 방법이다. 화학이나 공학에서는 일정한 표준이 설정되어 있으나, 인간을 다루는 사회과학에서는 설정된 표준화 규범이 그리 많지 않기 때문에 포괄적 통제가 쉽지는 않다.

잠재적 통제란 사회프로그램에서 포괄적 통제가 용이하지 않기 때문에 프로그램의 영향을 추정하는 데 있어서 전문가들이나 프로그램을 집행하는 행정가, 프로그램의 참여자들의 판단에 의존하는 방법이다. 잠재적 통제는 실질적인 증거라는 기초가 일반적으로 결여되어 있다.

① 프로그램의 전문가가 판단을 하도록 하기 위해서는 전문가를 확보하는 것이 선결조건이고, 해당되는 분야에 대한 전문가의 지식의 수준을 고려해야 한다.

② 집행자들은 집행과정과 대상자들의 변화를 가장 면밀히 검토할 수 있으므로 집행자들의 판단은 비교적 정확할 수 있다. 그러나 집행자들은 일상적인 사업의 운용에 책임을 지므로 평가에는 시간을 할애하지 못하는 경우가 많다.

③ 프로그램의 수혜자들이 평가하는 것은 주관적 측면에서 매우 중요하다. 그러나 이들은 전문지식이 결여되어 있고, 비교 · 검토를 하는 능력이 부족하기 때문에, 이들로부터 객관적 평가를 기대하기는 어렵다.

연습문제

1. 정책평가에서 사회실험이 필요한 이유를 설명하시오.

2. 진실험적 정책평가방법의 논리와 실험설계방법을 설명하시오.

3. 준실험적 정책평가방법의 논리를 설명하고, 약점을 보완하기 위한 방법을 예를 들어 구체적으로 설명하시오.

4. 비실험적 정책평가방법의 유용성을 설명하시오.

5. 교육인적자원부에서는 특수학습이 초등학교 학생들의 지능발달에 미치는 영향을 평가하기 위해 △△초등학교 5학년 학생 200명을 실험대상으로 선정하여 실험을 하였다. 이 과정에서 남학생 100명은 통제집단에, 여학생 100명은 실험집단에 배정하였다. 특수학습을 받기 이전의 지능검사에서 두 집단 각각의 평균 지능은 100이었다. 그러나 실험집단에 특수학습을 실시한 후에 측정한 지능검사에서 실험집단인 여학생 100명의 평균 지능은 110으로 나타난 데 비해 통제집단에 속한 여학생의 평균 지능은 105로 나타났다. 특수학습이 학생들의 지능 향상에 미친 영향을 추정하고, 여기에 어떠한 문제점이 있는가에 대해 논하시오.

각종 기출 시험문제

1. 정책평가에 있어 준실험 ('87 행정고시)

2. 정책평가를 위한 사회실험의 논리와 유형 ('94 입법고시)

3. 아래 〈표 1〉를 보고 물음에 답하시오.

문제 1) 효율성의 관점에서 비교할 때 어떤 정책수단이 우월한지 평가하시오.

문제 2) 아래 두 정책수단간의 효율성 평가를 과학적으로 연구설계 하고자 할 때 필요한 **실험설계방식**(control group **포함**, selection bias **제거 등**), 그리고 두 정책수단간 성과 차이를 평가하는 데 필요한 **통계방법**(statistical method)에 대해서 논의해 보시오.

표 1 뉴욕시 훈련프로그램의 계약방식과 바우처방식의 상호비교

	Vouchers(A)	Retraining contracts(B)	A/B
Number of participants	1,942	1,772	1.10
Cost per participant	$ 3,445	$ 6,130	0.56
Total program cost	$ 6,690,198	$10,862,290	0.62
Placement rate upon completion	82%	74%	1.11
Average hourly wage at placement	$ 13.59	$ 11.18	1.22

출처 : Savas E.S. 2002. Competition and Choice in New York City . Social Services, *Public Administration Review*, 62(1):82-91에서 발췌.

(2006학년도 서울대 행정대학원 박사과정 입학시험문제)

정책사례 및 토의과제

사례 15-1

장애인 직업재활의 완성단계에 해당하는 직업적응의 중요성에 대해서는 누구나가 공감하고 있음에도 불구하고, 최근에 와서야 비로소 직업훈련과 직업적응을 포함한 직업준비 프로그램 개발을 위한 노력들이 활발히 전개되고 있다.

직업적응훈련은 장애인들이 그들의 장애에도 불구하고 감각기능의 상실이나 신체적 상실을 상쇄하기 위한 기술을 습득하고 효율적으로 기능할 수 있도록 개인의 습관과 태도 정립을 원조하며, 고용에 앞서 적응력향상 및 인내심 개발을 통해 직업생활에 대해 준비시키고 직접적인 고용기회를 제공하기 위한 목적으로 실시한다.

장애인에 대한 직업적응훈련 프로그램의 효과를 평가하고자 한다. 이를 위해 공단의 경인지역 지방사무소를 통해 1996년부터 1997년 사이에 실시된 직업적응혼련 수료자 가운데 300명의 지체장애인을 선정하였다. 공단의 직업적응훈련은 취업욕구를 가진 장애인에게 직업생활에 관한 2주간의 기본 훈련과 3주간의 사업체 현장실습을 거쳐 취업으로 유도하는 프로그램이다. 취업성과는 직업적응훈련 수료 이후의 취업여부로 설정하고, 훈련대상자의 다양한 특성이 취업여부를 결정하는 데 있어서 중요한 영향을 미칠 것으로 가정해서, 훈련대상자들의 특성들을 제3의 변수로 설정할 수 있다.

훈련실시 결과, 훈련참가자의 90% 이상이 기본훈련과 현장훈련을 모두 이수하였으며, 훈련수료 직후의 취업률은 68.3%이다. 한편 같은 기간 동안 집계된 일반 구직 장애인의 취업률은 54.5%로 조사되었다.

토의과제

1. 사례 15-1을 중심으로 자신이 정책효과를 판단한다면, 어떤 평가방법을 적용할 것인가를 선택하고 그 이유를 밝히시오.
2. 사례 15-1에서 종속변수인 취업성과에 영향을 미칠 것으로 판단되는 제3의 변수를 생각해 보고, 이의 통제방안을 제시하시오.

사례 15-2

특수학습이 초등학교 학생들의 지능발달에 미치는 영향을 평가하기 위해, 실험집단과 통제집단으로 나누었다. 이 과정에서 무작위배정을 시행하지 못해서 실험집단에는 주로 남학생, 통제집단에는 주로 여학생으로 구성되었다. 두 집단이 특수학습을 받기 이전에 지능검사에서는 두 집단의 차이가 없었다. 그러나 특수학습을 받은 후에 지능검사에서는 두 집단의 차이가 발생하였다.

토의과제

1. 사례 15-2는 어떤 평가방법에 의한 설계인가를 밝히고, 이러한 평가방법의 장점과 단점을 구체적으로 논의하시오.
2. 사례 15-2에서 특수학습을 받은 후의 지능검사에서 나타난 두 집단의 차이를 특수학습의 효과라고 볼 수 있는가? 만약 다른 요인이 작용할 가능성이 있다면, 어떤 요인이 있을 수 있는지 설명하시오.

16 정책 변동

이 장의 개요

정책은 사회문제를 해결하기 위해 마련된 것이기 때문에 정책환경이 변화되면 이에 따라 변동되기 마련이다. 따라서 정책변동은 정책이 결정됨과 동시에 수반되는 현상이라 할 수 있다. 이러한 정책변동의 형태는 여러 가지가 있으며, 정책변동의 원인도 여러 가지가 있다. 정책변동과 관련해 주요 과제는 바람직한 정책변동에는 항상 저해요인이 작용하기 때문에, 이를 극복하기 위한 전략의 마련이라 할 수 있다. 이러한 맥락에서 본 장에서는 먼저, 정책변동의 의의와 유형을 살펴보고, 정책변동의 대표적인 유형인 정책승계와 정책종결에 관해 살펴본다. 다음으로 정책변동의 원인을 체계적으로 살펴보고, 합리적인 정책변동에 대한 저항의 원인과 극복전략을 살펴본다.

16.1 정책변동의 의의와 유형

1. 정책변동의 의의

지금까지 살펴보았듯이 정책과정은 정책의제설정, 정책결정, 정책집행 및 정책평가 등 네 단계로 구분해 볼 수 있다. 이러한 네 단계의 정책 과정에서 일어나는 정책활동들은 상호간에 영향을 미치기 때문에 정책과정은 순환적이고 동태적이며 복합적인 과정이다. 즉, 정책과정의 각 단계에서 일어나는 정책활동들은 다양한 정보를 산출하고, 이러한 정보는 다른 단계의 정책활동에 영향을 미친다. 가령, 정책집행 단계에서 예상치 못했던 문제들에 부딪치게 되면 이를 해결하기 위해 정책지침을 다시 수정·보완하게 되고, 정책평가과정에서 도출된 정보를 토대로 정책이 종결된다든가 아니면 집행전략이 달라지게 된다. 이처럼 정책과정의 제단계에서 산출된 정보들은 전단계로 환류되어 정책활동의 변화를 야기시키는데, 이러한 과정을 통해 정책은 변동하게 된다. 이러한 측면에서 정책의 변동은 정책내용(정책목표와 수단, 대상집단)에 관한 변동뿐만 아니라 정책집행방법의 변화 등을 포함하는 개념이다. 그러므로 정책변동이란 정책결정 단계에서 일어나는 정책의 수정·종결만이 아니라 집행단계에서 일어나는 것도 포함된다. 그러나 정책변동론에서의 초점은 역시 정책결정단계에서 일어나는 정책의 수정·종결에 있다(정정길, 1997: 786).

2. 정책변동의 유형

넓은 의미의 정책변동은 ① 정책의 혁신(policy innovation), ② 정책의 유지(policy maintenance), ③ 정책의 승계(policy succession), ④ 정책의 종결(policy termination) 등으로 구분해 볼 수 있다. 여기에서는 이들 네 가지 유형에 관해 차례로 살펴보고, 이들 유형들을 종합적으로 비교해 보고자 한다.

(1) 정책혁신(policy innovation)

정책혁신은 그 동안 정부가 관여하지 않던 분야에 개입하기 위해 새로운 정책을 결정하는 것을 의미한다. 즉, 사회문제가 처음으로 정책문제로 전환되어 이를 해결하기 위해 정부가 정책을 결정한다는 것이다. 따라서 현재 정책이나 활동이 전혀 없고, 이를 담당할 조직이나 예산이 없는 상태에서 정부가 새로운 정책을 결정하는 것을 의미한다. 즉, 무에서 유를 만들어내는 것이다. 문민정부 시절 금융실명제를 실시한 것은 정책혁신에 해당된다고 볼 수 있다.

(2) 정책유지(policy maintenance)

정책유지는 현재의 정책을 그대로 지속시키는 것으로서, 정책의 기본적인 특성을 그대로 유지시키는 것을 의미한다. 그래서 외견상 정책변동에 포함되지 않은 것으로 보이나 넓은 의미의 정책변동에 포함시킬 수 있다. 정책의 유지는 공장의 생산라인의 유지보수에 비유할 수 있다. 만일 생산시설에 대한 유지보수가 적극적으로 이루어지지 않으면 생산이 저하되거나 중단되고 제품의 질도 저하될 것이다. 이와 마찬가지로 기존 정책을 유지만 하려고 하는 경우에도 상황변동에 따라 정책을 조정할 필요가 있는 것이다(유훈, 1986:367). 이것이 바로 정책유지인 것이다. 정책의 유지는 사실 정책결정 후에 집행과정에서 일어나는 변화와 현재 특수사정에 적응하기 위해 일어나는 경우가 많다. 이런 경우는 정책을 유지하겠다는 의도적인 결정을 통해서 하는 것은 아니다. 정책의 유지는 정책변동으로서 큰 의의는 갖지 못한다고 볼 수 있으나, 경우에 따라 정책유지가 필요로 하는 적응적 변동의 폭이 매우 클 수도 있음을 유의해야 할 것이다.

(3) 정책승계(policy succession)

정책승계는 현존하는 정책의 기본적 성격을 바꾸는 것이다. 즉, 정책승계는 정책의 기본목표는 그대로 유지하면서 정책을 근본적으로 수정하는 경우나 또는 기존의 정책을 없애고 새로이 대체하는 경우 등을 포함한다. 정책승계는 구

표 16-1 정책의 혁신 · 승계 · 유지 · 종결의 비교

기 본 성 격	정책의 혁신 의도적	정책의 승계 의도적	정책의 유지 적응적	정책의 종결 의도적
조직적 측면	기존조직 없음	기존조직의 개편이 필요함	일반적으로 조직의 개편이 불필요함	기존조직이 폐지되 는 경우 많음
법률적 측면	기존법률 없음	기존법률의 개정, 신법률의 제정이 필요함	일반적으로 법률의 개정이 불필요함	모든 관련법률이 폐지됨
예산적 측면	기존예산 없음	기존예산이 있음	예산과목에는 변동 없음	모든 예산 삭감

체적으로 정책대체, 부분종결, 복합적 정책승계 등으로 구분하여 볼 수 있다.

(4) 정책종결(policy termination)

정책종결은 특정한 정책을 의도적으로 종결시키거나 중지하는 것을 말한다. 현존하는 정책을 완전히 소멸시키는 것으로서 정책수단이 되는 사업들, 이들을 지원하는 예산이 완전히 소멸되고 이들을 대체할 다른 정책도 결정하지 않는 경우이다. 정부는 이 분야의 개입을 중지하고 민간부분에게 모든 것을 맡기는 경우로서 그 예가 드물다. 미국에서 항공산업에 대한 규제를 폐지(deregulation)한 경우가 흔히 이의 예로 거론된다.

3. 유형간의 비교와 상호관계

정책변동의 네 가지 유형간의 차이를 정리하면 〈표 16-1〉과 같다(유훈, 1986: 368-9).

그리고 이들 네 가지 유형간의 상호관계를 유형화하면 [그림 16-1]과 같다(정정길, 1997:789-90). 즉, 처음으로 정책이 만들어지면 환경에 변화가 있어도 정책내용을 변화에 적응시켜 수정 · 보완해서 정책유지의 형태로 그 기본골격을 유지하다가, 변화가 더욱 누적되면 정책승계로서 정책의 대폭적 수정 · 변경

그림 16-1 정책변동의 제유형간의 관계

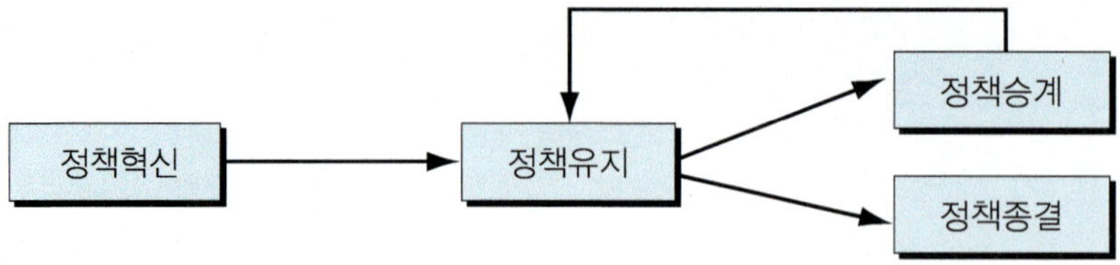

을 하거나, 또는 그것으로 부족하면 새로운 것으로 대체하게 된다. 이렇게 승계된 정책은 다시 변화에 적응하면서 유지되어 나간다. 한편 환경의 변화에 따라 필요 없는 정책으로 판단되면 정책은 폐지되어 종결된다.

16.2 정책승계와 정책종결

1. 정책승계의 의의와 유형

(1) 정책승계의 의의

정책승계란 정책의 추구하는 목표는 변경시키지 않고 목표를 달성하기 위한 정책수단을 변경시키는 것으로서, 정책수단을 근본적으로 수정하는 경우와 완전히 새로운 정책수단으로 대체하는 경우를 포함한다. 이러한 정책승계는 혁신적인 정책결정이 흔치 않은 서구사회에서 이루어지는 정책결정의 중요한 특성을 나타낼 뿐만 아니라, 오늘날 상대적 중요성이 더욱 커지고 있는 유형의 정책변동이다.

한편 정책승계는 선형적 승계, 정책통합, 정책분할, 부분종결, 비선형적 승

그림 16-2 **정책승계의 유형**

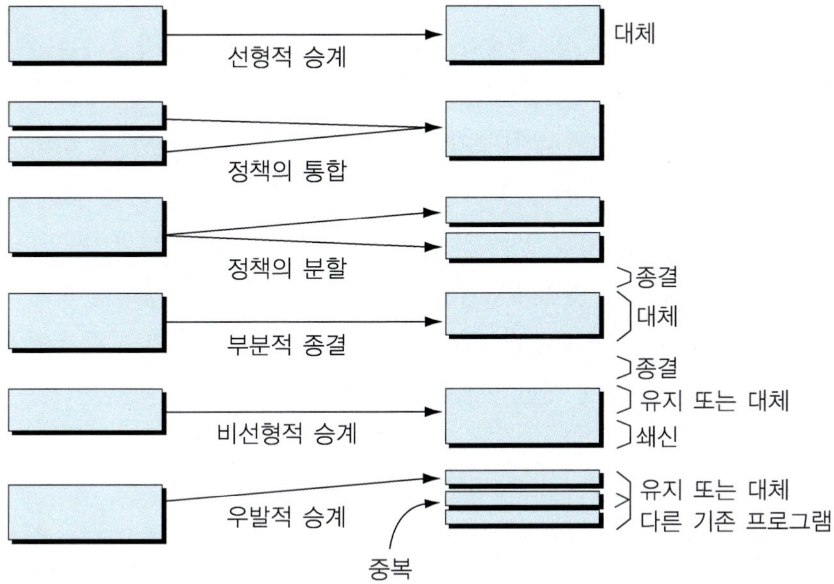

자료 : Brian W. Hogwood and B. Guy Peters, *Policy Dynamics*(New York: ST. Martin' s Press, 1983)

계, 우발적 승계, 복합적 승계 등으로 그 유형을 세분해 볼 수 있다. 여기에서는 정책승계의 유형을 Hogwood와 Peters의 견해를 중심으로 살펴보기로 한다(B. W. Hogwood and B. G. Peters, 1983:61-84).

(2) 선형적 승계(linear succession)

선형적 승계는 정책승계의 여러 형태 중 가장 단순하고 전형적인 것이나, 비교적 희귀한 형태이다. 선형적 승계는 기존의 정책수단이나 사업을 완전히 종결하고, 종전과 동일한 정책목표를 달성하기 위해 새로운 사업계획을 수립하는 것을 의미한다. 즉, 정책목표를 변경시키지 않는 범위에서 정책내용을 완전히 새로운 것으로 변경시키는 것이다. 한편 선형적 승계는 전달체계의 수정으로 인한 선형적 승계, 정책환원, 정책재도입 등 여러 가지의 유형으로 세분해 볼 수 있다.

첫 번째 유형은 전달체계의 수정으로 인한 선형적 승계이다. 가령 정부의 중소기업 기술혁신을 지원하기 위한 프로그램이 금융상의 지원 형태에서 조세상의 지원 형태로 전환될 때 발생하는 유형의 선형적 승계이다.

두 번째 유형은 정책환원(policy reversal)의 경우에 발생하는 선형적 승계이다. 정책환원은 어떤 정책목표를 달성하기 위해 이미 과거에 실시되었다가 종결된 정책을 일정한 시간이 경과된 후에 다시 채택하는 것을 의미한다. 정책환원은 다른 어떤 유형의 선형적 승계보다도 극적이고 충격적이라 할 수 있으며, 기존 정책에 수혜자가 있는 경우에는 극심한 저항에 직면할 수 있다.

세 번째 유형은 정책재도입(policy hiatus)으로, 특정정책을 비교적 짧은 기간 내에 규칙적 · 순환적으로 재도입하는 것을 의미한다. 가령 주택의 안정적 공급을 위해 양도소득에 대한 세율을 증감하는 사례가 이에 해당한다.

(3) 정책통합(policy consolidation)

정책통합이란 두 개 이상의 정책이 완전히 또는 부분적으로 종결되고, 유사한 정책목표를 추구하기 위해 새로운 단일의 정책이 제도화되는 것을 의미한다. 가령 해운정책과 항만정책이 해운항만정책으로 통합되는 경우가 이러한 예에 해당된다. 이러한 정책통합은 얼핏보면 간단한 것처럼 보이나 실제에 있어서는 복잡한 경우가 많다. 즉, 기존정책의 수혜자들이나 집행기관들이 정책통합에 찬성할 수도 있겠으나 심하게 저항하는 경우도 많다. 특히 정책통합이 정책집행기관의 업무조정이나 개편에 큰 영향을 미치는 경우에는 심한 저항에 직면할 수 있다. 가령 과거에는 두 개의 기관에서 담당하던 정책을 한 기관에서 담당하게 되면 통합된 정책을 담당하는 기관에서는 불만이 없을 것이다. 통합에 의해 업무를 축소당하거나, 또는 심한 경우 업무를 상실하게 되는 기관의 경우에는 심하게 저할할 것이다.

(4) 정책분할(policy splitting)

정책분할은 정책통합과는 반대로 기존 정책이나 조직이 두 개 또는 그 이상의 정책이나 조직으로 나누어지는 것을 의미한다. 정책의 분할은 한 개의 조직이 두 개 이상의 조직으로 분할되는 경우에 흔히 볼 수 있다. 가령 그 동안 우리나라의 에너지 정책을 담당하여 왔던 상공부가 1974년의 석유파동을 계기로 상공부와 동력자원부로 나누어진 것과, 문화공보부가 문화부와 공보처로 분리된 것 등이 이러한 사례에 해당한다.

일반적으로 조직의 분할이 정책분할의 좋은 지표라고 할 수 있겠으나 때로는 보다 근본적인 정책변동이 발생할 수 있다. 가령 1974년 미국의 원자력위원회가 핵규제위원회와 에너지연구개발처로 분할된 경우가 좋은 예라 할 수 있다. 왜냐하면 과거에는 원자력에 대한 규제와 생산을 원자력위원회가 담당했으나, 이 조직이 원자력 생산을 담당하는 조직과 원자력에 대한 규제를 담당하는 조직으로 분할되면서 원자력의 활용에 대한 규제가 훨씬 더 강화되었기 때문이다.

반면에 조직분할은 장식적(cosmetic)인 의미만을 지니는 경우도 많다. 예를 들면 1976년에 영국의 교통성은 환경성에서 분할되었으나, 두 부처는 이후에도 동일한 행정서비스를 제공하기 위해 공동 협조를 계속 유지하기도 하였는데, 이러한 경우의 조직분할은 장식적인 의미를 지닌 정책분할이라 할 수 있다. 뿐만 아니라 대규모의 조직이 분할되는 경우에는 조직의 분할이 기존정책에 대한 직접적인 영향이 아주 적은 경우도 있다. 즉, 많은 정책에 대한 책임을 지고 있는 정부조직이 특정한 기능을 수행하기 위해 분할된다 할지라도, 이 조직은 계속해서 기존정책에 대하여 책임을 지며, 조직의 분할만으로 정책 자체가 종결되는 경우는 거의 없기 때문이다.

(5) 부분종결(partial termination)

정책의 부분종결은 기존 정책의 일부는 지속하되 일부는 종결하는 형태로서, 정책의 양적인 변동뿐만 아니라 질적인 변동까지를 포함하는 것이라 할 수 있다. 이러한 내용의 부분종결은 다양한 이유로 인해 발생한다. 가령 정책의 완전한 종결이 저항에 직면해서 부분적 종결로 끝나는 경우가 있는가 하면, 정책의 완전한 종결의 전단계로서 부분적 종결이 이루어지는 경우도 있다.

부분종결은 정책을 일시에 전면적으로 종결시키게 되면 많은 저항에 부딪치게 되므로 점진적으로 정책을 종결시키기 위한 전단계로 이용되는 경우가 많다. 그러나 부분종결도 기존 정책과 관련된 고객, 서비스제공자, 입법가 등 많은 관련자들로부터 강한 저항에 직면하게 된다. 왜냐하면 부분종결은 기존 정책의 축소된 부분을 보완할 대안이 고려되지 않기 때문이다.

한편 부분종결은 전술한 바와 같이 완전한 종결의 전단계로서 발생하는 경우도 있으나, 이와는 반대로 부분종결이 예기치 않은 완전한 종결을 초래하는 경우도 있을 수 있다. 가령 영국의 중앙정부가 일부의 교육위원회에 대한 보조금 삭감을 통해 사업의 부분적 종결을 시도하다가, 이것이 원인이 되어 아예 이 사업이 종결되어 버린 경우가 이에 해당한다.

(6) 비선형적 승계(non-linear succession)

비선형적 승계는 새로 수립되는 정책이 기존의 정책과 어떠한 측면에서는 밀접하게 관련되어 있으나, 새로운 정책의 목표 · 특징 · 조직형태 등이 기존 정책의 그것과는 크게 다른 것을 의미한다. 따라서 비선형적 승계는 만약 정책의 선형적 승계를 한쪽 끝에 놓고 정책혁신을 반대쪽 끝에 놓는다면, 비선형적 승계는 양쪽 끝의 중간에 놓을 수 있는 특성을 갖고 있다.

비선형적 승계의 대표적인 예는 미국의 주택정책에서 찾아 볼 수 있다. 가령 미국의 1954년과 1961년의 주택법은 과거의 정책을 계승하면서 새로운 규정을 추가하였으며, 1956년과 1959년의 주택법은 과거의 일부 규정을 존속시키면서 일부는 폐지하고 새로운 규정으로 대치하였는 데, 이것은 비선형적 승계의 좋은 사례에 해당한다.

(7) 우발적 승계(incidential policy succession)

우발적 승계란 전혀 예기치 않았던 원인 또는 계기로 인해 발생한 정책승계를 의미한다. 즉, 우발적 승계는 본래 의도하지는 않았으나 정책변동의 과정에서 우발적으로 나타난 형태의 정책승계에 해당한다. 따라서 우발적 승계는 정책의 수정을 제안한 사람들의 관점에서는 바람직하지 않을 수도 있다. 그러나 그들이 제안한 정책변동이 성공적으로 집행되기를 바란다면 우발적 승계를 무시하는 것은 바람직하지 못한 현상이라 할 수 있다. 한편 이러한 우발적 승계는 완전히 새로운 의미의 정책혁신이 드문 서구사회에서 극적인 정책변동의 고유한 특성을 이루고 있다.

(8) 복합적 승계(complex patterns of policy succession)

지금까지 앞에서 살펴본 정책승계의 유형들은 대부분 이념형이며, 또한 비교적 단순한 범주이기 때문에 실제로 정책승계에서 발생하는 광범위한 특성들을 포괄하고 있지 못하다. 복합적 승계는 정책분할, 정책통합, 부분종결 등 전술한 정책승계의 유형들이 복합적으로 나타나는 것을 의미한다.

앞에서 살펴본 정책분할과 정책통합이 결합해 나타나는 형태의 정책승계나, 또는 정책분할과 정책통합이 부분적 종결과 결합해 나타나는 정책승계가 대표적인 형태의 복합적 승계이다. 가령 미국 에너지성의 출현은 전자의 사례에 해당하는 대표적인 복합적 승계인데, 미국 에너지성은 분할된 부처의 일부조직(정책분할)과 또 다른 기존의 조직과 결합(정책통합)해서 탄생하였다.

2. 정책종결의 의의와 유형

(1) 정책종결의 의의

정책종결은 정책, 사업, 그리고 담당조직을 폐지하고 이를 전혀 대체하지 않는 것을 의미한다. 즉, 정부의 개입을 완전히 중단하는 것이다. 정책종결의 내용을 보면, 법률, 사업, 예산 등이 폐지되는 것이며, 이들 중에서 일부만 종결시키면 부분종결에 해당된다.

정책종결이라는 개념을 분명히 하기 위해서는 감축관리, 조직쇠퇴 등의 유사개념에 대해서 살펴볼 필요가 있다. 먼저, 감축관리란 '자원소비를 낮추고 조직활동을 줄이는 방향으로 조직변혁을 유도하는 것'을 의미하므로, 감축관리는 정책종결보다 넓은 개념이라 할 수 있다. 그리고, 조직의 쇠퇴란 조직규모를 감축하거나 조직이 침체하는 것을 의미하므로, 이것 역시 정책종결보다 넓은 개념일 뿐만 아니라 감축관리보다도 더 넓은 개념이라 할 수 있다. 즉, 조직의 쇠퇴는 감축관리와 유사하게 의도적인 조직규모의 감축을 의미하는 것일 뿐만 아니라 비의도적인 감축현상까지 포함한 개념이다(유훈, 1986:400-1).

(2) 정책종결의 유형

1) 소요시간을 기준으로 한 분류

정책종결에 소요되는 시간에 따라 다음과 같은 세 가지로 구분된다(E. Bardach, 1976:124–6).

① **폭발형** : 이는 치명적인 타격에 의해 일시에 정책이 폐지되는 것을 의미한다. 1960년대 말에 격렬한 논쟁 끝에 중학교 입시제도가 폐지된 것을 예로 들 수 있다. 이 유형의 정책종결은 결정이 내려지기까지 일반적으로 장기간에 걸친 정치적 투쟁이 선행된다고 볼 수 있다.

② **점감형** : 이는 서서히 정책이 소멸되는 과정을 거쳐 결국 없어지는 것인데, 자원의 계속적인 감소에 의하는 경우가 많다. 미국의 월남전 종결이 대표적인 예라 할 수 있다.

③ **혼합형** : 이는 폭발형과 점감형의 성격을 모두 나타내는 경우로, 정책을 의도적으로 종결시키고자 할 때 사용할 수 있는 전략이다. 미국 항공우주국의 대학연구지원사업의 종결이 대표적인 예라 할 수 있다. 이 지원사업은 3년간에 걸쳐 단계적으로 종결되었던 것이다.

2) 정책종결의 정도에 따른 분류

정책종결의 정도에 따라 완전종결과 부분종결로 나누고, 다시 부분종결은 다음과 같이 다섯 가지의 형태로 나눌 수 있다(P. DeLeon and G. Brewer, 1983: 396–8).

① **대체형**(replacing) : 이것은 이미 오래된 것을 동일한 정도의 수요와 욕구를 충족시킬 수 있는 새로운 내용으로 대체하는 유형이다. 예를 들어 소득재분배를 위해 저소득층에게 수당을 지급해 오다가 세금을 면제해 주는 방법으로 대체하는 경우가 이에 해당된다.

② **통합형**(consolidating) : 이것은 상황에 적절히 적응하지 못하거나 비능률적인 두 개 이상의 정책이나 사업을 부분적으로 폐지하고 하나의 새로운 정책이나 사업으로 합병하는 경우이다.

③ **분리형**(splitting) : 이것은 기존 정책을 몇 가지로 분리시켜 정책수혜대상집단도 재조정해서 이들의 저항을 약화시키면서 서서히 종결시키는 형태를

말한다.

④ **절감형**(decrementing) : 이것은 예산감축이나 사업조정과 같이 서서히 정책과 제도를 재구성하면서 종결시키는 것으로, 미국과 같이 안정적인 정치체제하에서 가장 보편적인 형태이다.

⑤ **단절형**(discontinuing) : 이것은 오래된 정책을 새로운 정책으로 대치시키되 그 목표와 수요도 변화하면서 종결되는 유형이다. 예를 들어 미국의 육군 기병대를 해체하고 헬리콥터 부대를 창설한 경우가 이에 해당된다.

3) 대상에 따른 분류

정책을 정부의 기능, 조직, 정책 및 사업이라는 서로 다른 수준으로 나누어 분류해 보면 다음과 같다(Brewer and DeLeon, 1983:394–6).

① **정부기능의 종결** : 이것은 정부의 시민에 대한 서비스의 종결을 의미한다. 정부기능은 조직과 정책을 통해 수행되므로 이에 대한 종결은 정책종결 시도 가운데 가장 저항이 많다.

② **정부조직의 종결** : 이것은 정부조직을 폐지하는 것으로 이 역시 쉽지는 않다. 조직의 완전한 종결보다는 다른 조직과 통합하든지 또는 기존 조직을 두 개로 분리하는 형태가 많이 나타난다.

③ **특정 정책의 종결** : 이것은 정책수행 동안에 정책문제가 완전히 해결되었거나 변경된다면 이 정책을 폐지하거나 다른 정책으로 대치시키는 것으로 조직의 종결보다 쉽다.

④ **사업의 종결** : 이것은 네 가지의 종결 가운데 가장 쉬운 형태라 할 수 있다. 사업들은 가장 구체적이므로 스스로 방어할 정치적 자원도 가장 적고 종결이 가장 쉽다.

16.3 정책변동의 원인

앞에서 살펴보았듯이 정책과정은 상황의 변화, 정책자체의 오류 등으로 매우 역동성을 띠고 있는데, 이런 역동성 때문에 정책목표를 달성하기 어려운 경우가 많다. 이 경우 정책이 의도했던 목표를 달성하기 위해 정책변동이 일어난다. 이러한 정책변동요인에 대해서는 학자들에 따라 다양하게 지적되고 있지만, 다음과 같이 다섯 가지로 나누어볼 수 있다.

1. 환경적 요인

정책변동의 원인으로는 여러 가지가 있지만 근본적으로는 정책환경의 변화에서 비롯된다. 즉 정책환경인 사회 · 경제가 발전하거나 변화하게 되면 정책문제의 변화가 일어나고, 이에 따라 정치체제에 대한 투입의 변화를 가져와서 정책변동이 야기되는 것이다. 정책문제의 소멸, 변질, 지속, 새로운 문제의 등장 등에 따라 정책종결, 승계, 유지, 혁신 등 정책변동이 일어나게 된다. 또한 자원의 변화와 정치체제에 대한 지지의 변화도 정책변동을 야기시키며, 이러한 요인은 정책종결이나 감축관리의 중요한 원인이 된다.

정치 · 행정문화의 변화도 정책변동의 원인이 된다. 정치 · 행정문화가 특정한 정책문제에 대한 정책결정자와 국민들의 가치, 태도 등에 중요한 영향을 미치게 되기 때문이다. 그리고 환경변수 중에서 특히 중요한 것은 매스컴이다. 즉 대중매체가 특정한 정책에 대해서 어떠한 역할을 하느냐 하는 것은 정책의 운명에 영향을 미치게 된다. 특히 매스컴은 정책과정 참여자들에게 여러 가지 지식과 정보를 제공해 주고 정책에 대한 비판기능을 하며, 타인의 의견과 논리를 관계자들이 접할 수 있는 기회를 제공하기 때문에 정책과정에 있어서 중요한 역할을 하게 된다. 이러한 기능을 통해 정책변동을 유도하는 것이다.

2. 정치체제적 요인

정치체제의 변화는 정책변동에 영향을 미친다. 정책은 정치체제의 산출물이기 때문이다. 여기에서 정책변동에 영향을 미치는 정치체제의 특성으로는 정치체제의 담당자, 정치체제의 분위기와 규범, 그리고 정치체제의 구조 등 세 가지로 요약할 수 있다.

정책담당자의 특성으로는 정책담당자의 능력, 성향 등이 있고, 정치체제의 분위기와 규범으로서는 정치이념과 정치 · 행정문화 등이 있다. 정치체제의 구조는 정치체제의 '짜임새'를 의미하는 것으로 정치과정의 활동방법이나 활동양상에 영향을 미침으로써 간접적으로 정책에 영향을 미치게 된다. 특히 후진국에 있어서는 정당 · 이익집단들이 발달하지 못한 상태에 있기 때문에 정치체제가 제대로의 역할을 수행하지 못하였다. 이런 과정에서 행정부, 특히 대통령의 권한이 강화되어 정책과정 전반에 큰 영향을 미치고 있다. 이렇듯 입법부 기능의 많은 부분이 행정부에 의해 대행됨에 따라 국가정책의 대부분은 행정부에서 발안 · 조정되고, 의회는 정책의 정통성을 부여하는 기관으로 전락하였다. 그러나 의회가 행정부의 정책에 대해서 어떠한 영향력을 행사할 수 없는 것은 아니다. 행정부에 대한 비판 · 감시기관으로서 지위가 더욱 중요시되고 있다. 의회의 지위가 커지고 강화됨에 따라 정책과정에 대한 영향력도 커지고 있다.

3. 정책관련집단 요인

정책관련집단들의 특성은 정책변동에 큰 영향을 미친다. 정책과정에 영향을 미치는 관련집단의 조직적 특성으로는 피해집단의 규모, 문제해결요구의 강도, 조직의 정치적 · 사회적 역량 등을 지적할 수 있다. 특히 규제정책의 경우에는 대상집단의 조직적 특성에 따라 집행의 성공여부도 달라질 수 있다. 정책변동과정은 관련집단들간의 정치적 협상과정으로, 이 과정에서는 이익집단들의 역할이 매우 중요하다. 이들은 정책결정주체에게 직접 접근하거나 정부내의 공식적 참여자를 통하여 접근하기도 하고, 정부내의 비공식적인 참여자를 통하거나 정부 밖에 있는 비공식적인 참여자를 통하여 접근하기도 한다. 정책관련집단들도 정책결정과정에서 이익투입이 좌절되거나 불완전할 경우, 집행과정에서의 불응이나 정책변동을 적극 주장함으로써 정책에 영향을 미친다.

4. 정책요인

정책변동은 정책자체의 오류에서 비롯될 수 있다. 즉, 정책의 내용이 잘못 결정된 경우에 당연히 변동되어야 하는 것이다. 정책환경의 변화와 정책자체의 허점이 드러날 때 정책변동에 대한 요구는 높아지게 된다. 후진국에서는 흔히 정책이 정치적 목적과 결부될 때 정책의 타당성에 대한 논란이 있기 때문에 문제가 된다.

바람직한 정책결정을 위해서는 가장 먼저 정책문제에 대한 올바른 파악이 있어야 한다. 정책문제의 정확한 파악은 정책목표의 바람직한 설정을 위해서 필수적일 뿐만 아니라, 정책대안의 개발과 정책대안의 결과예측을 위해서도 불가결한 작업이다. 문제발생의 원인, 문제의 결과 등의 인과관계인 '정책문제의 구조'를 분석하는 것이 중요하다. 그러나 정책문제의 정의는 보는 사람에 따라 극히 주관적이기 때문에 정책대상집단, 일반대중, 전문가, 정책결정자에 따라 주장하는 바가 다르다. 이러한 정책문제의 주관성 때문에 정책문제가 잘못 정의될 수도 있다. 정책문제에 대한 정책관련자들의 인식이 변화될 수도 있다. 이 경우 정책관련자들은 정책변동을 주장하게 된다.

한편 정책유형에 따라서도 정책변동의 양상이 달라질 수 있다. Lowi는 정책의 유형을 분배정책, 규제정책, 재분배정책으로 분류하고, 정책의 유형이 달라짐에 따라 정책과정도 달라진다고 하였다. 즉, 규제정책은 개인이나 일부집단에 대해 재산권행사나 행동의 자유를 억제하는 것이므로, 항상 갈등을 내포하고 있는 것이다. 한편 규제정책은 정책으로 혜택을 보는 집단과 피해를 보는 집단간의 갈등이 심각하게 나타나는 데, 이러한 현상은 재분배정책의 경우도 마찬가지이다. 정책변동에 대한 압력도 이들 정책에서 더욱 크게 나타난다.

5. 정책집행요인

정책변동에 영향을 주는 정책집행요인으로는 집행조직의 약점과 정책집행의 순응확보의 실패로 인해 정책집행이 제대로 이루어지지 못하는 경우로 나누어 볼 수 있다. 환경변화에 상응하는 문제해결능력이나 전문성이 부족하면, 정책집행능력이 감소해서 정책변동을 야기시키게 된다. 정책집행능력으로는 정치적 자원의 확보능력, 관련기관과의 조정능력 등이 포함되며 환경으로부터 투입되는 정보분석능력도 중요하다. 이러한 집행조직의 기능이 축소되거나 약해졌을 때는 정책변동의 요인이 된다.

한편 정책집행의 불응도 정책변동의 요인이 된다. 정책집행의 불응은 두 가지가 있다. 하나는 정책대상집단의 불응이고, 다른 하나는 정책집행자의 불응이다. 이들 두 집단의 순응이 없으면 정책집행은 실패하게 된다. 불응은 여러 가지 요인으로 인하여 발생하게 되는데, 이러한 요인에 대해 적절한 대응을 하지 못하면 정책집행이 불가능해지고 정책을 종결시키거나 대체해야 한다.

16.4 합리적 정책변동에 대한 저항과 극복전략

1. 합리적 정책변동에 대한 저항

정책은 환경변화에 따라 끊임없이 변화되어야 한다. 그럼에도 불구하고 현실적으로는 여러 가지 저항요인이 작용하여 정책변동이 완전하게 이루어지지 못하는 경우가 많다. 정책변동에 대한 저항 가운데에서도 정책종결에 대한 저항이 가장 강력하다. 그것은 정책종결이 정책과 사업, 예산 그리고 이를 담당하는 조직을 모두 없애는 것이기 때문이다. 따라서 여기서는 정책변동에 대한 저항을 정책종결의 저해요인을 중심으로 살펴보고자 한다(P. DeLeon, 1978:285–93; 정정길, 1997:804–7).

(1) 담당조직의 저항

어느 조직이 하나의 정책을 담당하고 있는 경우에 그 정책의 종결은 바로 조직의 소멸을 의미한다. 종결되는 정책을 담당하는 하위조직과 예산, 사업이 모두 삭감된다. 그러므로 조직은 정책종결에 강력하게 저항하게 된다.

조직의 저항에 대해 두 가지 측면을 주의해야 한다. 첫째, 조직의 저항은 원래 유기체가 생명유지를 위해 결정적인 투쟁을 하는 것과 비슷하다. 흔히 말하는 행정조직의 항구성은 여기에서 비롯된다. 둘째, 행정조직은 정책종결을 피하기 위해 목표가 달성된 후에도 비슷한 목표를 지닌 정책을 개발하거나, 새로운 목표를 설정해서 종결될 사업을 다른 것으로 대치시키려는 노력을 계속한다. 이를 동태적 보수주의라고 부른다. 동태적 보수주의의 대표적인 예로는 미국 루스벨트 대통령때 설립된 소아마비 재단을 들 수 있다. 이 재단은 소아마비 퇴치를 목적으로 설립된 재단으로, 이 목표달성을 위해 성실히 노력한 결과 소아마비 퇴치를 위한 백신이 개발되어 조직의 목표를 달성할 수 있게 되었다. 이후 이 재단은 해체하지 않고 관절염과 불구아출생의 예방 및 치료라는 새로운 목표를 설정하고 이를 달성하기 위해 노력하게 되었다(A. Etzioni, 1964:13).

(2) 정책수혜집단의 저항과 정치적 연합

정책수혜집단은 정책종결로 인한 혜택의 박탈을 피하기 위해서 노력한다. 담당조직이 중심이 되고 정책수혜집단과 원래 정책을 지지한 정치인들이 정치적 연합을 형성해서 강력하게 투쟁을 하게 된다. 정책종결을 반대하기 위해서 형성되는 연합전선에는 경우에 따라 타정부부처, 국회의 상임위원회, 외국정부일 수도 있다. Skybolt 미사일의 개발사업을 종결시키려는 미국 국방성의 결정에 대해서 국무성과 영국정부가 연합하여 맹렬히 반대했던 것이다(유훈, 1986:407).

(3) 정치적 부담

정책종결에 따른 정치적 부담이 문제가 되어 정책종결을 저해하는 경우가 있다. 정책종결이 정책담당자의 정책실패로 비추어질 가능성이 크기 때문에 정책담당자들은 정책종결에 소극적이다. 또 정책조결은 현재 수혜자들에게 제공되는 혜택을 박탈하는 것이기 때문에, 이들의 정치적 저항이 정치인이나 정책담당자들에게는 큰 부담이 된다. 그래서 정치지도자들도 정책종결에 협조하지 않는 경향이 있다.

(4) 정책변동의 불합리성

정책변동 자체가 지니고 있는 불합리성 때문에 정책변동이 어려운 경우가 많다. 정책변동(정책종결)으로 인해 그동안 수혜자들에게 부여되던 혜택을 빼앗게 되면, 이는 혜택이 처음부터 전혀 없었던 것보다 오히려 더 큰 피해를 줄 수가 있다. 혜택을 받는 것을 전제로 해서 생활이 계속되어 왔기 때문에 정책종결은 도덕적·윤리적으로 정당하지 못한 경우가 있다. 또한 정책변동을 통해 문제가 개선될 것인지 확실하지 않거나 훌륭한 대안도 없으면서, 이미 막대하게 투입된 사회적 매몰비용을 그대로 버리는 것은 바람직하지 못하다. 원자력 발전의 반대자들이 적극적으로 원자력 발전을 반대하지 못한 것은 원자력 발전을 대신할 새로운 대안을 제시하지 못하기 때문이다. 이처럼 정책변동 문제가 지니고 있는 불합리성 때문에 정책변동이 어려운 경우가 있다.

(5) 법적 제약

정책의 종결이 법적 제약으로 인해 저해를 받는 경우가 있다. 정책 종결을 위해 법률이나 규정의 수정이나 대폭적인 변경이 필요할 때가 있고, 그 과정이 복잡하고 어렵기 때문이다.

2. 합리적 정책변동을 위한 저항의 극복전략

(1) 동태적 전략

첫째, 정책종결로 피해를 입는 공무원이나 정책수혜집단에게 대가를 제공하든가 직장을 알선하는 등의 방법이 필요하다. 즉, 정책의 종결로 피해를 입는 공무원이나 수익자를 완전히 무마한다는 것은 불가능하나 일부의 피해자는 퇴직금이나 직장 알선 등으로 어느 정도 무마시킬 수 있을 것이다.

둘째, 정책종결의 필요성을 홍보해 특정정책의 종결에 동조하는 세력의 확대를 꾀하는 것이 필요하다. 이를 위해 정책의 해독을 널리 알리고 종결의 동조세력을 규합할 사람이 필요한데, 이러한 종결담당자는 내부인사보다는 외부인사가 더 적합한 경우가 많다.

셋째, 입법부의 유력한 지도자로부터 비공식적인 승인을 유도해 내어야 한다. 정책종결은 입법부의 속성상 입법부가 주도할 수 없고 행정부에서 주도권을 쥘 수밖에 없다. 즉, 입법부는 본질적으로 타협이 체질화되어 있어 정책종결에 관한 안건이 제출되면, 정책종결보다는 정책의 수정, 조직의 개편 등을 추진할 가능성이 크며, 또 의원들 자신이 종결될 정책의 제안자인 경우가 많다. 따라서 정책종결은 행정부가 주도권을 가지고 추진해 나갈 수밖에 없는데, 입법부로부터 얻어낼 수 있는 최선의 지원은 입법부의 유력한 지도자로부터 비공식적인 승인을 얻어내는 것이라 할 수 있다(Robert D. Behn, 1978:334-5).

넷째, 정책종결의 목표를 명확히 하고 가급적이면 목표를 한정할 필요가 있다. 해독을 끼치거나 개혁될 필요가 있어서 정책을 종결하고자 하느냐 아니면 지나치게 비경제적이어서 기관을 폐지하고자 하느냐를 분명히 할 필요가 있다. 이에 따라 정책은 종결하나 기관은 존치하는 방법과, 반대로 기관을 폐지하나 정책을 다른 기관으로 이관하는 방법이 있을 수 있다. 종결의 목표를 분명히 하고 가급적 한정시키게 되면 정책종결의 추진과정에서 반대세력을 줄이고 종결노력을 집중시킬 수 있게 된다(유훈, 1986:414).

(2) 제도적 전략

이것은 정책종결을 할 수 있는 제도적 장치를 마련하는 것이다. 제도적 장치로는 영기준예산(ZBB)과 일몰법(sunset law)이 있다. 먼저 영기준예산은 기존의 예산제도와는 달리 어떠한 사업이든지 그 사업의 타당성을 먼저 검토한 후에 예산을 배정하는 제도이다. 사업의 타당성을 예산심사 때마다 다시 검토해서 타당성이 인정되지 못한 사업은 종결시킨다.

일몰법은 앞의 ZBB 정신을 입법화 한 것으로, 일정한 정책을 결정할 때 미리 그 정책을 일정한 기간이 지난 후에 평가해 타당성이 인정되면 계속하되, 그렇지 않으면 종결시키거나 감축시키는 제도이다. 행정기관이나 정책이 일반적으로 목표를 달성한 후에도 계속 존속해서 비대해지는 경향이 있으므로 이를 일정기간 후에 자동적으로 소멸시킴으로써 그 만큼 예산을 절약하기 위한 것이다.

연습문제

1. 정책변동의 유형들을 비교해 보고, 상호관계를 설명하시오.

2. 정책사례를 선정하여 정책변동의 원인을 설명하시오.

3. 합리적인 정책변동이 필요한 이유를 설명해 보시오.

4. 정책승계의 유형을 정책사례를 들어 설명하시오.

5. 정책종결의 의의와 유형을 정책사례를 중심으로 설명하시오.

6. 정책종결의 저항요인과 극복전략을 논하시오.

각종 기출 시험문제

1. 정책종결의 의의와 전략 ('84 행정고시)
2. 정책변동의 제약요인을 설명하라. ('93 행정고시)
3. 정책변동의 의의와 유형 ('96 행정고시)
4. 정책종결의 저항요인과 극복방안을 약술하시오. ('97 지방고시)
5. 정책종결에는 현실적으로 상당한 어려움이 수반되는 경우가 많다. 이와 관련해 정책종결의 장애요인을 기술하고 이의 극복방안을 제시하시오. (2003 행정고시)

정책사례 및 토의과제

사례 16-1 경부고속철도의 노선변경

정부는 서울-부산간의 교통문제를 해결하고, 제2의 경제도약을 위해 1989년 7월 23일 '고속철도 및 신 국제공항 추진위원회'를 설치하고, 1992년 6월에 착공하여 2002년 초에 전구간 개통을 목표로 하는 서울-부산간 경부고속철도노선을 확정 발표하였다. 그러나 이러한 경부고속철도사업은 사업의 시행 초기부터 많은 논란을 불러 일으켰는데, 그 중의 하나가 경주도심의 통과에 대한 노선의 문제였다. 즉, 정부는 1990년 6월 15일 경부고속철도의 기본노선계획에 경주를 통과하는 것으로 결정하고, 1992년 6월에 구체적인 노선으로 형산강 노선을 결정 · 발표하였다. 그러나 이러한 노선이 경주가 보유한 문화재를 훼손한다는 이유로 각종의 시민단체들이 반발하자 정부는 1996년 6월 기존의 형산강 노선을 백지화하였다.

토의과제

1. 사례 16-1에 근거하여 정책변동의 의의 및 유형과 원인에 대해 논의하시오.

사례 16-2 과외금지정책의 변동

1970년대 말 과열과외 현상은 숱한 부작용을 일으켜 그 병폐가 표면화되면서 사회적 지탄과 우려의 대상이 되어왔다. 이러한 문제를 해결하기 위해 정부는 1980년 7월 30일 '교육정상화 및 과열과외 해소방안'을 발표하였다. 이 조치의 내용을 보면 교육재정의 지원, 대학시설의 확충, 교원의 처우개선 및 정부 · 산업체 고용정책 개선 등 장기정책의 추진과 함께, 과열과외 추방을 위한 범국민운동을 전개하도록 했다. 즉, 국영기업체 임직원을 포함한 모든 공직자와 기업인, 의사, 변호사 등 사회 지도급 인사들은 솔선수범하여 자녀에 대한 어떤 형태의 과외도 금하고, 이를 위반하는 공직자는 사회정화의 차원에서 공직에서 물러나게 할 것이며, 공 · 사립학교에 근무하는 모든 교수와 교사의 과외수업행위를 일체 금지하며, 사설학원에서는 중 · 고등학교 재학생들의 수강을 금하며, 온 국민의 건전한 교육관을 유도하기 위해 신문, 방송 등 대중매체를 활용한 계몽활동을 전개하고, 교육관을 오도하는 내용의 보도는 규제한다는 것이었다.

그러나 7. 30조치 이후 과외금지 정책은 집행과정에서 여러 가지 문제점이 나타나게 되었다. 단속법규의 모호함과 경직된 법 집행으로 혼란을 가중시켰고, 과외학습행위에 대한 구속수사 위주의 기계적인 단속은 법원에 의해 자주 제동이 걸렸다. 또한 7. 30 조치 이후 불법화된 과외가 정부 당국의 끊임없는 단속과 계몽에도 불구하고 완전히 없어지지 않고, 새로운 형태의 음성과외가 신문지상에 보도되고, 비밀과외를 못하는 계층에게는 상대적 피해의식을 가중시키게 되었다.

이렇게 과외금지 정책이 집행되는 과정에서 여러 가지 문제점들이 노출되기 시작하자, 과외금지조치를 재검토해야 한다는 주장들이 나타나게 되었다. 이러한 시점에서 가정사정이 어려운 한 여대생이 과외교습으로 적발되자, 이에 대한 처리를 둘러싸고 여론의 관심이 집중되었다. 검찰은 지금까지의 구속수사 방침에서 후퇴하여 이 여대생에 대해 관용을 베풀기로 하였고, 앞으로도 과외교습에 대하여 선별수사 방침을 밝히는 등 획일적이고 물리적인 강경단속에 제동을 거는 사건이 발생하기 시작했고, 1984년 9월에는 과외교습행위 무죄판결이 나오기도 하였다. 이러한 분위기 속에서 획일적인 과외단속에 대한 비판이 더욱 커졌고, 과외허용여부에 대한 논쟁이 본격적으로 일기 시작했다. 이러한 논쟁은 문교부가 1985년 11월 대학생의 입주과외, 학습부진아에 대한 학원수강을 허용하는 방안을 검토하고 있다는 사실을 발표함으로써 더욱 확산되게 되었다. 이러한 문교부의 방침에 각종 단체에서는 공청회를 개최하여 과외허용에 대한 반대의사를 표명하였다.

이렇게 과외허용에 대한 논의가 진행 중일 때, 사회정화위원회에서는 과외허용은 현실과 국민의 의사를 모르는 것이라고 밝히고 과외단속을 계속할 것임을 밝혔다. 그러나 1987년 4월 2일 민정당은 제13대 총선에 내세울 주요 정책과제를 논의한 당정책관계자회의에서 대학생에 대한 과외허용을 공식제기 하기도 하였다. 1988년 8월 대통령과 공화당의 김종필 총재와의 회담에서 대통령은 대학생의 학비조달 차원에서 과외허용을 전격지지하게 되었다. 그리하여 1988년에 접어들어서는 과외 단속이 더욱 혼란에 빠지게 되었다. 경찰의 단속강화 지시와 민정당측의 허용검토 방안이 엇갈리게 되어, 학부모들은 혼란을 겪게 되었다. 이에 문교부는 전문기관을 통해 여론 조사를 마치고, 관계부처간의 협의와 중앙교육심의회의 심의를 거쳐 1988년 말까지 과외금지 및 처벌을 규정한 사설강습소에 관한 법률의 개정여부를 결정할 것이라고 밝혔다.

여론이 찬 · 반 양론으로 엇갈리는 가운데, 중교심의 교육이념분과위원회에서는 과외금지 조치에 대한 토론이 있었는데, 88년 12월 5일 제6차 회의와 12월 22일의 7차 회의에서는 과외금지 조치의 완화가 바람직하나, 전면 허용은 큰 혼란을 야기시키므로 단계적 완화와 제한적으로 재학생들에 대해 학원수강을 허용하는 것이 좋다고 했고, 보완대책이 필요하다고 했다.

1989년 2월 2일 문교부는 중교심의 건의를 바탕으로 하여, 대학생에 대한 과외허용과 재학생의 방학 중 학원수강 허용을 골자로 하는 과외금지 완화책을 발표하였다. 대학생 과외를 학비조달 방편으로 국한하고 전 · 현직교사, 학원강사 등의 음성적 과외는 계속 금지할 것이라고 밝혔다. 동년 10월 14일에는 대학생 과외허용 이후 고액과외 등 직업적이고 전문적인 과외 등 사회전반에 과열현상이 성행 국민간에 위화감을 조성하고 있어, 싼 비용으로도 학습 보완기회를 보장하는 재학생의 학원수강을 1990년 3월부터 전면 허용할 것이라고 밝혔다. 이로써 1980년 과외금지 조치가 집행 9년 만에 허용되기에 이르렀다.

토의과제

1. 과외정책의 변동사례에 나타난 정책변동의 요인을 논하시오.
2. 과외정책 변동과정의 특징과 문제점을 논의해 보시오.

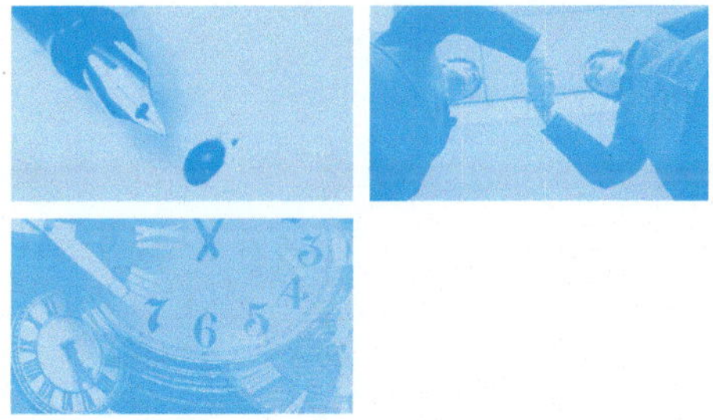

참고문헌

1. 국내문헌

강근복 역, 「정책분석과 문제정의」, 서울: 대광문화사, 1990.

강근복, 「정책분석론」 서울: 대영문화사, 1994.

강인재, "지방정부공공지출의 결정요인과 결정과정에 관한 연구," 서울 대학교 행정대학원 박사학위 논문, 1987. 2.

권기현, 「정보사회의 논리」, 서울: 나남출판, 1997.

김병섭, "정책의 집행, 어떻게 이해할 것인가? – 현대사상의 두 가지 조류를 중심으로," 「현대사상연구」, 1988.

김병진, 「정책학개론」, 서울: 박영사, 1989.

김순양, "일선 복지행정 전문관료의 재량행위 분석: 기초생활보장수급자 선정과정을 중심으로," 「한국행정학보」, 제36권 제2호, 2002.

김신복, 「발전기획론」, 서울: 박영사, 1991.

김형렬, 「정책학」, 서울: 법문사, 1990.

김형식, 「사회복지 프로그램 평가방법」, 아시아미디어리서치, 1997.

남궁근, "공공정책의 결정요인분석에서의 방법론상 쟁점," 노화준 · 남궁근 편, 「공공정책의 결정요인분석」, 서울: 법문사, 1993.

______, 「행정조사방법론」, 서울: 법문사, 1994.

______, "정책의 유형분류," 「고시계」, 1997. 3.

노시평, "입법부의 자율성과 행정통제기능," 강인재 · 이달곤 외, 「한국 행정론」, 서울: 대영문화사, 1998.

노화준, 「정책평가론」, 서울: 법문사, 1991.

______, 「정책분석론」, 서울: 박영사, 1989.

______, 「정책학원론」, 서울: 박영사, 1995.
______, 「정책학원론(전정판)」, 서울: 박영사, 2003.
______, "통일정책 결정요인의 분석," 노화준 · 남궁근 편, 「공공정책의 결정요인분석」, 서울: 법문사, 1993.
______, 안해균, "정책설계의 위치와 성격," 「한국행정연구」, 제3호, 1992.
민 진, "공공정책 실패원인에 관한 연구," 「한국행정학보」, 제19권 제1호, 1985.
박경효, "정책집행측면에서 본 한국가족계획사업실적의 결정요인," 「한국행정학보」, 제24권 제2호, 1990.
박성복 · 이종렬, 「정책학원론」, 서울: 대영문화사, 1993.
방석현, "정보화와 행정기능의 변화," 「한국행정학보」, 제24권 제2호, 1990.
변도운 역, 「강대국의 흥망」, 서울: 한국경제신문사출판국, 1989.
백완기, 「행정학」, 서울: 박영사, 1986.
송근원, "아젠다 형성의 의미와 성격," 「고시계」, 1994. 9.
송희준, "한국의 공공정책연구의 내용과 성격에 대한 분석," 「한국정책학회보」, 창간호 1992.
신문주, 「기획 및 정책수립」, 중앙공무원교육원, 1997.
신정현, 「정치학」, 서울: 법문사, 1993.
안해균, 「정책학원론」, 서울: 다산출판사, 1984.
어윤배, 「사회정책의 이론과 과제」, 서울: 숭실대학교출판부, 1996.
염재호 · 박국흠, "정책의 비일관성과 딜레마," 「한국행정학보」, 제24권 4호, 1992. 2.
오석홍, 「행정학」, 서울: 나남출판, 1998.
오석홍 · 김영평(편저), 「정책학의 주요이론」, 서울: 법문사, 2000.
유금록, "정치적 경기순환론에 의한 불균형예산의 결정요인," 서울대학교 행정대학원 박사학위논문, 1991. 2.
유 훈 외, 「정책학개론」, 서울: 법문사, 1976.
______, 「정책학:과정과 분석」, 서울: 법문사, 1982.
______, 「정책학원론」, 서울: 법문사, 1986.

______, 「정책학원론(제3정판)」, 서울: 박영사, 1999.

윤재풍 외, 「조직관리론」, 서울: 법문사, 1981.

이극찬, 「정치학」, 서울: 법문사, 1993.

이성복, 「도시정책론」, 서울: 법문사, 1995.

이종수 · 윤영진 외, 「새행정학」, 서울: 대영출판사, 1997.

이회선, "한국복지정책수행의 결정요인," 노화준 · 남궁근 편, 「공공정책의 결정요인분석」, 서울: 법문사, 1993.

정정길, 「정책학원론」, 서울: 대명출판사, 1997.

______, 김제훈, "공공정책 결정요인 연구의 전개과정 및 이론적 배경,"

______, 노화준 · 남궁근 편, 「공공정책의 결정요인분석」,서울: 법문사, 1993.

______, 「정책학원론」, 서울: 대명출판사, 1989.

정정길 외, 「정책학원론」, 서울: 대명출판사, 2003.

조석준, 「조직론」, 서울: 법문사, 1985.

______, 「한국행정학」, 서울: 박영사, 1992.

______, 「한국행정조직론」, 서울: 법문사, 1994.

채서일, 「마케팅」, 서울: 학현사, 1998.

최병선, "Roger B. Porter의 대통령의사결정 보좌방식," 오석홍 외, 「정책학의 주요이론」, 서울: 경세원, 1992.

최평길, 「대통령학」, 서울: 박영사, 1997.

한두순, "고성장 개발전략의 논리," 「현대경영 2000」, 1983.

허 범, 「행정학개론」, 서울: 대영문화사, 1988.

황윤원, "발전도상국 지방정부 예산결정요인분석," 노화준 · 남궁근 편, 「공공정책의 결정요인분석」, 서울: 법문사, 1993.

2. 국외문헌

Alexander, E.R., "From Idea to Action; Notes for a Contingency Theory of the Policy Implementation Process," *Administration & Society*, Vol.16, No.4, February 1985.

Allison, Graham T., *Essence of Decision: Explaining the Cuban Missile Crisis*, Boston: Little, Brown and Company, 1971.

Almond, Gabriel A. and G. Bingham Powell, Jr., *Comparative Politics: A Developmental Approach*, Boston: Little, Brown and Company, 1966.

Almond, Gabriel A, and J.S. Coleman(eds.), *The Politics of the Developing Areas*, N.J.: Prinston University Press, 1960.

Anderson, J.C. et al., "Is Implementation Research Relevant for the OR/MS Practitioner?," *Interfaces*, Vol.9, No.3, May 1979.

Anderson, James E., *Public Policy–Making*, 2nd(eds.), New York: Holt, Rinehart and Winston, 1979.

________, *Public Policy–Making*, 3rd(eds.), New York: Holt, Rinehart and Winston, 1984.

________, *Public Policy–Making*, New York: Praeger Publishers, 1975.

Bachrach, P. and M. Baratz, *Power and Poverty: Theory and Practice*, N.Y.: Oxford University, 1970.

Bardach, E., "Policy Termination as a Political Process," *Policy Science*, Vol.7, June 1976.

________, *The Implementation Game*, Cambridge: MIT. Press, 1997.

Bennet and Weisinger, M., "Program Assessment," in *Planning for Social Welfare, Issues, Models and Tasks*, Englewood Cliffs, NJ: Prentice Hall, 1977.

Berman, P., "The Study of Macro–and Micro–Implementation," *Public Policy*, Vol.26, No.2, Spring 1978.

________, "Thinking about Programmed and Adaptive Implementation: Matching Strategies to Situations," I.H. Ingram & D. Mann(eds.), *Why Policies Succeed or Fail*, Beverly Hills: Sage, 1980.

Brazer, Harvey, *City Expenditures in the United States*, N.Y.: National Bureau of Economic Research, 1959.

Brewer, G.D. and DeLeon, P., *The Foundations of Policy Analysis*, Homewood; The Dorsey Press, 1983.

Chemlisky, E., "An Analysis of the Proceeding of a Symposium on the Use of Evaluation by Federal Agencies," *Symposium Report*, Vol.2, Metrek Division, Mitre Corporation, July 1977.

Cobb, Roger W., Jennie-Keith, and M.H. Ross, "Agenda Building as a Comparative Political Process," *A.P.S.R.*, Vol.70, 1976.

Cobb, Roger W. and C.D. Elder, Participation in American Politics: The *Dynomics of Agenda-Building*, Boston: Allynand Bacon Inc., 1972.

Cohen, M.D., March, J.G, and Olsen, J.P., "A Garbage Can Model of Organizational Choice," *ASQ*, Vol.17, No.1, March 1972.

Coombs, F.S., "The Bases of Noncompliance with a Policy," in J.G. Grumm and S.L. Wasby(eds.), *The Analysis of Policy Impact*, LexIngton: Health, 1981.

Davis, Kenneth, C., *Discretionary Justice*, Baton Rouge: Louisiana State University Press, 1969.

Dawson, Richard E., and James A. Robinson, "Inter-Party Competition, Economic Variables, and Welfare Policies in the American States," *Journal Politics*, Vol.25, May 1963.

DeLeon, Peter, "A Theory of Policy Termination," in Judith V. May and Aron B. Wildavsky(eds.), *The Policy Cycle*, Beverly Hills: Sage, 1978.

DeLeon, Peter and Garry Brewer, *The Foundations of Policy Analysis*, Home-wood, Illinois: Dorsey Press, 1983.

Downs, A., *Inside Bureaucracy*, Boston: Little, Brown and Company, 1967.

Dror, Yehezkel, *Public Policymaking Reexamined*, Scranton: Chandler Publishing Company, 1968.

________, "Muddling Through: Science or Inertia?," *PAR*, Vol.24, No.3, Sept. 1964.

________, *Ventures in Policy Sciences*, New York: American Elsevier Publishing

Company Inc., 1971

________, *Design for Policy Sciences*, New York: American Elsevier Publishing Company Inc., 1971.

________, *Public Policymaking Reexamined*, New Jersey: Transaction, Inc., 1983.

Dunn, William N., *An Introduction to Public Policy Analysis*, Englewood Cliffs: Prentice-Hall, 1981.

Dunn, W.N., *Public Policy Analysis*, Englewood Cliffs: Prentice-Hall Inc., 1981.

Dunsire, A., *Implementation in a Bureaucracy*, N,Y.: St. Martin' s Press, 1978.

Dye, Thomas R., *Politics, Economics and the Public: Policy Outcomes in The Fifty States*, Chicago: Rand McNally, 1966.

________, *Policy Analysis*, Alabama: University of Alabama Press, 1976.

________, *Politics in States and Communities*, N.J.: Prentice-Hall, 1977.

________, *Understanding Public Policy*, 4th(eds.), Englewood Cliffs, N.J.: Prentice-Hall, 1981.

Easton, David, *The Political System*, New York: Knopf, 1953.

________, *A Systems Analysis of Political Life*, New York: John Wiley & Sons, 1965.

Edwards, G.C. Ⅲ(eds.), *Public Policy Implementation*, Greenwich: JAI Press Inc., 1984.

________, *Implementing Public Policy*, Washington, D.C.: Congressional Quarterly Press, 1980.

________, and Sharkansky, I., The *Policy Predicament: Making and Implementing Public Policy*, San Francisco; W.H. Freeman and Co., 1978.

Elmore, R.F., "Backward Mapping: Implementation Research and Policy Decisions," *Political Science Quarterly*, Vol.94, No.4, Winter 1979-80.

________, "Foreward Mapping: Reversible Logic in the Analysis of Public Policy," in K. Hanf & T.A.J. Toonen(eds.), *Policy Implementation in Federal and Unitary System*, Dordrecht: Martinus Nijhoff, 1985.

________, "Organizational Models of Social Program Implementation," *Public Policy*, Vol.26, No.2, Spring 1978.

Etzioni, Amitai, *Modern Organizations*, Englewood Cliffs: Prentice-Hall, 1964.

________, "Mixed-Scanning: A 'Third' Approach to Decision-Mating," *PAR*, Vol.27, No.2, 1967.

Eyextone, R., *From Social Issues to Public Policy*, N.Y.: Free Press, 1978.

Fabricant, S., *The Trend of Government Activity in the US since 1900*, New York: National Bureau of Economic Research Inc., 1952.

Fisher, G., "Determinants of State and Local Government Expenditures: A Preliminary Analysis," *National Tax Journal*, 1961.

Gandy, Oscar H. Jr., *Beyond Agenda Setting*, N.J.: Ablex Publishing Company, 1982.

Goggin, M.L. et al., *Implementation Theory and Practice Toward A third Generation*, Illinois: Scott, Foresman and Company, 1990.

________, "The too few Cases/too many Variables Problem in Implementation Research," *Western Political Quarterly*, Vol.39, 1986.

Ham, Christopher and M. Hill, *The Policy Process in the Modern Capitalist State*, N.Y.: St. Martin' s Press, 1984.

Hatry, H., R. Winnie and D. Fisk, *Practical Program Evaluation for State and Local Government Officials*, Washington, D.C.: The Urban Institute, 1973.

Helco, H., *Modern Social Politics in Britain and Sweden*, Conn: Yale University Press, 1974.

Higginson, M. Valliant, "Management Policies I: Their Development as Corporate Guides," *Research Study 76*, New York: The American Management Association, 1996.

Hitch, Charles J. and McKean, Roland J., *The Economics of Defense in the Nuclear Age*, New York: Atheneum, 1967.

Hjern, B. and Porter, D.O., "Implementation Structures: A New Unit of Administrative Analysis," *Organization Studies*, Vol.2, No.3, 1981.

Hogwood, Brian W. and Gunn, L.A., *Policy Analysis for the Real World*, N.Y.: Oxford University Press, 1984.

Ingram, H., "Implementation: A Review and Suggested Framework," in N.B. Lynn and A. Wildavsky(eds.), *Public Administration*: The State of the

Discipline, New Jersey: Chatam Hous Publishers, Inc., 1990.

Ippolito, Dennis S., and T.G. Walker, *Political Parties, Interest Groups*, and Public Policy, N.J.: Prentice–Hall, 1980.

Jenkins, W.I., *Policy Analysis*, London: Martin' s Roberton, 1978.

Jones, Charles O., *An Introduction to the Study of Public Policy*, 2nd(eds.), N. Scituate, Mass: Duxbury Press, 1977.

________, *An Introduction to the Study of Public Policy*, 3rd(eds.), Monterey, Cal.: Brooks/Cole Publishing Company, 1984.

Jones, F.A., *Industrial Product Innovation: Organization and Management*, Benhenham: Croon Helm, 1985.

Key, V.O. Jr., *Public Opinion and American Democracy*, N.Y.: Alfred A. Knopf, 1961.

Kingdon, J.W., *Agendas, Alternatives, and Public Policies*, N.Y.: Harper and Row, 1984.

Larson, J.S., *Why Government Programs Fail*, N.Y.: Praeger Publishers, 1980.

Lasswell, H.D., "Policy Orientation," in D. Lerner and H. Lasswell(eds.), *Policy Sciences*, Stanford: Stanford University Press, 1951.

________, *A Preview of Policy Sciences*, New York: American Elsevier Publishing Company Inc., 1971.

Lasswell, H.D. and A. Kaplan, *Power and Society*, New Haven: Yale University Press, 1970.

Lasswell, H.D. and A. Kaplan, *Power and Society*, New Haven CT: Yale University Press, 1970.

Lester, J.P., "Public Policy Implementation: Evolution of the Field and Age–nda for Future Research," *Public Studies Review*, Vol.6, 1987.

________, "Hazardous Wastes, Politics, and Public Policy: a Comparative State Analysis," *Western Political Quarterly*, Vol.36.

Levin, M.A., "Conditions Contributing to Effective Implementation and Limits," in J.C. Crecine, *Research in Public Policy Analysis and Manag–ement*, Vol.1, 1981.

________, and Ferman, B., "The Political Hand: Conditions for Effective

Implementation," In S.S. Nagel(eds.), *Research in Public Policy Analysis and Management*, Vol.3, 1986.

Levy, F.S., Arnold Meltsner, and Aaron J. Wildavsky, *Urban Outcomes*, Berkeley: University of California Press, 1974.

Lindblom, Charles E., "The Science of Muddling through," *Public Administration Review*, Vol.19, Spring 1959.

________, *The Policy-Making Proces*, 2nd (eds.), Englewood Cliffs : Prentice-Hall, 1980.

Linder, S.H. and Peter, B.G., "A Design Perspective of Policy Implementation: The Fallacies of Misplaced Prescription," *Policy Studies Review*, Vol.6, No.3, February 1987.

________, "Instruments of Governments : Perceptions and Contexts," *Journal of Public Policy*, Vol.9, 1989.

________, "Implementation as a Guide to Policy Formulation: A Question of 'When' Rather Than 'Whether'," *International Review of Administrative Society*, Vol.55, No.4, December 1989.

Lipsky, Michael, *Street-Level Bureaucracy: Dilemmas of the Individual in Public Service*, New York: Russel Sage Foundation, 1980.

Look, F.L., T.R. Tyler, E.G. Gootz, M.T. Cordon, D.P. Dorna, R. Left and H.L. Molotch, "Media and Agenda Setting: Effects on the Public, Interest Group Leaders, Policy Makers, and Policy," *Public Opinion Quarterly*, Vol.47, 1983.

Lowi, Theodore J., "Four Systems of Policy, Politics and Choice," *Public Administration Review*, Vol.32, July/August 1972.

MacRae, D. and J, Wilde, *Policy Analysis for Public Decision*, N. Scituate: Duxbury Press, 1979.

March, James G. and H.A. Simon, *Organization*, N.Y: John Wiley & Sons, 1958.

Mazmanian, D.A. and Sabatier, P.A., *Implementation and Public Policy*, Glenview: Scott, Foresman and Co., 1983.

Mclaughlin, M.W., *Evaluation and Reform: The Elementary and Second Education*

Act of 1965, Title 1, Cambridge, Mass: Ballinger, 1975.

Montjoy, R.S., and O' Toole, L.J., "Toward a Theory of Policy Impleme–ntation: An Organizational Perspective," *Public Administration Review*, Vol.39, No.5, September/October 1979.

Nachmias, David, *Public Policy Evaluation: Approaches and Methods*, New York: St. Martin' s Press, 1979.

Nagel S. Stuart, "Evaluating Public Policy Evaluation" *Policy Studies Journal*, Vol.16, No.2, 1987.

Nakamura,R. T. and F. Smallwood, *The Politics of Policy Implementation*, N.Y.: 51. Martin' s Press, 1980.

Neumann, Sigmund(eds.), *Modern Political Parties: Approaches to Comparative Politics*, Chicago: The University of Chicago Press, 1956.

O' Toole, L.J., "Alternative Mechanisms for Multi–organizational Implemen–tation – The Case of Wastewater Management," *Administration & Society*, Vol.21, No.3, November 1989.

________, "Policy Recommendations for Multi–Actor Implementation: An Assessment of the Field," *Journal of Public Policy*, Vol.6, No. 2, April/june 1986.

________, "Interorganizational Policy Implementation: A Theoretical Persp–ective," *Public Administration Review*, November/December 1984.

________, "Goal Multiplicity in the Implementation Setting: Subtle Impacts and the Case of Wastewater Treatment Privatization," *Policy Studies Journal*, Vol.18, No.1, Fall 1989.

Patti, Rino et. al., *Managing for Service Effectiveness in Social Welfare Organization*, New York: The Hawthorn Press, 1988.

Peirce, W.S., *Bureaucratic Failure and Public Expenditure*, New York: Academic Press, 1981.

Peters, B., "Economic and Political Effects on the Development of Social Exp–enditures in France, Sweden, and the United Kingdom," *Midwest Journal of Political Science*, Vol. 16, 1972.

Pressman, J.L. and Wildavsky, A., *Implementation*, Berkeley: University of

California Press, 1973.

Quade, E.S., *Analysis for Public Decisions*, 2nd(eds.), N.Y.: North Holland, 1982.

Quade, E.S., *Analysis for Public Decisions*, 3rd(eds.), N.Y.: North Holland, 1989.

Rein, M. and Rabinovitz, F.F., "Implementation: A Theoretical Perspective," in Burnham & Weinberg, *Bureaucracy and Policy Implementation*, 1978.

Ripley, Randall B. and Grace A. Franklin, *Bureaucracy and Policy Impleme-ntation*, 2nd(eds.), Chicago: Dorsey, 1986.

Ripley, Randall B., Congress, *Process and Policy*, 3rd(eds.), New York: Nor-ton, 1983.

Robert, D. Behn, "Closing a Government Facility," *PAR*, July–August 1978.

Rossi, P., "Some Issues in the Evaluation of Human Services Delivery," in Sarri & Hasenfeld, *The Management of Human Services*, 1989,

Sabatier, P., "Top-down and Bottom-up Approaches to Implementation Research," *Journal of Public Policy*, Vol.6, No.1, January–March 1986.

________, and Mazmanian, D., "The Implementation of Public Policy: A Fra-mework of Analysis," *Policy Studies Journal*, Vol.8, 1980.

________, and Pelkey, N., "Incorporating Multiple Actors and Guidance Instruments into Models of Regulatory Policymaking," *Administration*,3 Society, Vol.19, No.2, 1987.

Sharkansky, Ira, Public Administration: *Policy-Making In Government Agencies*, 3rd(eds.), Chicago: Rand McNally Co., 1975.

Simon, H.A., *Administrative Behavior*, 2nd(eds.), N.Y.: Free Press, 1957.

________, "On The Concept of Organizational Goal," *ASQ*, Vol.9, June 1964.

________, *The Science of the Artificial*, Cambridge, Mass: The M.I.T. Press, 1969.

Smith, T.B., "The Policy Implementation Process," *Policy Sciences*, 1973.

Stone, C.N., "The Implementation of Social Programs: Two Perspectives," *Journal of Social Issues*, Vol.36, No.4, 1980.

Thompson, J., "Policy Implementation and Overhead Control," in G.C.

Edwards III(eds.), *Public Policy Implementation*, London: Ja Press Inc., 1984.

Thompson, F.J. and Scisshitano, M.J., "State Implementation and Federal Enforcement Priorities: Safety vs. Health in OSHA and the States," *Administration & Society*, Vol.19, No.1, May 1987.

Tripodi, Tony, *Evaluation Research for Social Workers*, Englewood Cliffs, NJ: Prentice Hall, 1983.

Van Horn, C.E., *Applied Implementation Research*, Paper Prepared for Delivery at the Annual Meeting of the Midwest Political Science Association, Chicago, IL., 1987.

Van, H. and Van, M., "The Policy Implementation Process; A Conceptual Framework," *Administration & Society*, Vol.6, No.4, February 1975.

Van da Ven, A.H., "Central Problems in the Management of Innovation," *Management Science*, Vol.32, No.5, May 1986.

Van Meter, D. and Van Horn, "The Policy Implementation Process: A Conceptual Framework," *Administration and Society*, Feb. 1975.

Waston, H.J. et. al., "A Survey of Management Science Implementation Probl–ems," *Interfaces*, Vol.9, No.4, August 1979.

Weiss, Carol H., *Evaluation Research*, Englewood Cliffs, N.J.: Prentice–Hall, Inc., 1972.

Wholey, J.S. et al., *Evaluation Policy*, Washington, D.C.: The Urban Institute, 1976.

Wilensky, H., *The Welfare state and Equality*, Berkeley: University of Calif. Press, 1975.

Wolman, H., "The Determinants of Program Success and Failure," *Journal of Public Policy*, Vol.1, 1981.

York, Reginald O., *Human Service Planning, Concepts, Tools and Methods*, N.C.: North Carolina University Press, 1982.

색 인

ㄱ

ㅅ

ㅊ

저자약력

노 시 평

- 서울대학교 대학원 행정학과 졸업(행정학 박사)
- 서울행정학회 편집위원장
- 한국정책분석평가학회 부회장
- 중앙공무원교육원, 국세공무원교육원, 강원도 지방공무원교육원 강사
- 현, 서경대학교 행정학과 교수

박 희 서

- 서울대학교 대학원 행정학과 졸업(행정학 박사)
- University of Oregon(U.S.A) visiting scholar
- 한국정책학회 부회장
- 행정고시 출제위원
- 행정자치부 자문위원
- 현, 조선대학교 행정학과 교수

박 영 미

- 서울대학교 대학원 행정학과 졸업(행정학 박사)
- 한국행정학회 운영이사
- 한국정책학회 총무이사
- 행정자치부 자문위원
- 정부혁신지방분권위원회 혁신분권평가위원(전자정부)
- 현, 초당대학교 경찰행정학과 교수

저자와의
협의하에
인지생략

정책학의 이해

2006년 03월 06일 초판 인쇄
2021년 09월 10일 초판 16쇄 발행

저 자 : 노시평 · 박희서 · 박영미
발 행 인 : 정 광 식
발 행 처 : **비앤엠북스**
서울시 금천구 가산디지털1로 70 B1-103(호서대벤처타워)
등 록 2004. 12. 29. / 제313-2004-00298호
전 화 2627-5710~13, 팩스 2627-5720
홈페이지 www.대학교재.net
이 메 일 bnmbook@daum.net

정가 30,000원 ISBN 89-91879-14-4